제프리 젤드만의 **웹표준 가이드** 2ed

웹 디자이너와 개발자, 그리고 사용자를 위한 올바른 선택

jeffrey zeldman

위키북스

제프리 젤드만의 **웹표준 가이드** 2ed
웹 디자이너와 개발자, 그리고 사용자를 위한 올바른 선택

지은이 제프리 젤드만 | 옮긴이 이준 | 감수 남덕현 | 펴낸이 박찬규 | 엮은이 김윤래 | 표지 디자인 김민서

펴낸곳 위키북스 | 주소 경기도 파주시 교하읍 문발리 파주출판단지 518-2
전화 031-955-3658, 3659 | 팩스 031-955-3660

초판발행 2008년 01월 09일 | ISBN 978-89-92939-11-9
등록번호 제406-2006-000036호 | 등록일자 2006년 05월 19일
홈페이지 wikibook.co.kr | 전자우편 wikibook@wikibook.co.kr

Korean translation Copyright © 2008 by WIKI BOOKS
English language Edition Copyright © 2007 by New Riders.
All rights reserved including by arrangement with the original publisher.

이 책의 한국어판 저작권은 New Riders와의 독점 계약으로 위키북스가 소유합니다.
신 저작권법에 의해 한국 내에서 보호를 받는 저작물이므로 무단 전재와 복제를 금합니다.
이 책의 내용에 대한 추가 지원과 문의는 위키북스 출판사 홈페이지 wikibook.co.kr이나
이메일 wikibook@wikibook.co.kr를 이용해 주세요.

「이 도서의 국립중앙도서관 출판시도서목록 CIP는 e-CIP 홈페이지 | http://www.nl.go.kr/cip.php에서 이용하실 수 있습니다.
CIP제어번호: CIP2008000014」

목차

서문   1
    하나의 방법으로 모든 문제를 해결할 수 없다   2
        이론과 실제   3
    유연성 없는 규칙이 아닌 하나의 연속체   4
        팔려고 하지 말고 보여주라   4
        결과물 자체로 사업이 되게 하라   5
        내부 작업에서의 사용   6
    변화의 움직임   6

1부 이미 문제는 발생해 버렸다   9

00장 | 시작하기 전에   11
    증가하는 비용, 줄어드는 효과   12
    구식화의 악순환 끝내기   14
    상위 호환성이란 무엇인가?   15
    규정도 없고 정석도 없다.   16
    이론이 아닌 실제   18
    꼭 이 책을 읽어야 할까?   20

01장 | 웹사이트의 99.9%는 시대에 뒤떨어진다   21
    최신 브라우저들과 웹표준   22
        새로운 작업을 위한 새로운 코드   24

버전 문제	25
이전 버전에 대한 고려	27
구식 마크업: 비용의 증가	31
하위 호환성	33
사용자를 막으면 손해일 뿐이다	33
삼천포로 빠지기	38
나쁜 마크업에 좋은 일이 생길 때	39
해결책	41

02장 | 표준에 맞춰 디자인하고 제작하기 — 43

고생담	45
표준화가 도입되기 이전의 디자인 비용	46
구시대적인 방법으로 만든 현대적인 웹사이트	47
비참한 왕국	51
웹표준의 세 가지 요소	53
구조	53
표현	56
동작	57
실행	57
전환형의 이점	58
웹표준화 프로젝트: 이식성	60
문서 하나로 모든 서비스를 한다	63
A List Apart : 하나의 페이지, 다양한 디자인	63
모니터 밖의 디자인	65
시간과 비용의 절약, 방문자수 증가	66
앞으로의 발전방향	67
전환형(transitional) 상위 호환성(혼합형 디자인)	67
엄격한(Strict) 상위 호환성	69

03장 | 표준화가 어려운 이유   73

보기에는 좋지만 실행하기는 끔찍하다   74
- 공동의 목표, 공동의 방법   76
- 실제와 대비되는 인식   77

2000년: 브라우저가 완성된 해   78
- 맥킨토시용 인터넷 익스플로러: DOCTYPE 전환 기능과 확대축소 기능   79
- 넷스케이프의 대담한 변화   82
- 브라우저들의 홍수   82

너무 적다? 너무 늦었다?   83
- CSS: 처음에는 쓸모 없었다   84

나쁜 브라우저가 나쁜 습관을 만든다   84
- 넷스케이프 4에서 표현의 상속 문제   85
- 상속을 사용하자   87
- 잘못된 방식   87
- 오래 유지되는 표준화 기반 스크립트   88

혼동되는 사이트와 갈피를 잡을 수 없는 명칭들   89
- 학문이냐 이익이냐   90
- 협회에서 제안하고, 업체에서 판매   91
- 제품의 인지도와 표준의 인지도   91

플래시   92
- 플래시의 가치   94
- 플래시의 문제점   96
- 플래시의 또 다른 문제점   96

호환은 나쁜 것이다.   97
- 인지도를 만드는 언어의 힘   97
- 느낌의 문제   98
- 다른 문제들   99

04장 | 파인더빌러티, 발행, 블로그, 팟캐스트, 롱테일, Ajax (그리고 표준화가 대세가 되는 다른 여러 가지 이유들)   101

범용언어 (XML)   103
- XML과 HTML의 비교   104
- 한 부모, 여러 자손들   105
- 전문 소프트웨어나 일반 사용자용 소프트웨어의 필수 요소   105
- 가수보다 유명하다   106
- 강력한 데이터를 만드는 5가지 이유   108
- 발명의 모체   109
- 웹 저작툴   113
- 사용자가 원하는 대로   114

XML 애플리케이션과 웹 사이트   116
호환성   116
새로운 협력의 시대   117
- 기준 모음과 상세내역   117
- 얼마나 잘 맞는가   118
- WHAT Working Group   119
- 인터넷 익스플로러 7과 웹표준화 프로젝트   119

웹표준과 저작 프로그램   120
CSS 레이아웃의 출현   122
- 브라우저 업그레이드 캠페인   123
- 홍수의 시작   126
- 변경한 수많은 사이트와 도움이 되는 사이트   128
- 최대의 CSS 지식 창고   131

목적 있는 유행 따라가기   131
웹표준의 주류   132
- 상업적인 사이트들의 진입   134
- Wired Digital의 전환   135

디자이너의 관심 끌기	137
충격은 계속된다	139
유효성 검사로 다져진 행복으로 가는 길	140

2부 디자인과 제작   141

05장 | 최신 마크업   143

낡은 마크업의 숨겨진 오점	148
재구성	150
주요 요약	152
어느 XHTML이 더 우리에게 맞을까?	152
XHTML 2 – 누구를 위한 것인가?	152
XHTML로 바꿔야 하는 이유 Top10	154
XHTML로 바꾸지 말아야 하는 이유 Top5	155

06장 | XHTML: 웹의 재구성   157

XHTML로의 전환: 간단한 규칙과 손쉬운 가이드라인	158
적절한 DOCTYPE과 네임스페이스로 시작하라	158
컨텐츠 타입 선언	161
태그는 전부 소문자로 적는다	163
모든 속성값에 인용부호를 사용한다	165
모든 속성에는 값이 있어야 한다	166
모든 태그는 닫아준다	167
"내용 없는" 태그도 닫아준다	167
주석 안에 더블대시 사용금지	168
모든 〈 와 &는 변환해 준다	168
실행 요약: XHTML 규칙	169
캐릭터 인코딩: 따분하고 더 따분하고 최고로 따분한	169

구조적인 변화	**171**
스타일보다는 감각적인 마크업을 하자	**171**
비주얼 요소와 구조	**175**

07장 | 더 빈틈없고 견고한 페이지를 위하여: 엄격한 마크업과 혼합형 마크업에서의 구조와 메타구조 **177**

모든 요소를 구조적으로 사용해야 할까?	**178**
div와 id 그리고 다른 여러 보조요소들	**179**
시멘틱 마크업과 재사용성	**183**
혼합형 레이아웃과 간결한 마크업: 해야 할 것과 하지 말아야 할 것들	**187**
안 좋은 방법들에 이름 짓기	**187**
혼합형 마크업에서의 자주 발견되는 실수들	**188**
div가 문제가 아니다	**191**
id를 사용하라	**192**
테이블 셀의 제거	**194**
구식 방법들	**195**
이미지 맵의 시대	**195**
맵의 단점	**196**
접근성이 없으면 구조도 필요 없다	**197**
자르고 나누기	**197**
이미지 자르기의 유행	**197**
지나치게 장황한 테이블	**199**
잘못 사용한 CSS의 등장	**200**
지속적인 발전	**204**

08장 | XHTML 예제: 혼합형 레이아웃(1부) **205**

전환형 방법의 장점	**206**
자바스크립트를 대신하는 스타일시트	**206**
기본 접근법(개요)	**206**

테이블 분리: CSS와 접근성 면에서의 장점	208
넘어가기 메뉴Skip Navigation와 이를 사용하는 이유	208
추가 id	213

초기 마크업: 최종 마크업과 같다 — 214

네비게이션 마크업: 첫 번째 테이블	215
표현, 시멘틱, 순수성 그리고 잘못	216
컨텐츠 마크업: 두 번째 테이블	217

09장 | CSS 기본 — 219

CSS 요약 — 220

CSS의 장점	220

스타일 분석 — 222

선택자, 선언, 속성 그리고 값	222
다중 선언	223
여백과 대소문자의 구분	224
대체가능하고 포괄적인 값	224
선택자들의 묶음	226
상속과 불만	226
자손 선택자	227
id 선택자와 자손 선택자	229
class 선택자	230
선택자들을 결합하여 세련된 디자인 효과 만들기	231

외부, 내부, inline 스타일 — 234

외부 스타일시트	234
inline 스타일	238

'최고 브라우저 테스트' 방식 — 238

내부 스타일에서 외부 스타일까지: 이중 스타일시트 방식	239
상대 경로, 절대 경로	240
최고 브라우저 테스트 방식과 이중 스타일시트 방식의 이점	240

10장 | CSS 활용: 혼합형 레이아웃(2부) — 243

- 이미지 준비 — 244
- 기본 요소 설정하기 — 246
  - 전체쓰기와 줄여쓰기, 그리고 margin — 246
  - 숨김과 블록지정 — 247
  - 링크에 색상 주기(가상 클래스) — 249
  - 기타 요소 설정 — 251
  - 폰트사이즈에 관한 그 외의 것들 — 253
  - 페이지에 div 배열하기 — 256
- 네비게이션 요소 : 첫 번째 단계 — 259
- 네비게이션바 CSS: 두 번째 단계의 첫 번째 시도 — 262
- 네비게이션바 CSS: 마지막 단계 — 263
- 마지막 단계: 외부 스타일과 '현재위치' 나타내기 — 268

11장 | 브라우저 다루기 1부: DOCTYPE 전환과 표준 모드 — 271

- DOCTYPE 전환의 전설 — 272
  - 브라우저 성능 제어하기: DOCTYPE 전환 — 274
  - 완전한 XHTML DOCTYPE의 전체 목록 — 277
- 브라우저 다양성에 축배를! — 280

12장 | 브라우저 다루기 2부: Box Model, 버그, 차선책 — 285

- Box Model과 이에 대한 불만들 — 286
  - Box Model은 어떻게 작동하는가 — 287
  - Box Model은 어떻게 망가지는가 — 288
  - Box Model Hack: CSS의 사용을 안전하게 해준다 — 295
- 윈도우용 인터넷 익스플로러의 공백 버그 — 298
- 윈도우용 인터넷 익스플로러 'Float' 버그 — 302
  - Float, Peek-a-Boo 그리고 다른 버그들 — 304

플래시와 퀵타임: 고객의 요구에 의한 Object?　305
　　Embed가 가능한 객체: 오만과 복수에 관한 전설　305
　　이중방식: 멀티미디어 파일의 표준 지원　306
　　추가 문제: Object 로딩 실패 현상　308
　　회피법　309

13장 | 브라우저 다루기 3부: 타이포그래피　311

크기 문제　311
사용자가 조절한다　312
구시대 사람들의 공포　312
　단위의 차이　314
드디어 등장한 표준 사이즈　315
　클릭 한번으로 되돌려지다　317
　브라우저 판별: 변화에 대한 브라우저의 잘못된 반응　318
　표준 사이즈와 최선의 방법　320
em 단위의 사용: 웃음과 눈물　320
　사용자 선택과 em 단위　321
픽셀에 대한 열정　322
　최소 단위: 절대적으로 상대적인 단위　322
　픽셀의 문제점　323
폰트 사이즈 키워드 방법　324
　키워드가 em이나 퍼센트보다 좋은 이유　325
　키워드를 적용했던 초기의 문제들　326
　최고의 시기　330

14장 | 접근성의 기본　331

책에서의 접근　333
일반적인 혼란　334
　천재들도 실수를 한다　334

규정과 레이아웃	**338**
Section 508 설명	339
접근성에 관한 소문들의 진상	**341**
소문: 접근성을 지키기 위해서는 사이트를 두 개의 버전으로 만들어야 한다	341
소문: 동일하거나 상응하는 접근성을 지키기 위해서는 텍스트만으로 만들어진 버전이 필요하다	341
소문: 접근성에는 비용이 너무 많이 든다	341
소문: 접근성은 유치하고 싸구려 디자인밖에 나오지 않게 한다	343
소문 : Section 508에 따라서 만들면 사이트는 모든 브라우저와 사용자 환경에서 똑같이 보여야 한다	344
소문: 접근성은 '장애인을 위한 것'이다	344
소문: 드림위버 MX/Cynthia의 툴로 여기 나온 모든 접근성 문제를 해결할 수 있다	345
소문: 고객이 원하지 않으면 접근성은 무시해도 된다	346
요소별 접근성 팁	**346**
Image	346
애플 사의 퀵타임과 다른 동영상 미디어	349
매크로미디어 플래시 4/5	349
매크로미디어 플래시 MX와 플래시 8	349
색상	351
CSS	351
롤오버와 다른 스크립트 동작들	353
Form	355
이미지 맵	355
테이블 레이아웃	355
데이터를 표시하는 테이블	356
프레임, 애플릿	356
번쩍거리고 깜빡이는 요소	356
접근성에 도움이 되는 툴과 플러그인	**357**

Cynthia Says™	**358**
Tab의 연결: 우리의 친구, tabindex 속성	**358**
접근성 계획: 어떤 장점이 있을까	**362**
접근성은 우리한테도 도움이 된다	**362**

15장 | DOM 기반의 스크립트로 작업하기   **365**

DOM 관련 서적	**366**
DOM이란 무엇인가?	**367**
웹 페이지를 애플리케이션처럼 작동하게 만드는 표준 방식	**367**
그럼 사용 가능한 환경은?	**370**
DOM을 지원하지 않는 경우	**371**
스타일 변경: 접근성 지원, 선택의 폭	**374**

16장 | CSS로 디자인하기   **379**

조건의 정의	**380**
필수 조건 10가지	**380**
가상 레이아웃 설정	**382**
배너	**386**
마무리하기	**390**

찾아보기   **391**

저자 소개

제프리 젤드만 | Jeffrey Zeldman

제프리 젤드만은 최초의 웹 디자이너 중 한 명이고 전문가들 사이에서 강력한 영향력을 지녔다. 1995년 전 아트 디렉터이자 카피라이터인 그는 최초로 가장 영향력 있는 개인 웹 사이트 중의 하나(www.zeldman.com)를 만들었고 웹 디자인의 방법과 원칙에 대한 유명한 튜토리얼을 쓰기 시작했다.

1998년 마이크로소프트와 넷스케이프에서 각각 자기들의 브라우저에서 같은 기술을 지원하도록 설득한 기초 연합인 The Web Standards Project(www.webstandards.org)를 공동 설립했다. 같은 해 A List Apart(www.alistapart.com) 'for people who make websites'(웹 사이트를 만드는 사람들을 위하여)를 만들기 시작했다. 그리고 이 분야에서 가장 존중 받고 영향력 있는 잡지가 되었다.

제프리 젤드만은 웹 디자인 에이전시인 Happy Cog(www.happycog.com)의 설립자이고 제작 감독이며 사용자 경험 전문가이다. 그는 많은 논설과 『Designing With Web Standards』를 포함한 두 권의 책을 썼고 전세계적으로 가장 사랑 받는 강사이다. 2005년 제프리 젤드만과 에릭 마이어는 디자인과 코드에 관한 순회 컨퍼런스인 An Event Apart(www.aneventapart.com)를 공동 주최했다.

기술 감수자 소개

이단 마르코티 | Ethan Marcotte (2판의 기술 에디터)

이단 마르코티는 십 년 가까이 온라인 디자인과 개발을 하고 있고, 배울게 산더미 같이 많다는데 정말 놀라고 즐거워하고 있다. 그는 우아하고 사용성 좋은 웹 사이트를 만드는 표준에 정통한 디자인 스튜디오인 Vertua Studios(www.vertua.com)의 공동 창립자이면서 수석 디자이너이다.

이단 마르코티는 표준기반 웹 디자인 분야에서 매우 존경 받는 위치에 있다. 그는 Web Design World and the South by Southwest Interactive 컨퍼런스의 메인 발표자였고, 유명 웹 블로그 sidesh0w.com를 운영하고 있다. New York Magazine과 Harvard University, Disney, State Street Bank의 제작을 담당했다.

이단 마르코티는 절대무적 닌자 로봇이 되는 것이 꿈이다.

J. 데이비드 아이젠버그 | J. David Eisenberg (초판의 기술 에디터)

J. 데이비드 아이젠버그는 캘리포니아의 산 호세에서 마르코와 빅 토니라는 이름의 고양이 둘과 같이 살고 있다. 현재 Evergreen Valley College에서 HTML과 XML, Perl, 자바스크립트를 가르치고 있으며 온라인 튜토리얼을 즐겨 쓰고 있다. 또 『SVG Essentials』(O'Reilly & Associates)과 『OASIS OpenDocument Essentials』(Friends of OpenDocument, Inc.)의 저자이다.

J. 데이비드 아이젠버그는 PLATO 컴퓨터 보조 교육 프로젝트에 참여한 일리노이즈 대학 University of Illinois을 다녔고, Burroughs와 애플 사에서도 일을 했다.

기술 감수자 소개

에릭 마이어 | Eric Meyer(초판의 기술 에디터)

에릭 마이어는 국제적으로 알려진 CSS와 웹표준 전문가이고 1993년 후반부터 웹에 종사해왔다. 베스트셀러 CSS 서적의 저자이고 세계 최고의 CSS 권위자이다. 그가 저술한 일곱 권의 책은 여섯 개의 언어로 번역되어 수십 만권이 팔려나갔다.

에릭 마이어는 현재 고객이 표준을 사용하여 비용을 절감하고 사용자 경험을 증대하도록 도와주는데 초점을 맞추는 Complex Spiral Consulting(www.complexspiral.com)의 사장이다. 그리고 이 자격으로 대학에서부터 정부 연구소나 포츈지 선정 500대 기업들에 이르는 단체들에 조언을 주고 있다.

[의견을 보내주세요]

이 책의 독자로서 여러분은 가장 중요한 비평가이자 논평자입니다. 여러분의 의견은 높은 가치를 지니고 있으며 여러분이 어떻게 하고 있는지, 우리가 어떻게 해야 할지, 어떤 분야에 관해서 출판을 해야 할지 그리고 여러분이 어떤 다른 생각들을 가지고 있는지 알려주시기 바랍니다.

Email: errata@newriders.com

감사의 글

에린 키세인Erin Kissane은 이 감사의 글을 제외한 이 책의 모든 단어를 수정해 주었다. 이보다 더 훌륭한 에디터는 없다고 생각한다. 에린씨 감사합니다.

기술 에디터 이단 마르코티는 진흙투성이 같은 나의 글에 화려한 포장을 해주었다. 큰 감사를 보낸다.

에릭 마이어와 J. 데이비드 아이젠버그가 초판의 기술 에디터로 훌륭한 작업을 해주었고 아직도 그 통찰력과 영감은 이 새 책에서도 울려 퍼지고 있다. 여러분 큰 신세를 졌습니다.

마이클 놀란Michael Nolan, 이 사람이 없었다면 이 책의 두 번째 판은 나오지도 못했을 것이다. 그 우정에 감사한다.

조 클릭Joe Clark과 탄텍 셀릭Tantek Çelik은 아직도 나에게 가르침을 주고 있다.

파너Fahrner, 자전거 그만 타고 웹으로 돌아와주길 바랍니다.

Happy Cog의 고객들과 동료들, 이 책 때문에 가끔 회의에서 집중을 못했습니다.

A List Apart의 모든 독자들, 진정한 감사의 말고 존경을 보냅니다.

다양한 고객들과 독재자 사장님들 그리고 대립하는 직장 동료들과 웹표준과 접근성 때문에 조용하게 논의를 하거나 거칠게 논쟁을 해본 모든 분들, 전 세계가 여러분께 감사를 드리고 나 또한 감사를 드립니다. 그리고 부족하지만 이 책을 여러분께 바칩니다.

나에게 우주를 만들어준 캐리Carrie와 빛이 되어준 아바Ava에게 감사한다.

역자서문

벌써 '웹'이라는 분야에 몸 담은 지가 7년이 되어가고 있는데도 모르는 것들과 배워야 할 것들은 점점 더 많아지는 것처럼 느껴지고, 실제로도 더 많아지고 있다. 웹은 항상 우리보다 한발 먼저 앞서나가며 우리가 알고 있는 것보다 항상 더 많은 것을 요구한다. 하지만 이제 더 많은 것을 알아가기 위해 허덕이면서 따라가는 것에만 급급했던 시절은 지나고, 웹이 안정되어 가고 있다는 말을 하면서 (혹은 어떤 이들은 쇠약해지고 있다는 말을 하기도 한다) 다시 한 번 우리가 지나온 길을 돌아봐야 할 시점이 되지 않았나 생각해 본다.

이에 웹표준은 바로 과거를 되짚어보는 계기가 될 수 있을 것이다. 우리가 그동안 지키지 않았던 것들과 그로 인해서 생겨난 문제점, 우리가 대충 미봉책으로 사용하던 방법들이 우리를 옭아매고 있다. 그리고 그 올가미가 우리를 점점 더 조여오기 전에 다시 이전으로 돌아가서 매듭을 풀어야 할 때가 온 것이다.

웹표준의 대가인 제프리 젤드만은 웹표준을 만들어서 전 세계에 널리 알리고 브라우저를 만드는 기업들을 설득하여 웹표준을 지키도록 하는 데 가장 큰 공헌을 한 사람이다. 우연찮게도 이 책을 번역하고 있는 시기에 BusinessWeek에서 Jeffrey Zeldman: King of Web Standards라는 2007년 8월자 기사를 게재했다. 그의 업적 중에서 가장 손꼽을 수 있는 것은 무질서한 웹에 질서를 가져다 준 것이 아닌가 생각한다. 이제 웹표준은 기준이 되고 규정이 되고 나아가서는 법률이 되고 있다. 처음에 웹이 만들어진 목적으로 다시 돌아가서 웹은 이제 서로 가지고 있던 장벽을 깨고 좀 더 많은 사람들을 위해서 좀 더 편리하게 만들어지는 도구를 얻게 되었다. 그것이 웹표준이다.

이 책은 제프리 젤드만이 집필한 두 권의 유명한 책 중에서 2003년에 써서 베스트 셀러가 된 『Designing With Web Standards』의 초판을 완전히 새롭게 다시 펴낸 책이다.

이 책을 읽고 나면 이제 웹표준은 지켜야 하는 것만이 아니라 지키고 싶은 것으로 바뀌게 될 것이다. 처음에 웹표준을 접하는 사람들은 그 규칙이라는 말에서 위압감을 가지고 거부감을 가지게 된다. 하지만 웹표준은 절대적인 규범이 아니다. 웹표준은 내가 지키고 싶은 만큼 또는 지킬 수 있는 만큼, 지킬 수 있는 것부터 하나씩 지키는 것이다. 웹표준은 일하는 사람을 귀찮게 하는 것이 아니고 일하는 사람이 더 편하고 빠르게 일을 할 수 있도록 도와준다.

이 한 권의 책으로 누군가가 웹표준의 대가가 되기를 바라는 것은 아니다. 하지만 이 책은 여러분이 웹표준이 무엇인지 알게 되고 호감을 가지게 된다고만 해도 충분히 읽을 만한 가치가 있을 것이다.

서문

한때 자동차 운전자들이 빈 병을 창 밖으로 버리는 것을 아무렇지 않게 생각 하던 시절이 있었다. 몇 년 뒤에 이 사람들은 창 밖으로 쓰레기를 버리는 일이 아무렇지 않은 일이 아니라는 사실을 알게 되었다. 웹디자인 커뮤니티가 지금 이와 비슷한 상황을 겪고 있으며 웹표준이 바로 이러한 변화의 열쇠가 된다.

웹은 오늘날의 문제를 풀어 나가면서 내일이 되면 대가를 치를 방법을 사용하고 있다. 이 책에서는 지금 벌이는 일을 나중에 해결하려는 방식이 생산적이지도 않고 그렇게 할 필요도 없다는 것과, 현재 직면한 문제를 점점 더 골치 아픈 상황으로 몰아가지 않고 풀어내는 방법을 알려줄 것이다. 또 웹표준에 의한 디자인이 일부 사용자에게는 불편하다는 생각도 없애줄 것이다. 사실 이와 반대로 웹표준을 사용하지 않으면 일부 사용자가 불편해지는 것이 보통이다.

▬ 하나의 방법으로 모든 문제를 해결할 수 없다

이 책에서는 표준을 사용하여 웹디자인과 제작의 일반적인 문제들을 해결하는 몇 가지 방법을 살펴볼 것이다. 모든 문제와 그에 대한 해결책을 다룰 수 있는 책은 없고, 아마도 다른 저자가 쓴 책에서는 이 책에서 언급된 방법과 전혀 다른 방법으로 문제에 접근할 수도 있다. 사실 이 책의 초판에서 웹표준을 세상에 소개한 뒤로 '웹표준'이라는 말을 제목으로 사용한 책들이 매주 새로 나오는 듯하다. 이렇게 나오는 책들 중에서 많은 책들이 지금 이 책에서 얘기하는 내용과 거의 같은 내용이다. 어떤 책에서는 이 책에서 나온 내용에 반박을 하기도 한다. 다른 문제에는 다른 기술이 필요한 것이다.

이 책은 미래에 필요하리라고 예상되는 현실적이고 즉각적인 필요성에 초점이 맞추어져 있다. 이 책에서 다루어진 기술과 방법들은 나의 에이전시에서 디자인하고 제작한 방법 중에서 이미 테스트를 해보고 실용성이 입증된 것들이며, 이 방법들 또는 여기서 파생된 방법들은 수천 개의 진보적인 사이트에서 사용되었다. 더 많은 디자이너들이 이 방법을 사용할수록 새롭고 더 좋은 기술들이 생겨나고 공유된다. 이 책의 목적에는 이러한 새로운 방법들을 소개하고 최악의 경우에 대한 경고를 하는 것도 포함돼 있다.

모든 독자들이 이 책에서 다루는 새로운 방법들을 곧바로 사용하지는 않을 것이다. 특히 그래픽적인 효과나 포스터 같은 레이아웃에 중점을 두는 사이트를 주로 작업하는 사람이라면 절대 시멘틱 마크업을 사용하지는 않을 것이다. 하지만 시멘틱 마크업을 디자인 습관에 접목시켜서 작업해두면 검색엔진에서 그 사이트가 상위에 검색이 되는 것을 알게 될 것이다. 혹시 사이트가 4.0 브라우저에서도 요즘 사용하는 브라우저에서 보이는 것과 거의 똑같이 보여야 한다면-그리고 하기 싫다고 해서 그만두거나 고객과의 거래를 끊기 힘들다면-아마도 8장과 9, 10장에서 다루는 혼합형 CSS/table 레이아웃을 사용할 수 있을 것이다. 보통 다른 독자들은 고맙게도 이 책의 초판이 나왔을 당시에 비하면 이 혼합형 레이아웃을 사용할 필요가 거의 없을 것이다.

현명한 디자이너나 개발자, 사이트의 소유주는 누구든지 이 책에서 제시하는 의견에 찬성할 것이다. 표준은 어느 매체에서든지 가장 중요한 요소이다. 웹에서 보이는 소프트웨어가 결국에는 표준을 지원하기 때문에 당연히 이에 대해서 연구하고 정확하게 사용해야 하는 것이 정석이기 때문이다. 이렇게 해서 시간과 돈을 절약하고 총비용을 낮추어 사이트의 사용기한을 늘리면서 동시에 컨텐츠에 대한 접근성을 증대시킬 수 있다.

마지막에 언급된 항목은 더 많은 사용자를 원하는 사람이라면 누구에게나 중요한 사항이다-특히 일반적이지 않은 새로운 방식의 인터넷 사용이 늘어가는 지금은 더욱 그렇다. 또한 점점 더 많은 나라와 미국의 각 주에서 접근성에 관한 법률을 시행하고 있기 때문에 법적으로도 밀접한 관련이 있다. 웹표준과 접근성은 이 법에 저촉되지 않게 해준다.

실무 디자이너가 다른 방식으로 생각하는 계기를 한 번 경험하고 무언가를 깨닫기만 하면, 시멘틱 마크업과 CSS 레이아웃은 그 사람이 더 현명하고 빠르게 일을 할 수 있게 해준다. 정보 구조적인 면에서, 표준 기반의 디자인은 컨텐츠를 좀 더 검색하기 쉽게 만든다-그리고 기존에는 컴퓨터를 통해 그냥 웹사이트에서 클릭만 하는 사용자들이 대다수였던 시절에서 이제는 무선기기를 사용하는 환경의 웹 사용자들이 점점 증가하게 되면서, 파인더빌리티(findability, 검색엔진에서 검색이 더 잘 되는 문서를 파인더빌리티가 있다 또는 높다고 표현한다-옮긴이주)의 중요성이 커지고 있다. IT 업계에서, 표준 기반의 디자인은 컨텐츠를 좀 더 이동이 편리하고 대역폭과 노동력을 줄일 수 있게 해준다. 그리고 회계사의 입장에서는 말할 것도 없다.

이론과 실제

물론 이 책에서 다루는 일부 특정 아이디어와 기술은 아직 논쟁이 필요한 것도 있다. 정말 표준에 집착하는 사람들은(좋은 의미의 집착을 말한다) 모든 브라우저가 XHTML 문서를 text/html이 아닌 application/xhtml+xml로 전송하는 것을 제대로 지원하기 전까지 XHTML을 사용하고 싶어하지 않을 것이다. 자세한 것은 이안 힉슨Ian Hickson의 "XHTML을 text/html처럼 전송하는 것은 위험하다"를 참조하라(www.hixie.ch/advocacy/xhtml).

이안 힉슨의 의견에 동의한다면 인터넷 익스플로러 7이 나오기 전까지는 HTML 4.01을 사용해야 할 것이다(인터넷 익스플로러 7에서는 MIME 문제를 제대로 수정할 것이라는 전제하에서). 아니면 웹서버에 application/xhtml+xml을 이해하는 브라우저에게는 application/xhtml+xml로 전송하도록 설정하고 그렇지 않은 브라우저에게는 text/html로 전송하도록 설정할 수도 있다(http://lists.w3.org/Archives/Public/www-archive/2002Dec/0005.html).

이 책에서는 이러한 문제들은 제외시켰는데 그 이유는 현재의 상황에서 문제를 해결하는 것에 무게를 두고 싶었기 때문이다-이 책을 읽는 대부분의 사람들은 아마도 이 의견에 동의할 것이다.

■ 유연성 없는 규칙이 아닌 하나의 연속체

이 책에서 강조하듯이, 웹표준은 유연성 없는 규칙이 아니라 하나의 연속체이다. 웹표준으로 전환하는 과정에서 첫 번째 사이트나 어쩌면 대여섯 번째 사이트에서도 구조에서 표현을 완벽하게 분리해 내는 것은(2장 참조) 힘들 것이다. 아마도 초반에는 접근성(14장)도 겨우 WAI^{Web Accessibility Initiative}의 1단계 정도나 맞출 수 있을 것이고 전부 정확하게 지키지는 못할 것이다(WAI의 1.0 조항을 만든 사람들도 어떤 사항들은 잘못 적용하고 있고 지금은 2.0 조항을 만드는데 바쁘다).

중요한 점은 시작하는 것이다. 군살을 보여주는 것이 두려워서 운동하러 가지 못하는 것처럼 무엇인가 불완전에 대한 두려움은 하려는 것을 막는다. 하지만 두려움과 실수를 감내해 가면서 운동을 시작하지 않으면 살이 빠지는 일은 절대 일어나지 않을 것이다. 마찬가지로 사이트도 무엇인가 시작하지 않으면 상위 호환은 생기지 않을 것이다. `<font>` 태그를 없애는 것이 아마도 시작이 될 수 있을 것이다. 또는 무의미한 마크업을 지우고 대신에 `<h1>`~`<h6>`와 `<p>` 태그를 사용할 수 있다. 이것이 보통 시작하는 좋은 방법이고 결국에는 현대적인 마크업과 XHTML을 사용하게 될 것이다.

팔려고 하지 말고 보여주라

디자이너들은 가끔 표준을 제공하는 부분에서 난항을 겪는다. 몇 년간 표준을 사용하고 싶어하는 디자이너들에게서 "고객들이 표준을 원하지 않습니다" 라는 내용의 편지를 수도 없이 받았다. 표준이 약간 섞여 있더라도, 표준의 사용을 반대하는 고객은 거의 없을 것이다. 예를 들어, 테이블 레이아웃을 사용하는 사이트에서도 HTML 4.01이나 XHTML 1.0 Transtional에서 유효하고 WAI 1단계를 준수할 수 있다.

대부분의 디자이너들이 웹표준을 적용해서 프로젝트를 수행하려고 할 때 자신들이 원하는 수준까지 표준에 대한 적용을 하지 못할 것이라는 걱정을 한다. 예를 들어 고객이(또는 상급자가) 넷스케이프 4나 인터넷 익스플로러 5.0을 사용하기 때문에 특정 프로젝트에 순수 CSS 레이아웃을 사용할 수 없다고 말한다. 맞는 말이기는 하지만 그렇다고 해서 유효한 마크업이나 정확한 CSS를 사용하고 9장에서 나오는 이중 스타일시트 방식을 사용해서 여러 개의 브라우저들에서 적절하게 보이도록 하는 등의 작업을 못하는 것은 아니다.

나의 에이전시에서는 웹표준과 접근성을 숭배하지만 우리가 사용하는 방법이나 어떤 표준의 기준에 의해서 작업을 하는지는 상관없다. 프로젝트에 가장 적합한 방법을 사용하는 것뿐이다. 영업을 위해서는 두 가지만 한다.

- 제안서에 어떤 기술이 사용될지를 정확하게 명시하고, 설명을 간단하고 직설적으로 해둔다. 예를 들면 "마크업에는 현재의 표준인 XHTML 1.0 Transitional이 사용된다." 고객이 이 제안서를 받아들이고 계약서에 사인을 하면, 명시된 표준을 사용하는 '허가'를 받은 것이고 더 이상의 억지를 부릴 필요는 없다. 구식 브라우저에서 보이는 결과에 대한 영향도 역시 제안서에 상세하게 명시되어 있어야 한다.

- 작업을 시작하면서 여러 가지를 고객에게 보여주지만 기술적인 면을 잘 알고 있는 고객과 상대를 할 때에도 기술적인 부분에 대한 것은 최소한으로만 다룬다. 디자인을 개편하고 나서 대역폭은 이전의 사이트보다 1/3정도로 줄었고 몇 번을 수정하거나 업데이트해도 포맷을 유지하는(오히려 더 나아진 포맷이 된) 결과물을 만들어 내도 우리는 "CSS로 만들어서 가능합니다" 같은 소리는 하지 않고 대신 "포맷을 보호하는 시스템을 만들어서 적용하고 대역폭은 현저히 적어졌습니다" 라고 말을 한다. 고객이 우리가 일을 잘 처리한다고 생각하고 지속적인 거래를 하고 싶어한다면 그것으로 사업은 유지되는 것이다.

결과물 자체로 사업이 되게 하라

Hillman Curtis, Inc와 Happy Cog가 Fox Searchlight Pictures 사이트 개편 작업을 공동으로 진행했을 때 고객과 가장 많이 만난 사람은 선임 웹디자이너겸 개발자였다. 우리가 사용한 혼합형 CSS/table 방식 중에 일부는 그에게 다소 생소해서 "사이트가 굉장히 빠르네요" 라고 하면서 계속 놀라움을 감추지 못했다. 기본적으로 최종작업을 하고 나서 스타일 가이드를 같이 넣어주는데 이 스타일 가이드는 사이트의 기술에 대한 부분을 명확하게 설명해 두었다. 하지만 이 경우에서 보듯이 실제로 우리가 영업을 하지 않아도 결과물이 알아서 영업을 한다.

일을 하면서 어느 정도 유명해지기 시작하면 고객은 바로 여러분을 찾기 시작하고 영업은 이제 점차 줄어들게 된다. 어떤 경우에는 포토샵에서보다도 CSS로 디자인을 하는 것이 더 쉽다는 것을 발견하기도 한다. 시간과 단계를 줄여주기 때문이다.

최근에 했던 한 프로젝트에서는 다른 대부분의 프로젝트가 그렇듯이 몇 번의 디자인 수정이 추가되었다. 고객에게 이렇게 말했다. "우리는 CSS 레이아웃을 사용했습니다." 그러자 고객이 "알고 있습니다" 라고 대답했다. 이 방식이 점점 늘어가서 일반적으로 되면 아무런 언급도 필요가 없어질 것이다-지금 GIF나 JPEG 이미지를 전혀 이의 없이 사용하듯이 사용하게 될 것이다.

내부 작업에서의 사용

작업을 맡긴 웹 에이전시에서 벌어지는 상황을 설명했지만 내부작업에서도 마찬가지이다. 기본브라우저와 다른 오래된 문제에 빠져서 허덕이는 것을 피해야 한다. 적절한 항목들을 결정하고 간단하게 문서에 설명하고 바로 작업에 착수하는 것이다. 몇 년 전에 큰 규모의 미국 정부 조직에서 몇 명의 웹개발자들에게 강연을 했다. 그 사람들도 표준에 관심이 있기는 했지만, 그들의 회사에서는 흔히 표준을 사용하는 것을 절대 불가능하게 만든다고 믿고 있는 오래된 비표준 브라우저에(굳이 밝히자면 넷스케이프 4에) 기준을 두고 있는데 불만을 가지고 있었다. 그 생각은 근거 없는 생각이다. 기억하자: 웹표준은 계속 변한다.

이 책의 초판을 쓰고 있을 때 또 한 번의 기회가 있어서 그 회사를 방문했는데, 그때는 분위기가 바뀐 것을 알 수 있었다. 대부분의 사람들이 넷스케이프 7을 사용하고 있었다. 내부에서 개발한 몇 개의 애플리케이션에서 `document.layers`를 사용하고, 넷스케이프 4에서만 사용되는 DHTML의 기능을 사용하기 때문에 몇 명은 아직도 넷스케이프 4를 사용하고 있었고, 이 애플리케이션들은 일부 팀원들에게는 필수였다. 하지만 거기서 포기하지 않고 그 강연의 참석자들은 어떻게 이 애플리케이션들을 W3C DOM으로 변경할 수 있는지에 대해서 토론하고 싶어했다.

아마도 지금 그들은 넷스케이프 7의 자매품인 유명한 오픈소스 모질라 파이어폭스를 사용하고 있을 것이고, 그 내부개발 애플리케이션은 웹표준의 방법으로 다시 만들어졌거나 버려졌을 것이다.

변화의 움직임

이러한 변화들은 곳곳에서 어떤 경우에는 빠르게 어떤 경우에는 느리게 일어나고 있다. 이 변화들은 웹컨텐츠를 만들거나 업데이트 작업을 해야 하는 사람들에게 나타나기 시작한다. 웹이 어떻게 작동하는지와 어떻게 만들어져야 하는지에 대한 생각들이 눈에 보이지는 않지만 깊고 끊임없이 만들어져 가고 있다. 웹표준은 곧 디자인과 사용성, 정보구조 면에서 광범위하게 논의되고 탐구가 될 것이고, 거의 학문의 한 분야처럼 중요하게 생각될 것이다-이것들이 우리 사이트와 우리가 몸담고 있는 웹에 없어서는 안 되는 것들이기 때문이다.

이 책은 방대하고 주의를 기울여 만들어져 있기는 하지만 표준이 웹에서 시사하는 바를 겨우 소개하는 정도에 불과하다. 이 책이나 다른 참고 서적들에서 다루는 내용들보다 CSS나 접근성, 구조적인 마크업, 그리고 DOM에 관한 내용은 엄청나게 더 많다. 그리고 앞에서 언급한 것처럼 문제에 대한 해결책은 이 책에서 보여주는 방법보다 훨씬 더 많이 있다.

두 명의 디자이너를 하나의 방에 두면 분명히 세 가지의 의견을 들을 수 있다. 어느 디자이너도 텍스트나 브랜딩이나 레이아웃 또는 색상에 대해서 서로 찬성하지 않는다. 표준에서도 마찬가지이다.

어떤 책도 모든 사람에게 전부를 알려줄 수는 없고 이 책도 단순히 일반적인 방향을 정해줄 뿐 자신의 길은 자신이 찾아야 한다. 이 책의 역할은 어떻게 웹표준 기술들이 맞물려서 상위 호환이 되는 사이트를 만드는지를 이해하는데 도움을 주는 것뿐이다-그리고 그 방법을 따라가는데 약간의 팁을 주는 것도 있다.

이전에 사용하던 방법으로 사이트를 디자인을 하면서 3년이 지났을 때 방황을 한 적이 있었고 그 뒤로 이 책의 기본이 되는 이해의 단계에 도달하는데 8년이 걸렸다. 어쩌면 여기서 다룬 내용들의 일부나 또는 전부를 반대할지도 모른다. 중요한 것은 작은 차이점에 집착하거나 한두 가지 사소한 문제에 대해서 확신이 없다는 이유로 전부를 거부하지는 말아야 한다는 것이다. 그리고 현재의 웹프로젝트가 최대한 많은 사람에게 오랫동안 그리고 최저의 비용으로 만들어질 수 있도록 하는 것이 중요한 점이다.

지금 시작하지 않는다면, 언제 시작할 수 있을까? 당신이 하지 않는다면, 누가 할 것인가?

part I

이미 문제는 발생해 버렸다

시작하기 전에   11
웹사이트의 99.9%는 시대에 뒤떨어진다   21
표준에 맞춰 디자인하고 제작하기   43
표준화가 어려운 이유   73
파인더빌러티, 발행, 블로그, 팟캐스트, 롱테일, Ajax   101

Intro

시작하기 전에

이 책은 최신 브라우저와 스크린리더, 무선기기뿐만 아니라, 향후 미래까지 포함하여, 보다 적은 비용으로 효율적으로 사이트가 운영되고, 보다 많은 사람들이 접속하기를 바라는 디자이너, 개발자, 그리고 사이트 관리자를 위한 책이다.

우리들 대부분은 빠르게 발전하는 웹 기술로 인해, 기존의 웹과 웹 기술이 어쩔 수 없이 진부해져 버리는 것을 경험한 적이 있다. 기능이 향상된 브라우저나 새로운 인터넷 기기가 나오게 되면, 이제 막 작업을 끝낸 (혹은 작업하고 있는) 사이트라 하더라도 새롭게 만들어져야 할 정도이다.

우리가 하는 것은 단순히 재구축하는 작업이다. 방문자가 요청한 사항을 추가하거나 사용성을 높이기 위한 작업이 아니라, 단지 기획과 개발주기보다 훨씬 앞질러 예산을 초과하게 만드는 새로운 브라우저와 기기에 맞추기 위한 작업을 너무나 자주 하고 있다.

다행스럽게도, 새로운 브라우저나 기기가 사이트를 망가뜨리지 않는 경우도 있지만, 모든 브라우저에서 똑같이 보이고 동작되게 하기 위한 '하위 호환성'이라 불리는 기술은 상당한 인력과 비용을 필요로 하게 된다.

우리는 웹에서 사업을 하는데 드는 이러한 비용에 너무 익숙해져 있다. 하지만 이제 더 이상 이 많은 비용을 다 감당할 수가 없게 되었다.

■ 증가하는 비용, 줄어드는 효과

정리되지 않은 코드, 복잡하게 중첩된 테이블 레이아웃, <font> 태그와 필요 없는 소스들로 인해 웹사이트의 전송량은 두세 배로 증가하게 된다. 방문자들은 페이지가 로딩될 때까지 한없이 기다리면서 그 비용을 지불하게 된다. 아니면 기다리다 지쳐서 떠나버리기도 한다. 일부 방문자들은 참을성 있게 기다려 로딩된 사이트를 접하게 되지만, 여러 가지 이유로 인해 접근이 가능하지 않을 수도 있다.

서버들은 겨우 20명 정도를 만족시킬 만한 60 킬로바이트 용량의 페이지를 천천히 로딩하는데 비용을 지불한다. 또한 사이트의 대역폭을 유지하기 위해 호스팅 업체에게 돈을 낭비하고 있다. 우리가 끌어들인 더 많은 방문자들은 보다 많은 비용을 발생시킨다. 사이트에 맞는 특별한 디자인에 부응하기 위해서는 데이터베이스도 현재의 용량보다 더 많은 쿼리를 처리해야 하는데, 이는 단계적인 비용 상승을 가져오게 된다. 결국, 이러한 요구(증가한 방문자뿐 아니라 증가된 마크업과 코드)들을 해결하기 위해 추가적으로 서버들을 빌리거나 구입해야 하는 것이다.

또한, 몇가지 다른 방식(다양한 방문자의 환경에 맞춰 여러 가지 버전으로 적절하게 제공하는)으로 코딩하는 프로그래머들에게 지불되어야 하는 비용은 고스란히 개발 비용의 증가로 이어져 예산을 낭비하게 될 수도 있다. 새로운 버전의 브라우저와 무선기기가 등장함에 따라, 그런 디바이스(브라우저나 무선기기)들까지 포용하기 위한 작업 비용 때문에 예산은 남아나질 않을 것이고, 이러한 악순환은 계속 반복되게 된다.

 최신 버전의 브라우저로 사이트를 방문했을 때, 그 브라우저보다 구 버전의 브라우저에 최적화되어 있으니 사용을 권장한다는 문구를 보게 되는 어이없는 경험을 우리들은 이미 많이 해왔다. 물론 사이트 관리자들이 멍청하거나 생각이 없는 것이 아니다. 단지 '끝없이 반복되는 업그레이드'에 예산을 낭비하고 더 이상 지불할 돈이 없게 된 것이다.

예산 부족이 아닌 또 다른 문제는, 무엇이 투자에 대한 최적의 결과물로 나타날지에 대한 지식이 부족하거나 혹은 그것을 잘못 알고 있는 경우이다. 얼마 전 보고된 바에 따르면, '커뮤니케이션이 세상을 바꾼다'라는 슬로건을 가진 'Conntected Earth'에서 100만 파운드(글 쓰는 시점 기준, 약 180만 달러)의 비용을 들여 사이트를 개편했다. 사이트 개발로 예산이 낭비되었음에도 불구하고, 그 사이트는 현재 존재하는 거의 모든 최신 브라우저에서 호환되지 않는다. 모질라[01]와, 넷스케이프 6/7버전, 오페라[02]에서 접근이 거부되었다. 이유는 운이 없게도, 이 사이트는 윈도우 시스템 기반이 아닌, 맥킨토시 기반(맥킨토시에서 사용하는 인터넷 익스플로러 포함)의 사용자들에게는 호환되도록 개발되지 않았기 때문이다.

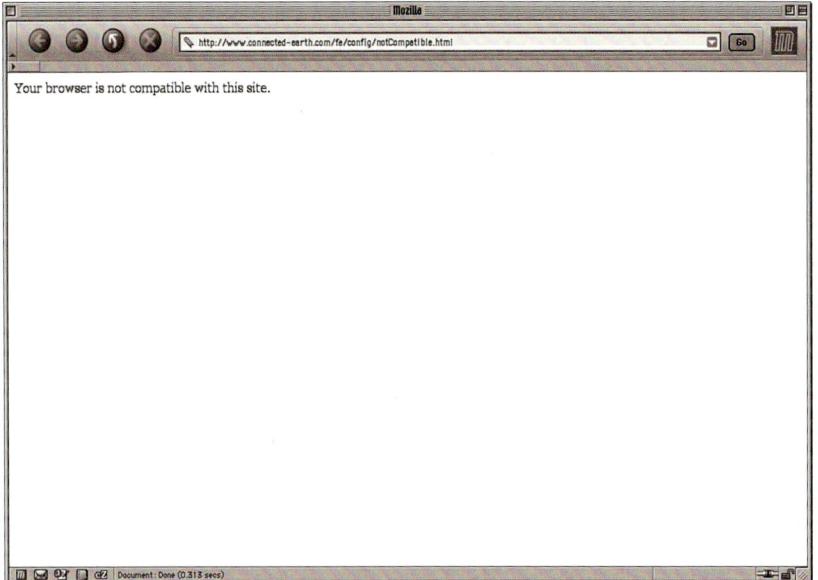

01

엄청난 개발 비용을 들였음에도 불구하고, Connected Earth는 거의 모든 최신 브라우저에서 호환되지 않는다. 다른 플랫폼의 모질라, 넷스케이프 6/7버전, 오페라 브라우저도 고려하지 않았고, 맥킨토시 운영체제에서의 인터넷 익스플로러나 다른 브라우저를 사용하는 사용자도 고려하지 않았다(www.connected-earth.com).

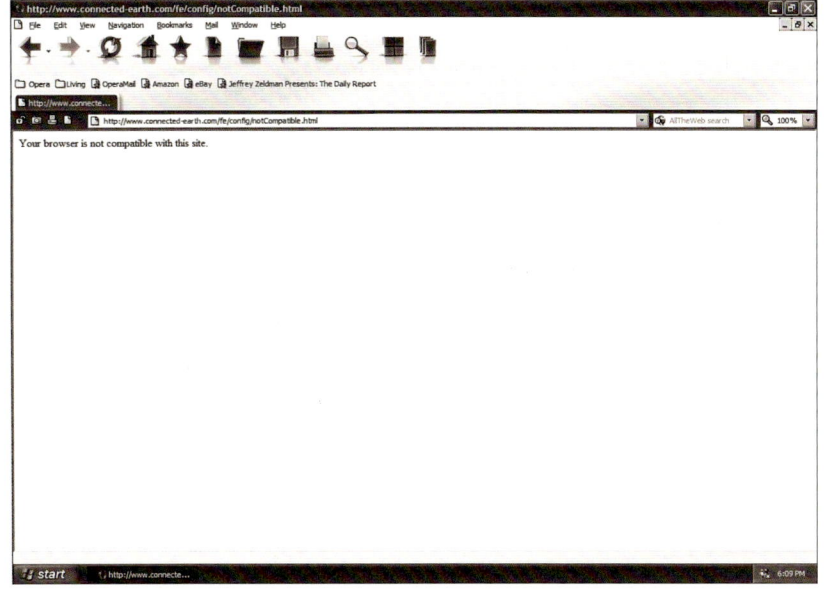

02

윈도우 XP에 설치된 오페라 7에서 본(정확히 말하자면 볼 수 없는) 같은 사이트. Connected Earth의 기술적인 문제들은 이 책에 설명된 방법들로 해결이 가능했다. 회사도 진지하게 이를 수용했다.

좋은 소식: 이 책에서 다루는 표준을 이용해 새롭게 사이트를 개편한 뒤로, Connected Earth의 웹사이트는 그동안 접근할 수 없던 수백만의 사용자들이 사용할 수 있게 되었다(나쁜 소식? 회사는 웹표준으로 만세를 부르기 이전에 이미 100만 파운드(180만 달러)를 날렸다는 것이다).

예산을 초과하는 재작업 비용의 부담으로 인한 폐물로 전락하건, 처음부터 구식의 사양을 가지고 만들어진 사이트이건 간에, 결과는 마찬가지이다. 즉, 잠재적 고객의 꾸준한 증가 추세는 둔화된다는 것이다. 결국, 100만 파운드를 들였건 천 달러를 들였건, 목적은 정보를 보여주기 위한 것이 아닌 방문자를 오게 만드는 것이다. 다행스럽게도, 두 가지 문제를 풀 수 있는 해결책 또한 같다.

■ 구식화의 악순환 끝내기

월드와이드웹 컨소시엄(World Wide Web Consortium, 'W3C는 무엇인가?' 참조)과 여러 표준화 단체들이 함께 만들고, 최신 브라우저와 기기들이 지원하는 기술들은 표준과 브라우저가 발전하더라도, 계속 사용할 수 있는 사이트 디자인을 가능하게 해준다. 고난을 겪어본 업계의 베테랑들은 이러한 주장에 다소 회의적일 수도 있겠지만, 이 책에서 해결 방법을 알려 줄 것이다.

이 책은 머지않아 진부해질 수 있는, 통찰력 없이 제작된 '솔루션'을 위해 부족한 시간과 돈을 낭비할 필요 없이, 잠재적인 방문객들도 염두에 두고, 데스크탑을 넘어 현재와 미래의 웹을 위한 디자인을 할 수 있으며, '만들고, 버리고, 다시 만드는' 악순환의 고리에서 빠져 나갈 수 있는 방법을 알려 줄 것이다.

이 책은 이론가를 위한 책이 아니라, 실질적으로 일을 해야 하는 작업자를 위한 책이다. 또한 현명한 조언과 증명된 기술을 찾아서 기술과 생각을 향상시키고, 더 많은 방문자와 고객들이 원하는 멋진 웹사이트를 만드는 창의적인 사업 전문가를 위한 책이다.

디자이너와 개발자들은 자신들이 가지고 있는 마크업과 코딩 기술이 시간이 지나면 진부해지는 것을 피하며, 다양한 브라우저와 기기에서 작동할 수 있는 웹사이트를 만들 수 있게 될 것이다.

사이트 관리자는 세부적인 업무에서 끊임없이 반복작업으로 발생하는 비용의 낭비를 막을 수 있을 것이다. 그리고 상위 호환이 가능한 사이트 제작을 위한 필수 문서들을 작성하는 방법도 알게 될 것이다.

> **W3C는 무엇인가?**
>
> 1994년에 설립된 월드와이드웹 컨소시엄 (W3C, http://www.w3.org)은 웹의 성장을 촉진시키고, 웹 기술들이 상호 협조적으로 사용될 수 있도록 하기 위한 조항과 가이드라인을 제정한다. 이 조직에는 대략 500명 정도의 구성원들이 소속되어 있고, 디렉터는 1989년 웹을 창안한 팀 버너스리(Tim Berners-Lee, http://www.w3.org/People/Berners-Lee)이다. W3C에 의해 만들어진 이 세부 사항에는 HTML, CSS, XML, XHTML 그리고 표준 Document Object Model(DOM) 등을 포함하고 있다.
>
> 몇 년 동안 W3C는 의도한 것은 아니지만 넷스케이프나 마이크로소프트 같은 회원 업체들이 엄격하게 지키지 않아도 되는 '권고안'을 적용해왔다. 1998년 설립된 '웹표준화 프로젝트(The Web Standards Project, www.webstandards.org)'는 W3C의 주요 권고안을 '웹표준'이라고 명칭을 다시 정의하여, 모든 브라우저와 인터넷 기기의 중요한 구성요소로서 정확하고 완벽한 지원이 될 수 있도록 재조정하는 활동을 펼쳐왔다.
>
> 다른 표준화 단체로는 ECMAScript 언어로 잘 알려져 있는 유럽 컴퓨터 제조업자 협회(ECMA)가 있는데 보통 '표준 자바스크립트'로 더 친숙하다.

■ 상위 호환성이란 무엇인가?

이 책에서 자주 '상위 호환성'이라는 말을 사용한다. 이것의 정확한 의미는 무엇일까? 여기서는 올바른 방법으로 디자인 되고 개발되어 웹 상에 퍼블리싱된 모든 페이지들이 다양한 브라우저와 플랫폼 그리고 인터넷 기기들에서도 잘 작동한다는 것을 의미한다. 그리고 이는 새로운 브라우저나 기기들이 생겨나도 마찬가지로 제대로 작동된다는 것을 의미한다. 공개표준^{Open Standards}이 이러한 것을 가능하게 해준다.

또 하나 매력적인 것은, 표준에 맞춰 디자인을 하게 되면, 특별한 요청이 있는 사람들에게는 더 높은 접근성을 부여할 수 있으며, 생산과 유지에 소요되는 비용은 낮출 수 있다(적은 비용으로 더 많은 사용자들에게 홍보 효과가 있고, 접근성에 관한 소송이 일어날 가능성을 줄일 수 있다는 의미이다).

여기에서 말하는 '웹표준'은 어떤 의미일까? '웹표준화 프로젝트'에서 의미하는 바와 같다. 즉, XHTML과 XML같은 구조적인 언어와, CSS와 같은 표현을 위한 언어, W3C DOM과 같은 객체 모델, 그리고 ECMAScript와 같은 스크립트 언어까지 이 책에서 다루게 될 이 모든 언어들을 의미한다.

작업 그룹의 전문가들에 의해 잘 다듬어진 이러한 기술들은 최대한 많은 수의 웹 사용자들에게 최고의 서비스를 제공하기 위해 주의 깊게 설계되었다. 이와 함께 이러한 기술들은 합리적이고, 접근성도 높으면서, 세련되고, 비용절감을 할 수 있는 웹 개발의 지표를 마련했다(사이트 관리자: 여러분은 이 책에 있는 기술적인 부분은 신경 쓰지 않아도 된다. 단지 직원들과 업체가 이러한 것들을 알 수 있도록 하면 된다).

표준을 지원하는 브라우저는 어떤 의미일까? 모질라Mozilla의 파이어폭스firefox(이하, 파이어폭스), 오페라 소프트웨어Opera Software의 오페라(이하, 오페라), 애플Apple의 사파리Safari(이하, 사파리), 그리고 마이크로소프트의 인터넷 익스플로러(이하, 인터넷 익스플로러) 6버전 이상과 같이 XHTML, CSS, ECMAScript, DOM을 지원하고 폭넓게 이해하고 있는 제품들을 말한다. 이러한 브라우저들이 표준 사항들을 빠짐없이 완벽하게 지원할까? 물론 아니다. 지금까지 나온 어느 브라우저도 버그가 없는 것은 없다. 더욱이 표준들은 그것들 자체로 상당히 정교하고 매우 복잡하게 서로 연관되어 있다.

표준을 지원한다는 측면에서 다른 것들에 비해 더 나은 브라우저가 있을까? 현업에 있는 모든 개발자들은 이 질문에 대한 답을 알고 있을 것이다. 이 책이 출간되는 시점에서 인터넷 익스플로러 6은 파이어폭스나 오페라, 사파리만큼 표준을 지원하지 않는다. 하지만 인터넷 익스플로러가 브라우저 시장을 잠식한지 5년이 지난 지금, 마이크로소프트는 이전 버전의 인터넷 익스플로러보다 표준을 훨씬 더 많이 지원하는 새로운 버전의 인터넷 익스플로러를 출시하려고 하고 있다. 이 책을 읽고 있는 시점에는 이미 인터넷 익스플로러 7이 출시되어 컴퓨터에 설치되어 있을 것이다.

방문자가 인터넷 익스플로러 5.5버전 이후로 컴퓨터를 업그레이드 하지 않았다고 하더라도, 2000년 이후로 출시된 브라우저들은 구식 방법을 사용하지 않아도 될 만큼 잘 만들어져 있고, 더 잘 작동하고, 표준에 맞게 디자인되어, 더 많은 사용자를 만족시킨다. 그리고 표준은 애초에 포괄적이기 때문에 상위 호환적인 방식이기는 하지만 오래된 브라우저나 기기들을 사용하는 사람도 수용이 가능하다.

■ 규정도 없고 정석도 없다.

이 책은 정석을 위한 책은 아니다. 웹사이트를 만드는데 정해진 최고의 방법은 없고, 자신의 작업에 표준을 올바르게 적용하는 사람도 없다. 이 책은 어떤 사이트나 업무에 더 적합할 수 있는 과도기적인 접근을 버려가면서까지 엄격한 표준을 지키라고 주장하지 않을 것이다. 모든 W3C의 권고안이 완벽하다고 느껴지는 것 때문에, 웹표준이 실제보다 높게 평가되지는 않을 것이다.

(솔직히 필자도 완벽하게 웹표준으로 무장하고 있는 것은 아니다).

(이 책은) 작업을 진행하면서 알아야만 하는 인터넷 익스플로러와 다른 최신 브라우저에서 종종 발생하는 일시적이고 거북한 문제들에 대해 알려줄 것이고, 일부 고지식한 방문자들이 사용하는 오래된 브라우저에 대처할 수 있는 전략을 알려줄 것이다.

이 책이 여러분에게 거짓말을 하지는 않을 것이다. 일부 표준들은 조금 애매할 수도 있고, 그에 맞게 대처할 수 있는 '최선의 다른 방식'을 만들기도 하고, 브라우저 개발에 느슨하게 적용되도록 하기도 한다. 내가 2002년에 이 책의 초판을 썼을 당시 사람들을 애타게 만들었던 CSS 2.1 버전은, 2006년 두 번째 책을 쓰는 지금도 여전히 완성되지 않았지만, CSS 2 버전을 수정해서 좀 더 명확히 하겠다고 약속했다. WCAG 2.0도 마찬가지로 조금은 퇴색된 1.0의 접근성 스펙이 명확하게 정리되길 바란다. 이 책을 통해 표준의 모호한 부분과 표준화 커뮤니티가 합의에 도달한 부분에 대해서 설명할 것이다.

또한, 시멘틱semantic 마크업과 XHTML의 장점에 대해서 알아보기는 하지만, 모든 사이트의 모든 페이지에 사용된 태그들 전부가 구조적이어야 한다고 말하는 것은 아니다. 그리고, 모든 사이트들이 지금 당장 HTML에서 XHTML로 바뀌어야 한다고 주장하지도 않을 것이다. 단지, 그것을 실행하고 싶어하는 사람들에게 XHTML의 장점을 알려주고 싶을 뿐이다.

나는 웹 페이지의 레이아웃을 작업할 때는 기존의 HTML 테이블 방식보다 CSS로 작업할 것을 꾸준하게 주장해왔다. CSS 표준은 개발자와 사이트 방문자 양쪽 모두를 위해 많은 문제를 해결해준다. 이 책의 초판이 나온 이후로 CSS 레이아웃은 대세로 기울었다. 개인 사이트보다 수천 배 많은 트래픽을 가진 사이트에서, 이러한 현상을 발견할 수 있을 것이다.

아직도 테이블 레이아웃은 사라지지 않았고, 일부 디자인에서는 더 적합하기도 하다. 마크업이 의미있지semantic는 않아도, 그 안에 들어가는 내용은 의미있을 수도 있고, 표준을 준수하기도 한다. CSS 자체의 장점은 더할 나위 없이 매력적이지만, 선택은 여러분의 몫이다.

일부 웹표준 지지자들은, 플래시나 퀵타임QuickTime 같은 유명한 기술들은 웹에서 설 자리가 없을 것이라고 생각한다. 이론가들에게 이러한 태도는 옳을지 모르겠지만, 그 외 나머지 작업자들에겐 해야 할 일이 있고, 플래시나 퀵타임 같은 기술들이 어떤 작업에서는 최선의 방법이 되기도 한다. 이 책에서는 마크업과 접근성에 관련된 경우를 제외하고는 이러한 기술들에 대한 언급이 많지는 않을 것인데, 이는 단지 플래시나 퀵타임을 선호하지 않기 때문이 아니라 이 책의 범위를 벗어나기 때문인 것이다.

03

하루 100만 명의 방문자를 가진 ESPN.com은 실험적인 디자인 기술을 사용해보기는 힘들다. 그래서 ESPN.com이 이 책에서 권하는 방법과 CSS 레이아웃을 사용하는 것이다.

GIF 포맷 이미지 사용을 반대하는 웹표준 지지자나, CSS로 스타일 정의된 XHTML 대신에 GIF 포맷의 텍스트로 제목(헤드라인)을 만드는 것을 잘못된 것이라고 지적하는 사람을 본 적이 있을 것이다. XHTML을 사용하여 제목(헤드라인)을 지정하는 것이 대부분 권장하는 방법이고, 최선의 선택이 되기도 한다. 하지만 실제로는 상표(브랜드)를 표현하는 데는 문제가 되기도 한다. 자간이 조절된 보기 좋은 GIF 이미지(혹은 PNG)의 사용은 Arial, Verdana, Georgia와 같은 시스템 폰트만을 사용하여 CSS로 작업한 것보다 훨씬 좋은 선택일 수도 있다. 여러분의 사이트이니 선택은의 몫이다.

이론이 아닌 실제

웹표준으로 작업하는데 열정을 가진 사람들을 반대하는 것이 아니다. 실제로는 그 반대이다. 오히려 이런 사람들을 굉장히 존경하고, 친하게 지내는 것을 행운으로 여기기도 하고, 그들로부터 많은 배움을 얻기도 한다.

하지만 이 책은 직접 작업을 하는 디자이너와 개발자, 그리고 그들의 전문적 기술에 돈을 지불하는 고객과 고용주를 위한 책이다. 웹표준에 대한 탐구는 디자인과 컨텐츠의 문맥, 그리고 마케팅 이슈에서 비롯되었다. 나의 목표는 여러분을 웹표준의 세계로 인도하고, 여러분이 모든 디자이너와 고객이 만족할 수 있는 결정을 내리도록 도와주는 것이다.

(이 책에서) 한 가지 확고하게 고집하는 것이 있다면, 그것은 일반적으로 비즈니스에 투입되는 비용이 너무 높다는 것이다. 이 책을 읽는 어느 누구도 과거의 단편적인 방법들을 사용하여 오늘날의 웹사이트를 디자인 하는 것을 원하지 않는다.

오래된 기술들도 웹표준이 만들어지기 전까지는 설 자리가 있었고, 주요 브라우저에서도 미약하게나마 지원을 했었다. 하지만 더 이상은 그렇지 않다.

마찬가지로 모든 사이트를 다양한 방문자의 환경에 맞춰 여러가지 버전으로 적절하게 제공하는 다른 방식으로 코딩하는 것은 인터넷 붐이 한창이었던 때와 지나치게 부풀어 오른 예산을 전부 사용해 버려야 할 때에는 적절한 방법처럼 보였다, 하지만 그런 시절은 지나갔다.

여기에 XHTML, XML, CSS, ECMAScript 그리고 DOM이 있다. 그 자체로 끝이 아니라, `<blink>` 태그가 사용될 때부터 사이트 관리자와 개발자에게 골칫거리로 여겨져 왔던 문제들에 대한 합리적인 해결책을 그 요소로 갖추고 있다.

웹표준화 프로젝트란 무엇인가?

1998년에 설립된 웹표준화 프로젝트(WaSP)는 사이트 제작 비용을 줄이고 복잡성을 단순화시키고, 간결하면서 접근성을 마련해주는 스펙(표준)들을 지지하는 디자이너와 개발자들의 모임이다. 이 그룹은 넷스케이프와 마이크로소프트 그리고 다른 브라우저 업체들에게 표준을 정확하고 완벽하게 지원하도록 설득하여 브라우저 전쟁을 종식시키는데 큰 역할을 했다. 이러한 노력 덕분에 현재의 모든 브라우저는 당연한 결과로 웹표준을 지원하고 있다.

또한, 이 그룹은 개발 툴 제작업체(예를 들면, 드림위버를 제작한 사람들)나 사이트 관리자, 디자이너들과 함께 작업하고 있다. 웹표준화 프로젝트(WaSP)는 주로 권고하는 활동을 하고, 영리를 목적으로 사업을 하지 않으며, 활동에 대한 금전적인 보상도 없다. 나도 이 그룹의 공동 설립자이면서, 회사를 그만두기 전 몇 년간은 리더이기도 했다. 이제 더 이상 공식적인 리더는 없지만, 사실상의 리더는 데이브 시어Dave Shea와 공동 집필한 『Zen of CSS Design』을 포함해 여러 좋은 책을 집필한 몰리 홀즈쉬랙Molly Holzschlag이다. 이 책이 출간될 즈음, 웹표준화 프로젝트(WaSP)는 새롭게 출시되는 인터넷 익스플로러 7버전의 CSS 버그를 발견하고 제거하기 위한 작업을 마이크로소프트의 기술자들과 하고 있다.

■ 꼭 이 책을 읽어야 할까?

낡은 웹의 재앙을 걷어내고 다음 단계로 전진하기 위해서 디자이너와 개발자들은 웹표준을 사용하는 법을 배워야 하고, 사이트 관리자는 그들의 사업에 웹표준이 얼마나 도움이 되는지 알아야 한다.

웹표준이라는 새로운 사실은 그것 자체로는 명확하다고 할 수 없을 것이다. 사업가들이 W3C 웹사이트를 꼼꼼하게 찾아보거나 숨겨진 문서를 판독할 리도 없고, XHTML이나 CSS와 같은 애매한 머리글자로 된 약어들이 어떻게 이익을 증대시켜 줄 수 있는지 찾아내기도 어려울 것이다. 또한 과중한 업무에 시달리며 마감에 쫓기는 디자이너와 개발자들도 새로운 웹 기술을 알기 쉽게 설명한 설명서나 메일링 리스트를 찾아볼 시간이 그리 많지 않다.

표준을 정착시키기 위해서는 적절한 책이 필요했고 웹표준화 프로젝트의 공동 설립자이자 수년 간의 리더로서 저자가 그 일을 하게 되었다.

아마도 이 책을 읽는 독자들은 웹의 기술적인 기반보다는 그래픽 디자인이나 정보 구조^{information} $_{Architecture}$ 혹은 사용성에 대해 더 알고 싶어할 것이다. 나 역시 그러한 것들에 대해서 쓰고 싶다. 하지만, 특정 브라우저나 기기에서 동작을 하지 않는다면, 디자인, 설계, 사용성에 대한 우리의 노력은 헛수고에 불과할 것이다. 프레임 수와 렌즈, 녹음 기술에 관한 협의가 없으면 영화를 찍을 수가 없는 것과 마찬가지로 웹 디자인과 개발의 지속적인 성장은 웹표준의 도입에 달려있다. 이러한 표준이 없다면 진정한 사용성이나 디자인으로의 일관된 접근법도 없을 것이다.

웹은 지금까지 나온 어떤 매체보다 빠른 성장을 해왔다. 하지만 웹의 상업적인 성공은 산업의 표준이 개발되기 이전에 이루어졌고, 이는 독점적 브라우저로 인해 시대에 뒤떨어진 제품(웹사이트)을 꾸준히 개발하거나, 끊임없이 새롭게 개발되고 있는 기기의 출현이라는 위험한 위치로 우리 모두를 내몰았다. 우리 모두는 제품생산에 너무 바쁜 나머지 우리가 일하고 있는 방식에 대한 의문을 제기할 시간이 없었다. 하지만 계속 작업하고 제품을 생산하려고 한다면, 이제는 의문을 제기하고 방법을 바꿔야 할 때이다.

웹표준은 우리 모두가 오늘날 그런 것처럼 이후로도 제대로 동작할 수 있는 세련되면서 아름다운 사이트를 만들 수 있게 해주는 도구이다. 이 책에서는 각각의 표준이 하는 역할을 설명하고 상위호환이 가능한 사이트를 만드는데 어떻게 협업이 가능한지를 설명할 것이다.

선택은 여러분의 몫이다.

01장

웹사이트의 99.9%는 시대에 뒤떨어진다

초라한 개인 홈페이지에서부터 수백만 달러 규모의 대기업 사이트까지, 오늘날 많은 웹사이트들이 거의 똑같은 병으로 괴로워하고 있다. 이 병은 웹 산업에서 면역력이 강해진 규범처럼 교묘하게 그 모습을 드러내지 않는다. 비록 웹사이트의 관리자들은 아직 모르고 있겠지만, 99.9%의 웹사이트는 시대에 뒤떨어져 있다.

이러한 사이트들은 평소 우리가 사용하는 컴퓨터의 브라우저에서는 제대로 보이고 작동한다. 하지만 결점을 관대하게 받아들이는 환경을 벗어나게 되면, 이 병의 징후와 현상을 금방 확인할 수 있을 것이다.

인터넷 익스플로러, 오페라, 사파리, 그리고 모질라(파이어폭스, 카미노, 넷스케이프 네비게이터를 만든 Gecko 기반의 오픈 소스 브라우저)의 최신 버전 브라우저에서 공들여 만든 레이아웃은 망가지기 시작했고, 많은 비용을 들여 개발된 기능들은 동작을 멈추고 있다. 이러한 주요 브라우저들이 발전해감에 따라, 사이트의 성능은 점점 더 악화되어 가고 있다.

'비주류' 브라우저나, 장애인들이 사용하는 스크린리더, 그리고 폭발적으로 증가하고 있는 PDA에서부터 인터넷 접속이 가능한 휴대전화에 이르기까지, 이러한 기기를 통한 사이트 접속은 거의 불가능한 반면, 별로 중요하지 않은 기능들은 잘 작동된다. 사이트 관리자와 개발자들은 일반적인 브라우저 중심의 개발을 위해 필요와 예산에 따라, '비주류' 브라우저와 휴대 기기 등에 대해서는 완전히 무시하거나, 약간의 마크업과 코드를 추가하여 일부분만 지원하는 정도이다.

이런 낡고 가치없는 업계의 관행들을 깨닫고, 의도했던 목적을 이루지 못하면서 증가하는 비용과 웹개발의 복잡성을 이해하기 위해서는 현재 사용하는 브라우저를 살펴보고, 과거의 비표준 브라우저들과 어떻게 다른지 확인해봐야 한다.

최신 브라우저들과 웹표준

이 책에서 말하는 '최신', '표준 지원'을 하는 브라우저는 HTML, XHTML, CSS, ECMAScript, DOM을 인식하고 지원하는 브라우저들을 말한다. 그리고 이러한 요소들은 표현을 위한 마크업이나 호환성 없는 스크립트 언어 등으로 인한 '끊임없는 진부화'를 극복하게 해주는 표준들이다.

표준을 지원하는 최신 브라우저로는 최고의 찬사를 받은 오픈 소스 파이어 폭스 1.5와 그의 형제격인 넷스케이프 네비게이터 8, 인터넷 익스플로러 6과 이후 버전, 애플의 사파리 2.0, 오페라 8.5와 같은 브라우저들이다(혹시 다른 표준 지원 브라우저를 빠뜨렸다면, 일부러 무시한 것이 아니라 이 책이 쓰여진 시기가 오래 전이기 때문일 것이다). '표준 지원'이라는 표현을 사용했지만, '시작하기 전에' 장에서 언급했던 말을 기억하자. 어떤 브라우저도 완벽하게 표준을 지원하지 않고, 또 할 수도 없다.

하지만 브라우저가 완벽하게 지원할 수 없다는 것이 표준을 지원하지 않겠다는 이유가 될 수는 없다. 여전히 대다수의 사람들은 인터넷 익스플로러 5나 5.5를 사용하고 있다. 표준의 관점에서 볼 때, 이런 브라우저들은 인터넷 익스플로러 6, 파이어폭스, 오페라, 사파리보다 뒤떨어진다. 이러한 이유로 인터넷 익스플로러 5를 사용하는 방문객들을 포기해야만 할까? 아니면 인터넷 익스플로러 5를 사용하는 방문객들에게 브라우저를 업그레이드하든가 사이트 방문을 하지 말라고 할 것인가? 물론 아니다. 웹표준을 기반으로 하는 디자인과 개발은 '최신브라우저에 맞는 디자인'을 의미하지도 않고, 필요로 하지도 않는다.

> ### 맥Mac용 인터넷 익스플로러 5의 특이한 케이스
>
> 웹표준에 대한 지식이 있는 디자이너들에게 친숙하면서도 동시에 욕을 먹는 맥용 인터넷 익스플로러 5는 표준화의 역사에서 특별한 위치를 점하고 있다. 1990년대 엔지니어 탄텍 셀릭Tantek Çelik은 W3C CSS와 HTML 작업 그룹에서 마이크로소프트 사를 대표하는 인물이었다. 그가 맥용 인터넷 익스플로러 5 개발팀 리더로 임명되었을 당시, 탄텍의 웹표준에 대한 지식과 열정은 대단했다. 또 그는 웹표준화 프로젝트(WaSP)의 핵심 맴버로 웹표준의 최신기술을 연구하고 하나의 컬럼(single column)을 가진 CSS 레이아웃을 적용하기 위한 브라우저 호환 테스트 작업을 하였으며, 웹페이지의 접근성을 높이기 위한 사용자 인터페이스 강화에 힘썼다. 그 결과로 이전의 브라우저보다 더 정확하고 심도 있게 웹표준을 지원하는 브라우저가 나오게 되었다. 2000년도에 폭넓은 사용을 위해 출시된, 맥용 인터넷 익스플로러 5는 최초의 표준 지원 브라우저였다.
>
> 하지만 맥용 인터넷 익스플로러 5의 표준화 지원은 윈도우용 인터넷 익스플로러를 너무 뒤쳐져 보이게 했다. 이런 이유로 마이크로소프트는 탄텍에게 더 이상 브라우저 관련 업무를 맡기지 않았고, 브라우저의 버그는 그대로 남게 되었다. 이런 버그들은 다른 표준 지원 브라우저들이 시장에 나오면서 서서히 모습을 드러내게 되었고, 디자이너들은 CSS를 이전보다 더 엄격하게 사용하기 시작했다. 예상대로 다른 브라우저들이 발전하는 동안 맥용 인터넷 익스플로러 5는 더 이상 발전할 수 없게 되었고, 사용자는 점점 줄어들었다. 결국 2006년 1월, 마이크로소프트는 공식적으로 맥용 인터넷 익스플로러 5의 개발을 중지하게 되었다.
>
> 오늘날 디자이너들은 맥용 인터넷 익스플로러 5의 이런 개척적인 면에 감동받기보다는 잘 만들어진 CSS 레이아웃을 제대로 지원하지 못하는 것에 더 실망을 느낀다. 지금은 사라진 브라우저에 대해 평가를 하자면, 맥용 인터넷 익스플로러 5의 표준 지원은 마이크로소프트에게 윈도우용 브라우저에 더 많은 표준을 지원할 수 있도록 힘을 실어주었다. 그런 맥용 인터넷 익스플로러 5의 사례와 같은 일이 없었다면, 우리는 여전히 아무 생각 없이 테이블 레이아웃 작업을 하고 있을 것이다. 이와 더불어 텍스트 확대 기능과 같은 유용한 맥용 인터넷 익스플로러 5의 기술들이 비록 아직은 윈도우용 인터넷 익스플로러에는 탑재되지 않았지만, 파이어폭스, 사파리 등 최신 브라우저에는 이 기술들이 사용되고 있다.

또, XHTML, CSS를 사용한다고 해서 넷스케이프 4 사용자들을 포기해야 한다는 것은 아니다. 하지만 표준에 맞게 제대로 디자인되고 개발된 사이트라고 해도 넷스케이프 4에서 표준을 지원하는 브라우저에서 보이는 것처럼 픽셀단위까지 똑같이 보이지는 않는다. 사실 그건 디자인하는 방법에 따라 완전히 다르게 보일 수도 있다. 그래도 괜찮을 것이다(왜 그런지는 2부에서 설명할 것이다).

새로운 작업을 위한 새로운 코드

최신 브라우저들이 단순히 예전과 똑같은 브라우저의 새 버전만을 의미하지는 않는다. 이전 버전의 브라우저와는 근본적으로 다르다. 많은 브라우저들이 기본부터 완전히 새롭게 만들어졌다. 모질라 파이어폭스, 카미노, 넷스케이프 7 그리고 Gecko 기반 브라우저들은 넷스케이프 4의 새로운 버전이 아니다. 맥용 인터넷 익스플로러 5는 맥용 인터넷 익스플로러 4에서 업데이트된 것이 아니다. 오페라 7 같은 경우도 이전의 오페라 브라우저와 같은 코드로 만들어진 것이 아니다. 이런 브라우저들은 새로운 작업을 하기 위해 웹표준을 최대한 완벽하게 지원할 수 있도록 새로운 코드로 만들어졌다.

반면, 1990년대 브라우저들은 독자적인 기술(넷스케이프 전용, 익스플로러 전용)에 중점을 두었고, 웹표준에는 거의 신경쓰지 않았다. 비록 이전 브라우저들에서 몇몇 표준은 무시되었지만, 개발상 큰 어려움은 없었다. 예를 들어, 만약 브라우저가 PNG 포맷을 지원하지 않았다면, 개발자들은 PNG 포맷의 이미지를 사용하지 않는다. 문제될 것은 없다. 문제가 될 수 있는 부분은 이러한 이전 브라우저들은 표준을 부분적으로 지원하거나 올바르지 않게 형식적으로만 지원하고 있다는 것이다. HTML과 같은 기본적인 표준을 올바르게 지원하지 않음으로 인해, 검증되지 않은 웹페이지 제작 방법에 기대어 도저히 지지할 수 없는 웹 개발 환경을 만들어 버렸다.

환자의 맹장이 터지면, 유능한 외과의사가 맹장수술을 하게 된다. 하지만 당장 수술할 외과의사가 없다면 어떻게 될까? 만약 술에 취한 인턴이 맹장의 절반을 잘라내고, 다른 장기들도 막 찔러놓고, 마지막으로 봉합하는 것을 잊어 버린다면? 불쾌한 예를 들어 미안하지만, 이것이 건강한 웹을 해칠 수 있는 위험할 정도로 쓸모없고, 불완전하며, 오래된 브라우저에서 표준을 지원하는 것과 같은 상황이다.

만약 넷스케이프 4가 <body> 요소에 적용된 CSS 규칙을 무시하고, 페이지의 모든 구조적인 요소에 무작위로 공백을 삽입하고, 인터넷 익스플로러 4는 <body>는 올바르게 표현하지만 padding을 잘못 적용한다면, 어떤 CSS를 안심하고 사용할 수 있을까? 어떤 개발자들은 CSS를 전혀 사용하지 않았다. 또 어떤 개발자들은 인터넷 익스플로러 4의 결점을 보정하기 위한 CSS를 사용했고, 넷스케이프 4를 위한 또다른 스타일 시트를 새롭게 만들어 사용했다. 모든 브라우저에서 사용 가능하도록 각자 다른 UI와 폰트를 통합하려면, 개발자들은 사이트 방문자들이 사용하는 시스템 운영체제(윈도우 혹은 맥)에 따라 다르게 작업해야만 한다. 일반적으로 리눅스는 제외된다.

분명 CSS만 문제가 되는 것은 아니었다. 브라우저들은 HTML이나 테이블 렌더링 방식, 페이지에 상호작용을 위한 스크립트 사용에 있어서도 일치하지 않았다. 페이지의 내용을 구조적으로 만드는데 정답은 없다(사실 정답은 있지만, 지원하는 브라우저가 없었다). 페이지 디자인을 만드는 방식에도 정답은 없다(역시 있었으나 지원하는 브라우저가 없었다). 또 사이트에 세부적인 움직임을 추가하는데 또한 정답은 없다(역시 있었으나 지원하던 브라우저가 없었다).

점점 늘어나는 비호환성에 맞서기 위해, 디자이너와 개발자들은 각기 다른 결함을 가진 브라우저에 맞추기 위해 비표준 마크업과 코드를 사용하기에 이르렀다. 그것이 하나 이상의 브라우저나 운영체제에서 작동할 수 있도록 하기 위한 방법이었다. 하지만 오늘날 같이 모든 브라우저가 공개 표준을 지원하는 상황에서 그것은 올바른 방법이 아니다. 이런 잘못된 개발 방법이 여전히 남아 있어서 부족한 자원을 잡아먹게 되고, 웹을 망가뜨리며, 접근성이 낮아지고 사용하기 힘들게 되면서 의도했던 것보다 더 많은 비용이 발생하게 된다.

■■■ 버전 문제

비표준 마크업과 코드의 여러 버전들은 브라우저에서 비표준 유연quirk 모드로 적용되게 되는데, 이는 대부분의 사이트와 관리자들을 괴롭히는 반복되는 진부화의 원인이다. 골대는 계속 멀어지고 게임의 법칙은 항상 변한다.

비록 비용도 많이 들고, 쓸모도 없고, 유지하기 힘들지만, 이러한 비표준 방법의 사용은 필요 없는 상황에서도 계속된다. 많은 개발자들이 웹표준을 지원하는 브라우저를 웹표준을 지원하지 않는 브라우저처럼 사용한다. 그래서 인터넷 익스플로러 6을 인식하는지 체크하는 스크립트를 사용하고, 인터넷 익스플로러 6이 표준 ECMAScript와 DOM을 지원함에도 불구하고 마이크로소프트의 전용 스크립트를 사용한다. 또한 ECMAScript와 DOM을 지원하는 최신 모질라 브라우저를 위해 스크립트 작업을 따로 해야 한다고 느낀다.

이러한 사례에서 알 수 있듯이, 여러 브라우저와 기기를 구분하거나 각 버전에 맞도록 스크립트 작업을 하는 것은, 표준을 준수하는 최근에는 필요가 없다. 사실, 필요하지 않다 라기보다 나쁘다는 표현이 옳다. 사이트 관리자가 매번 할 수 있는 것은 아니지만 지속적인 업데이트를 하더라도, 이러한 스크립트는 자주 오작동을 일으키게 된다.

예를 들어, 맥과 윈도우에 설치되어 있는 오페라 브라우저는 스스로를 '익스플로러'로 인식한다. 여러 은행 사이트들과 같이 인터넷 익스플로러에서만 지원하는 사이트에 의해 차단되는 것을 피하기 위해 그렇다. 하지만 인터넷 익스플로러를 위해 실행되는 스크립트 같은 경우 오페라에서는 작동하지 않는다. 오페라가 인터넷 익스플로러로 인식(설치 시 기본적으로 설정)되고 개발자들이 인터넷 익스플로러 전용 스크립트를 쓰는 경우, 사이트는 작동하지 않게 되고 사용자들은 혼란을 겪게 된다. 사용자설정을 변경하여 인터넷 익스플로러로 인식되지 않게 하고 오페라로 인식되게 조정할 수 있다. 하지만 그런 옵션에 대해서 아는 사용자는 별로 없으며, 그렇게 설정을 바꿔야 할 필요성을 못 느끼고 있다.

개발자들은 독자적인 스크립트와 함께, 검색엔진, 비주류 브라우저나 기기에서 접근성이 떨어지는 페이지를 만들면서, 페이지에 접근하기 위해 더 큰 대역폭을 사용해야 하는 '표현을 위한 마크업presentational markup'을 사용한다(이 역시 잠재적인 사용자들이 사이트의 내용을 찾아오기 어렵게 만든다). 이러한 전략들은 주로 브라우저마다 다르게 보이는 문제를 해결하려고 할 때 생기는 또 다른 문제에서 비롯되었다[1.1, 1.2].

여러 버전의 브라우저를 사용하면 끊임없이 증가하는 비용과 알 수 없는 문제들이 생긴다. 'DHTML' 사이트는 넷스케이프 4와 인터넷 익스플로러 4의 독자적인 스크립트 스팩으로 만들어졌는데, 최신 브라우저에서는 작동하지 않는다. 사이트 관리자가 비용을 더 투입하여 사이트 버전을 늘려야 할까? 새로운 버전의 사이트를 위한 예산이 없다면 어떻게 될까? 결국에는 많은 사용자들이 사용하지 못하게 될 것이다.

마찬가지로, 개발자들은 오랜 시간과 자원을 사이트의 '무선' 버전 개발에 쏟아 붓게 되지만, 그들이 개발한 마크업이 곧 시대에 뒤떨어진 코드가 되고, 새로 나온 기기에서는 작동이 안된다는 것을 발견하게 될 것이다. 몇몇 개발자들은 또 다른 버전을 만들어 이 문제를 해결하기도 한다. 그 외의 개발자들은 '빠른 시일 안에' 새로운 기기에 대한 지원을 하겠다고 웹사이트에 낯부끄러운 공지를 하게 된다.

1.1
2002년, MSN 게임존(zone.msn.com/blog.asp)에서 7가지 스타일시트를 선보였는데, 여전히거의 모든 최신 브라우저에서 제대로 보여지지 않는다. 또한 강력한 브라우저 판별기능이 있는 스크립트를 포함해 14개의 스크립트를 선보였다. 하지만 그것 역시 여전히 작동하지 않는다. 다양한 버전의 코드로 이러한 문제를 해결한 적은 거의 없다.

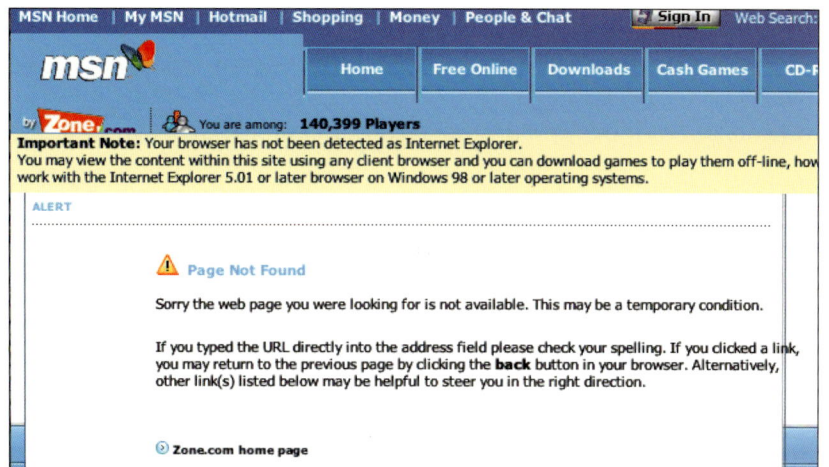

1.2
솔직히 왼쪽의 스크린샷은 4년 전의 것이다. 최근의 이 웹페이지는 더 많은 코드가 추가되면서 상태가 더 안좋아졌다. 마이크로소프트가 처음으로 표준을 지원하는 브라우저를 시장에 도입한 지 6년이 지났지만, 아직까지도 마이크로소프트 사이트의 여러 부분들이 웹표준으로 디자인되었던 처음의 의도대로 작업되지 않은 부분이 많다.

예전 방식에 익숙한 많은 디자이너와 개발자들은 XHTML, CSS와 같은 웹표준 기술들을 수용하고 나서도 요점을 제대로 파악하지 못하고 있다. 다양한 버전 작업을 피하기 위해 웹표준을 사용하는 대신, 많은 보수적인 개발자들은 여전히 브라우저나 플랫폼에 맞게 여러 개의 CSS 파일을 만들어 사용하는데, 이는 작업을 스스로 망치는 일이다[1.1, 1.2].

이러한 방법들은 시간과 돈을 낭비시킨다. 또한 시간과 돈이 풍족한 적도 없었다. 더 나쁘게는 이러한 비경제적인 방법들로는 문제를 해결할 수 없다는 것이다. 사이트는 여전히 제대로 동작하지 않고, 사용자들은 여전히 사용하지 못한다.

이전 버전에 대한 고려

Amazon.com과 eBay.com과 같은 대규모 상업 사이트의 내부를 살펴보자. 복잡한 비표준 마크업, 전용 ActiveX와 스크립트(브라우저 판별 스크립트를 포함), 잘못된 CSS의 사용에 대해서 자세하게 살펴보자. 이런 사이트가 어떤 브라우저에서나 작동하고 있다는 것이 신기할 따름이다.

이러한 사이트들은 넷스케이프 네비게이터나 인터넷 익스플로러의 초기 4세대 브라우저들이 비표준 마크업과 특정 브라우저에 맞는 코드를 허용하지 않았기 때문에, 과거의 주요 브라우저에서는 잘 작동한다. 사실 그들은 자신들의 영역을 넓히기 위한 터무니없는 전쟁에서 승리하기 위해 적당한 구축작업과 독자적인 스크립트 작업을 조장해왔다.

표준을 지원하지 않는 사이트들은 구버전 브라우저에서 잘 작동하는데, 그 이유는 앞서 설명한 '버전 문제' 해결을 위해 특정 브라우저나 플랫폼의 차이를 맞추기 위한 여러 개의 비표준 버전을 만들고, 브라우저들의 차이를 조절하기 위해 많은 비용을 들여 웹 개발툴을 도입했기 때문이다.

내가 알고 있는 어떤 회사는 그럭저럭 쓸 만한 컨텐츠 관리 시스템(CMS)에 100만 달러 이상의 비용을 소비했다. 이런 소프트웨어의 제작업체들은 CMS를 통해서 모든 양식의 비표준 코드들을 한꺼번에 처리할 수 있는 능력을 내세우며, 쓸데없이 사용되는 비용을 부분적으로 정당화하고 있다. 이런 엄청난 비용 낭비에 덧붙여, 이런 잘못된 행동들은 '의미있는 컨텐츠'를 '의미없는 태그의 바다'에 빠뜨려 파인더빌리티(findability, 검색 엔진에서 검색이 잘되게 해주는 web2.0과 연결되는 개념-옮긴이주)에 타격을 입힐 수도 있다[1.3]. 무엇보다도 가장 문제가 되는 것은 인터넷 접속 환경이 좋지 않은 사용자들에게는 '코드의 분리', '복잡하게 중첩된 테이블의 사용', '투명 GIF 간격자 사용', '기타 이미지 핵hack', '업데이트되지 않는 컨텐츠' 그리고 '잘못된 태그와 속성의 사용' 같은 요인들이 쥐약의 역할을 한다는 것이다.

1.3
2001년에 만들어진, 복잡하면서 구조화 작업을 하지 않은 야후의 HTML 마크업에서 중요한 컨텐츠인 '올해의 인물(person of the year)'을 찾아보자.
팁: 찾는데 오랜 시간이 걸렸다면, 독자들이나 검색 엔진들도 마찬가지이다.

```
<map name=m><area alt="My Yahoo!" coords="44,0,106,47" href=r/i1><area alt=Finance coords="121,0,170,47" href=r/f1><area alt=Shop coords="192,0,241,47" href=r/xm><area alt=Email coords="493,0,542,47" href=r/m1><area alt=Messenger coords="558,0,618,47" href=r/p1><area alt=HotJobs coords="634,0,683,47" href=r/hj><area alt=Help coords="699,0,739,14" href=r/hw></map><img width=740 height=48 border=0 usemap="#m" src=http://us.i1.yimg.com/us.yimg.com/i/ww/m6v8x.gif alt="Yahoo!"><table border=0 cellspacing=0 cellpadding=12><tr><td align=center nowrap><font face=arial size=-1><table border=0 cellspacing=0 cellpadding=0><tr><td nowrap><font size=-1 face=arial><b><a href=s/46341>Build a Web Site</a></b> - <a href=s/46342>Open a store</a>, <a href=s/46343>More...</a></font></td><td align=center width=21> </td><td bgcolor=cccccc width=1><spacer type=block width=1 height=16></td><td align=center width=20> </td><td width=18><img src="http://us.i1.yimg.com/us.yimg.com/i/mntl/sh/16/giftbox.gif" alt="Gift Box" width=16 height=16 border=0></td><td nowrap><font size=-1 face=arial> <b><a href=s/46741>Last Minute Gifts</a></b> - <a href=s/46345>Computers</a>, <a href=s/46346>Toys</a>, <a href=s/46347>More...</a></font></td></tr></table></font></td></tr></table><tal cellspacing=0 cellpadding=0 border=0><tr><td><form name=f style="margin-bottom:0" action="r/sx/*-http://search.yahoo.com/bin/search"><table cellpadding=0 cellspacing=0 border=0><tr><td><input type=text size=40 name=p> <input type=submit value=Search>  </td><td><font face=arial size=-2>&#149; <a href=r/so>advanced search</a><br>&#149; <a href=r/z1>most popular</a></font></td></tr></table></form><span style="margin-top:-1em"></span></td></tr><table width=100% cellpadding=0 cellspacing=0 border=0><tr><td height=8></td></tr></table><table cellpadding=0 cellspacing=0 border=0><tr valign=top><td><table width=100% cellpadding=0 cellspacing=0 border=0><tr><td colspan=3><table width=100% cellpadding=0 cellspacing=0 border=0 bgcolor=eeeeee><tr><td height=1><table cellpadding=0 cellspacing=0 border=0><tr><td height=1></td></tr></table></td></tr></table></td></tr><tr><td colspan=3></td></tr><tr valign=top><td nowrap><font color=ff6600 face=arial size=-1><b>New!</b></font><td colspan=2><font face=arial size=-1><a href=s/44801><b>Vote for the Yahoo! Person of the Year</b></a></font></td></tr><tr><td colspan=3><table cellpadding=0 cellspacing=0 border=0><tr><td height=2></td></tr></table></td></tr><tr><td colspan=3><table width=100% cellpadding=0 cellspacing=0 border=0 bgcolor=eeeeee><tr><td height=1><table cellpadding=0 cellspacing=0 border=0><tr><td height=1></td></tr></table></td></tr></table></td></tr><tr valign=top><td nowrap><font face=arial size=-1><b>Shop</b></font></td><td colspan=2><font face=arial size=-1
```

> **코드 분리란?**
>
> 코드란 프로그래머들이 소프트웨어 제품, 운영체제 또는 디지털 세상에서 어떤 것을 창조하기 위해 쓰는 것이다. 하나 이상의 개발자 그룹이 단일 프로젝트에서 일하게 되면, 코드는 중복적인 비호환 코드들로 분기되어 문제를 해결하기 힘들어지거나 처음 의도하지 않았던 결과를 초래하기도 한다. 이러한 모순과 중앙 집중된 통제의 부재는 일반적으로 좋지 않은 것으로 받아들여진다.
>
> 책에서 말하는 '코드의 분기'는 표준 ECMAScript나 DOM을 지원하지 않는 브라우저를 제어하기 위해 여러 개의 비호환 버전을 만드는 것을 가리킨다(위의 '버전 문제' 참조).

동시에, 이런 여러 개의 비호환 버전들은 사이트 대역폭을 증가시켜 자금을 담당하는 부서에서 당황할 만큼의 큰 비용을 발생시킨다. 사이트의 규모가 커짐에 따라 트래픽도 증가하게 되고, 서버의 증설과 이미지 핵, 불필요한 코드와 마크업으로 인해 더 많은 비용을 낭비하게 된다.

구체적인 수치로 말하기는 어렵겠지만, 마크업의 35% 가량을 줄이게 되면 거의 비슷한 비율의 트래픽 비용을 감소시킬 수 있다. 연간 2,500달러를 지출하는 곳에서는 875달러를 절약할 수 있고, 160,000달러를 지출하는 곳에서는 56,000달러를 절약할 수 있게 되는 것이다.

야후 초기 화면[1.4]은 하루에 수백만 번이 보여진다. 그럴 때마다 천문학적인 숫자의 페이지 뷰로 지난 outdated HTML 디자인 핵 파일이 증가하여 야후 서버에 기가바이트 급의 트래픽을 일으켜 엄청난 비용을 발생시켰다. 만약 야후가 높은 전송량을 잡아먹는 `<font>` 태그[1.3, 1.5]를 CSS로 교체한다면, 페이지당 비용이 감소할 것이고, 자연스럽게 회사의 이익은 증대될 것이다. 이렇다면 야후가 페이지를 변경하지 않을 이유가 없다.

이는 기업이 1990년대 중반의 브라우저에서 보여지는 것이 최신 브라우저에서도 똑같이 보여지길 바라기 때문이라는 결론을 내릴 수 있다. 아이러니한 것은 야후의 경영진 말고는 아무도 야후가 어떻게 보이든지 관심이 없다는 것이다. 사이트의 지속적인 성공 요인은 디자인의 아름다움이 아니라, 사이트가 제공하는 서비스인 것이다.

다르게 생각해 본다면, 야후가 아무도 신경 쓰지 않는 웹사이트의 겉모습을 위해 막대한 대역폭을 낭비하는 것은 웹사이트에 접속하는 이유나 사용성, 이익보다 '하위 호환성'을 더 높게 평가해야 한다는 의지 있는 개발자의 마인드를 이해했기 때문일 것이다.

1.4

Yahoo(www.yahoo.com)의 단순한 첫 페이지.

1.5

야후의 껍데기를 한꺼풀 벗겨보면(소스보기), 이 단순하게 보이는 웹사이트를 만들기 위해 사용한 코드와 마크업이 믿을 수 없을 만큼 복잡하고 혼란스럽다는 것을 알 수 있을 것이다. 야후가 마침내 CSS를 사용하기 시작했지만, 대역폭을 낭비하는 거의 모든 방식을 사용하고 있고, 여전히 CSS 상단에 〈font〉 태그를 사용하고 있다.

구식 마크업: 비용의 증가

예전 방식으로 작업된 하나의 웹페이지의 코드와 마크업의 용량이 60K(킬로바이트)라고 가정해보자. 기존 방식의 `<font>` 태그들, 표현만을 위한 속성, 단독적으로 개발된 코드들을 깔끔하고 구조적이며 약간의 CSS가 추가된 마크업으로 바꾸게 되면 용량은 30K가 된다(경험상, 60K의 마크업은 종종 22K나 그 이하로 작업되는 경우도 많다. 대략적으로 보면 50% 정도 줄일 수 있는 것 같다). 다음의 두 가지 전형적인 사례를 생각해보자.

T1라인 절약

시나리오: 직접 서버를 운영하는 소규모의 사업이나 끊임없이 방문자들이 접속하는 공공 웹사이트. 표현을 위한 마크업을 간결하고 깔끔한 구조적인 XHTML로 바꾸게 되면 페이지의 용량은 거의 절반으로 줄어들고, 매월 1,500달러를 절감하게 된다.

실행 방법: 방문자들을 최우선으로 생각한다면, 자체 호스팅을 하는 웹사이트는 2개의 T1라인이 필요한데, 각각 하나의 라인은 한 달에 최소 1,500달러(1,544mps T1라인의 일반적인 비용)의 비용이 들어간다. 파일 사이즈를 50% 줄이게 되면, 하나의 T1라인을 절약할 수 있다. 따라서 운영 비용에서 매달 1,500달러를 줄일 수 있다. 대역폭을 줄일 수 있는 것과 함께 하드웨어 지출 비용도 줄어들 것이다. 마크업이 단순해질수록 사용자들이 더 **빠르게** 접근할 수 있게 된다. 더 빠르게 접근할 수 있게 되면 서버의 과부하도 줄일 수 있고, 운영하고 구입해야 하는 서버의 개수를 줄일 수 있게 된다. 이는 모든 상업적 사이트(블로그 포함)에서 컨텐츠나 데이터베이스와 동적으로 연결되어 있는 최신의 서버들에서 특히 그렇다.

전송량 측정

시나리오: 상업적으로 운영되는 사이트가 유명해지면, 사이트 관리자는 생각하지도 못했던 수백에서 수천 달러에 이르는 파일 전송 비용을 매달 부담하게 된다. 파일 사이즈를 반으로 줄이게 되면, 매달 납득할 수 없을 만큼의 청구 비용을 내지 않아도 된다.

실행 방법: 많은 호스팅 업체들이 사용자들에게 매달 무료로 파일전송량을 최대 3기가까지 할 수 있게 해준다. 3기가 이하로만 유지된다면 평소 요금만 지출할 것이고, 초과를 하게 되면 더 많이 지출하게 될 것이다. 어떤 경우에는 지나치게 많아지기도 한다.

별로 알려지지 않은 예로는, 어떤 호스팅 업체는 프리랜서 디자이너인 알 사퀴(Al Sacui)에게 비상업적 사이트인 Nosepilot.com이 월간 파일 전송량 한계를 초과하게 되어 16,000달러를 부과했다. 좀 극단적인 경우이고, 알 사퀴는 호스팅 업체가 변경된 약관을 소비자들에게 알리지 않은 것을 증명해서 비용 지불을 피할 수 있었지만, 긴 시간 동안 법정 싸움을 해야만 했다. 어느 누구도 이런 부당한 비용의 지불이나 고약한 호스팅 업체와의 법정 싸움을 원하지 않을 것이다.

물론 모든 호스팅 업체가 제한된 파일 전송량을 초과했다고 부당한 금액을 부과하지는 않는다. 페어닷컴Pair.com의 경우, 초과분에 대해 기가당 4.95달러를 부과한다. 더 많은 트래픽을 발생시키는 대규모의 사이트들은 파일의 사이즈를 줄여서 비용을 절감한다. 사이트의 규모가 크던 작던, 수백만의 방문자가 있건, 약간의 방문자만 있건, 파일의 용량이 작아질수록 비용 대역폭도 줄어들고, 호스팅 업체와 파일전송 요금으로 옥신각신할 필요도 없어진다. 따라서, 호스팅 업체를 선정하는 가장 좋은 방법은 사이트의 트래픽이 증가하는 이유로 페널티를 부과하는 업체보다는 용량에 제한을 두지 않는 호스팅 업체를 고르는 것이다.

간결한 마크업 vs. 압축한 마크업

웹표준 관련 강의를 마친 후, 강의를 듣고 있던 한 개발자가 깔끔하고 구조화가 잘된 마크업의 대역폭 이점들이 압축된 HTML을 사용하는 회사들의 비용을 절감시켜주지 않는다는 주장을 했다.

마크업을 간결하고 깔끔하게(오래된 'HTML 디자인' 방법보다는 시멘틱한 방법으로) 쓰는 것과 더불어 서버환경에서 마크업 파일을 압축할 수도 있다. 예를 들어, 아파치 웹서버는 HTML을 서버 사이드에서 압축하는 mod_zip 모듈을 가지고 있다. 이렇게 압축된 HTML은 사용자의 브라우저를 통해 압축이 풀리게 된다.

나와 대화를 나누었던 개발자는 다음과 같은 예를 들었다: Amazon.com의 오래된 <font> 태그와 불필요한 요소들로 인해 40K를 낭비하고 있지만, mod_zip을 이용해서 20K로 줄이게 되면, Amazon.com은 마크업 파일이 강연에서 제안하는 비용보다도 더 적은 비용이 들게 된다는 것이다.

확인해 보니, Amazon.com에서는 mod_zip을 사용하지 않고 있었다. 사실 그 방법은 상업적인 사이트에서는 거의 쓰이지 않았고, 혹시 페이지를 전송하기 전에 압축할 필요가 있을 때 사용되곤 했다. 하지만 이런 부가적인 것을 생각하지 않더라도, 파일이 작을수록 압축도 작아질 것이다. 80K의 페이지를 40K로 압축해 비용을 절감했다면, 40K를 20K로 압축하면 비용을 더 절감할 수 있을 것이다. 페이지의 보이는 부분에서 절약되는 양은 작아 보일지 모르지만, 그 가치는 누적되어 시간이 지날수록 실제 운영비용을 줄일 수 있고, 추가비용의 지출을 방지할 수 있다(예를 들면, 증가하는 트래픽을 커버하기 위해 추가적인 T1라인을 증설할 필요가 없다).

대역폭 줄이기가 깔끔하고 구조화가 잘 된 마크업 사용의 장점이기도 하지만, 그것은 지출을 담당하는 부서, 고객, HTML을 압축하는 사람들, 그리고 사용하는 우리들에게까지 장점이 되는 것이다.

하위 호환성

'하위 호환성 Backward Compatibility'이라는 말이 개발자들에게 의미하는 것은 무엇일까? 개발자들에게 물어보면, '모든 사용자를 지원하는 것'이라고 말할 것이다. 누가 이런 생각이 틀리다고 할 수 있겠는가.

하지만, 실제로 '하위 호환성'은 방문자들이 인터넷 익스플로러 2를 사용하건 파이어폭스 8.5를 사용하건 똑같은 경험을 하도록, 표준이 아닌 독자적인 마크업과 코드 사용을 의미한다. 전문적인 개발 방식의 성배처럼 여겨지는 '하위 호환성'은 이론적으로 그럴듯하게 들리지만, 비용이 너무 높고, 실제적으로 개발할 때는 항상 이론과는 다소 차이가 생기게 된다.

진정한 하위 호환(성)은 존재하지 않는다. 항상 한계를 가지고 있다. 예를 들어, 모자익(Mosaic, 최초의 비주얼 브라우저)이나 넷스케이프 1.0은 HTML 테이블 기반 레이아웃을 지원하지 않는다. 따라서 이런 초기 브라우저를 사용하는 사람들은 넷스케이프 1.1이나 마이크로소프트 인터넷 익스플로러 2와 같이 조금 나중에 출시된 브라우저에서 보여지는 것과 똑같은 화면을 볼 수는 없다.

개발자들과 하위 호환성을 원하는 고객들은 불가피하게 넷스케이프 3과 같은 브라우저를 '기본 브라우저'로 분류하고, 그 이전 브라우저에서도 사이트가 동작할 것이라고 생각한다 (넷스케이프 2 사용자들은 버림받았다). 그들이 약속했던 기본 브라우저에 대한 충실한 지원을 위해 개발자들은 각 브라우저에 맞춘 마크업이나 비표준 핵hack과 같이 전체 페이지를 무겁게 만들게 되는 차선책을 추가하게 된다.

그와 동시에, 개발자들은 여러 브라우저들이 지원하기로 한 사항들을 충족시키기 위해 다양한 스크립트를 사용하고, 브라우저 판별을 위해 각각의 브라우저 별로 잘 맞는 코드를 추가하게 된다. 그렇게 해서 페이지의 용량이 더 커지고, 서버의 부하를 증가시키고, 사업의 자금이 모두 없어질 때까지, 끊임없이 이러한 관행은 계속될 것이다.

사용자를 막으면 손해일 뿐이다

어떤 회사들이 자사의 이익을 줄여 가면서까지 웹사이트가 최신 브라우저에서 보이는 것과 똑같이 오래된 브라우저에서도 보이게 하기 위해서 노력할 때, 많은 다른 회사들은 오직 하나의 브라우저만 신경 써 왔다. 비용을 줄이려는 의도가 잘못 이해된 사례로서, 인터넷 익스플로러에서만, 심지어는 윈도우 기반에서만 작동하는 사이트가 증가하고 있고, 그런 이유로 15%~25%의 잠재 방문자와 고객들을 잃어 가고 있다[1.6, 1.7, 1.8, 1.9, 1.10, 1.11].

1.6
네비게이터에서 본 KPMG 홈페이지(2003년). 전혀 보이지 않는 것과 마찬가지다. 인터넷 익스플로러 전용 코드의 결과

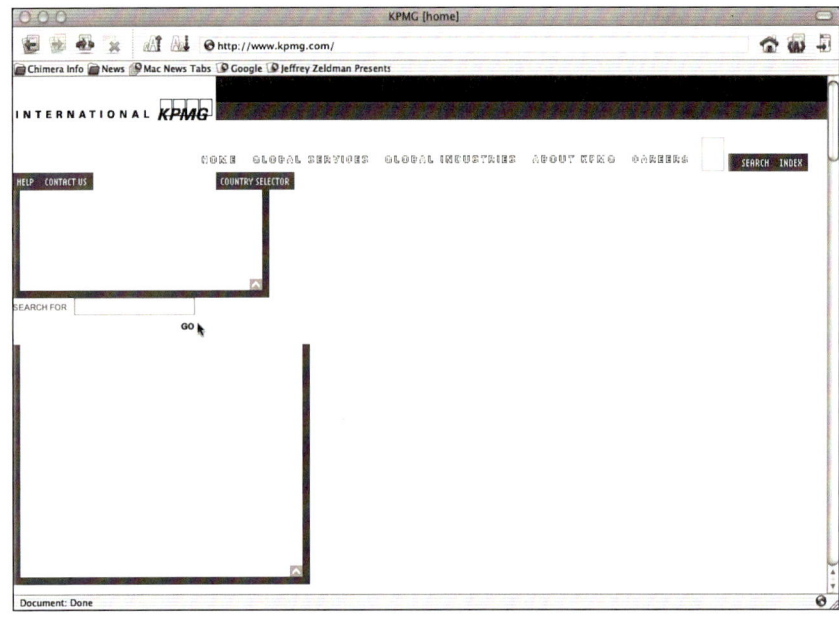

1.7
넷스케이프 7에서도 전혀 사용할 수 없다.

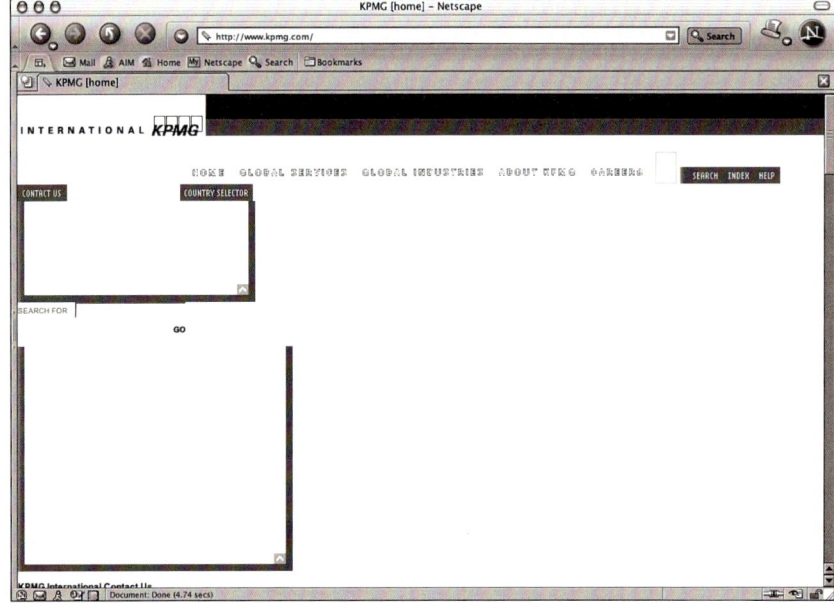

1.8
사이트가 인터넷 익스플로러 전용이라면, 맥에 설치된 인터넷 익스플로러에서는 어떨까? 전혀 좋아 보이지 않는다.

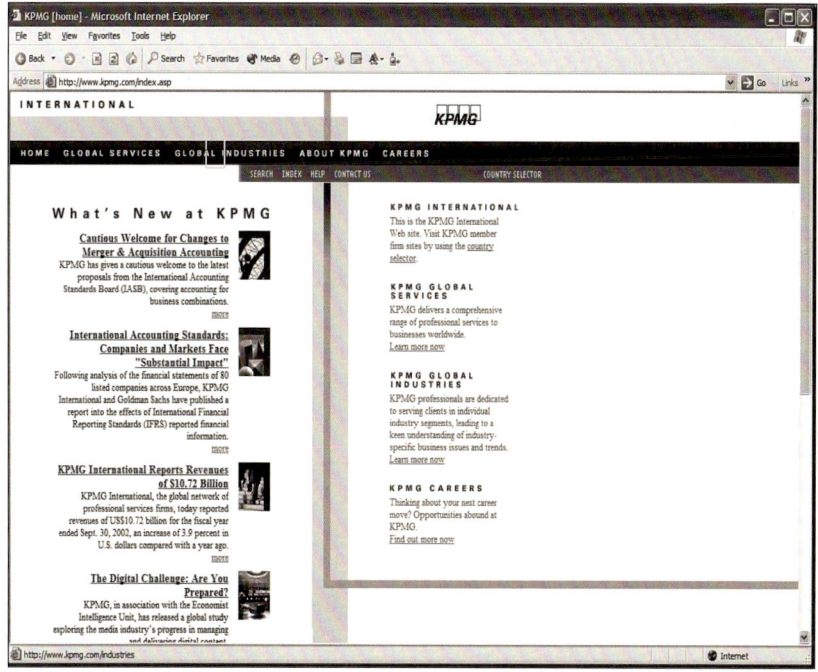

1.9
윈도우에 설치된 인터넷 익스플로러 6에서 본 같은 사이트의 모습. 겨우 제대로 보인다.

1.10

오페라를 인터넷 익스플로러로 인식하도록 설정하면 윈도우용 오페라 7에서 작동한다(오페라로 인식하도록 설정하면 사이트는 작동하지 않는다).

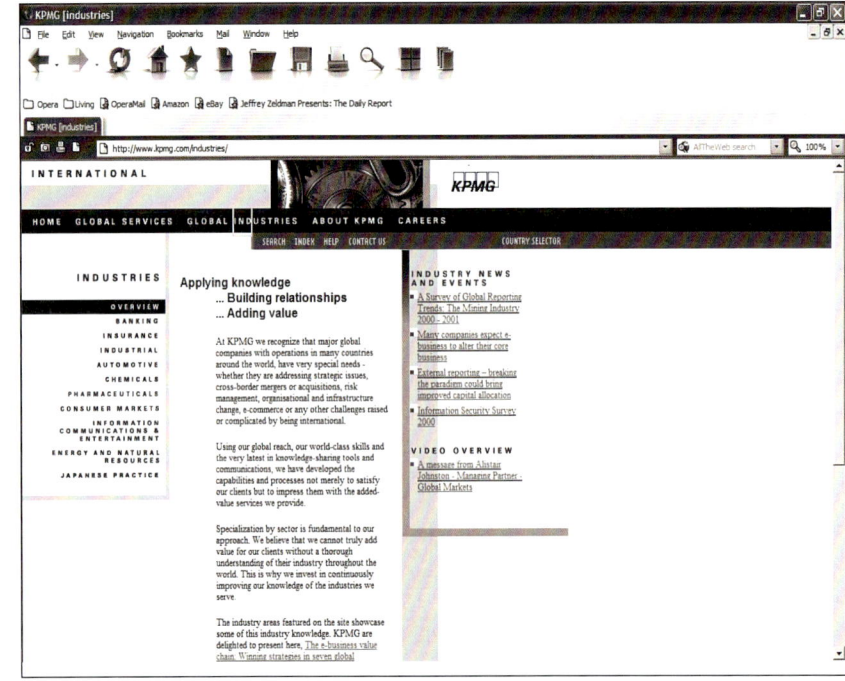

1.11

사이트 개편 후, 현재의 KPMG 사이트는 괜찮아 보이고 다양한 브라우저와 플랫폼에서도 제대로 돌아간다. 인터넷 익스플로러 전용을 탈피해서 새로 작업된 마크업이 이룬 성과이다.

잠재 고객의 1/4 정도를 포기하는 기업의 비즈니스 모델을 이해하려고 노력하지 않겠다. 이런 근시안적인 접근으로 인해 잃게 되는 수많은 고객의 수는 합리적인 사업가들이나 공공을 위해 봉사하는 비영리 기관의 마음을 일깨워 줄 것이다. NUA Internet Survey(www.nua.ie/surveys)가 조사한 통계에 따르면, 2002년 9월 현재 6억 5060만이 넘는 사람들이 인터넷을 사용하고 있다. 얼마나 엄청난 숫자인지 생각해 보라.

사이트 방문자의 25%를 잃고 싶지는 않을 것이다. 인터넷 익스플로러가 언제까지 웹(혹은 데스크탑 브라우저 전체)에서 우위를 차지하게 될지 장담할 수 없기 때문에, '인터넷 익스플로러 전용'이라는 접근은 조금은 이해할 수 없는 부분이다. 그러한 근거 중에 하나로, 지금 이 순간에도 파이어폭스가 지속적으로 인터넷 익스플로러의 시장을 잠식해 가고 있다. 또 다른 근거로는, 휴대전화나 무선기기로 인터넷을 사용하고 있는 사람들이 늘고 있다는 것이다. 미국에서는 데스크탑을 통한 인터넷 접속이 휴대전화를 비롯한 무선기기로 접속하는 것보다 훨씬 많지만, 일본의 경우는 완전히 정반대이다. 그렇게 변화해가는 사람들이 늘어가면서 트렌드는 서서히 휴대전화를 비롯한 무선기기로 이동하고 있다(www.gotomobile.com). 유비쿼터스가 점차 도입되고, 새로운 시장을 형성해나가고 있는 시점에서, 여러 브라우저에 따라 다르게 작업한다는 식의 개념은 시간이 지날수록 점점 퇴보하고 있는 듯하다.

이 책에서 보여지겠지만, 웹표준에 맞춰 작업하는 것은 모든 브라우저와 기기에 맞게 디자인하는 것을 마치 하나의 디자인에 맞추어 작업하는 것처럼 쉽고 빠른 작업이 되도록 해줄 것이다. 하위 호환 버전 작업에 투입되는 비용의 증가와 하나의 브라우저에만 맞춰 작업하는 근시안적인 방법 사이에서 웹표준은 올바른 웹 개발을 위한 방법을 제공한다.

비용 낭비를 초래하는 버전별 개발 방법이나 의도적으로 하나의 브라우저나 플랫폼을 지원하는 방법들 모두, 오늘날의 웹사이트가 미래의 브라우저나 데스크탑을 넘어 지속적으로 변하고 있는 세상에 도움이 되지는 않을 것이다. 이러한 방법들이 계속된다면, 비용과 복잡함은 지속적으로 증가해서 결국에는 거대한 기업들이나 웹 사이트를 만들어 사용하는 것이 가능해질 것이다.

비호환 브라우저 환경에서도 동등한 경험을 할 수 있게 하고, 데스크탑에서 보는 것과 같이 인쇄를 위한 화면도 똑같이 보이게 하려는 우리의 수고로 인해, 다양하고 접근성이 높은 매체로서의 진정한 가능성을 볼 수 있는 안목을 잃게 되었다.

 인터넷 붐이 일어났던 시기에 디자이너와 개발자들이 앞다투어 비표준, 그리고 특정 브라우저에 맞춘 사이트 제작 방법을 익혀 작업을 해오면서 안목을 잃게 되었고, 그로 인해 현재 우리는 사이트의 구식화라는 문제에 직면해 있다.

하지만, 웹 개발의 구식화는 여러분이 이 책을 읽는 동안 차츰 사라지고 있고, 수많은 사이트가 그런 오래된 방법에서 벗어나고 있다. 만일 웹사이트를 가지고 있고 직접 관리하고 디자인 한다면, 지금이 바로 실천에 옮길 시점이다.

삼천포로 빠지기

1997년 초, 넷스케이프 브라우저에서 자바스크립트를 사용하고, 마이크로소프트 인터넷 익스플로러에서 Jscript를 쓰는 것은 당연한 일이었다. 자바스크립트와 ActiveX 컨트롤을 이용해 각 브라우저로 코드를 보내는 것 또한 당연한 일이었다. 이것이 3.0 버전을 위해 우리가 한 것들이다.

이러한 방식은 오페라 같은 '비주류' 브라우저에겐 좋은 점이 없었고, 맥킨토시에 설치된 인터넷 익스플로러 사용자에게도 제 기능을 보여주지 못했지만, '대부분의' 웹 사용자들에게는 잘 작동했고, 빠르게 업계의 표준으로 자리 잡아갔다. 단순히 보기만 하는 예쁜 웹 페이지보다 좀 더 역동적인 웹 페이지를 만들려면 이러한 절차를 따를 수밖에 없었다.

1997년 후반에 넷스케이프와 마이크로소프트에서 DHTML 기능이 강화된 4.0 버전을 발표하였는데, 두 버전은 서로 호환이 되지 않는다. 또한 각 브라우저들의 이전 버전(넷스케이프 4에서 작동되지만, 넷스케이프 3 버전에서는 작동하지 않음)들과도 호환이 되지 않았으며, 각사의 고유한 언어와 속성을 고수하는 대신 HTML 같은 기본적인 스펙을 지원하던 '비주류' 브라우저들과도 전혀 호환되지 않았다.

이런 독자적인 방법들을 만들 필요가 있었을까? 넷스케이프와 마이크로소프트는 그럴 필요가 있다고 생각을 했고, 많은 디자이너와 개발자들도 이에 동의했다. 이런 생각에 동의하지 않았던 사람들도 어쩔 수 없이 '전문적인' 사이트를 만들기 위해서는 피할 수 없는 선택이었다.

어떤 코드들이 있을까? 한번 세어 보자

넷스케이프 4를 위한 DHTML이 있었다. 인터넷 익스플로러 4를 위한 호환이 되지 않는 DHTML이 있었는데, 오직 윈도우에서만 작동하였다. 넷스케이프 3을 위한 자바스크립트와 인터넷 익스플로러 3을 위한 스크립트가 있었다. 비주류 브라우저들과 그 이전 시대의 브라우저를 위한 추가적인 스크립트가 있었을 수도 있고, 없었을 수도 있다. 간단히 말하자면, 아주 단순한 웹페이지라도 다양한 스킬보다 그것을 제대로 사용할 수 있게 하는 확실한 도구가 필요하다.

 일부 개발자들은 두 가지 버전(인터넷 익스플로러 4와 넷스케이프 4)으로만 페이지를 만들어, 보다 많은 사용자의 방문을 그들 스스로 제한하였고, 4.0 버전의 브라우저들로 바꾸도록 강요하였다. 개발 예산이 적은 곳에서는 오직 하나의 브라우저에만 맞춰 비용을 사용하고, 결과적으로 투자한 것에 비해 얻은 것은 없는 꼴이 되어 버렸다.

양사의 4.0 버전 브라우저가 시장에 출시된 이후, 발족된 '웹표준화 프로젝트'에 따르면, 하나의 웹사이트 개발에서 4가지 이상의 버전을 만드는 것은 최소 25% 이상의 비용이 추가되는 것을 의미하며, 이는 전적으로 클라이언트가 부담해야 하는 비용이 되어 버린다고 했다.

일부 개발자들은 이러한 평가에 그냥 어깨를 으쓱해 보일 뿐이다. 웹이 한창 뜨고 있었고, 클라이언트는 원하는 대로 돈을 지불하던 시절이었기 때문에, 대규모의 웹 에이전시에서는 다양한 코드와 마크업 작업으로 인한 비용에 대해서는 고민할 필요가 없었다. 하지만 거품이 빠져버린 후, 웹을 위한 예산은 줄어들거나 동결되었고, 에이전시들은 규모를 줄이거나 서로 합병하게 되었다. 그러면서 더 이상 코드의 다양화를 위한 비용을 고려할 수 없게 되었다.

웹 산업이 감축과 폐업으로 흔들리면서, W3C에서 만든 DOM을 지원하는 차세대 브라우저의 시대가 도래했다. 이는 어떤 의미였을까? 그것은 다양한 버전들의 시대는 가고 새로운 표준 기반 디자인과 개발의 시대가 도래했다는 것을 의미했다. 이를 산업에서는 어떻게 받아들였을까? 지속적으로 인터넷 익스플로러를 위해 코드를 나누어 작업을 하거나, 매크로미디어(현재 어도비)의 플래시로 전환하게 되었다. 비전 있는 사람들로 넘쳐나는 사업분야이지만, 웹은 묘하게도 근시안적인 산업이다.

■ 나쁜 마크업에 좋은 일이 생길 때

컴퓨터 프로그래밍을 처음 배울 때, '재료가 나쁘면 결과물도 나쁘다'라는 문구를 터득하게 된다. C나 자바 같은 언어들을 배울 때 올바른 코딩 방법은 필수적으로 요구되는 사항이다.

마찬가지로, 그래픽 디자이너가 처음으로 배우게 되는 것은 품질 좋은 소스가 우수한 결과물을 결정짓는다는 것이다. 고해상도, 고화질의 사진으로 작업을 하면 만족스러운 인쇄물이나 웹 그래픽을 얻어내게 될 것이다. 선명하지 않은 작은 스냅샷 이미지나 저해상도의 웹이미지로 작업하게 되면, 최종 결과물도 보기에 좋지 않을 것이다. 고화질의 EPS 파일을 적절하게 최적화시켜 웹페이지의 로고로 만들 수 있지만, 저해상도의 GIF 이미지로 고화질의 웹이나 인쇄물, TV를 위한 이미지로 사용할 수 없다. 재료가 나쁘면 결과도 나쁘게 나올 수밖에 없는 것이다.

하지만, 전통적인 주류 브라우저들은 이러한 방식과는 다르다. 잘못된 점에 너무나도 관대한 이런 브라우저들은 깨진 마크업이나 잘못된 자바스크립트 소스파일 링크를 완전히 무시하고, 거의 대부분을 제대로 작성된 것처럼 보여준다. 이러한 관대함이 아무도 모르는 사이에 화면설계를 하는 디자이너나 개발자들에게 나쁜 습관을 심어주었다. 이와 함께, 미들웨어나 웹서버 개발자들이 XHTML, CSS, 자바스크립트와 같은 기술들을 별로 중요하지 않은 기술로 여기도록 만들었다.

툴을 중요하게 생각하지 않는 사람은 제대로 사용하지도 않는다. 다음과 같은 상황을 생각해보자. 치열한 시장에서 많은 비용을 들여 전자상거래 사이트를 운영하고 있는 한 회사의 사이트에서 발췌한 일명, '상처뿐인 영광의 코드'이다.

```
<td width="100%"><ont face="verdana,helvetica,arial" size="+1"
color="#CCCC66"><span class="header"><b>Join now!</b></span>
</ont></td>
```

무의미한 `<ont>` 태그는, W3C에서 사용을 권장하지 않는 `<font>` 태그를 그나마 철자를 잘못 써서 사용한 것이다. 그리고 이 태그는 사이트에서 수천 번 넘게 반복되어 쓰여졌다. 참으로 효율적인 마크업 툴이 아닐 수 없다. 이 에러는 그렇다 치고, 이 마크업은 아마도 많이 익숙할 것이다. 어쩌면 여러분의 사이트에서도 비슷한 마크업이 있을지도 모르겠다. 이 웹 페이지를 잘 살펴보면 실제로 필요한 부분은 다음과 같은 정도이다.

```
<h3>Join now!</h3>
```

스타일 시트에서 제대로 된 규칙으로 결합되고, 간결하면서 의미 있는 마크업은 서버의 부하를 줄이고 방문자의 대역폭을 늘리며, XML 기반의 마크업으로 만든 좀 더 유연한 사이트로 쉽게 변경할 수 있도록, 이전의 비표준이면서 유효하지 않던 마크업들이 했던 것을 더 정확하게 해줄 것이다. 또한 이 사이트는 다음과 같은 잘못된 자바스크립트 링크도 포함하고 있다.

```
<script language=JavaScript1.1src=
"http://foo.com/Params.richmedia=yes&etc"></script>
```

다른 많은 문제들 중에서도, 특히 인용부호를 안 붙인 language 속성에 소스 태그가 바로 붙어있다. 즉 브라우저는 말도 안 되는 'JavaScript1.1src'라는 스크립트 언어를 사용하려고 하게 되는 것이다.

아마도 이 사이트는 합리적인 측정 방법으로 개발자에게 에러를 알려주고 즉시 고치게 하는데는 실패한 것 같다. 최근까지도 이 사이트의 자바스크립트는 주요 브라우저에서 잘 작동했고, 계속해서 잘못된 사이트를 문제없이 잘 작동되는 것처럼 보이게 하는 이런 악순환은 이어지고 있다. 숙련된 개발자가 프론트 개발(화면설계)을 신경 쓸 가치가 없는 것으로 보는 것도 어쩌면 당연한 일이 아닐 수 없다.

터무니 없는 마크업은 사이트의 장기적인 미래에 위험요소가 된다

하지만, 새로 나오고 있는 브라우저는 웹표준과 연동되어, 잘못된 마크업에 더 이상 관대하지 않으며, 디자이너와 개발자들이 작업하기에 점점 엄격해지고 있고, 이 점이 높이 평가받고 있다. '재료가 나쁘면 결과물도 나쁘다'라는 원리는 브라우저 시장에서 확고하게 자리잡아가고 있고, 웹 개발을 하는 사람들에게 웹표준에 대한 지식이 꼭 필요하다는 인식을 심어주고 있다.

수많은 브라우저와 플랫폼과 모바일 기기까지 포함해서 모두 작동되는 더 나은 웹사이트를 만들 수 있고, '내재된 진부화built-in obsolescence'의 문제와 접근성 문제를 해결할 수 있으며, 동시에 더 강력하고 접근성 높으며 합리적인 발전된 웹으로의 길을 닦을 수 있다.

내재된 진부화를 해결하는 방법은 우리가 공통적으로 '웹표준'이라 얘기되는 기술의 핵심에서 찾을 수 있다. 웹표준으로 디자인하고 제작하는 방법을 배움으로써, 앞으로 제작하는 모든 웹사이트의 상위 호환문제를 보장할 수 있다.

'한번 만들어서 어디든 사용한다'라는 웹표준의 약속은 단순히 희망적인 생각을 넘어서, 이 책에서 다루는 방식을 통해 현재 달성되어 가고 있다. 오늘날의 주요 브라우저들이 이런 표준과 방법들을 이제서야 지원하기 시작했지만, 아직 상당수의 디자이너나 개발자들은 이 사실을 모르고 있고, 새롭게 만들어지는 많은 사이트들이 아직도 비표준 마크업과 코드로 만들어지고 있다. 이 책을 통해 조금이나마 변화될 수 있기를 바란다.

해결책

디자이너와 개발자들이 주요 브라우저 제작사에 대항한 긴 싸움 뒤에, 하나의 브라우저가 아니라 모든 브라우저에서 웹사이트의 외관과 동작을 함께 커버하는 기술을 사용할 수 있게 되었다.

W3C의 맴버들과 다른 표준 조직이 함께 만들고, 2000년 이후에 만들어진 모든 브라우저에서 지원되는 CSS, XHTML, ECMAScript(자바스크립트의 표준 버전), 그리고 DOM은 디자이너에게 다음과 같은 일들을 할 수 있게 해준다.

- 사용자의 요구에 맞게 표현을 변경할 수 있도록 하여, 데스크탑 브라우저에서 레이아웃, 배치, 타이포그라피를 좀 더 정확하게 컨트롤 할 수 있게 해준다.
- 여러 브라우저나 플랫폼에서 작동되는 섬세한 동작을 개발할 수 있게 해준다.

- 디자인이나 기능의 희생 없이 접근성 규칙과 가이드라인을 적용할 수 있게 해준다.
- 며칠, 혹은 몇 주 걸리던 디자인 개편 작업을 몇 시간 안에 할 수 있고, 비용을 절감하고, 쓸데없는 작업을 없앨 수 있다.
- 여러 버전을 만드는데 들어가는 불필요한 노력과 비용 없이 다양한 브라우저를 지원할 수 있으며, 코드를 나누어야 하는 상황이 거의 없거나 전혀 없다.
- 청소년들이나 경영자들이 특히 관심을 가지고 있는 웹 접속이 가능한 휴대폰에서부터 무선기기나 장애인들이 사용하는 점자리더기, 스크린리더기 같이 새롭게 등장하는 기기들에서도 불필요한 노력과 다양한 버전을 만드는 비용 없이 지원가능 하게 해준다.
- '프린트용' 버전을 만들거나 이러한 버전들을 만들어주는 고가의 시스템에 의존하지 않고, 모든 웹페이지의 정교한 프린트용 버전을 만들 수 있다.
- 구조와 동작에서 스타일을 분리하여 엄격한 문서 구조에 기반을 둔 창의적인 레이아웃을 만들고 개선된 작업환경으로 웹 문서의 재구성을 쉽게 해준다.
- 과거의 웹 언어인 HTML 기반에서 더 강력한 XML 기반의 마크업으로 전환이 가능하다.
- 최근 표준을 지원하는 브라우저에 맞추어 만들어진 사이트가 정확하게 똑같이 보이는 것은 아니지만, 구식 브라우저에서도 만족스러운 정도의 성능을 보일 수 있게 해준다.
- 현재의 사이트가 미래의 브라우저나 기기에서도 정상적으로 작동하게 해준다. 이것은 '상위 호환성'의 약속이다.
- 그리고 더 많은 것을 이 책에서 소개할 것이다.

표준이 이러한 목표들을 어떻게 이루게 해주는가를 배우기 전에, 수정되어야 할 오래된 방법들을 찾아보고, 이 오래된 기술들이 어떻게 진부화의 악순환을 만들어 가는지 알아봐야 한다. 2장에서 이 모든 것을 볼 수 있다.

02장

표준에 맞춰
디자인하고 제작하기

웹표준이 만들어지기 전이나 브라우저들이 표준을 지원하기 전에는 디자이너들과 개발자들은 어떻게 사이트를 만들었을까? 가능한 모든 수단을 모두 동원해서 만들었다. 가장 앞서가면서도 재치 있는 웹사이트 중에 하나인 Suck.com을 보자[2.1]. Suck.com은 신랄한 문체로 매일 새로운 내용을 웹사이트의 메인 페이지에 실어, 사용자들이 그냥 지나칠 수 없도록 만드는 방법을 사용했다. 요즘에는 모든 사람들이 블로그를 통해 지속적으로 새로운 이야기를 업데이트하기 때문에, 이 이야기는 당연하게 들릴 것이다. 하지만, Suck.com이 처음 나왔던 1990년대 중반만 하더라도 모든 사이트들이 가장 중요한 컨텐츠를 화려한 인트로나 환영 페이지, 회사소개, 복잡한 목차와 같은 페이지에 함께 묻어두던 시기였다.

거의 모든 상업적인 사이트들이 컨텐츠를 지나치게 화려하고 문학적인 표현으로 포장하던 당시에는 Suck.com의 직접적인 표현은 주목할 만한 점이었다. 게다가, Suck.com의 미니멀리즘적인 외양은 시스템 관리자나 HTML을 혼자 공부한 사람들이 주로 사용하는 금속 질감의 베벨효과나 번쩍거리는 기술들을 사용한 여러 사이트들 중에서 단연 돋보여 보였다.

2.1

분명 Suck.com은 상업적인 웹사이트들 사이에서 단연 돋보이던 사이트였다.

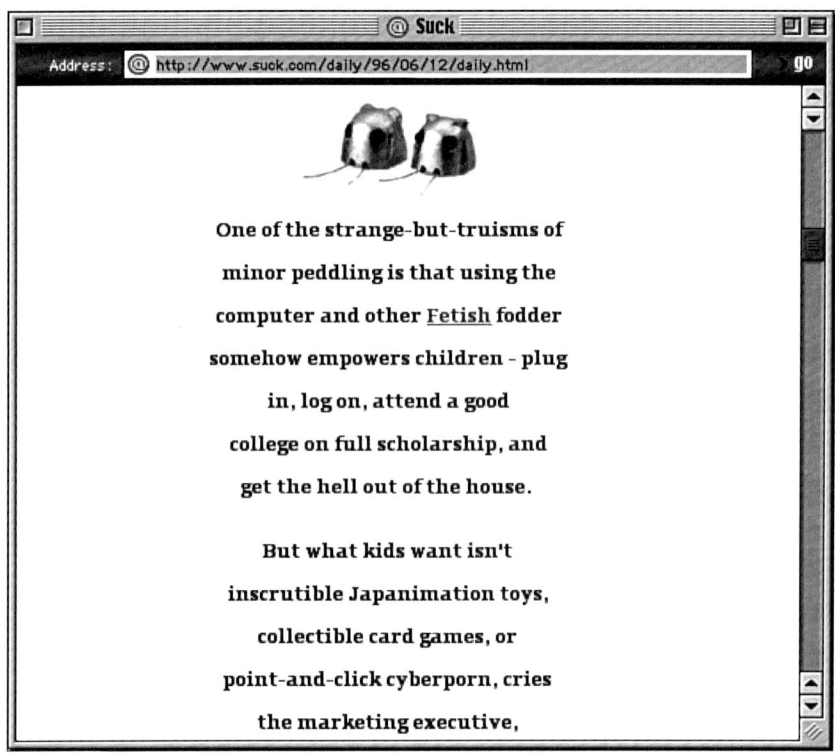

그 당시 많은 웹사이트 제작자들은 메인 브라우저로, 배경이미지를 반복적으로 사용할 수 있고 `<center>` 태그를 사용하는 것까지 가능했던 넷스케이프 1.1을 사용했고, 여전히 많은 웹사이트는 이러한 방법들을 사용하고 있다[2.2]. 많을수록 좋다고 여겨지던 웹에서 Suck.com은 적게 사용함으로 인해서 독보일 수 있었다.

컨텐츠 중심적이며, 특색있는 Suck.com의 모습을 만들기 위해, 창업자인 칼 스테드먼^{Carl Steadman}과 조이 아누프^{Joey Anuff}는 많은 고생을 해야만 했다. 웹을 창시한 물리학자 팀 버너스 리^{Tim Berners Lee}에 의해 만들어진 HTML은 디자인할 수 있는 프로그램이 부족했다. 그에 대한 합당한 이유는 HTML이 어도비 사의 PostScript나 CSS와 같은 디자인을 위한 언어가 아니라, SGML에서 파생된 구조적인 마크업을 위한 언어였기 때문이다(CSS는 아직 W3C의 권고안으로 승인되지 않은 상태였고, 승인되고 나서 각 브라우저에서 지원하기까지는 4년이라는 긴 시간이 걸렸다).

그렇다면 스테드먼과 아누프는 어떻게 웹사이트의 표현을 제어할 수 있었을까? 그들이 가진 것은 창조성, 창작성 그리고 컴퓨터뿐이었다.

2.2
Moon 디자인의 Ulead Glow Frame 튜토리얼은 1990년대 중반의 웹디자인의 좋은 예가 된다(http://moonsdesigns.com/tutorials/frames/glow.html). 중앙에 정렬된 테이블 안에 컨텐츠가 중앙정렬로 자리잡고 있다. 반복되는 배경이미지가 테이블을 비롯해 페이지에도 적용이 되어있다.

고생담

Suck.com의 디자인(외관)을 만들기 위해, 스테그먼과 아누프는 텍스트에서 문자를 연산하는 펄[perl] 스크립트를 써서 정해진 갯수의 글자 뒤에 <p>(paragraph) 태그를 넣어 작업했다.

```
<p>One of the strange-but-truisms of
<p>minor peddling is that using the
<p>computer and other Fetish fodder
<p>somehow empowers children - plug
<p>in, log on, attend a good
<p>college on full scholarship, and
<p>get the hell out of the house.
```

전체 사이트를 <tt>(typewriter) 태그로 감싼 후, 넷스케이프 1.1과 같은 초기 브라우저에서 볼 수 있도록, Courier나 Manaco 같은 폭이 일정한 폰트를 사용해서 강제적으로 스타일을 적용했다.

그 결과로 산출된 것은 기본적인 수준의 타이포그래피로 꾸며진 단순한 구조의 페이지였다. 1995년에는 오직 HTML 핵hack을 사용하는 것이 디자인에 영향을 줄 수 있는 유일한 방법이었다(그림 2.1에 있는 예제는 여전히 미니멀적인 느낌이 들지만, 초기의 사이트에서 어느정도 그래픽 요소가 추가된 1996년판이고, 초기의 디자인은 현재 찾아볼 수 없게 되었다).

그와 동시에 HTML로 레이아웃을 잡는 다양한 방법들이 웹디자이너들에 의해 연구되어졌고, 린다 와인먼Lynda Weinman 데이비드 시젤David Siegel과 같은 웹디자인 선구자들이 쓴 초기 웹디자인의 바이블 같은 책을 통해 배우게 되었다. HTML을 개발한 사람들은 HTML의 오용과 변형을 보고 안타까워했지만, 디자이너들에게는 클라이언트들이 원하는 멋진 웹 결과물을 만들기 위해서 어쩔 수 없는 현실이었다.

많은 디자이너들이 아직도 이러한 방법을 사용하고, 많은 책들이 여전히 이러한 낡은 방식을 설명하고 있고, 그런 이유로 오늘날의 웹은 기대하지 않은 결과를 초래하게 되었다. 어떤 최신 웹디자인 도서는 타이포그래피 작업을 할 때, <font> 태그와 'HTML Script' 사용을 진지하게 권하기도 한다. <font> 태그는 비표준(W3C에서는 이러한 방법을 사용하지 말라고 호소하고 있다)이고, HTML은 Script 언어가 아니다. 하지만 이런 잘못되고 터무니 없는 조언들은 웹디자인 베스트 셀러 도서에서 여전히 사용되고 있고, 계속해서 어리석음을 전파하고 있다.

■ 표준화가 도입되기 이전의 디자인 비용

창조적으로 HTML을 작업한 Suck.com은, 특색 있는 모습을 갖췄지만, 일부 사용자를 고려하지 않았고, 작업자의 유지보수 작업을 어렵게 만들어 이중으로 비용이 발생하게 되었다.

초기, 'Mom and Pop' 스크린리더(시각장애인을 위한 청각브라우저)는 suck.com의 텍스트를 읽을 때 연속해서 읽다가 문단 <p> 태그에서 잠시 멈추는 현상 때문에, 자주 suck.com의 멋진 글의 흐름을 깨뜨리는 일이 발생했다.

> One of the strange-but-truisms of . . . [멈춤]
>
> minor peddling is that using the . . . [멈춤]

computer and other Fetish fodder ... [멈춤]

somehow empowers children-plug ... [멈춤]

in, log on, attend a good ... [멈춤]

college on full scholarship, and ... [멈춤]

get the hell out of the house.

문단에 맞지 않는 잘못된 문단 태그(<p>)로 suck.com의 복잡한 문장 구조가 해석불가능한 상태가 되어 버리기 쉬웠다. 스크린리더에서 이러한 멈춤 현상은 극복하기 힘든 부분이었다.

Suck.com의 레이아웃을 멋지게 만들어 낸 HTML 트릭이 많은 잠재적인 사용자(청각장애인)들의 접근을 방해하는 요소라면, 운영자들이 웹사이트를 업데이트 할 때마다 문제는 고쳐지지 않고 지속될 것이고, 새로운 문제들은 계속 발생할 수밖에 없다.

사이트의 디자인(설계)이 Perl과 HTML 핵^{hack}에 의존하여, 템플릿화 하기가 불가능했기 때문에, 개발 작업은 매일 해야 하는 Suck.com의 일상 업무가 되어 버렸다. 웹사이트의 인기가 더해갈 때마다, 결국 추가적인 컨텐츠 담당뿐 아니라, 제작팀을 추가로 고용할 수 밖에 없다. 작업자가 직접 코딩 작업을 해서 만들어야 하기 때문에, 매일 페이지 작업을 해야만 했다.

좀 더 완벽한 세상이 오게 되면, 이러한 어려움들은 문제가 발생하는 순간 없어질 것이다. 그리고 그런 문제점들은 초기 상업적인 웹 개발에서 발생했던 한 때의 일화로 기억될 것이다. 우리는 선구적인 디자이너의 독창성에 감탄하면서, 개발이 한때 엉망이었던 적이 있었다는 생각을 하면서 웃음 지을 것이다. 하지만 표준이 있음에도 불구하고, 대다수의 상업적인 작업물은 여전히 비능률적인 방식과 핵에 의존하여, 지속적으로 발생되는 문제로 고생을 하게 된다. 이러한 관행이 얼마나 깊이 파고들어 있는지 디자이너와 개발자들은 생각조차 해보지 않는다.

구시대적인 방법으로 만든 현대적인 웹사이트

1995년에서 2001년으로 건너 뛰어, The Gilmore Keyboard Festival의 웹사이트를 보자 (www.thegilmore.com). 그림 [2.3]. 오랜 시간 동안 당연하게 쓰여왔던 너무나도 노동집약적인 테이블 구조로 되어있는 꽤 멋진 사이트이다.

2.3
2001년의 The Gilmore Keyboard Festival웹사이트(www.thegilmore.com). 보기에는 멋져도 유지보수는 고통스러웠다.

길모어 GILMORE 최고!

이 책을 읽는 사람이 있기는 있다. 이 스크린 샷이 초판에 사용된 뒤에 초판에서 언급되었던 이러한 문제들은 초판인 '웹표준으로 디자인 하기'에 있던 방식들을 적용해 길모어에서 사이트 리뉴얼 작업을 했다. 길모어 사이트는 스크린리더와 Lynx 같은 텍스트 브라우저의 접근이 가능하다.

길모어 웹사이트가 사용자의 모니터 해상도와 브라우저 사이즈를 임의대로 추정해서 작업을 했는데 여기서는 뭐가 잘못된 것일까? 회사를 운영해야 하는 입장에서 보면, 몇 가지 문제점을 가지고 있다.

- **변화를 위한 비용** – 만약 연주회 목록에 새로운 연주회 정보의 추가와 같은 어떤 변화가 생기면, 단순한 텍스트 링크를 추가하는 것으로 끝날 수가 없다. 뿐만 아니라, 디자이너가 네비게이션 메뉴에 GIF 이미지에 링크를 추가하는 것도 쉽지 않다. 그림 [2.4]처럼 여러 개의 이미지를 잘라 하나의 HTML 테이블을 이용해 작업하는 것은 이미지들 중 하나의 사이즈가 바뀌게 되면 전부다 뒤틀어지게 된다.

  따라서, 웹사이트에서 아주 작은 수정 하나라도 하려고 하면 전체를 수정해야 하기 때문에 비용이 발생하게 된다. 이미지들은 다시 작업해야 하고, 다시 잘라 최적화 시키고 테이블 구조로 마크업하고 자바스크립트 코드를 만들어야 한다. 링크 하나를 추가하는 간단한 작업도 몇 시간이 필요하게 된다면, 표준을 준수하는 것이 얼마나 유용한 것인지 다시 한번 생각해 봐야 할 것이다.

- **수많은 잠재 방문자의 배제** – 큰 문제처럼 보이진 않지만, 실제로는 상당히 중요한 문제로, 스크린리더, PDA, 인터넷 휴대폰 사용자들이나 텍스트 기반의 브라우저를 사용하는 사람은 사이트에 접근할 수 없다. 이러한 방문자들은 아무것도 사용할 수가

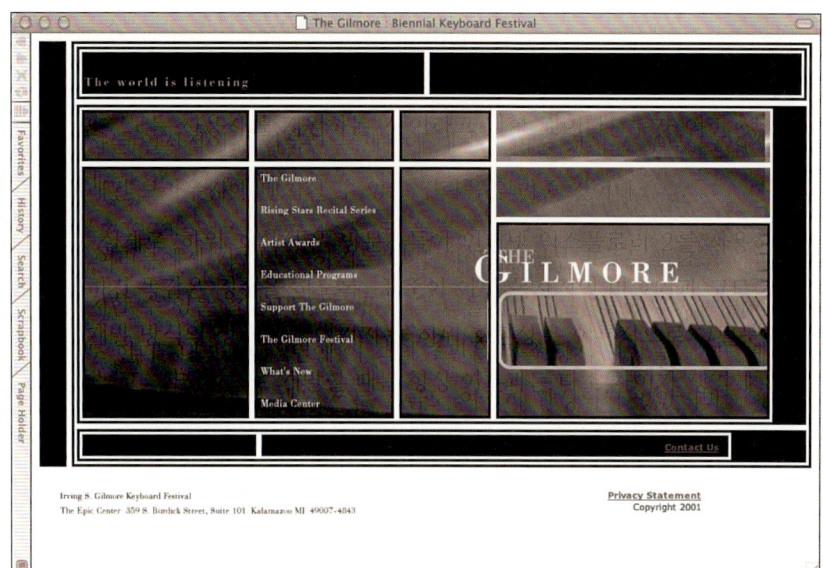

2.4
구성 방법을 보기 위해(그리고 미래에 생겨날 골칫거리를 보기 위해) CSS 마진과 테두리를 추가한 같은 사이트.

없어서 티켓을 구하지 못하거나 더 안 좋은 결과를 얻게 될 수도 있다. 그래픽 없는 브라우저 환경에서 웹페이지는 다음 쪽 그림 2.5와 같이 보일 것이다.

```
[INLINE]
[INLINE] [INLINE]
[INLINE] [INLINE] [INLINE]
[INLINE] [USEMAP] [INLINE]
[INLINE]
Contact Us
[INLINE] Privacy Statement
Copyright 2001
```

"INLINE INLINE INLINE"이 길모어 싸이트에서 알리고자 하던 내용이었을까? "INLINE INLINE INLINE"이 앞으로 방문할 사람들에게 의미가 있는 것일까? 절대로 그렇지 않다.

이미지를 사용하는 것이 잘못되었거나, 멋지게 만들어진 사이트가 나쁘다고 말하는 것이 아니다. 그와 반대로 이미지는 매우 중요하며, 멋진 사이트는 반드시 필요하고, 길모어 사이트를 만든 circa 2001의 제작자들은 굉장히 심미적인 사용자 경험을 만들어 냈다. 단지 그 경험에 접근성이 좀 더 필요했을 뿐이다. 실제 보이는 디자인은 그대로 유지하면서 좀 더 접근성 있게 만들 수 있었을 것이다(현재는 그렇게 만들어져 있다).

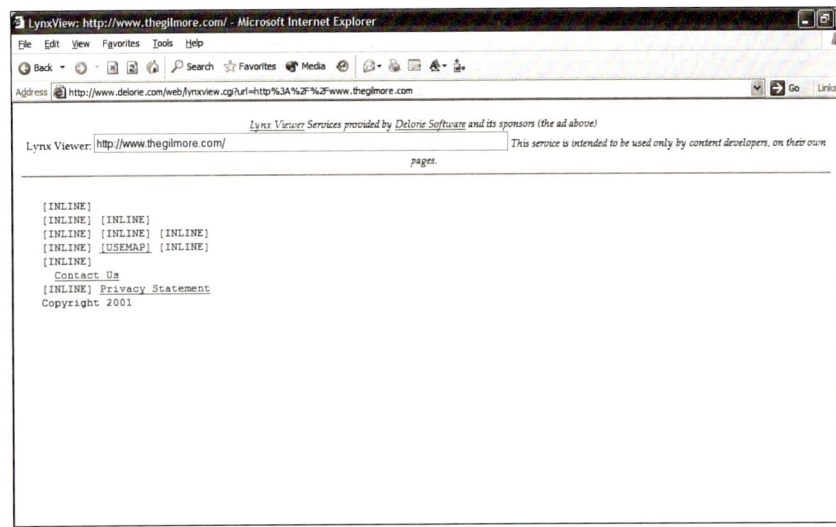

2.5
길모어는 Lynx(http://lynx.browser.org)와 같은 텍스트 기반 브라우저에서는 아무것도 읽을 수가 없다. 웹페이지가 그래픽을 볼 수 없는 환경에서 어떻게 보이는지 Lynx, Lynx 에뮬레이터, JAWS와 같은 스크린리더에서 테스트 해 볼 수 있다. 그러나 무료로 운영되는 Lynx 에뮬레이터(www.delorie.com/web/lynxview.html)는 '웹마스터'인 경우에만 사용할 수 있다.

2001년도의 길모어는 비록 디자인이 탁월하기는 했지만, 상당히 전형적인 디자인방식과 제작방법을 사용하고 있었다. 2006년에도 많은 사이트들이 이러한 방식으로 제작되고 있었다(다음 절, '비참한 왕국' 참조). 그리고 이러한 웹사이트의 방문자와 관리자들에게 발생되는 문제들도 역시 전형적인 것들이었다. 테이블 레이아웃 기반으로 만들어진 웹사이트는 클라이언트가 웹사이트의 일정 부분을 변경해달라고 하면, 대부분 다시 작업해야만 한다. 그리고 그 비용은 클라이언트에게 청구하거나 결국은 작업하는 쪽에서 감수해야 하는 것이다.

경기 침체기와 같이 예산이 충분하지 않을 경우에는 고객들은 명확하고 제대로 된 방법보다는, 빠르게 진행될 수 있으면 조금은 완성도가 떨어지는 솔루션 사용을 요구하기도 한다.

예를 들어, 길모어 사이트의 상단이나 하단에 3개의 링크를 추가하게 되면, 방문자들이 새로 추가된 섹션으로 갈수 있는 길이 생기게 된다. 하지만 동시에 혼란이 생길 수도 있다. 방문자들은 '왜 이 링크는 다른 링크와 따로 떨어져 있을까?', '이 페이지의 다른 링크들보다 더 중요한 링크인가? 아니면 중요하지 않은 링크인가?'와 같은 궁금증을 가지게 된다. 영화를 만든 기술이나 내용에 상관없이, 영화 속의 실수에 더 관심을 가지듯이, 방문자들은 사이트의 내용을 보는 대신에 사이트의 구조에 대해 더 궁금해 한다.

이와 같은 링크의 추가는, 신중하게 만들어진 사이트의 미적인 부분을 해칠 수도 있고, 예술 페스티벌이라는 브랜드의 이미지를 손상시켜, 마케팅적 관점에서 사이트의 가치를 손상시키는 결과를 초래할 수도 있다.

비참한 왕국

팅커벨이 철조망에 매달려 있는 2005년 11월의 '영국 디즈니샵'(www.disneystore.co.uk) [2.6]으로 날아가보자. Disney Store UK는 CSS가 소개된 지 10년이 지나고, 표준화 브라우저가 나온 지 5년이 지난 후에 사이트 개편을 했지만, 여전히 의미 없는 테이블 레이아웃, 구시대적인 `<font>` 태그, GIF 공백 이미지, 쓸데없는 겉치장에 의존하고 있다. 링크를 거는 대신 비구조적인 자바스크립트를 각 페이지마다 넣어서 페이지 로딩 속도를 느리게 한다. 여러 가지 문제점들 중에 가장 최악으로 꼽을 수 있는 것은, 사이트의 컨텐츠가 장애인에 대한 접근성을 고려하지 않았다는 것이다. 이런 장애인들 중에는 분명 디즈니의 어린이 팬들도 있을 텐데 말이다.

2.6
이전에는 접근성 있고, 웹 표준 기반으로 만들어진 디자인의 모델이었으나, 2005년 11월 다시 짜증나는 테이블 레이아웃으로 바뀌었고, 접근성이 떨어지는 모델로 되돌아간 영국 디즈니 샵(www.disneystore.co.kr). 아이들아 미안하다.

영국 디즈니 샵이 최악이긴 해도, 유일한 예는 아니다. 공룡처럼 거대하고 멍청한 웹사이트들이 아직도 사이버 공간에 많이 돌아다니고 있으며, 매일 엄청난 수로 더 증가하고 있다[2.7]. 그렇다면, 왜 군이 영국 디즈니 샵을 예로 들었을까? 그 이유는, 2005년11월 개편을 하기 전에 이 사이트는 접근성도 있었고, 표준화 기반으로 제작된 디자인의 모델이었기 때문이다. 그 당시에는 가볍고 빨랐으며, 검색엔진과 모든 브라우저와 인터넷 기기들과 잘 호환되었다. 다시 말하자면, 영국의 장애인 차별 금지법(Disability Discrimination Act, www.direct.gov.uk)을 준수했었다. 이 사이트는 구조적인 면에서 최근 사이트들의 이상적인 모델이었다. 그런데 누군가 이를 망가뜨릴 생각을 한 것이다. 표준화 지지자인 조 클락은 이러한 사이트들은 개편에 실패했다고 말하고 있고, 이런 사이트의 수를 줄이기 위한 웹 캠페인을 만들어 활동하고 있다(다음 페이지의 '대항하라!' 참조).

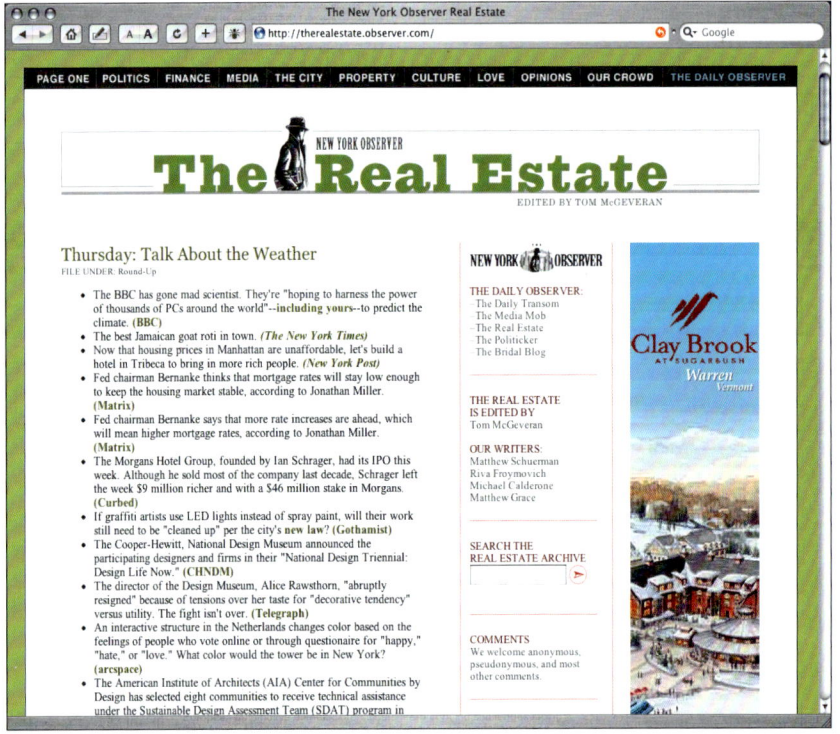

2.7

테이블 레이아웃을 사용하고, 유효하지 않은 HTML로 개편되었음에도 2006년 2월 당당하게 런칭한 New York Observer's Real Estate (http://therealestate.observer.com).

대항하라!

사용자가 사이트를 사용하기 힘들게 하고, 고객에게는 표준을 전파하는 것도 힘들게 만드는 비표준 기반의 낡은 개편 방식에 지치고 있지는 않은가? 접근성 전문가이자 표준화의 대가인 조 클락은 표준화에 대한 의식을 전파하고, 사이트 개편 작업을 구시대적인 방법으로 하는 사람들을 계몽하기 위해, '실패한 개편 Failed Redesigns' 캠페인을 벌이고 있다(http://blog.fawny.org/2006/01/04/failed).

2001년 길모어 웹사이트를 만든 사람들이나, 영국 디즈니 샵을 잘못된 방법으로 개편한 사람들처럼, 많은 사람들이 오래된 방식의 레이아웃이 제대로 운영되지 않는다는 것을 느끼기 시작했다. 일반적인 환경의 보통 브라우저에서 보기에는 그럴듯해 보일지 모르나, 그 환경을 벗어나면, 웹사이트는 기능을 잃게 된다. 적어도 이러한 비접근성은 잠재고객들을 막아버리는 결과를 초래하게 된다.

HTML 태그속에 내용을 억지로 집어넣고, 사용자와 브라우저를 제한하는 것은 디자이너와 사이트 관리자가 비정상이라서 그런 것이 아니다. 그것은 오랜 시간 동안 작업되어 온 업계의 관습을 따르고 있는 것뿐이다. 이런 관습들은 대부분의 사이트가 아직도 내포하고 있는 문제들이다. 이 문제들은 웹표준을 준수하며 폭넓은 접근이 가능하도록 디자인 하는 것이 아니라, 일부 주요 브라우저들의 기교에 맞추어진 사이트들에서 나타난다. 또한 원래 목적에 맞지 않는, 단순히 겉모습을 위해 억지로 HTML 태그를 끼워 넣어 작업된 사이트에서도 나타난다.

웹사이트 제작에 있어 오래되고 잘못된 관습으로 인해 생긴 이러한 문제들을 미적인 부분이나 브랜드 가치를 해치지 않고 해결할 수 있는 근본적인 방법이 있다. 바로 웹표준이다.

■ 웹표준의 세 가지 요소

그림 [2.8]은 웹표준이 어떤 웹페이지에서든지 구조, 표현, 동작의 세 가지 요소로 분리하여 어떻게 문제들을 해결하는지를 보여준다.

구조

마크업 언어(XHTML, www.w3.org/TR/xhtml1)는 헤드라인, 하부 헤드라인, 문단, 순서가 있는 리스트, 정의 리스트 등의 구조적인 의미를 가진 텍스트 데이터를 가지고 있다.

2.8
표준화를 따른 모든 웹 페이지의 세 가지 요소: 구조, 표현, 그리고 동작

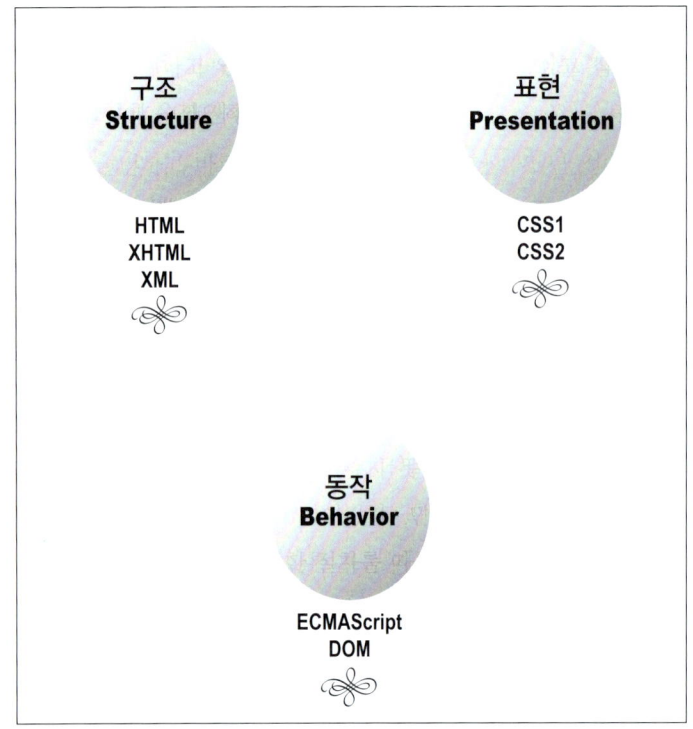

웹에서 텍스트는 정의리스트 `<dl>` 안에 있어야 한다. 부제목 "구조"는 정의 타이틀 `<dt>`로 마크업되어야 한다. 지금 읽고 있는 문장은 정의데이터 `<dd>` 태그로 묶어준다.

```
<dl>
  <dt>
    구조
  </dt>
  <dd>
  <em> 마크업 언어(XHTML, www.w3.org/TR/xhtml1) </em>는 헤드라인, 하부 헤드라인,
  문단, 순서가 있는 리스트, 정의 리스트 등의 구조적인 의미를 가진 텍스트 데이터를 가지고 있다.
  </dd>
  <dd>
  웹에서 텍스트는 정의리스트 안에 있어야 한다. 부제목 &#8220;구조&#8221;는 정의 타이틀로 마크
  업되어야 한다. 지금 읽고 있는 문장은 정의데이터 태그로 묶어준다.
  </dd>
</dl>
```

다른 방식으로, 두개의 문단이 하나의 <dd> 요소 안에 들어갈 수 있다.

```
<dl>
<dt>구조</dt>
<dd>
    <p><em>마크업 언어 (XHTML, www.w3.org/TR/xhtml1) </em>는 헤드라인, 하부 헤드라인,
    문단, 순서가 있는 리스트, 정의 리스트 등의 구조적인 의미를 가진 텍스트 데이터를 가지고 있다.</p>
    <p>웹에서 텍스트는 정의리스트 안에 있어야 한다. 부제목 &#8220;구조&#8221;는 정의 타이틀로
    마크업되어야 한다. 지금 읽고 있는 문장은 정의데이터 태그로 묶어준다.</p>
</dd>
</dl>
```

“과 ”

위의 XHTML 예제를 제대로 읽은 사람이라면, 아마도 “이 무엇인지 궁금해 할 것이다. 단순히 이것은 인용이 시작되는 따옴표의 앞부분이고, ”은 뒷부분이다. 5장 '최신 마크업' 참조

확장된 마크업 언어인 XML(www.w3.org/TR/REC-xml)은 이보다 훨씬 더 많은 옵션을 제공하지만, 여기에서는 과도기적인 마크업 언어이자 모든 브라우저나 인터넷 기기에서 사용할 수 있고 현재 W3C의 권고안인 XHTML에 중점을 두도록 하자.

에러가 없고, 잘못된 태그와 속성 없이 제대로 만들어지기만 하면 XHTML은 굉장히 유연한 언어이다. 웹브라우저나 스크린리더, 텍스트 기반 브라우저, 무선기기 등 어느 것에서든지 사용 가능하다.

마크업은 디자이너들이 필요로 하는 구조 또한 추가해서 넣을 수 있다. 예를 들어, 컨텐츠와 네비게이션은 적절하게 이름 붙인 태그 안에 넣을 수 있다.

```
<div id="content">[여기에 내용이 들어갑니다.]</div>
<div id="navigation">[여기에 네비게이션이 들어갑니다.]</div>
```

또한, 마크업은 이미지나 플래시, 퀵타임 무비와 같은 요소들을 브라우저 환경에서 볼 수 없는 사람들이 있다면, 그에 상응하는 내용을 볼 수 있도록 하는 태그와 속성을 지원한다.

> **유효한? 시멘틱? 무슨소리야?**
>
> - 마크업이 에러가 없고(예:닫는 태그가 없음), 잘못 쓰인 태그나 속성(예:테이블에 쓰인 height는 XHTML 표준이 아님)이 없을 때, '유효하다'라고 한다. 유효성 검사는 온라인 상에서 할수 있다.(http://validator.w3.org)
> - 태그들이 그것의 의미에 따라 선택되어 사용된 것을 '시멘틱한 마크업' 이라고 한다. 예를 들어, H1을 가장 중요한 헤드라인에 사용한다면, 그것이 바로 시멘틱한 태깅 방법이다. H1을 '크게 보이기 위해서' 사용한다면 그것은 시멘틱한 방법이 아니다. '시멘틱한 마크업'이라는 말과 비슷한 뜻을 가진 '구조적인 마크업'이라는 표현도 사용한다. ('구조적인 마크업'이라는 말은 각각의 웹 문서에는 건물의 뼈대와 같은 구조를 가지고 있기 때문에 사용된다.)
>
> 웹페이지가 유효하다고 해서 전부 시멘틱한 것은 아니다. 예를 들어, HTML 페이지는 테이블 셀들과 구조적이지 않은 마크업으로 구성될 수 있다. 테이블 마크업에 에러가 없고 잘못 사용된 태그나 속성이 없다면 그 페이지는 유효하다. 마찬가지로, 시멘틱 하기는 하지만 유효하지 않을 수도 있다. 대개 표준 기반으로 작업하는 전문가들은 마크업이 유효하면서, 시멘틱하게 작업하기 위해 항상 노력한다.

표현

표현 언어들(CSS1: www.w3.org/TR/REC-CSS1; CSS2.1 working draft: www.w3.org/TR/CSS21)은 웹페이지를 구성하고, 문자, 위치, 색상 등을 조절한다.

테이블로 작업된 기존의 거의 모든 레이아웃은 CSS로 대체가 가능하다. 모든 경우에서, CSS를 사용하여 비표준인 <font> 태그와 비효율적이고 구식인 태그들을 대체할 수 있다.

```
<td bgcolor="#FFCC00" align="left"
valign="top"><br><br><br> </td>
```

이런 쓸데 없이 긴 태그는 class 속성을 지정한 테이블 셀 하나, 혹은 class조차 지정하지 않은 빈 테이블 셀 하나로 고칠 수 있다.

왜냐하면, 표현은 구조와 다르게, 다른 부분에 영향을 주지 않고 바꿀 수 있기 때문이다. 예를 들어, 수많은 페이지에 똑 같은 레이아웃을 적용할 수도 있고, 레이아웃을 바꾸지 않고 텍스트나 링크를 변경할 수 있다. 텍스트 수정으로 레이아웃이 바뀌지 않을까 하는 고민 없이 언제든지 XHTML 을 수정할 수 있다. 텍스트는 디자인과 상관없는 단순한 텍스트일 뿐이다.

마찬가지로, 마크업을 수정할 필요 없이 레이아웃을 수정할 수도 있다. 폰트 사이즈가 너무 작다는 불평이 있다면? 공통으로 사용하는 CSS 파일을 수정하면, 모든 사이트에 적용되어 한번에 수정하는 것이 가능하다. 프린트할 때 멋진 레이아웃이 필요하다면? 프린트용 CSS를 만들어 페이지가 어떻게 보이든지 원하는 멋진 모양으로 인쇄할 수 있다(이에 대한 내용은 2부에서 다루게 될 것이다).

동작

CSS, XHTML, ECMAScript 262와 함께 작업하는 표준 오브젝트 모델(DOM 모델 www.w3.org/DOM)은 다양한 브라우저나 기기에서 동작하는 복잡한 움직임과 효과를 만드는 데 사용한다. 이제 1장에서 다룬 내용과 같은 넷스케이프 전용 자바스크립트나 윈도우 인터넷 익스플로러 전용 ActiveX나 Jscript들을 더 이상 사용하지 않아도 된다.

사이트의 목적이나 방문자들에 따라, 디자이너와 개발자들은 구조와 표현, 동작을 완전히 분리함으로써 웹표준의 모든 기능을 사용할 수 있다. 혹은 신, 구를 조합한 과도기적인 사이트를 만드는 것을 선택할 수도 있다. 예를 들어, 단순한 XHTML 테이블 레이아웃에 CSS를 이용하여 글꼴이나 여백, 틀, 색상 등을 조절할 수 있다.

■ 실행

Suck.com이 지금 만들어진다면, XHTML이나 CSS 같은 웹표준 덕분에 기획자들은 글 작성에만 집중할 수 있을 것이다. 기본적인 XHTML 템플릿은 문서의 기본 구조를 만든다. 기사를 위한 이미지를 준비하는 것을 제외하고는 사이트를 보면서 디자인을 요청하는 일 없이 그때그때 CSS로 수정할 수 있다. 문단 태그는 행간을 띄우기 위해서가 아니라 문단의 시작과 처음을 표시하는데 사용한다(행간 조정은 CSS로 한다).

인터넷 익스플로러, 파이어폭스, 오페라, 사파리 같은 그래픽 브라우저에서 CSS는 Suck.com을 디자이너가 원하는 대로 보이게 만들 수 있다. 구조화된 XHTML은 이런 브라우저뿐만 아니라, PDA나 스크린리더, 텍스트 기반 브라우저에서도 Suck.com의 내용을 보이게 할 수 있다.

Suck.com은 컨텐츠 중심의 사이트이기 때문에, CSS로 레이아웃을 만들고, XHTML로 구조화된 내용을 만드는 방식으로 내용과 스타일을 분리하였고, 엄격한[Strict] XHTML/CSS로 작업된 아주 적절한 사이트가 될 수 있었다. 그렇긴 해도, 필요하다면 간단한 XHTML 테이블로 내용 영역을 잡고, CSS로 꾸밀 수 있는 전환형transitional 접근 방법으로도 가능할 것이다.

2001년에 제작된 길모어 사이트는 템플릿을 만들어 작업하는 방식에서는 큰 이점을 얻을 수 없다. 적어도 그림 2.4와 같은 인트로 페이지의 디자인에서는 힘들다. 하지만 사이트 제작자는 디자인팀에서 전체를 손대는 일 없이 부분적으로 수정이 가능하도록 CSS로 내부 레이아웃을 만드는 방법을 이용해 폭을 유지할 수는 있을 것이다.

길모어에서 메인 이미지를 그림 2.4와 같이 십여 개의 이미지 조각들로 나누지 않고, 하나의 JPEG나 PNG 파일을 CSS 배경 속성으로 지정하고, CSS를 지원하지 않는 브라우저에서도 작동할 수 있는 방법을 사용하여 그 위에 띄우는 방법도 가능하다.

길모어 사이트 제작자들은 유효한 XHTML과 `alt`, `title`, `longdesc` 등의 속성을 사용하여 사이트의 내용이 의미 없이 사라지지 않고 모든 방법으로 접근이 가능하게 할 수 있을 것이다[2.5]. 그래픽이 좀 적은 내부사이트 페이지들은 절충된 방법과 엄격한 방법을 사용하여 제작이 가능하다.

현재 길모어는 이런 아이디어들과 더 많은 아이디어를 사용해서 컨텐츠를 모든 매체에 제공하고 있다[2.9, 2.10].

■ 전환형의 이점

XHTML과 CSS를 함께 사용하는 전환형은 현재 가지고 있는 문제와 지금까지 다룬 문제점들을 해결하는 데 상당히 좋은 방법이다. 폰트와 색상, 여백 등은 CSS를 이용하고, 기본 레이아웃은 XHTML 테이블을 사용하는 전환형을 쓰게 되면, 테이블 없는 순수 CSS를 쓰는 방법보다는 일거리와 비용이 더 들기는 하지만, 사용성이나 접근성, 호환성, 장기적인 생존력을 높일 수 있다.

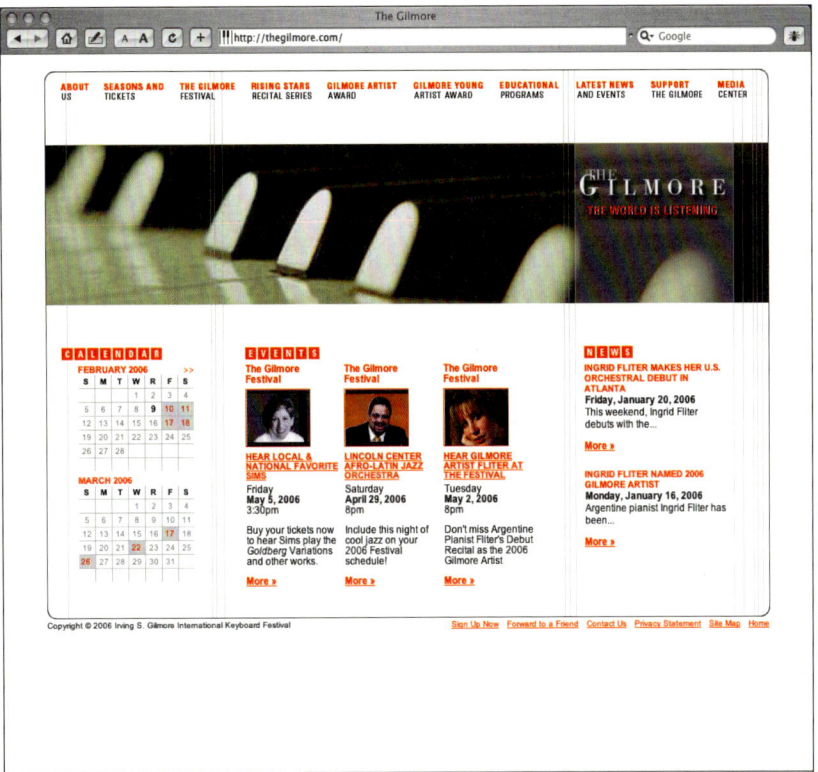

2.9
2006년도 길모어 웹사이트

The Gilmore
Skip navigation
About Us
Mission
Irving S. Gilmore Bio
Daniel R. Gustin Bio
FAQ
Staff List
Newsletter
Links
Seasons and Tickets
The Gilmore Festival
Festival Sponsors
2004 Festival -->
Previous Festivals
Rising Stars Recital Series
2005⊠06 Schedule
Past Artists
Gilmore Artist Award
Award Description
Gilmore Young Artist Award
Award Description
Educational Programs
Request Information
FAQ
Festival Programming
Community-Wide Programming
In-School Programs
Latest News and Events

2.10
현재 길모어 사이트를 텍스트 기반 브라우저에서 보면 컨텐츠가 보인다. '넘어가기 메뉴'를 포함한 네비게이션을 볼 수 있다.

2002년 Happy Cog가 디자인한 The Marine Center(www.marinecenter.com)는 XHTML 테이블 레이아웃과 CSS를 결합한 형태이다. 제작 당시 전환형으로 방문자들을 위해 '앞으로 가기'와 '뒤로 가기' 버튼을 만들었다. 하지만 웹표준으로 최대한 효과를 얻기 위해서는 근본적인 사고와 방법의 전환이 필요하다.

합리적인 제작, 컨텐츠의 보존과 이식, 각자 다른 사용자 환경에 따라 적절한 수준의 디자인을 제공하겠다는 목표는 우리가 해야 하는 일이기도 하지만, 표준을 바탕으로 작업할 때, 할 수 있고, 또 하고 있는 것이다.

표현과 동작에서 구조를 분리하는 능력은 새로운 표준에 의한 디자인 방식의 핵심이다. 이 방법이 앞으로 새로운 웹사이트 설계(플래시로 만드는 경우가 아닌 경우)의 기본이 될 것이며, 앞에서 살펴 본, 상위 호환 사이트에서는 이미 사용되고 있다.

■ 웹표준화 프로젝트: 이식성

'웹표준화 프로젝트(WaSP)'[2.11]는 1998년 넷스케이프와 마이크로소프트 등 여러 브라우저 회사들이 표준을 완벽하게 지원하도록 설득하기 위해서 조직되었다. 오랜 시간과 끈기, 전략을 바탕으로 활동한 결과, 마침내 이들은 웹이 앞으로 발전하기 위해서는 공통의 표준을 통한 상호 운용가능성이 절대적으로 필요하다는 관점을 이끌어 냈다.

잡담

브라우저의 표준에 대한 논쟁에 있어서, 아이러니한 것 중 하나는 넷스케이프와 마이크로소프트가 W3C의 주요 멤버이면서도, 정작 웹표준을 만드는데 충분한 도움을 주지 않았다는 점이다.

브라우저들이 결국 제대로 표준을 지원하기 시작한 뒤로(3장, '표준화가 어려운 이유' 참조), '웹표준화 프로젝트'가 디자이너들과 개발자들이 고생 끝에 얻게 된 이런 기술들을 배우고 이해하는데 도움을 주기 위해 다시 시작되었다. '웹표준화 프로젝트'는 진정한 교육적 자원으로 발전하기 위해 사이트를 개편했다.

예상대로, 사이트는 표준을 기반으로 한 브라우저에서 제대로 보였다[2.11]. 표준을 기반으로 하지 않은 브라우저에서도 크게 나쁘게 보이지는 않았다[2.12]. 그리고 이 사이트는 마크업이나 스크립트 또는 장치의 추가나 변경 없이 PC에서 작동하는 브라우저의 제약에서 벗어났나(여기 저기에 맞추기 위한 버전도 없다).

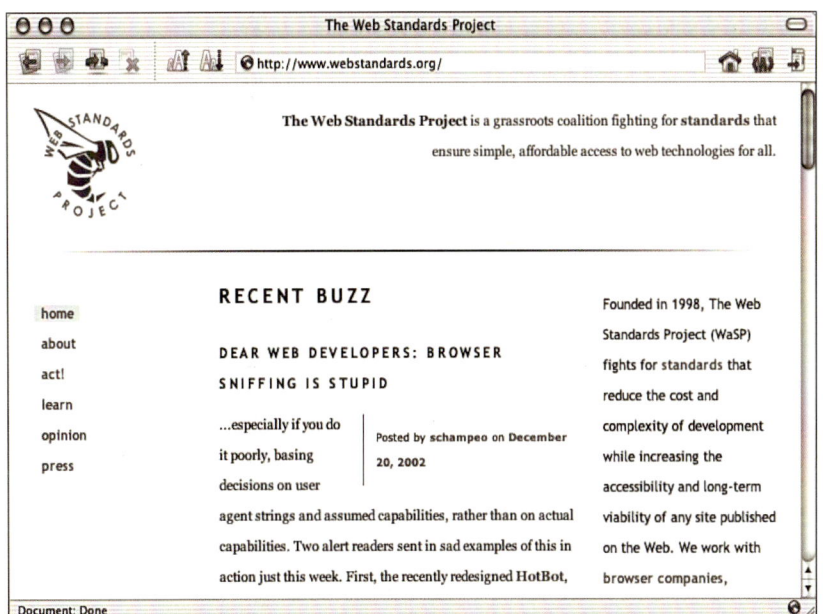

2.11
Mac OS X의 Camino(모질라) 브라우저의 초기 버전에서 본 2002년에 CSS로 제작된 웹표준화 프로젝트의 홈페이지(www.webstandards.org).

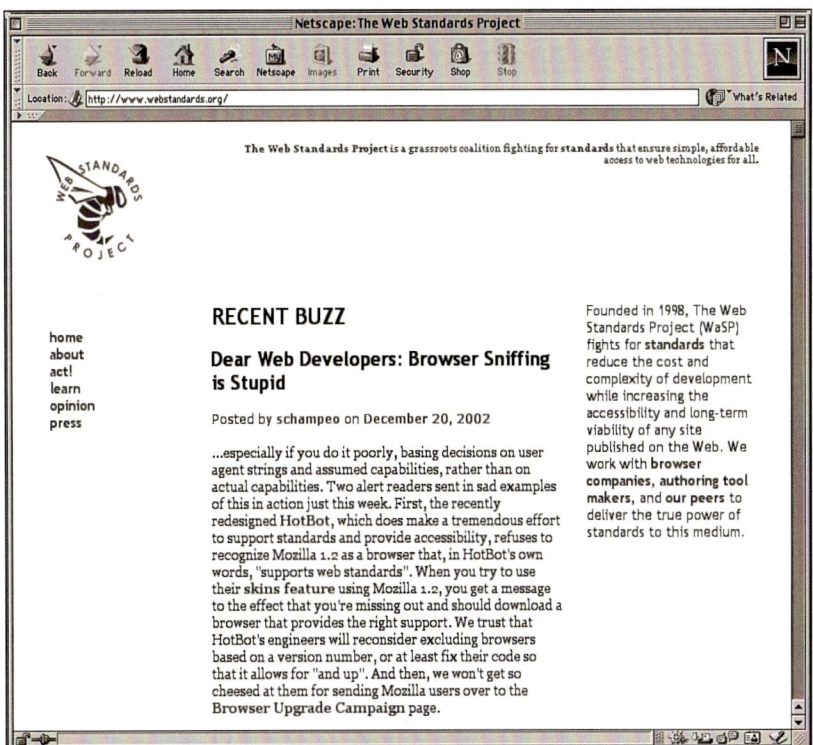

2.12
표준 친화적이지 않던 넷스케이프 4에서도 사이트가 잘 보이고 잘 작동한다. '넷스케이프 4 전용 버전' 같은 것은 필요 없다.

2.13

(왼쪽) 같은 사이트를 PDA에서 본 화면. 다른 프로그램이 필요 없다. 포터 글렌다이닝(Porter Glendinning, www.g9g.org) 제공.

2.14

(오른쪽) 같은 사이트를 마이크로소프트의 포켓PC(PocketPC)에서 본 화면. 애닐 대시(Anil Dash, www.dashes.com/anil) 제공.

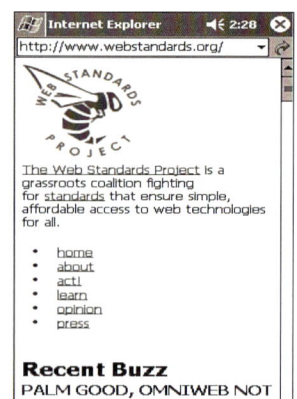

2.15

애플 사의 뉴튼 포켓용 컴퓨터에서 본 같은 사이트. 그랜트 허친슨(Grant Hutchinson, www.splorp.com) 제공.

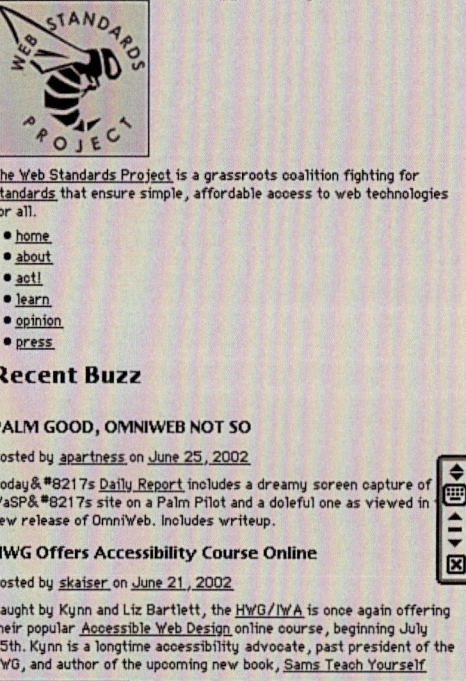

문서 하나로 모든 서비스를 한다

웹표준화 프로젝트는 XHTML 1.0 Strict DTD^{Document Type Definition}를 기준으로 만들어졌다. 레이아웃에 CSS를 사용하였다. PDA 버전이나 무선기기를 위한 다른 버전은 필요하지 않다. 표준으로 디자인하고 개발하게 되면 하나의 문서로 전부 해결할 수 있다.

그림 2.13, PDA에서 보이는 webstandards.org 사이트. 그림 2.14, 마이크로소프트의 포켓 PC에서 보이는 모습. 그림 2.15에서 보듯 애플사의 뉴튼 포켓용 컴퓨터에서도 잘 작동된다. 그랜트 허친슨은 '구식의 운영시스템의 브라우저로 현대의 사이트를 보는 것만큼 정말 멋진 것은 없습니다.'라고 말했다.

최소한의 노력으로 최대한의 방문자가 와주길 바라는 디자이너나 사이트 관리자들에겐 정말 희소식으로 들릴 것이다. XHTML을 엄격하게 지키고 CSS를 현명하게 사용하면 디자이너와 개발자들이 여러 가지 버전을 제작하지 않아도 되게 해준다.

이 책을 보고 있을 때는 이미 웹표준화 프로젝트 사이트가 다시 디자인된 다음일 것이고, 이 화면을 다시 볼 수는 없겠지만, 여기서 이야기하고자 하는 바에는 변함이 없다.

■ A List Apart : 하나의 페이지, 다양한 디자인

1998년 만들어진 A List Apart(www.alistapart.com)는 '웹사이트를 만드는 사람'들을 위하여 오랜 시간 동안 표준을 기반으로 하는 디자인을 가르치고 발전시켜 왔다. 2001년 2월 웹표준 기반 브라우저가 등장했을 때, 웹사이트에서 CSS를 레이아웃 작업에 이용하며 다른 디자이너들에게도 그렇게 하도록 장려했고, 현재는 수만명의 사람들이 이 방법들을 이용하고 있다.

A List Apart의 형태와 구조는 시멘틱한 마크업과 CSS 레이아웃의 강력한 조합의 장점을 증명한다. 이 조합은 다른 버전을 따로 만들 필요 없이 구 브라우저들과 CSS를 지원하지 않는 기기들도 접근할 수 있도록 해준다. CSS를 지원하는 브라우저에서는 그림 2.16과 같이 보이고, 지원하지 않는 브라우저에서는 그림 2.17처럼 문서의 구조에 따라 내용만을 보여준다.

실제로 어떤 독자들은 이러한 방식을 좋아했다. A List Apart의 첫 번째 CSS 개편 이후 넷스케이프 4를 사용하는 방문자들이 일시적으로 증가했다. 이 방문자들은 넷스케이프 4의 약점이 두드러져 보이던 이전의 레이아웃보다 자신들의 브라우저가 읽을 수 있는 평범한 페이지를 좋아하는 것 같았다. 표준으로 인해 피해를 봤던 일부 구식 브라우저 사용자들은 이 이야기를 반대로 생각해도 될 것이다. 다시 말해, 표준을 제대로만 사용하면 모든 사람에게 도움이 된다.

2.16

A List Apart (www.alistapart.com), '웹사이트를 만드는 사람들을 위하여'. 제이슨 산타 마리아가 만든 멋진 레이아웃은 표준을 지원하는 브라우저에서 최상의 효과를 보인다.

2.17

넷스케이프 4.0 브라우저에서 본 같은 사이트. CSS 레이아웃이 없어도 전혀 문제가 되지 않는다. 읽을 수 있고 사용이 가능하다. 브라우저의 기본인 마크업만으로 기본적인 레이아웃을 보여준다.

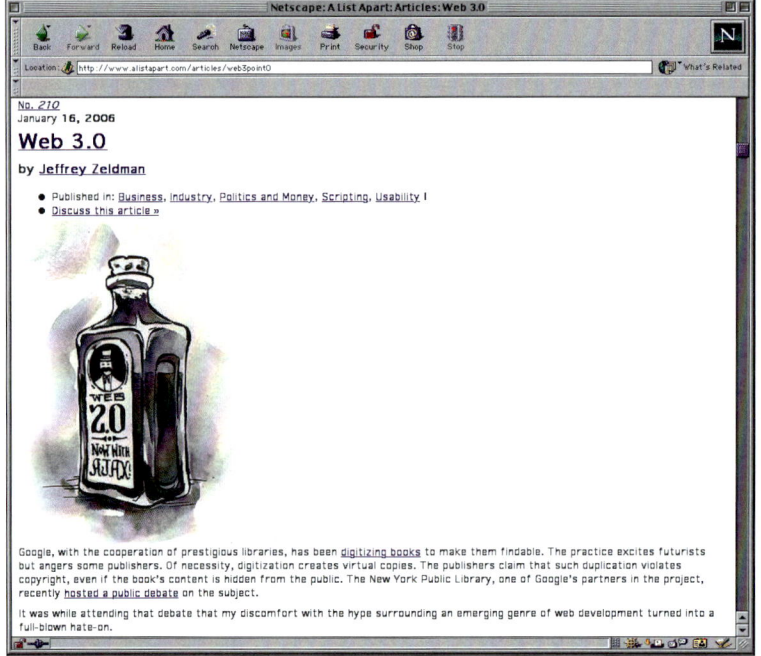

더 나아가, 거의 모든 경우에 별도의 페이지를 만들 필요 없이 의미 있는 마크업과 CSS의 조합으로 '프린트용' 버전을 만들 수 있다[2.18].

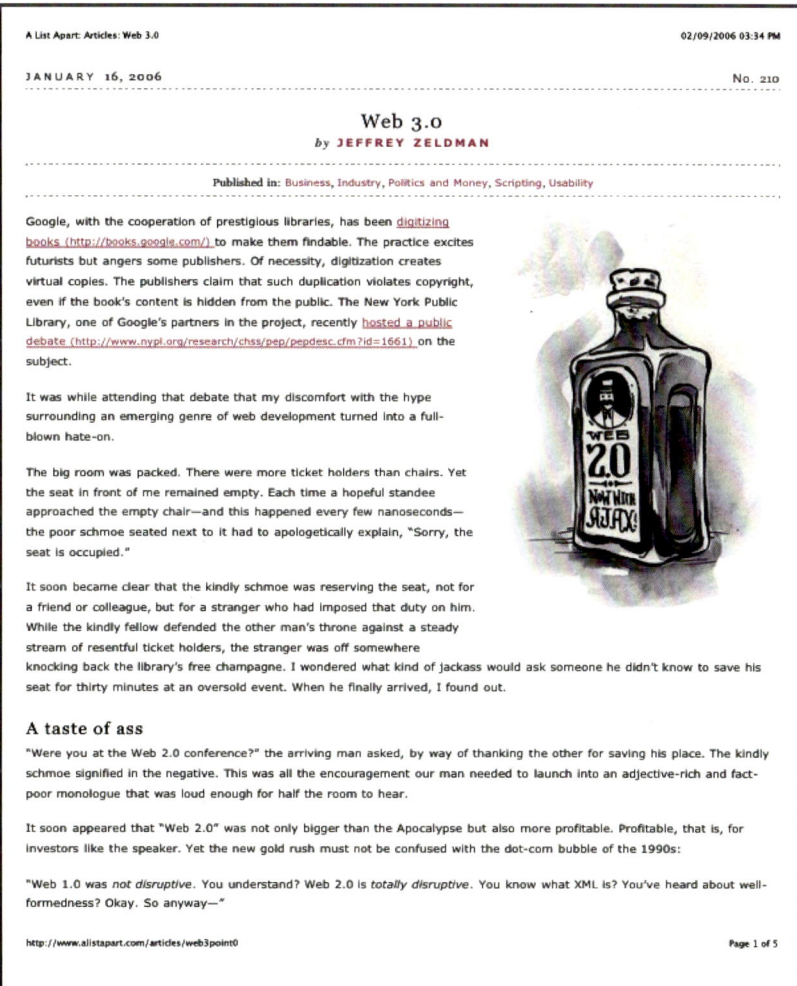

2.18
웹에서 프린트로: 프린트용 스타일 시트를 사용하면 ALA(A List Apart)의 글이 바로 프린트용으로 변경된다.

모니터 밖의 디자인

그림 2.18은 A List Apart의 글이 프린트된 화면을 보여준다. 보는 바와 같이 프린트된 페이지에서는 필요 없는 네비게이션 역할을 하는 사이드바를 없앴다. 사이트에서 강조하기 위해 크게 만들어둔 번호판 이미지도 단순한 링크로 바꾸었다. 폰트도 프린트에 적합한 사이즈로 변경되고 원래 화면에서 보이지 않던 링크의 URL들도 편의를 제공하기 위해 표시되었다. 이러한 마술 같은 효과는 『Eric Meyer on CSS』(New Riders, 2002)의 저자인 에릭 마이어와 다

른 6명의 CSS 전문가들이 디자인한 프린트용 스타일시트에 의해 만들어졌다. 에릭 마이어는 ALA*A List Apart*의 글(www.alistapart.com/articles/goingtoprint)에 프린트용 스타일을 만드는 원리와 기술들을 설명해 두었다.

여기서 중요한 개념은 간단한 '프린트용 스타일 시트'만 있으면 '프린트용'버전의 웹페이지를 따로 만들 필요가 없다는 것이다. 모든 사이트에 적용이 가능할 것이다. www.wired.com이나 the O'Reilly Network(www.oreilly.com)와 같이 여러 페이지의 글로 구성된 예외적인 경우, 단순하게 하나의 페이지로 묶어주는 페이지가 필요할 수 있다. 하지만 이 역시도 프린트용 스타일을 이용하면 도움을 얻을 수 있다. 여러 개의 문서를 하나로 엮은 뒤에 프린트용 스타일을 적용하면 된다.

우리가 방금 살펴본 두 개의 사이트에서 얻은 이점을 살펴보자.

시간과 비용의 절약, 방문자수 증가

표준을 이용해 디자인 하는 것이 여러 개의 다른 버전으로 페이지를 만들 필요가 없게 해주는 것이라면, 시간과 비용면에서 절약의 효과는 클 것이다.

- 넷스케이프 전용 버전 필요 없음.
- 인터넷 익스플로러 전용버전 필요 없음.
- 구식 브라우저용 버전 필요 없음.
- 무선기기용(WAP, WML) 버전 필요 없음.
- 프린트용 버전 필요 없음
- 브라우저나 운영체제를 확인하러 다니거나, 서버를 여러가지 브라우저나 기기에 최적화 할 필요 없음.

무선기기를 사용하는 사람들을 위해서 모든 업체가 무선기기용 단순 텍스트 버전을 일일이 다 만들어 줄 수는 없다. 고맙게도 XHTML과 CSS 표준 덕분에 그렇게 하지 않아도 된다. 업체들은 손가락 까딱하지 않으면서 수많은 고객들에게 다가갈 수 있다.

엄격한 표준의 준수 또한 접근성 문제를 해결하는 데 상당한 도움을 준다. PDA에서 사이트가 작동되면 보통 JAWS와 같은 스크린리더에서도 작동이 된다. 하지만 확실하게 하기 위해서 테스트를 거치는 것은 당연하고, 정말로 접근성이 있는지를 테스트하기 위해서 약간의 수고가 필요하다. 14장과 2부의 여러 절에서 접근성에 대한 것들을 좀 더 자세히 알아볼 것이다.

■ 앞으로의 발전방향

XML 기반의 마크업 언어(4장 참조)는 지금의 웹사이트들을 약간은 유치하게 보이게 한다. 하지만 예전의 디자인과 개발 표준을 따르기만 해서는 앞으로 발전할 수 없다.

두 가지 방식이 있다. 과거의 웹과 표준 기반의 기술들을 적절히 혼합한 '전환형transitional 상위 호환'과 구조, 표현, 동작을 완전하게 분리한 '엄격한Strict 상위 호환'이 그것이다.

전환형 상위호환은 잘 정돈된 모양이 더 우선 순위가 높고, 높은 비율의 고객이 비표준 브라우저를 사용하는 경우에 적당하다. 요즘은 대부분의 사이트에서는 이러한 비표준 브라우저 문제는 점점 줄어들고 있어서, 전환형 호환법은 점점 사용을 하지 않고 있다.

엄격한 상위호환은 그 이름이 말해주듯이 표준화의 원리를 정확하게 따르고 가장 호환성이 높은 방법이며, 적절한 환경이 제공될 때 최대의 효과를 나타낸다. 그럼 이러한 방법들이 어떤 이점을 주는지 자세히 살펴보자.

전환형(transitional) 상위 호환성(혼합형 디자인)

필요한 조건

- 유효한 XHTML 마크업(HTML 4.01도 가능)
- 텍스트와 색상, 여백 등을 처리하기 위한 유효한 CSS
- 레이아웃을 위한 약간의 XHTML 사용, 지나친 테이블의 사용은 피하고 CSS를 사용한다.
- 선택사항: 수많은 테이블 셀을 정리하기 위한 구조적 레이블(CSS와 스크립트 사용을 용이하게 하고 다음에 하게 될 개편에서 테이블의 사용을 줄일 수 있게 해준다).
- DOM 기반의 자바스크립트/ECMAScript, 그리고 아마도 인터넷 익스플로러와 넷스케이프의 4.0 버전을 수용하기 위한 두 가지 버전의 코드.
- 접근성 속성과 테스트.

추천

혼합형 디자인은 CSS나 DOM을 제대로 지원하지 않는 넷스케이프 4.0이나 더 오래된 브라우저의 사용자들이 많이 방문하는 사이트에 적합하다. The New York Public Library[2.19]에서는 넷스케이프 4 사용자들을 지원하고 이와 동시에 XHTML, CSS 표준을 준수하기 위해서 혼합형 디자인을 사용한다(안타깝게도 이 사이트의 메인 화면은 가끔 유효하지 않다. 요즘은 어떤지 이곳에 방문해서 한번 살펴보자. `http://validator.w3.org/check?verbose=1&uri=http://nypl.org`).

2.19

The New York Public Library(www.nypl.org)는 웹표준의 방법으로 전환형 방법을 사용한다. 유효한 XHTML과 약간의 테이블 구조를 사용했고, WAI(Web Accessibility Initiative, 웹 접근성 기준) 1단계(14장에서 소개하는 접근성 기준에서 WCAG 1.0이 제안한 세 단계의 레벨 중 가장 기본 단계)를 만족시키며, CSS로 폰트와 여백, 색상 등을 처리했다.

장점

- 합리적인 하위 호환성: 사이트가 오래된 브라우저에서도 적당히 사용이 가능하다. 최신 브라우저나 표준 기반의 브라우저에서 더 잘 보이는 것은 당연하다 (일부에서는 이것이 변화를 거부하는 오래된 브라우저를 사용하는 사람들도 약간은 시대에 맞추도록 하는데 더 의미가 있다고 말한다).

- 상위 호환성: 웹사이트가 앞으로 나타날 새로운 브라우저나 기기에서도 잘 작동되도록 해준다.

- 궁극적으로 XML 기반의 마크업과 레이아웃을 CSS로만 작업하는 길의 초석을 다지게 해준다.
- 현재 브라우저에서 잘못된 마크업이나 코드를 삭제할 때 생기는 유지보수 문제가 줄어든다.
- 높아진 접근성 : 고객에게 부수적으로 생기는 손해나 소송의 위험과 같은 접근성 관련 문제를 줄인다.
- 부분적으로 문서를 구조적으로 되돌려 준다('부분적'이라는 말은 마크업이 어느 정도 디자인 구조를 가지고 있다는 의미이다).
- 파일의 크기와 트래픽의 자연스러운 감소와 함께, 마크업에 우아함과 명쾌함, 단순함을 더해주고 이식이나 생산, 유지보수에 들어가는 비용을 낮춘다.

단점

- 구조와 표현이 여전히 같이 묶여있어 업데이트/유지보수에 여전히 좀 더 노력과 비용이 들어간다.
- 구조와 표현이 함께 있는 이유로, 앞으로 XML 기반의 컨텐츠 관리 시스템으로 사이트를 디자인하고 만드는데 노력과 비용이 좀 더 발생한다. 이러한 점은 작은 규모의 디자인이 중점이 되는 사이트(홍보용 사이트)에서는 큰 문제가 아니지만, 큰 규모의 컨텐츠를 제공하는 사이트나 수백 수천개의 유동성 페이지를 만들어야 하는 상업적인 사이트에서는 고질적인 문제가 된다.

엄격한(Strict) 상위 호환성

필요한 조건

- 구조, 표현, 동작의 완전한 분리.
- 레이아웃은 유효한 CSS만 사용한다. 테이블은 정산표, 주소록, 재고목록, 일정리스트등과 같이 데이터를 보여주는 원래의 목적으로만 사용된다.
- 유효한 XHTML 1.0 Strict나 Transitional을 사용한 마크업.
- 구조에 중점. 마크업에서 표현을 위한 핵을 전혀 사용하지 않거나(strict), 최대한 적게 사용(transitional).

- 구조적 레이블링/디자인요소의 제거('Green Box'보다는 'Menu'를 사용).
- DOM 기반의 스크립트를 사용해서 동작을 구성. 필요할 때를 제외하고는 코드를 분리하지 말 것.
- 접근성 속성과 테스트.

추천

유효하고 시멘틱한 마크업과 CSS 레이아웃의 엄격한 상위 호환성은 일반적으로 4.0이나 그 이전의 비호환 브라우저들로 들어오는 방문 비율이 높지 않은 사이트에 적합하다. 비호환 브라우저들에서도 컨텐츠를 읽을 수 있게 해주기는 하지만 보통은 정돈된 모양을 제대로 표현하거나 작동시키는 것이 완벽하지는 못하다.

장점

- 상위 호환성: 기존과 미래의 브라우저나 기기에서 정보처리 상호 호환성을 높인다.
- 더 발전된 형태의 XML 기반의 마크업으로 변경이 용이하다.
- 적은 작업으로 더 많은 사용자들이 사용 가능하다.
- 다양한 버전을 만들 필요가 없다.
- 접근성 문제의 감소. 일반적으로 사이트 컨텐츠의 설계가 잘 되어있다.
- 마크업에 우아함과 명쾌함, 단순함을 심어준다.
- 문서를 구조화 시켜 준다.
- 제작이 빠르고 쉬우며, 제작 비용과 유지보수 비용이 저렴하다. 사이트를 만들고 유지 보수를 하는 비용이 적게 들고, 투입되는 비용이 줄어든 덕분에 좀 더 많은 예산을 (만약 예산이 남아 있다면) 기획, 디자인, 프로그래밍, 예술, 사진, 편집 그리고 사용성 테스트에 사용할 수 있다.
- 다이나믹한 퍼블리싱과 템플릿 기반이어서 CMS(컨텐츠 관리 시스템)에 적용하기 쉽다.
- HTML 테이블로는 불가능했던 디자인을 CSS 레이아웃으로 구현 가능하다.
- 앞으로 나오게 될 브라우저나 기기들에서도 호환이 가능하다.

단점

- 오래된 브라우저에서는 너무 밋밋하게 보인다.
- 브라우저들의 CSS 지원이 불완전하다. 약간의 차선책(CSS 핵)이 필요하다.
- HTML 테이블로 쉽게 만들 수 있으나 CSS로는 힘든(또는 불가능한) 경우가 있다. 그래서 디자인을 다시 생각해야 할 경우도 있다.
- 몇몇 다른 표준화 기반 브라우저(오페라 7 이번 버전 같은)들은 DOM 기반의 동작 때문에 먹통이 되기도 한다.
- DOM 기반 동작은 4.0이나 그 이전 주류 브라우저, 스크린리더, 텍스트 기반 브라우저들 그리고 대부분의 무선기기에서는 작동하지 않는다. 이러한 브라우저나 기기에서는 `<noscript>` 태그와 CGI로 대체 기능을 제공할 필요가 있다.

2부에서는 개별적이고 총체적으로 표준이 어떻게 작동하는지 설명하고 여러 가지 타입의 웹 개발과 연계되어 있는 디자인이나 비즈니스적인 문제들을 해결하는 팁과 전략을 제시한다. 하지만 깊이 들어가기 전에 이미 떠올렸을 법한 몇 가지 질문에 대해 생각해보자.

만약 표준이 데이터 전달의 호환성을 높이고, 접근성을 향상시키고, 제작과 유지보수를 합리적으로 만들어주며, 낭비되는 서버 비용을 감소시키고, 비용절감의 효과까지 있다면, 왜 모든 디자이너들이나 개발자들이 그들이 작업하는 모든 웹사이트에 웹표준을 정확하게 사용하지 않는 것일까?

어째서 모든 고객들이 옛날 교도소를 배경으로 하는 영화에 나오는 죄수들처럼 더 좋은 배급을 요구하면서 철창을 깡통으로 두들기듯 표준 준수를 요구하지 않는 것일까? 왜 이 책은 여러분의 고객들이나 동료들 또는 사장이나 영업사원들에게 읽으라고 하는 대신 여러분이 읽기를 바라는 것일까? 왜 초판을 출판하고 3년이 지났는데도 2번째 판을 쓰고 있으며, 왜 아직도 비표준 웹사이트들은 여전히 만들어지고 있을까? 왜 표준이 좀 더 광범위하게 이해되고 사용되지 않고 있는 것일까?

다음 장에서는 바로 이런 질문에 대해서 다루게 된다.

03장

표준화가 어려운 이유

웹표준이 접근성 높고, 비용대비 효율이 높은 디자인과 개발을 할 수 있게 하는 열쇠를 쥐고 있는데도, 대부분의 대규모 상업 사이트에서 웹표준을 사용하는 것을 찾아보기가 힘들다. 이번 장에서 우리는 웹표준이 모든 디자인 업체나 사내 웹 부서에서 시행되지 않는 이유와 모든 사이트 계획이나 제안 의뢰서에서 의무적으로 들어가는 구성요소가 아닌 이유를 알아볼 것이다.

웹표준화의 성공사례를 읽고 싶다면 4장으로 넘어가고, 표준화에 완벽하게 찬성하고 실행할 준비가 되었다면 5장으로 넘어가면 된다. 하지만 주변의 동료들에게 표준화를 전파해야 한다면 이번 장을 읽어야 할 것이다.

■■■ 보기에는 좋지만 실행하기는 끔찍하다

2002년 중반쯤, 업계 최고 권위를 가진 디자인 경연대회인 제8회 Annual Communication Arts Interective Awards(www.commarts.com)에서 6명의 미디어 디자이너들과 심사위원으로 참여한 적이 있었다.

처음에 수천 개의 웹사이트와 CD-ROM을 살펴보는데 10주를 보냈고, 50명이 안 되는 수상자들을 가리는 최종 결승에 수백 명의 결승 진출자들을 선정했다. 마지막 심사는 우리 일곱 명이 일주일 동안 함께 생활하던 Bay Area(캘리포니아 북쪽 여러 도시를 합쳐서 부르는 말-옮긴이주)에서 치러졌다. 승자가 결정되기 전까지 자리를 뜰 수 없었다가 그 주의 마지막에 47개의 프로젝트를 선정하고 풀려날 수 있었다.

심사의 마무리를 축하하기 위해 (그리고 되찾은 자유를 위해) 샌프란시스코의 친구를 만나 저녁을 먹었다. 웹 개발에 대해 약간의 지식이 있는 그 친구는 대회에 흥미를 보였다.

그 친구가 "웹사이트가 표준을 준수하지 않으면 점수를 깎았나?"라고 물었다.

난 눈을 깜빡이며 대답했다. "표준을 준수한 사이트는 없었는데?"

사실이었다. 제출한 수천 개의 사이트 중에서 유효하고 구조적인 HTML을 사용한 사이트는 하나도 없었다. 많은 사이트들이 멋지고[3.1], 솜씨 있게 프로그램 되어 있었다[3.2]. 일부는 칭찬하지 않을 수 없을 정도로 좋은 컨텐츠를 가지고 있었으며, 그 중에는 놀랄 만큼 독창적인 사이트도 있었다. 하지만 단 하나의 사이트도 유효한 마크업이나 간결한 CSS, 표준화 기반의 스크립트를 사용하지 않았다.

제출된 사이트 중, 절반이 넘는 숫자의 참가 작품들이 전부 플래시로 만들어져 있었으며, 나머지의 대부분은 4.0 브라우저에서만 작동하였다. 인터넷 익스플로러 4에서만, 또는 넷스케프 4에서만 동작하는 것도 있었고, 심지어 몇 개는 윈도우 운영체제에서만 작동했다. 최종 심사에 올라온 몇 백 개의 사이트 중에서 거의 대부분은 비경제적으로 제작되었고, 사이트들은 각각 그 분야의 최고 기술만을 선보였으나, 웹표준에 관한 부분은 전혀 없었다.

그 이후로도 큰 변화는 없었다. 2005년 개최된 제11회 Annual Awards(www.commarts.com/CA/interactive/cai05)에서도 거의 대부분이 훌륭하게 만들어졌지만, Borders GiftMixer 3000[3.3]처럼 비표준으로 작업된 것이었다.

3.1
제8회 Annual Communication Arts Festival의 수상자 중 하나인 Team Rahal, Inc. (www.rahal.com)는 아름답고 인상적이지만, 비표준으로 작업되었다.

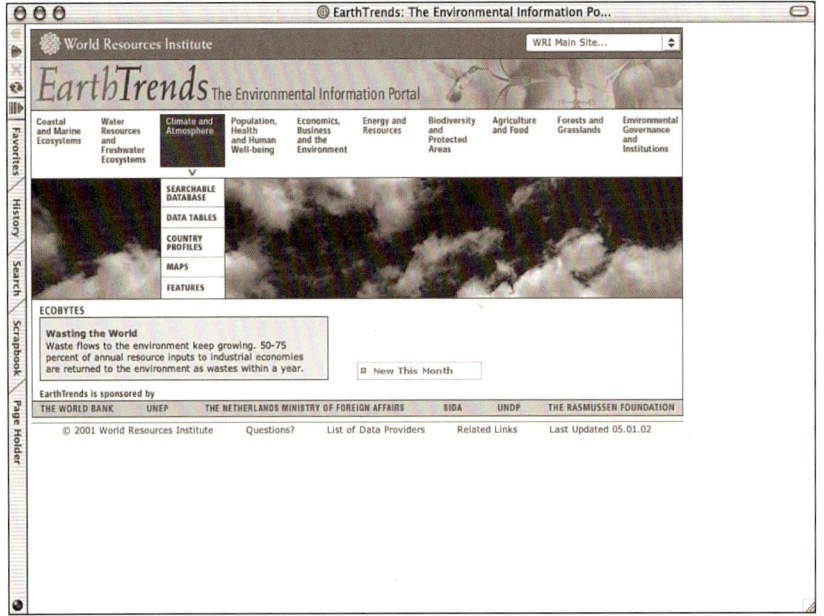

3.2
또 다른 수상자인 World Resources Institute (http://earthtrends.wri.org) 또한 화려하고 멋진 영상을 보여주며 만들었지만 웹표준은 별로 사용하지 않았다.

3.3

Borders GiftMixer 3000(www.commarts.com/ca/interactive/cai05/03_ia05.html)은 영화 2001: 스페이스 오디세이의 'Hal' 목소리로 크리스마스 선물을 사는 멋진 방법을 제공하고 있지만, 웹표준을 원하는 사람들에게는 아무것도 제공하지 않았다.

공동의 목표, 공동의 방법

대회에 출전한 웹사이트들은 각자 독창성이나 마케팅 요소가 상당히 다양했지만, 여러분이나 나의 사이트와 마찬가지로 근본적인 목표를 공유하고 있다. 우리는 모두 고객들이 사이트의 내용뿐만 아니라, 디자인이나 움직임을 보고 웹사이트에 끌리게 되어 참여하게 만들고, 이해하고 사용하기에도 쉽고, 우리 조직과 상품, 서비스에 대해 좋은 얘기만 하기를 원한다.

대부분의 사람들은 예산 한도 내에서 가장 경제적인 것을 얻고 싶어한다. 사이트가 가능한 많은 사람들과 다양한 환경에서 작동하길 원한다. 브라우저나 다른 기기의 호환성에 끄떡하지 않고, 기술의 변화에 한 발 먼저 앞서가고 싶어한다.

우리는 2장에서 다루었던 문제인 끊임없는 소모적인 수정작업 없이 앞으로도 안정적으로 계속 유지될 수 있는 사이트를 만들고 싶어한다. 또한 새로운 브라우저나 기기가 나올 때마다, 한정된 작업시간을 새로운 사이트를 만드는데 보다는 컨텐츠를 업데이트 하고 서비스를 추가하는데 더 쓰고 싶어한다.

표준화는 이러한 목표를 달성하는 열쇠가 될 것이다. 그렇다면, 디자인 커뮤니티에서는 왜 표준화를 열광적으로 받아들이지 않는 것일까?

실제와 대비되는 인식

첫 번째 이유는 디자이너들이 웹표준은 접근성(14장 참고)과 마찬가지로 좋은 디자인을 하는데 부적절하거나 대립된다는 잘못된 생각을 가지고 있는 것이고, 다른 하나는 표준화를 제정하는 사람들이 영리를 목적으로 하지 않는다는 것이다. 보기에 그냥 단순해 보이는 W3C[3.4] 사이트나 ECMA(www.ecma-international.org) 사이트는 그래픽에 민감한 사람들이나 상업적인 사이트의 디자이너들에게 좋은 인상을 주기는 어렵다. 이렇게 스타일이 좋지 않은 사이트들은 표준화가 디자인에 부적절하다는 인식을 막기가 어렵다. 이러한 인식을 바꾸는 데는 그림 3.5와 같은 표준화 기반의 멋진 사이트의 역할이 중요하다.

그리고, 복잡하게 얽힌 다양한 스크립트를 공부해 본 디자이너나 개발자들은 새로운 것을 배우고 싶은 생각이 별로 없거나, JSP, ASP, .NET 등을 배우는데 바빠서 프론트사이드(사이트에서 사용자가 직접 보고 상호작용하는 부분-옮긴이주)기술을 기초부터 다시 배워서 바꾸는 것을 힘들게 생각한다.

위지위그(WYSIWYG: What You See Is What You Get, 드림위버 같이 화면을 보면서 작업하는 에디터 툴)에디터에 의존해야 하는 사람들이 웹표준을 사용하지 않는 다른 이유가 있다. 그것은 그들이 위지위그 에디터에 지나치게 의존하고 있다는 것이다. 따라서, 이런 사람들이 새로운 사실들에 대한 공부를 열심히 하지 않는 한, 이런 위지위그 에디터들이 지금은 웹표준

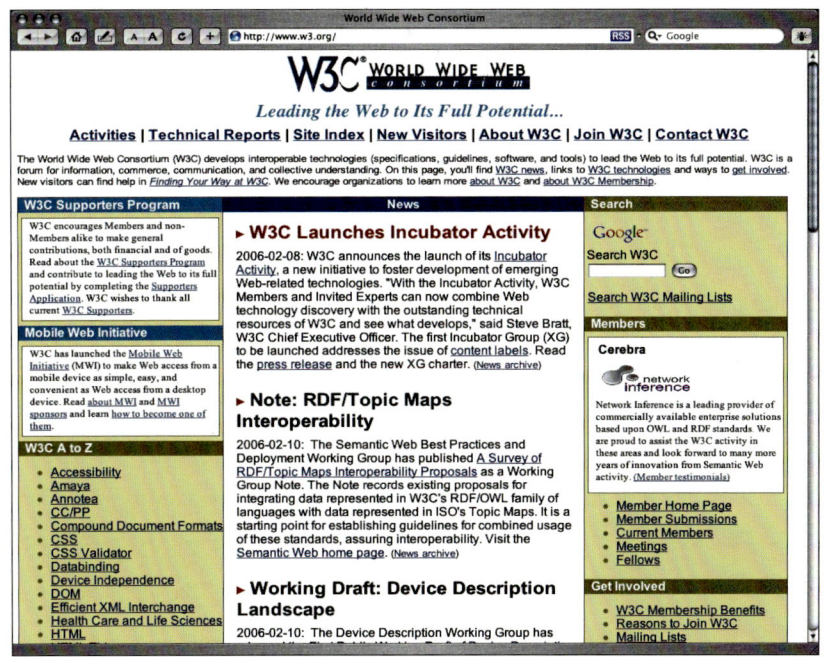

3.4
유지하긴 쉽지만 보기에는 딱히 끌리지 않는 W3C(www.w3.org). 이 단어들의 단순한 집합체와 그림 3.1, 3.2, 3.3, 3.5와 같이 디자이너들이나 다른 사람들이 보고 즐길 수 있는 사이트들을 비교해보자.

3.5

엄청난 인기를 끌고 있는 디자인 포털 Kaliber 10000 (www.k10k.net)은 유효한 XHTML, CSS와 W3C DOM으로 제작되었다. 가장 처음 표준화를 채택한 곳은 아니지만 훌륭한 그래픽 디자인을 표준화 기반으로 만들었다는 데 의미가 있다.

을 지원하고 있다는 것을 알지 못할 것이다. 물론 많은 베테랑 개발자들도 드림위버와 같은 위지위그 에디터를 사용하지만, 이러한 툴의 도움 없이 기본적인 웹 페이지 조차도 만들기 어렵게 생각하는 마크업에 약한 개발자들도 많다.

마지막 하나는, 주요 브라우저들이 표준을 정식으로 지원하기 시작한 것이 몇 년밖에 되지 않았다는 것이다. 많은 웹 전문가들은 어려운 방법으로 일을 하는 것에 너무 익숙해서 브라우저가 바뀐 것은 전혀 알지 못했다. 자, 그럼 이 마지막 이유부터 먼저 살펴보도록 하자.

2000년: 브라우저가 완성된 해

2000년 4월 맥킨토시용 인터넷 익스플로러 5가 출시되었고, 세계(또는 적어도 맥킨토시를 사용하는 분야)는 웹표준의 단점들 외에 다른 부분을 보게 되었다. 맥킨토시용 인터넷 익스플로러 5는 XHTML, ECMAScript를 지원했고 CSS 1의 거의 대부분과 CSS 2의 상당 부분, 그리고 거의 모든 DOM을 지원했다. 맥킨토시용 인터넷 익스플로러 5 또한 누가 원했는지는 모르지만 순수 XML을 보여주는 기능도 있었다(버그질라 http://bugzilla.mozilla.org/show_bug.cgi?id=64945에서 괴짜들이 모아둔 순수 XML을 브라우저에서 보여주는 것에 관련된 문제점을 볼 수 있다).

맥킨토시용 인터넷 익스플로러: DOCTYPE 전환 기능과 확대축소 기능

맥킨토시용 인터넷 익스플로러 5는 11장에 자세히 소개되는 DOCTYPE 전환이라고 불리는 기법에 의해서 웹 페이지의 마크업 중 가장 상단에 위치하는 <!DOCTYPE>에 의해 사이트를 보여주는 방식이나 작동시키는 방식이 잘 갖추어져 있었다. 간단하게 말하면, 적절한 DOCTYPE을 사용하면 페이지는 웹표준에서 지정한 대로 보이고 작동하게 되는데,

웹상에 존재하는 99.9%의 비표준화 기반인 상업적인 사이트들을 망가뜨리지 않기 위해서 부분적으로 DOCTYPE을 사용하거나, 하위호환이 가능한 유연모드로 보여준다.

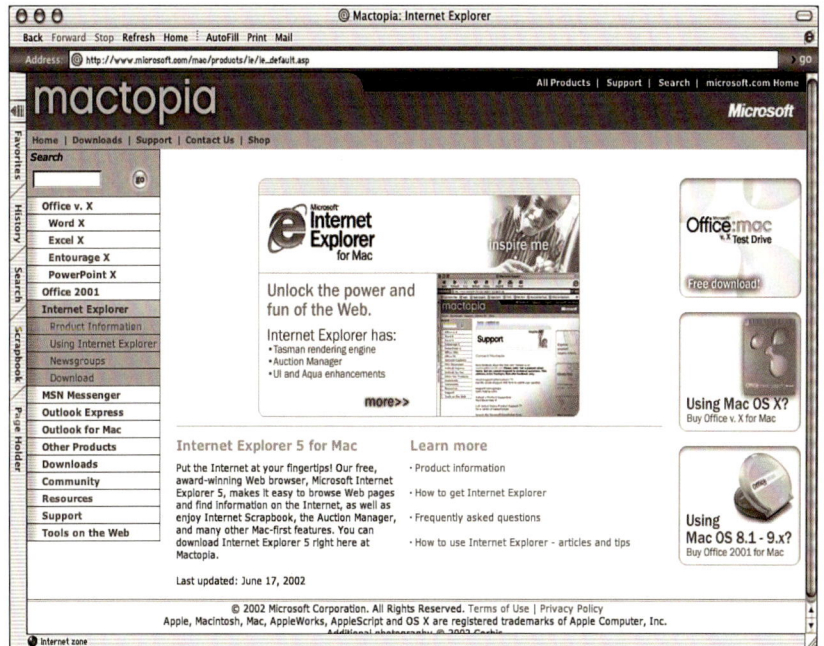

3.6

맥킨토시용 인터넷 익스플로러 5 에디션. 웹표준을 거의 모두 준수한 최초의 브라우저이고 여기서 사용된 혁신적인 방법들은 모질라 파이어폭스나 넷스케이프 6+ 그리고 애플의 사파리와 같은 경쟁사 제품들에 적용되었다. 그리고 이 혁신적인 방식들 중 일부는 윈도우용 인터넷 익스플로러에도 적용되었다.

맥킨토시용 인터넷 익스플로러 5는 CSS에서 픽셀 단위로 지정된 텍스트를 포함한 웹 문서의 모든 텍스트를 키우거나 줄이는 텍스트 줌Text Zoom[3.7]이라는 기능으로 오랫동안 남겨져 있던 접근성 문제를 해결했다. 맥킨토시용 인터넷 익스플로러 5 이전에는 오페라 브라우저만 사용자들이 픽셀로 지정된 텍스트를 포함한 웹 문서의 텍스트를 크거나 작게 하는 기능을 제공했다. 오페라는 전체페이지를 '확대'하는 방법을 사용했는데 디자이너가 원하는 것과 사용자들이 원하는 것들 사이에서 문제를 해결하는 혁신적인 방법이었다[3.8, 3.9, 3.10].

3.7

이제는 사라진 맥킨토시용 인터넷 익스플로러 5의 텍스트 줌. 사용자들은 명령키나 드롭다운 메뉴를 클릭하여 텍스트가 픽셀, 포인트, 센티미터의 단위로 되어있건 그렇지 않건 간에, 혹은 상대적, 절대적 수치로 지정이 되어 있건 간에 상관없이 텍스트를 키우거나 줄일 수 있다. 이미지는 그대로 두고 단지 텍스트의 크기에만 영향을 준다. 텍스트 줌은 파이어폭스, 사파리, 그리고 다른 표준화를 선도하는 브라우저들에서 발전되어 갔지만, 윈도우용 인터넷 익스플로러에서만은 예외였다.

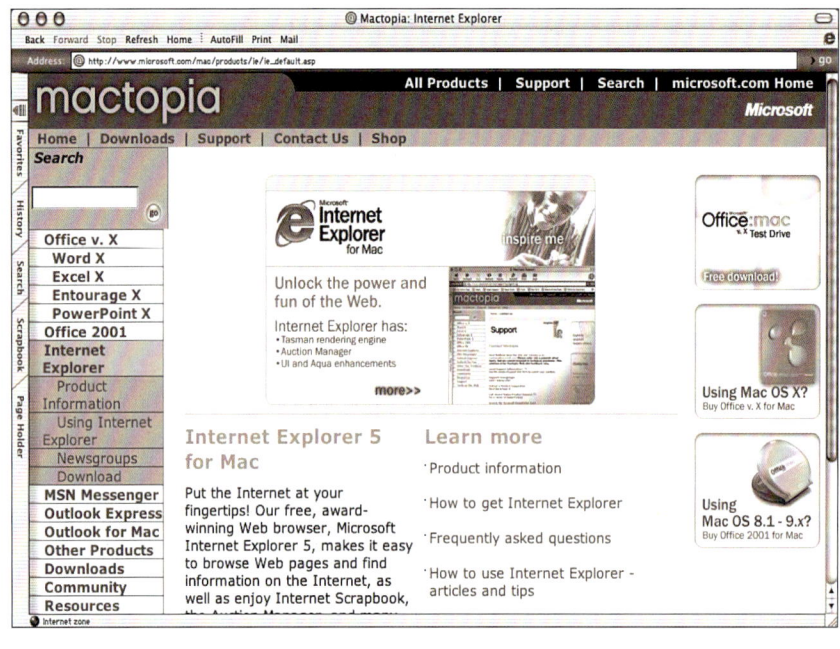

3.8

피터 리드(Peter Reid)의 디자인 포트폴리오인 Ourcommon (http://ourcommon.com)을 오페라에서 실제 사이즈로 본 화면.

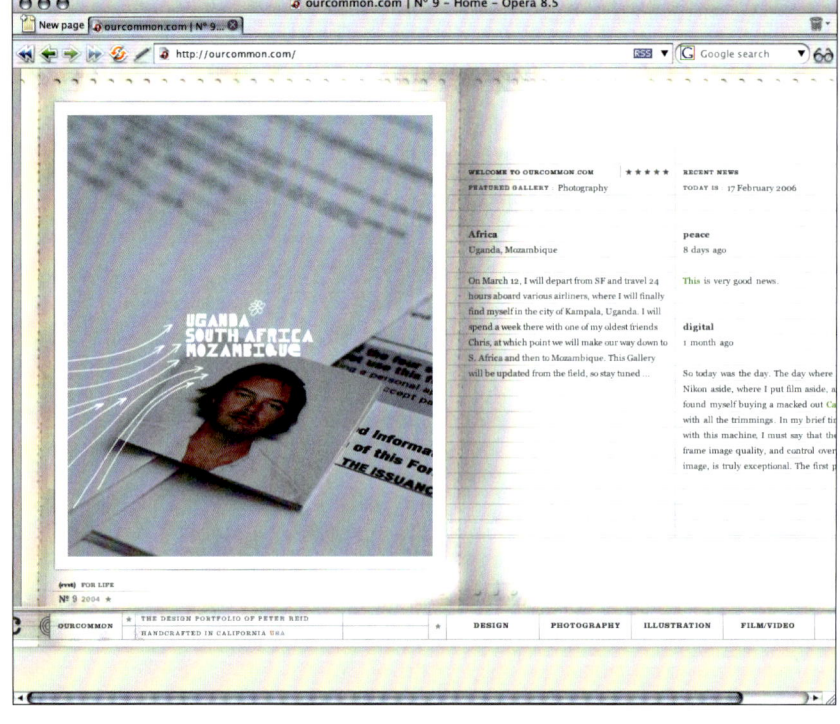

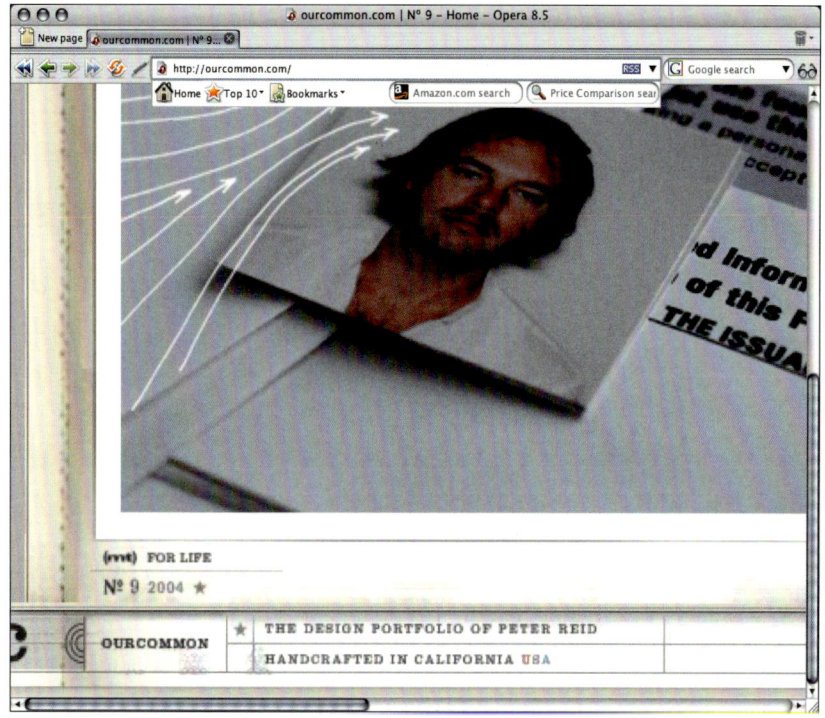

3.9
같은 사이트를 오페라의 페이지 줌을 사용해서 200%로 확대한 화면.

3.10
다시 같은 사이트를 이번에는 500%로 확대한 화면. 오페라의 이 기능 덕분에 디자이너들은 요소들을 자세히 살펴보기 위해서 화면을 캡쳐 받아서 포토샵으로 확대해서 봐야 하는 번거로움을 줄일 수 있었다.

넷스케이프의 대담한 변화

맥킨토시용 인터넷 익스플로러 5의 출시 이후, 웹표준 기반 브라우저들이 생겨나기 시작했다. 넷스케이프 6과 그 오픈 소스 코드의 모태인 모질라는 모든 플랫폼에서 XML, XHTML, CSS, ECMAScript 그리고 DOM을 지원한다. DOCTYPE 변경도 가능하고 텍스트 줌 기능도 제공하며, 기초에서부터 완전한 표준화 기반의 브라우저였다.

웹표준화 프로젝트(WaSP)의 재촉으로 넷스케이프는 완전한 표준화를 위해서 과감하게 기존의 4.0 브라우저와 모든 구시대의 유산들을 버리고 처음부터 다시 토대를 닦아 나갔다. 티끌에서부터 다시 새로운 브라우저를 만드는 것은 기존의 브라우저를 업그레이드 하는 것보다 훨씬 오래 걸렸다. 넷스케이프는 1998년에 시작하여 2000년 후반까지 상업적인 제품을 전혀 만들지 않았고, 모질라/넷스케이프 6을 개발하는 동안 상당히 많은 시장 점유율을 잃어갔다(그리고 아마도 2002년까지도 딱히 상업적인 제품은 없었다).

경영진이나 엔지니어들이 미쳤던 것은 아니다. 그들은 표준화 프로젝트가 그랬듯이 새로운 브라우저가 일년 안에 해결될 것이라고 생각했던 것이다. 일 년이 이 년이 되고 다시 삼 년이 되자, 매니저들과 기술자들은 점점 일의 방향을 종잡을 수 없게 되기도 했지만, 시작한 일의 끝을 보기 위해서 초인적인 힘을 발휘했다.

다른 회사들은 마이크로소프트처럼 강력한 경쟁자에게 시장과 시간을 잠식당하느니, 아마도 그냥 어깨 한번 으쓱한 뒤 프로젝트를 포기하고, 기존의 코드에 기반한 비표준 브라우저 5.0을 만들어서 출시했을 것이다. 주주들의 반대에도 불구하고, 단기적인 이윤이나 자신들의 이익에 앞서 건강한 웹의 미래와 정보호환의 정착에 공헌한 넷스케이프의 경영진이나 엔지니어들에게 감사해야 한다.

브라우저들의 홍수

DOCTYPE 변경이나 DOM을 제외하고는 거의 대부분의 표준을 준수한 오페라 6이 그 다음으로 출시되었다. 오페라는 상업적인 브라우저들 중에 유일하게 W3C의 규칙에 따라서 페이지를 보여주기 때문에 DOCTYPE 변경을 사용하지 않았다. 따라서, 오페라는 이전 페이지들을 위한 '유연(quirks)' 모드를 제공할 이유가 없었다(오페라 5 와 6은 표준 W3C DOM을 지원하지 않았지만 2002년 출시된 오페라 7에서는 지원을 했고 물론 그 이후 버전들도 지원을 한다).

마침내, 마이크로소프트가 맥 제품의 CSS 표현수준을 거의 따라잡은 윈도우용 인터넷 익스플로러 6을 출시하여 XML이나 ECMAScript 그리고 DOM을 강력하게 지원하고, 맥킨토시용 인터넷 익스플로러 5, 모질라 그리고 넷스케이프 6+처럼 DOCTYPE 변경도 제공하게 된다(인터넷 익스플로러 6가 출시되면서 윈도우 중심의 업계 언론들은 DOCTYPE 전환에 관심을 가지게 되었고 이점을 윈도우용 인터넷 익스플로러 6의 강점으로 여기게 되었다).

윈도우용 인터넷 익스플로러 6는 텍스트 줌 기능을 구현하는 데는 실패했다. 텍스트 줌은 접근성이나 사용자 편의적인 관점에서는 상당히 필요하게 느껴지지만, 이 기능은 혁신적인 것이지 표준인 것은 아니다(텍스트의 크기를 변경하는 것은 2002년 사용자의 브라우저 접근성 가이드라인User Agent Accessibility Guidelines이 등장하기 전까지 W3C 표준이 아니었다. www.w3.org/TR/UAAG10/guidelines.html#tech-configuretext-scale에서 자세한 내용을 볼 수 있다). 윈도우용 인터넷 익스플로러 6는 CSS의 fixed-background를 잘못 사용하고 있었고, 그 외에도 수많은 버그들 때문에 고생을 했지만, 지금도 수정되지 않고 있다. 하지만 그래도 표준에 대한 지원은 적당히 쓰기에는 나쁘지 않은 정도다.

이들 중 어느 브라우저도 완벽하지는 않다. 하지만, 표준화를 통한 정보호환에 대해 진정한 의무와 책임을 보여줬다는 점에서 커다란 업적이라고 말할 수 있다. 어느 누구도, 특히 웹표준화 프로젝트에서는 절대로, 이 회사들이 이렇게 따라와주고 많은 일을 해줄 것이라고는 믿지 않았다. 주요 브라우저들이 마침내 어느 정도 일정한 표준에 대한 지원을 하게 되면서 디자이너와 개발자들도 CSS 레이아웃과 다른 표준 기반의 기술들을 사용하는 것이 가능해졌다.

2000-2001: 표준화의 선봉

선봉에 선 디자이너와 개발자들은 윈도우용 인터넷 익스플로러 6의 출시에 앞서 CSS 레이아웃과 DOM 기반의 스크립트를 포함한 여타 표준화 기반의 기술들을 대담하게 수용하기 시작했다. 일부는 윈도우용 인터넷 익스플로러 5에서 CSS를 제대로 보이게 하기 위해서 그리고 CSS를 제대로 작동시키지 못하는 4.0 브라우저에서 CSS를 아예 적용하지 않게 하기 위해서 회피 방법을 만드는 것으로 이러한 기술들을 수용했고, 또 어떤 사람들은 기존 브라우저에서는 적당한 수준의 디자인만 보여주고, 표준을 준수하는 브라우저들에서는 제대로 된 디자인을 '모두' 보여주는 방법을 사용했다.

■ 너무 적다? 너무 늦었다?

웹 사용자나 제작자들에게 완전한 표준화 기반 브라우저의 출현은 굉장한 소식이었다. 하지만 그 기쁜 소식이 전해지는 동시에 다른 한편에서는 많은 디자이너들이 웹표준은 허황된 꿈이라는 생각을 가지고 있었고, 어떤 이들은 제대로 사용해 볼 생각조차 포기하고 있었다. 그 이유는 명백하다. 선입견이 먼저 자리잡고 있었기 때문이다.

CSS: 처음에는 쓸모 없었다

CSS 1은 1996년 크리스마스 경에 처음 이슈가 되었다. 몇 달 후 기본적인 CSS를 지원하는 인터넷 익스플로러 3가 출현했다. 넷스케이프 네비게이터가 웹을 지배하던 시절에 마이크로소프트의 브라우저는 CSS를 지원하면서(넷스케이프 3에서는 전혀 없었다) 처음으로 신뢰를 얻기 시작했다. 인터넷 익스플로러 3는 비표준 `<font>` 태그를 없앨 수 있을 정도의 CSS만을 지원했고 margin 등의 기초적인 CSS 레이아웃을 시험하기 시작했다. 마이크로소프트의 시연 페이지[3.11]를 보고 흥분하면서 새로운 브라우저의 가능성에 솔깃했던 많은 디자이너들이 CSS 디자인에 빠져들었다가 곧바로 숨을 헐떡이면서 포기했다.

인터넷 익스플로러 3의 CSS 지원은 대담한 시작이었지만 당연히 버그덩어리였고 불완전했다. 처음으로 느끼는 창조의 자유에 흥분해서 CSS를 사용했지만 초반 인터넷 익스플로러 버그 덕분에 웹 페이지를 망가뜨리면서 CSS 편집은 순식간에 수렁에 빠지게 되었다. 예를 들어 어떤 특정한 조건에서 CSS로 만들어진 페이지의 이미지는 텍스트의 옆에 오지 않고 그 위에 오게 된다. 글은 이미지에 가려서 전혀 읽을 수가 없게 되는 것이다.

인터넷 익스플로러 3의 이러한 버그를 피하기 위해서 테이블의 셀에 각각 이미지를 나누어 넣는 방법을 사용했다. 이것은 (테이블이나 추가 코드 없이 레이아웃을 다루는) CSS의 목적에 반하여 페이지의 무게만 늘려가는 것이다. 디자이너들은 곧 CSS를 주축으로 사용하기는 아직 힘들다는 결론을 내렸고 게다가 넷스케이프 3가 시장을 주도하고 있었기 때문에 CSS의 지원이 없어도 크게 문제가 되지 않았다.

나쁜 브라우저가 나쁜 습관을 만든다

그리고 4.0 브라우저들이 등장했다. 여전히 버그투성이에 불완전하긴 하지만 인터넷 익스플로러 4는 인터넷 익스플로러 3에 비해서 월등히 향상된 CSS 지원을 하고 있었다. 넷스케이프 4는 출시하는 최종과정에서 CSS를 지원할 것을 결정하는 바람에, 망가지고 엉성한 상태였고 적어도 2년은 뒤쳐져 있었다.

공정하게 말하자면, 넷스케이프 4의 CSS 지원은 인터넷 익스플로러 3보다는 괜찮은 상황이었다. 하지만 인터넷 익스플로러 3은 거의 사용자가 없는 반면 넷스케이프 4는 몇백만이 사용하고 있었다. 따라서, 많은 사이트가 넷스케이프 4를 지원할 수밖에 없었는데 이것이 잘못돼서 '넷스케이프 4를 지원한다'는 의미가 '넷스케이프 4에서 픽셀단위까지 완벽하게 똑같은 모양과 똑같은 작동방식'으로 만들어야 된다는 의미로 변질되고 이것은 개발자들의 손을 묶어서 어색한 코딩과 비합리적인 마크업을 하게 하는 안 좋은 결과를 초래했다.

3.11
마이크로소프트의 1998년 CSS 갤러리(www.microsoft.com/typography/css/gallery)에 있는, GIF나 JPEG 이미지는 전혀 사용하지 않고 CSS만을 사용한 오버랩과 여러 디자인 효과. 인터넷 익스플로러 3은 이러한 효과들을 표현해줄 수 있지만 시장을 주도하던 넷스케이프 3에서는 해주지 못했다. 이 갤러리의 CSS는 인터넷 익스플로러 3의 불완전한 엔진에서 사용되는 잘못된 값들을 사용하고 있었고, 표준화의 측면에서 볼 때는 빵점이었지만, 효과는 확실했다. CSS가 가진 가능성을 한 번 알게 되자 대부분의 사람들은 그 뒤는 생각할 필요도 없었다.

넷스케이프 4에서 표현의 상속 문제

넷스케이프 4가 CSS에 대해서 대 실패를 하게 된 가장 큰 요인은 표현은 마음대로 상속되면서 속성은 제대로 상속되지 않는 문제였다.

구조에서 표현을 분리해내기 위해서 만들어진 CSS는 브라우저나 여타 플랫폼들이 하는 것처럼 기본적으로 어떻게 요소들을 배열되어야 하는가 또는 심지어 어떤 마크업 언어를 사용해야 하는가 하는 예측을 할 필요가 전혀 없다(현재의 몇몇 브라우저들은 미리 정해진 모양으로 보여지게 하고 디자이너들이 스타일을 입혀서 이 모양에 덮어써서 수정하게 하는 방식을 사용한다). 거의 대부분의 브라우저에서 기본적으로 CSS가 없으면 <h1>은 상단과 하단에 여백을 가진 큰 볼드체로 보이게 된다.

CSS는 이것을 바꿀 수 있게 해준다. CSS로 <h1>은 작고, 이탤릭 체에, 여백 없는 폰트로 만들 수 있다. 하지만 넷스케이프 4에서는 이러한 변경이 불가능해서, 디자이너가 어떻게 수정을 하든지 그냥 기본으로 되어 있는 모양이 보이게 된다. CSS로 공백을 없앤다고 해도 넷스케이프 4에서는 그냥 원래대로 공백이 보이게 되는 것이다.

디자이너가 표준 HTML 마크업에 CSS를 적용하면 인터넷 익스플로러 4에서는 원하는 모양 대로 보이지만 넷스케이프 4에서는 모두 깨진 모양으로 보이게 된다.

일부 디자이너들은 CSS의 사용을 포기했고, 다른 사람들(본인도 마찬가지로)은 `<h1>` 대신 `<div class="headline1">`처럼 구조적인 마크업을 사용하지 않음으로써 이러한 문제들을 피해왔다. 이런 방법은 화면에 보이게 하는 문제는 해결했지만 문서 구조나 시멘틱에 관한 부분은 포기해야만 했고, 덕분에 단기적인 이익은 얻고 장기적인 면에서 수많은 문제를 양산하는 결과를 낳았다. 결국 문제점은 언젠가는 되돌아오게 되는 것이다.

나는 웹 문서에 구조적인 변형을 하는 악습을 버린 지 오래됐지만, 여전히 대부분의 디자이너와 개발자들은 넷스케이프 4와의 하위호환이라는 이유 아래 예전의 망가진 마크업을 사용하고 있다. 이러한 방식은 치명적인 문제가 있어서, 데이터 처리 방식을 표준화하고 합리화하는 과정에서 사용성 문제를 야기시킨다.

4.0 브라우저 시대에 개발된 CMS, 퍼블리싱 프로그램, 위지위그(WYSIWYG) 웹 에디터들은 꾸준히 증가하는 난이도와 현재 표준과 일치되도록 작업하는 비용, XML 기반의 데이터베이스에 맞게 컨텐츠를 준비하는 작업에서 의미 없는 마크업으로 사이트를 어질러 놓았다. 여러 명의 디자이너와 개발자들에 의해 제작된 큰 규모의 사이트에서 디자이너들은 각자 서로 다른 비표준 태그를 사용하기 때문에 데이터를 종합하거나 좀 더 편리한 구조로 재구성 하는 것을 불가능하게 만들었다(아무런 분류법이 없이 책이 꼽힌 공공 도서관을 상상해보라. 기준이 없이 분류하는 사람 각자가 책을 마음대로 분류해 둔다면…?).

그래픽 브라우저를 벗어나면, 구조적으로 무의미한 마크업은 페이지들을 더 쓸모 없게 만든다. PDA, 웹폰, 또는 스크린리더 사용자에게 `<div class="headline1">`은 헤드라인이 아닌 그냥 단순한 텍스트일 뿐이다. 따라서 하나의 표준화 태그세트만 사용하면 되는 것을 태그를 여러 개의 다른 세트로 바꿔주는 컨텐츠 관리시스템을 사거나 만들어야 한다. 그렇지 않으면 이러한 PDA나 웹폰, 스크린리더를 사용하는 사람들이 비구조적인 마크업 때문에 전혀 의미를 이해하지 못하는 결과를 만들게 된다.

이러한 곤경에 빠지게 된 것에 대해 우리는 넷스케이프 4에게(그리고 이 실패를 반가워 하는 우리 자신들에게) 감사해야 할지도 모른다. 넷스케이프나 모질라 개발자들이 모질라 프로젝트에 4년 동안이나 일해온 것도 놀랄 일은 아니다. 그들에게는 이제 개발을 포기하고 눈을 돌릴 수 있는 다른 제품이 없었기 때문이다.

상속을 사용하자

또한 넷스케이프 4는 CSS에 힘을 더해주는 유용한 상속의 기본 개념을 이해하고 지원하는 데 실패했다. CSS는 디자이너가 특별하게 요구하지 않는 한 일반적인 규칙으로 서서히 문서구조를 따라서 내려가면서 적용하여 마크업을 말끔하게 만들고 페이지의 용량도 줄인다.

예를 들어 CSS로 폰트 종류, 크기 그리고 색상을 body에 지정할 수 있다. 그러면, 같은 종류, 크기 그리고 색상이 <h1>이나 <p>를 포함한 body 안에 있는 모든 '자식' 태그에 적용된다. 하지만 넷스케이프 4에서는 지원하지 않았다.

박식한 개발자들은 추가로 지정하는 방법으로 상속 문제를 해결했다.

```
body, td, h1, p {font-family: verdana, arial, helvetica, sans-serif;}
```

앞의 예제에서 td, h1 그리고 p가 지정되었는데 그 이유는 모든 표준 지원 브라우저들이 자동적으로 이 '자식' 요소들을 '부모'인 body 요소에 적용된 규칙대로 표현하기 때문이다.

약간 지식이 부족한 개발자들은 모든 규칙을 전부 다 중복해서 적는데 이러한 방법은 페이지의 무게만 증가시킬 뿐이다.

```
body    {font-family: verdana, arial, helvetica, sans-serif;}
td      {font-family: verdana, arial, helvetica, sans-serif;}
h1      {font-family: verdana, arial, helvetica, sans-serif;}
p       {font-family: verdana, arial, helvetica, sans-serif;}
```

이러한 방법들은 사용자와 서버 양쪽 모두에 부하를 주기는 하지만 그래도 작동은 한다. 다른 개발자들은 CSS가 넷스케이프 4에서는 아예 작동하지 않거나(이 말은 사실이다) 혹은 CSS는 그 자체가 잘못 만들어진 것이라고 결론지었다(이것은 틀린 얘기인데 이쪽이 오히려 정설로 굳어졌다).

넷스케이프 4는 또 다른 CSS 문제점들이 있지만-전화번호부를 가득 채울 만큼 많다-이 정도만 해도 작업은 가능했고, CSS 표준이 폭넓게 채택되는 것을 충분히 지연시켰다.

잘못된 방식

CSS에 대한 혼란으로 초창기 브라우저들은 스크립트를 사용하는 데 세련된 기술을 공통적으로 사용하기가 어려웠다. 스크립트를 사용할 수 있는 브라우저는 각자 웹 페이지에서 각각의 오브젝트마다 가지고 있는 속성의 종류가 달랐다. 넷스케이프 4는 document.layers 모델을 사용했고, 인터넷 익스플로러 4는 document.all 모델을 사용했지만 둘 다 (공평하게) 이미 문서상으로 만들어져 있던 W3C DOM은 지원하지 않았다. 자신의 웹사이트에 멋진(또는 적어도 기본적인) 동작을 만들고 싶어하던 개발자들은 두 개의 브라우저를 대비해서 두 가지의 스크립트를 만들어야 했다. 이전 브라우저를 지원하기 위해서는 2장에서 설명된 바와 같이 여러 가지 버전의 코드가 필요했다.

이전의 브라우저들은 공통의 스크립트 언어도 없었다. 넷스케이프에서는 자바스크립트를 만들었고, 다른 브라우저들이 지원 가능하도록 표준으로 배포하기 위해 노력했다. 하지만 몇 년 동안의 노력과는 반대로 넷스케이프는 경쟁에서 우위를 점하기 위해서 자바스크립트의 핵심은 공유하지 않았다(넷스케이프 네비게이터가 자바스크립트를 제대로 지원하는 유일한 브라우저라면, 경쟁력도 없는 브라우저를 만들려고 하는 회사는 없을 것이다. 넷스케이프에서는 마이크로소프트에서도 같은 입장에서라면 같은 일을 했을 것이라고 말을 했고, 실제로 마이크로소프트에서도 ActiceX 기술로 같은 일을 하고 있다).

무엇이든지 모방은 피할 수 없다는 말 그대로 마이크로소프트에서 자바스크립트를 모방하면서 넷스케이프의 독주는 막을 내렸다. 결과로 나온 언어는 자바스크립트처럼 작동하지만 똑같지는 않다-개발자의 개발습관을 망가뜨리기 적당할 만큼만 다르다. 마이크로소프트에서는 이 스크립트를 JScript라고 명명했다. 그와 동시에 마이크로소프트에서는 원칙대로라면 모든 버전의 인터넷 익스플로러 브라우저에서 작동되어야 하지만, 실제로는 윈도우 플랫폼에서만 작동하는, 필요할 때마다 없는 플러그인을 새로 설치하는 방식의 ActiveX라는 새로운 기술을 만들어 냈다.

JScript, 자바스크립트, ActiveX: 크로스 브라우징과(브라우저의 종류에 상관없이 모든 환경에서 알맞게 동작하도록 구현 하는 것-옮긴이주) 과거 호환법의 기치아래 개발자들은 각기 다른 생각을 가진 여러 개의 브라우저에 장단을 맞추어야 한다-그리고 사용자들은 끊임없이 증가하는 개발비용과 테스트비용을 감수하게 된다.

오래 유지되는 표준화 기반 스크립트

마침내 Ecma는 ECMAScript(www.ecma-international.org/publications/standards/Ecma-262.htm)라고 부르는 자바스크립트의 표준화 버전을 승인했다. 그리고 마침내 W3C에서 표준 DOM을 발표하였다. 드디어 넷스케이프와 마이크로소프트에서 모두 지원을 하게 되었다. 하지만, 비표준화의 악몽 같았던 시절 덕분에 개발자들이 이미 독자적이고 비표준인 스크립팅 기법과 오브젝트 모델에 전문가가 되어버린 후였고 웹 개발은 언제 분열될지 모른다고 인식되어 버린 후였다. 결국은 '인터넷 익스플로러 전용'사이트에서 알 수 없는 스크립트가 나타나고 표준화와 관계 없는 플래시 같은 해결책들이 활개를 치게 된 것이다.

그런데, Ecma(이전에 ECMA인 European Computer Manufacturers Association)는 '표준'이라고 하지 않고 '추천'이라고 표현한 W3C와는 달리 표준화의 실체였다. 흥미롭게도 이 책의 초판 이후에 W3C는 추천들을 '추천'이라고 쓰지 않고 '표준'이라고 쓰기 시작했다. 혼동되는 사이트와 갈피를 잡을 수 없는 이런 명칭들의 사용도 현대의 웹에서 표준화가 전파되기 힘든 이유 중의 하나이다.

▬▬ 혼동되는 사이트와 갈피를 잡을 수 없는 명칭들

W3C에서 발표한 CSS 2의 설명을 보자[3.12]. CSS 2는 디자이너의 요구를 쉽게 충족시키는 표현 언어이지만 이 페이지만 봐서는 구 소련의 주간 패션잡지를 보는 것과 다름없다.

두려움을 무시하고 감흥이 생기지 않는 겉모습에 굴하지 않고 꿋꿋하게 읽고 이해하려고 노력해보자. W3C는 디자이너들보다는 연구자들을 위해서 만들어진 사이트니까 중요한 것은 단어일 뿐 디자인은 중요치 않다. 이렇게 20여분을 읽고 나서 눈도 침침하고 눈물도 날 때쯤에 우리는 온라인 매장에서 플래시를 신청하고 있을 것이다.

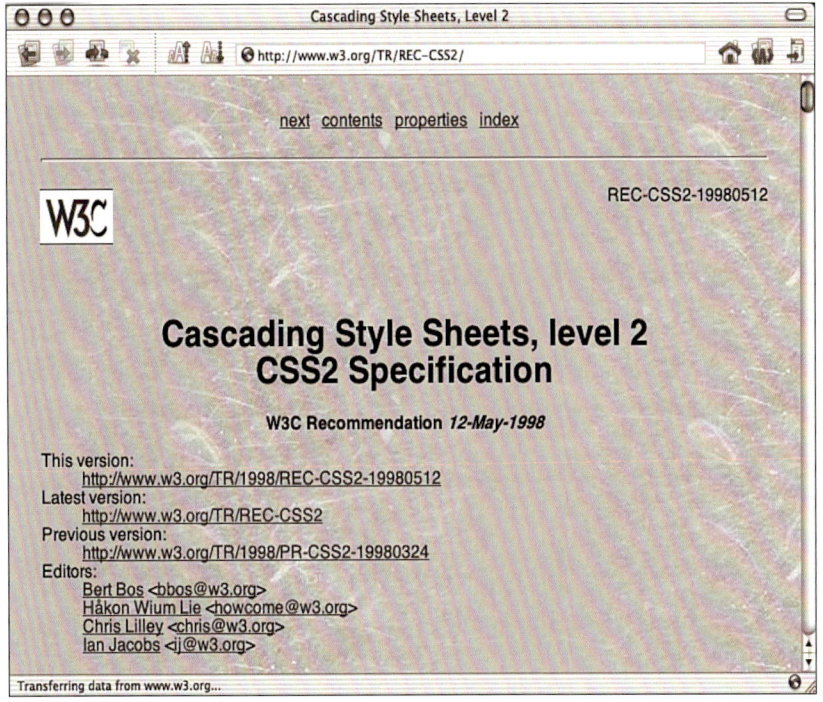

3.12
W3C의 CSS2 조항 (www.w3.org/TR/REC-CSS2). 상당히 고무적인 표현 언어 이외에는 아무것도 없다.

공평하게도 W3C는 그래픽 디자인이나 접근성 컨설팅, 시스템 설계에서만 그런 것이 아니고 디자이너를 위한 설명서에서도 상황은 좋지 않다. W3C 사이트는 선구자들이나 전문기술자들에 의해 만들어진 정확한 기술문서들의 집합체이고 그 이상도 이하도 아니다.

'W3C 사용법을 사용하는 방법'(www.alistapart.com/articles/readspec)에서 오라일리 출판사의 저자 중 한명인 데이비드 아이젠버그 J. David Eisenberg는 이렇게 설명했다. "여러분이 답을 찾고자 할 때는 사용하고 싶은 기술의 사용자 설명서나 참조 가이드를 찾는다. 그것은 W3C 설명서의 목적이 아니다. '설명서'의 목적은 그 기술을 다룰 개발자에게 어떠한 특징이 있는지 그리고 어떻게 실행시키는가를 알려주는 것이다. 이것이 자동차의 사용 설명서와 수리 설명서의 다른 점이다."

당연히, W3C는 기술자들을 대하는 것이지 일반대중을 상대로 하는 것이 아니다. 표준화를 설명하거나 판매를 목적으로 하는 것이 아니기 때문이다.

기업과 달리 W3C는 사용자들이 웹표준을 사용한다고 해서 이익을 얻지 않는다. 그리고 멤버 기업들이 특허를 출원하는 것을(www.w3.org/Consortium/Patent-Policy-20040205) 제한하고 웹표준이나 그 구성요소에 대해 돈을 지불하는 것을 막는다.

학문이냐 이익이냐

W3C는 치열한 비즈니스 사회에서 분리되어 경쟁의 압박 대신 웹의 잠재력에 중점을 두는 은둔 생활을 하고 있다. W3C의 활동들은 컴퓨터 광들의, 컴퓨터 광들에 의한, 컴퓨터 광들을 위한 것이고 그 사이트는 스타일이나 사용자 중심의 편의보다는 과학에 중점을 두는 성격을 보여준다.

문제는 디자이너나 개발자, 그리고 웹사이트의 주인들은 스타일이나, 그리고 사용자 편의에 더 신경을 쓴다는 것이다. 자신의 웹사이트에 어렵거나 사용자를 혼동시킬 수 있는 내용은 절대로 사용하지 않고, 중요한 컨텐츠를 안 보이는 곳에 두지 않으며, 절대 불쾌한 내용이나 사용자가 뒤로 가기 버튼을 누르게 만드는 부실한 내용은 넣지 않는다.

인지도나 미적 가치, 깨끗함 그리고 사용성에 신경 쓰는 사람들과 이렇게 자신의 웹 프로젝트를 만들기 위해서 노력하는 사람들은 기술적 문서로 이루어진 딱딱한 디자인에 그 웹사이트의 사활을 걸 수는 없다. 그렇다면 이들이 원하는 것은 무엇일까? 그것은 큰 규모의 기업에서 느껴질 수 있는 고급스러운 것들이다.

협회에서 제안하고, 업체에서 판매

사업적인 업무나 창의적인 문제에 직면했을 때 보통 시장의 주도권을 잡고 있는 대기업에서 우리가 필요로 하는 제품을 만들어서 문제를 해결할 수 있기를 기대하면서 소프트웨어 프로그램을 실행시킨다. 웹사이트의 소유자들은 마이크로소프트의 엑셀 파일을 열어서 사업이 잘 되어 가고 있는지를 체크한다. 디자이너들은 (이전에는 매크로미디어였던) 어도비의 일러스트와 플래시 애니메이션으로 로고를 만들고, 포토샵으로 이미지나 웹 레이아웃을 준비한다. 모든 문제에는 문제를 해결해줄 프로그램이 있고 모든 프로그램의 선두에는 주류업체가 있다(보통은 어도비일 것이다).

초기의 웹 디자이너와 개발자들은 메모장이나 텍스트기반 에디터에서 페이지를 만드는 법을 알고 있지만, 최근의 작업자들은 자잘한 일들을 처리하는 데 비주얼 에디터(드림위버 같은 위지위그 에디터)에 의존한다. 독자적인 스크립트 언어나 호환이 되지 않는 오브젝트 모델이 웹 디자인을 끝도 없이 어렵게 만들자, 드림위버와 GoLive는 복잡하게 이루어진 소스 기반에서 작동하는 사이트를 만드는 많은 전문가들에게 도움이 되었다. 여러 개의 브라우저를 지원하는 방법은? 마우스 오른쪽 버튼을 클릭하면 프로그램이 알아서 다 해준다.

현재의 GoLive와 드림위비는 여전히 개발에 관련된 지식을 필요로 하기는 하지만 이선 버전보다 훨씬 더 호환성이 높다(4장의 '웹표준과 저작 프로그램' 참조). 이러한 지식을 위해서 찾는 곳은 어디일까? 그곳은 온라인 사용자 매뉴얼을 제공하는 멋지고 잘 만들어진 제품 사이트와 드림위버나 GoLive 개발자 커뮤니티 사이트이다. 잠시 후에 이러한 사이트들에 대해서도 다룰 것이다.

제품의 인지도와 표준의 인지도

업체들이 프론트엔드 디자인(컴퓨터와 사용자 사이를 이어주는 디자인–옮긴이주)에서 '쉬운 버튼'을 만드는 방법에 열을 올리는 동안 서버 부분이나 개발 부분에서도 같은 일을 하고 있었다. 위원회에서 XML이나 DOM 같은 표준화 작업을 열심히 다듬고 있는 동안 IBM이나 Sun, Lotus, 마이크로소프트 같은 대기업과 Allaire(후의 매크로미디어, 지금은 어도비로 합병) 같은 작지만 강력한 기업들이 만든 독자적인 편집 툴과 데이터베이스 제품들은 필요한 기능들을 계속해서 제공해 왔다.

'차를 만들 때도 백지에서부터 만들지는 않는데 웹사이트를 만드는데 그럴 필요가 있습니까? 신청하시고 구매해서 사용하신 뒤 뭔가 문제가 있으시면 우리가 다음 버전에서 업그레이드 하겠습니다.' 일정의 막바지에 몰린 개발자들의 상황에 꼭 들어맞는 말이었고, 이런 상황에서 HTML을 디자인 툴로 생각한 것도 이런 면에서 생각하면 이해가 간다: 우선 고객이 당장 기다리고 있는 상황이니 어쩔 수 없었다.

따라서 표준에 대한 인지도보다 제품에 대한 인지도가 특히 웹 디자이너들에게는 더 큰 영향력이 있다. W3C를 알게 된 모든 디자이너나 개발자들은 W3C에 대한 정보를 넷스케이프, 마이크로소프트, 매크로미디어[3.13], 어도비[3.14]의 웹사이트에서 얻었다고 말했다.

W3C와는 달리 이러한 기업들의 사이트는 주요 소비층은 주로 전문 개발자나 디자이너이고, 그러니 사이트도 회사와 소비자간의 관계를 더 친밀하게 하고 브랜드 파워를 높이기 위해서 기업 브랜드에 맞게 디자인도 잘 되어있고, 제품에 대한 설명도 이해하기 쉽게 되어 있다.

당연히, 이러한 설명서들은 각 회사의 제품들의 효용성에 중점을 두었다. 기업이 웹표준을 언급할 때는 대충 지나치거나 경쟁회사보다 더 적합하다는 데 중점을 두어 설명한다. 결론적으로 이러한 사이트의 목표는 소비자가 구매한 상품이 그만큼 가치가 있으며 다음에 출시될 상품도 구매하도록 만드는 것이다.

간단히 말해, 많은 디자이너와 개발자들은 클라이언트나 고용주가 아는 만큼 독자적인 해결 방법은 잘 알고 있지만, 웹표준에 대해서 그리 많이 알고 있지 못하다. 또한 극히 일부를 제외하고 아직까지도 많은 사람들은 특정한 회사의 제품을 사용하면, 제품의 업데이트, 교육에 들어가는 비용, 컨설팅, 그리고 기타 부수적으로 지속적인 비용이 발생하게 된다는 걸 깨닫지 못하고 있다. 이것이 그들이 사업하는 방식이다.

특정 상품 하나는 특별히 언급이 필요할 것 같아서 바로 아래에 언급한다.

플래시

기업들이 판매하려고 했던 독자적 솔루션 중에 플래시[3.15]만큼 성공한 사례는 없다. 플래시는 웹 페이지에 디자이너들이 이미지를 벡터방식으로 넣을 수 있게 해주는 퓨처스플래시^{FutureSplash}라는 이름의 플러그인으로 조촐하게 시작했다.

디자이너들은 퓨처스플래시에 큰 관심은 없었지만, 매크로미디어는 즉시 그 잠재성을 알아냈다. 매크로미디어는 이 플러그인과 그와 연관된 툴을 전부 사들여서 플래시라고 이름을 바꾸고 자바스크립트와 비슷한 강력한 프로그래밍 언어인 액션스크립트^{ActionScript} 환경 기반의 상당히 유연성 있는 편집 지원 프로그램으로 탈바꿈시켰다.

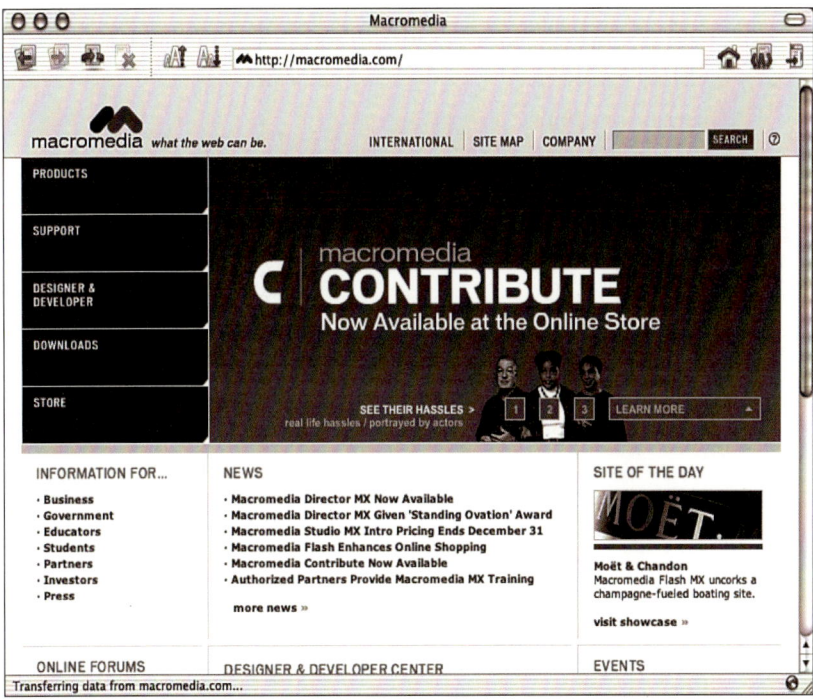

3.13
W3C처럼 매크로미디어도 디자이너들을 위한 핵심적인 프로그램들을 만들었지만, W3C와는 다르게 이 프로그램들을 영리를 목적으로 판매 했고, 디자이너 커뮤니티와 연대성을 강화하고, 디자이너들이 사용하는 말을 웹사이트에서 사용하려고 노력했다. 2005년에 매크로미디어는 이전에 경쟁사였던 어도비(Adobe)에 합병되었다.

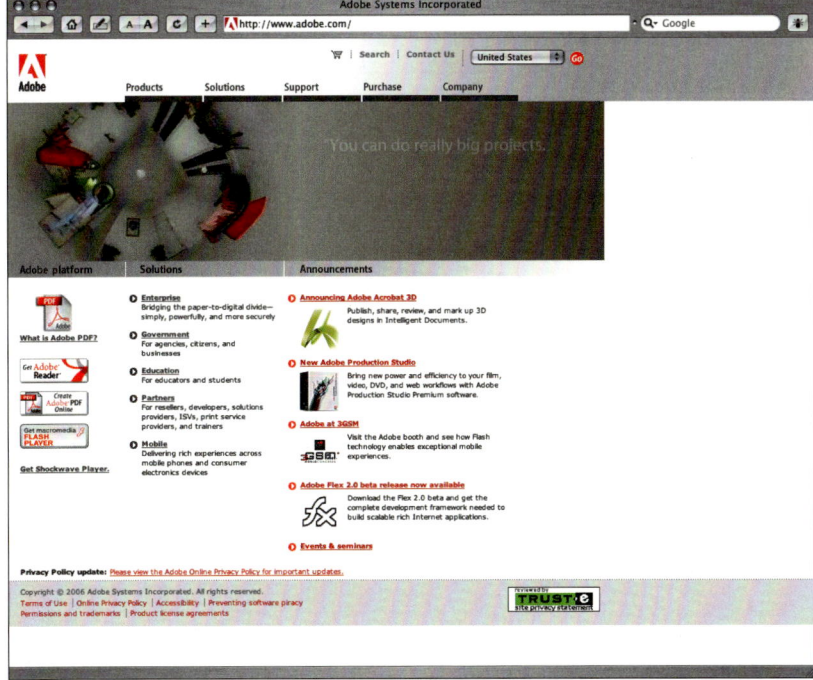

3.14.
Adobe(www.adobe.com)는 지속적으로 사용자들이 가장 원하는 것이 무엇인가를 알아내고 그에 따라 제품을 수정해왔다. 합병된 라이벌 매크로미디어처럼 어도비는 그들의 웹사이트에 '디자이너들이 사용하는 언어'를 사용하려고 노력했다. 이 그림을 그림 3.4, 그림 3.12와 비교해 보자.

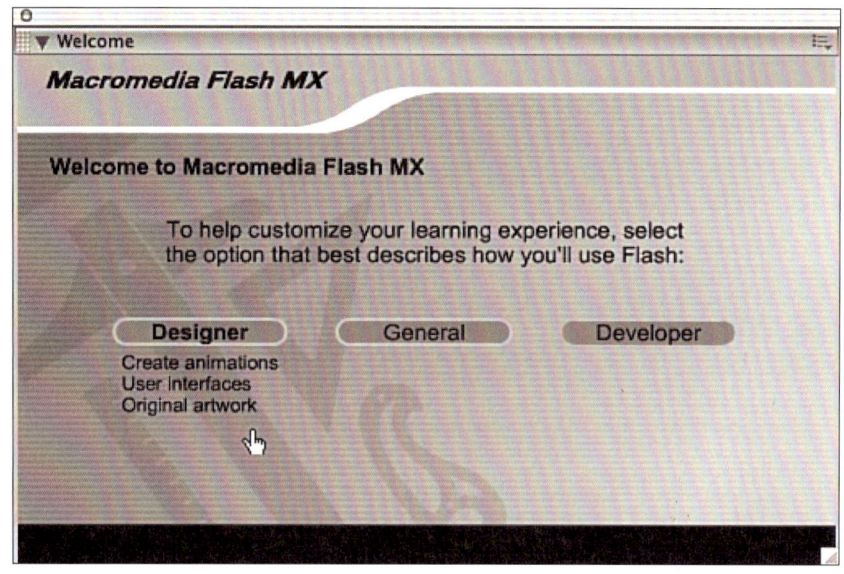

3.15
플래시의 세계로 환영합니다! 플래시의 편집환경은 상당히 풍부하고, 깊고, 복잡하지만 제작자들은 디자이너와 개발자들이 플래시의 험난한 여정을 지나는데 할 수 있는 모든 도움을 제공했다.

매크로미디어는 또한 현재까지도 강하게 살아남아 있는 플래시 개발의 숭배자들을 양산하기도 했다. 2005년 어도비가 매크로미디어를 합병하자 모든 디자이너들이 어떻게 완전히 다른 두 회사의 문화를 합치게 될지 걱정하기는 했지만, 어도비가 플래시 개발을 멈출 것이라고 생각하는 사람은 한 명도 없었다.

플래시의 가치

표준을 지원하지 않는 4.0 브라우저들의 스크립트 언어들과 오브젝트 모델들이 문제를 만들고 비용을 증가시키는 동안, 플래시 4와 강력한 스크립트 언어는 네비게이터와 인터넷 익스플로러 그리고 오페라에서 완전히 똑같이 작동하고 맥 OS와 리눅스 그리고 유닉스 환경에서도 윈도우 환경에서와 거의 비슷하게 작동했다. 이것은 많은 디자이너들에게 HTML을 버리고 플래시로 전향하게 하는 계기가 되었다.

빙빙 돌아가는 로고, 지겨운 '로딩중' 화면 그리고 끝없이 나오는 원치 않는 '인트로 화면'은 사용자에게 좋지 않은 인상을 주기는 했다. 초창기에는 이 새로운 툴을 지나치게 많이 사용하다가, 세련된 Second Story(www.secondstory.com)나, Chopping Block[3.16] 같은 다른 최고급 사이트들에서 얻은 감동덕분에 이러한 지나친 사용은 이제는 사라졌다. 약간 세련된 감이 떨어지거나 창조성이 부족한 업체들이 너무 서둘러 플래시에 편승해서 별볼일 없는 사이트들을 만들었지만 그렇다고 해서 연장을 탓할 수는 없다. 플래시는 마이크로소프트 브라우저가 넷스케이프의 밥상을 잠식한 것처럼 리치 애플리케이션의 영역을 장악하기 시작했다.

많은 프로젝트에 적당하긴 하지만 플래시는 다른 수많은 부분에서는 잘못되어 있었다. 그리고 플래시 4는 개발자나 고객은 알지 못하는, 사용자를 엄청나게 귀찮게 하는 심각한 사용성과 접근성 문제로 고생을 했다. 닐슨 노만^{Nielsen Norman} 컨설팅 그룹의 제이콥 닐슨^{Jakob Nielsen} (`www.useit.com`)은 최고의 플래시 비판가였다.

2002년 매크로미디어는 닐슨을 자문위원으로 고용하여 접근성과 사용성 문제를 개선한 플래시 MX를 출시하여, 닐슨의 태도를 바꿀수 있었다(마이크로소프트와 넷스케이프가 이 현명한 방법을 사용하여 가장 심한 비판가를 고용했다면, 나도 이 책을 쓰고 있는 대신 어딘가의 해변에서 시간을 보내고 있었을 것이다).

웹표준이(약간의 마이크로소프트 기술을 접목해서) 플래시가 선두를 장악하고 있는 리치 웹 애플리케이션(사용자에게 풍부한 경험과 사용성을 제공하기 위한 웹 애플리케이션을 통칭한다-옮긴이주) 개발 환경 영역을 조금씩 침범하고 있기는 하지만 플래시는 웹표준을 사용해서는 구현하기 힘든 풍부한 상호작용을 쉽게 가능하게 한다. 이에 대한 내용은 4장에서 다룬다.

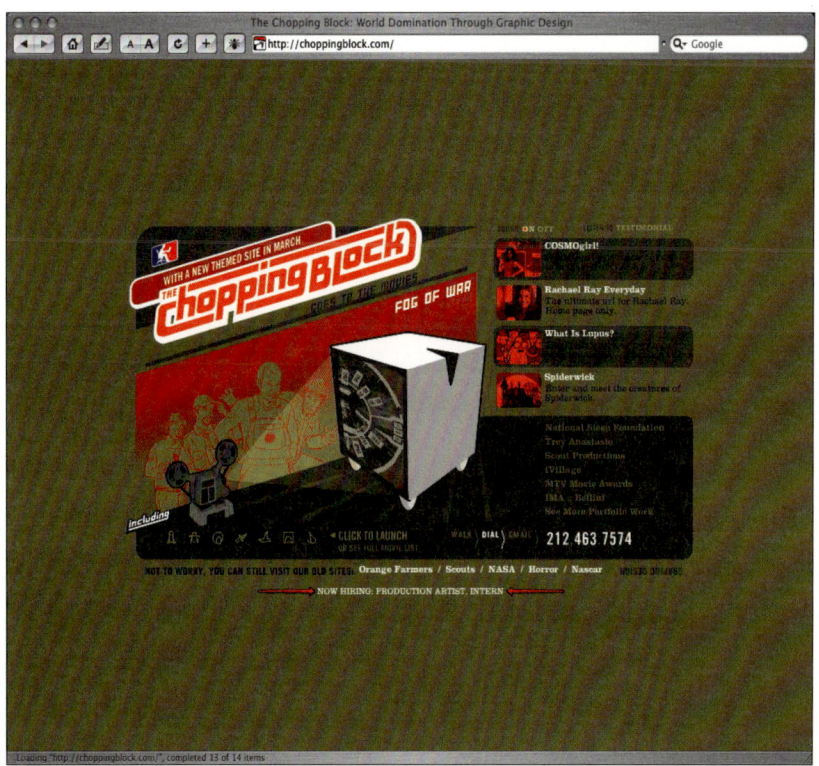

3.16

The Chopping Block (www.hoppingblock.com)은 최상급의 작업물을 거의 모두 플래시로 만들어 내는 뉴욕에 근거지를 두고 있는 웹, 그래픽 디자인 회사이다.

플래시의 문제점

플래시의 가장 중요한 문제는 많은 컨텐츠나 상업적인 사이트에 부적합하다는 것이다. 하지만 플래시로 멋지게 보여줄 수 있고 웹사이트를 주문하는 고객이 싼값으로 멋진 사이트를 제작하여 받게 된다고 생각하게 하고 또한 성공적이든 실패든 간에 플래시 기반의 사이트가 자신들의 포트폴리오에 멋지게 남기 때문에 개발자들은 부적합한 상황에서도 플래시를 사용한다.

뉴스 사이트나 포털, 쇼핑몰 사이트, 커뮤니티 사이트, 웹 매거진, 주소록 그리고 다른 텍스트나 실제 상호교류가 중요한 사이트에서는 여전히 XHTML, CSS 그리고 여러 표준들이 더 잘 활용되고 있다. 그러나 많은 개발자들은 플래시로 제작해서 판매를 하는데 그것이 프로젝트의 목적에 맞아서라기보다는 만드는 것이 즐거워서이고 결과물이 고객에게 더 호감을 주기 때문이다. 이것은 광고 회사가 상품을 더 잘 팔리게 하는데 노력하기 보다는 광고대상을 받기 위해서 겉으로 보이는 모습에만 신경 쓰는 것과 같다. 하지만 그런 광고회사가 상을 받는 경우는 없다.

플래시의 또 다른 문제점

플래시의 또 다른 문제점은 일부 디자이너들이 플래시에 푹 빠져서 웹표준을 어떻게 사용하는지 다 잊었다는 것이다-물론 혹시 원래 알고 있었다는 가정하에. 결과적으로 플래시가 들어간 사이트는 한 두 개의 브라우저에서만 작동하는 경우가 많다. 플러그인만 갖추고 있다면 어느 브라우저에서든지 그 플래시 파일 자체는 작동하지만 그 사이트는 형편없는 코드로 이루어져 있어서 많은 브라우저에서 플래시를 인식할 수조차 없는 경우가 보통이다. 이것은 잘 작동되는 회사의 TV를 쓰지 않고, 잘 나오지도 않는 TV를 사용해서 위성 방송을 보는 것과 비슷하다.

'구식의' 표준 기반 웹사이트를 만들어 달라는 요청이 있다면, 그 업체는 이 책에 언급된 오래된 방법을 사용하면 된다. 그래서 보통은 신입 팀원들에게 일을 넘기고 경력이 있는 디자이너나 개발자들은 플래시 프로젝트에 전념할 수 있는 것이다. 이 업체에서는 플래시를 다루기 시작한 후로 웹은 그대로 멈춰진 상태로 있는 것이다.

XML, XHTML, CSS 그리고 DOM은 신입 팀원들과 초보에게는 간단한 기술이 아니지만 잘 만들어지고 강력한 표준은 사용자에게 멋진 경험을 제공한다. 업체들이 만든 아름답고 유용하며 좋은 기능으로 무장한 플래시에 거부감이 있는 것은 아니다. 같은 정도의 보살핌과 관심을 나머지 90%의 디자인이나 개발에 보여주었으면 하는 것이다. 하지만 다행히 지금 여러분을 설득할 필요는 없다. 여러분이 이미 이 책을 읽고 있기 때문이다.

■ 호환은 나쁜 것이다.

웹표준이 더 광범위하게 수용되기 위한 걸림돌은 표준이 창조성을 감소시키고, 개발자의 손을 묶거나 오래되거나 독자적인 방법 때문에 사용자 경험을 감소시키게 된다는 잘못된 인식 때문이다. 어디서 이런 잘못된 생각이 시작됐을까?

이는 4.0이나 그 이전 브라우저에서 웹표준을 사용해본 개발자들의 생각일 수도 있고, 그에 따른 경험과 결과에 의한 것일 수도 있다. 하지만 표준이 빈약하게 지원되던 시절은 이제 지났다.

인지도를 만드는 언어의 힘

'웹표준'이라는 표현은 어쩌면 잘못된 것일 수도 있다. 웹표준화 프로젝트에서는 그 표현을 선전의 일환으로 만들었다. 브라우저 제작사들에게 무엇이 문제가 되는지를 정확하게 전달하기 위한 용어를 찾고 있었다. 내면에 기준이 되고 필수적인 의미를 가지고 브라우저 제작업체들에게 제작을 돕고 지원하기로 맹세한 기술에 대한 공약을 다시 한 번 되새기게 할 수 있는 그러한 단어였다. 그리고 또한 개발자, 고객 그리고 기술 보도기자들에게 신뢰할 만하고 일관되게 실행되며 산업계 전반적인 기술이라는 점을 전달할 수 있는 단어. '추천'이라는 단어는 불충분했지만 '표준'이라는 단어는 가능해 보였다.

우리에게는 예산도 없었고 희망도 거의 없었지만 결국엔 성공했다. 오늘날 마이크로소프트, 애플, 어도비 그리고 오페라 같은 기업들은 자신들이 표준화 지원에 노력하고 표준이 사람들이 원하던 특징이라는 점을 홍보했다. 하지만 이들 기업들은 이해 했지만 많은 디자인 커뮤니티에서는 아직 그렇지 못했다. 일부는 '표준'이 (일부에서 사용성이 그렇다고 생각 하듯이) 독단적이고 강제적인 디자인 규칙인 것처럼 오해를 했다. 이 부분에서는 웹표준이 미적인 가이드라인이나 규칙과는 아무런 관계가 없다는 점을 디자이너들에게 설명해주는 것이 필요할 것이다.

일반적으로 '웹표준'이라는 표현을 아마도 '규칙준수'라는 잘못된 표현으로 이해할 수 있다. 디자이너들은 복잡한 기술적인 규칙보다는 자신들만의 창의적인 디자인에 맞추기를 원한다. 표준은 사이트를 보이고 사용하는 것과는 전혀 상관이 없다. 브라우저가 디자이너들이 창조한 것을 만들어주기만 하는 것이다. 마찬가지로 사이트를 제작하기를 원하는 고객들은 마케팅 조건이나 사용자 분석에 기반을 두고 기업이나 기관의 목적에 맞추어 지기를 원한다. 다시 한 번 말하지만 웹표준은 그 사이트가 지금보다 더 많은 사용자와 더 다양한 환경에서 제대로 작동하게 도와준다.

느낌의 문제

디자이너들이나 고객들은 웹표준을 다루거나 W3C를 얼마나 준수했느냐를 자랑하는 사이트에서 눈에 뜨이는 느낌을 받지 못해서(종종 디자인이나 브랜드와는 담을 쌓은 경우도 있다.) 흥미를 잃은 것일 수도 있다. 접근성에서도 같은 문제가 있다(일부 접근성이 있는 사이트들은 보기에는 흉하지만 그것은 접근성이 있어서 생기는 문제가 아니고 그 사이트를 디자인한 사람들이 문제인 것이다. 웹표준도 마찬가지이다. 겉으로 보기에 W3C나 Ecma 사이트가 디자이너들에게 XML이나 CSS 2를 배워야겠다는 동기부여를 하기에는 힘들다).

부족한 미적인 부분을 채우기 위해서 2002년 12월에 The Wthremix 컨테스트[3.17]가 개최되었다. 개최자들은 그 컨테스트의 목적을 이렇게 설명했다.

> W3C는 웹 개발을 더 합리적이게 만들고 사용자 경험을 향상시키는 강력한 표준과 가이드라인을 만든다. XML, CSS, XHTML 그리고 DOM과 같은 기술들과 WAI[Web Accessibility Initiative]와 같은 가이드라인들은 모두에게 더 잘 전달될 수 있는 더욱 강력한 웹사이트를 만들게 해준다. 하지만 W3C는 소비자 중심의 디자이너, 개발자, 기획자 그리고 정보 전문가들이 아닌 단순한 컴퓨터전문가들에 의해서 만들어졌다. 결과적으로 W3C의 강력한 기술이나 가이드라인들이 기대보다 멋지지도 않고 사용성도 떨어지는 두서없이 만들어진 사이트의 모양에 가려지게 되었다. W3C의 웹사이트를 더 멋지고 체계적이며 품질도 좋고 사용하고 이해하기 더 쉽게 만들 수 없을까 하는 의도에서 이 컨테스트를 개최하게 되었다.

컨테스트

Wthremix는 개발자들에게는 디자인에 대한 도전이고 디자이너에게는 코딩에 대한 도전이다. 방식은 이렇다: W3C 홈페이지를 다시 디자인한다. 직관적인 레이아웃과 메뉴로 디자인하고 컨텐츠를 사용자 중심으로 조합하며 협회의 중요성과 영향력을 반영할 수 있도록 멋지게 만든다. W3C 홈페이지가 어떻게 보여지고, 어떻게 사용자들과 소통하며, 당연히 테이블을 사용하지 않은 유효한 XHTML과 CSS를 사용하고, WAI 접근성 1단계를 준수해야 한다.

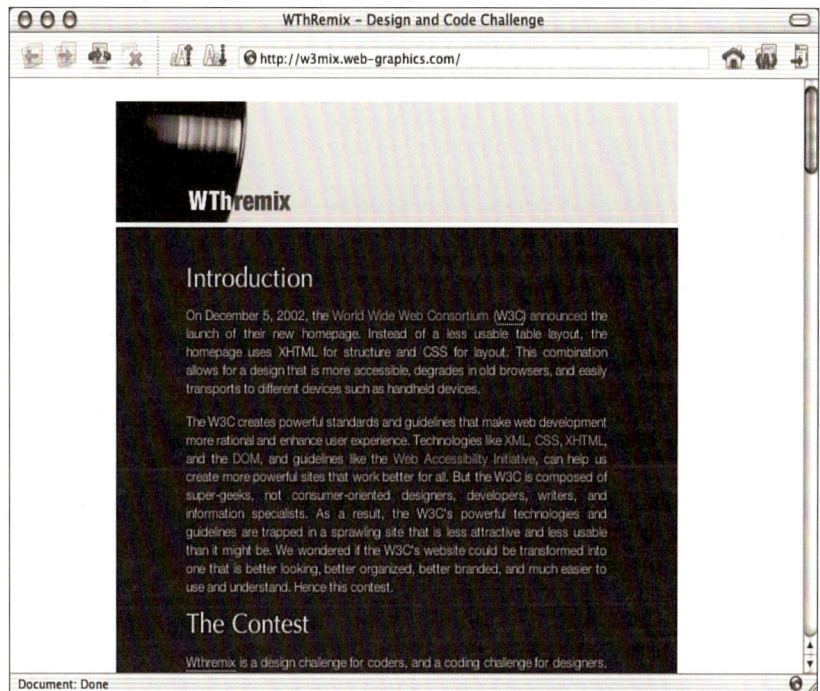

3.17
디자이너와 개발자들이 W3C 웹사이트를 개편하기 위해 참가한 2002년 12월에 The Wthremix 컨테스트가 개최되었다 (http://w3mix.web-graphics.com)

다른 문제들

일부는 넷스케이프 6 같은 버그투성이의 허술한 브라우저에 대한 좋지 않은 경험이나 벌써 5년이나 지났는데도 존재하는 인터넷 익스플로러 6의 버그들 때문에 웹표준을 믿지 않는다.

표준화의 약속에 의한 음모들은 HTML에서 XHTML로 바꾸고, 표준을 지원하는 브라우저에서 보았을 때 전혀 다른 레이아웃으로 보이는 데서 발견할 수 있을 것이다(이것은 사실 정상적인 현상이다. 단지 HTML을 XHTML로 바꾸고, 그 외에 다른 변경사항이 없는데도 사이트는 다르게 보인다). 11장에서 왜 이런 결과가 나타나며, 간단하고 신속하게 원래대로 수정하는 방법을 설명할 것이다. 하지만, 이런 간단하고 단순한 수정을 어떻게 하는지 모른다면, 표준을 불신하게 되고, 이전 구식 브라우저에서 잘 돌아가던 방법들로만 작업하게 되는 것이다.

포기하기에는 이르다. 다른 인류사에서 시도해온 것처럼 무지와 편견이 만연하는 웹 디자인에서 웹표준이 여기에 있고 이 책이 도움이 될 것이다.

04장

파인더빌러티, 발행, 블로그, 팟캐스트, 롱테일, Ajax (그리고 표준화가 대세가 되는 다른 여러 가지 이유들)

만약 여러분이 웹표준을 받아들이고 사용할 준비가 되어있는 디자이너나 개발자라면 2부로 넘어가도 좋다.

이번 장은 회사의 대표, 클라이언트, IT 업계의 중역, 신참 마케팅 담당자, 그리고 웹표준에 대한 확신이 없는 사람들을 위한 장이다.

여러분이 회사의 대표이거나 고객, IT 업계 종사자 혹은 마케팅 담당자라면, 지금 하는 이야기를 잘 듣기 바란다. 여러분들이 꼭 알아야 할 것은 많은 사람들이 웹표준을 어느 특정 부분에는 어중간하게 적용한 것과 같이 잘못 이해하고 있음에도 불구하고, 여러 부분에서 승승장구하고 있고, 기술과 산업을 빠른 속도로 변화시키고 있으며, 웹뿐만 아니라 웹 이외의 분야에서도 널리 이용되고 있다는 것이다.

팟캐스트podcast나 블로그를 예로 들어보자. 아무리 신참 마케팅 담당자라도 팟캐스트나 블로그를 들어본 적이 있고, 상당히 활성화되어 있다는 것을 알고 있을 것이다. 어떠한 이유로 활성화되고 있는 것일까? XML 애플리케이션인 RSS 때문이다. 이 XML 애플리케이션이 어떤 역할을 하는 것일까? 기존의 여러 신문이나 잡지들을 한꺼번에 웹을 통해서 읽고, 더 많은 사람들이 구독할 수 있도록 하는 역할을 한다.

아마도 신참 마케팅 담당자는 소규모로 판매되는 제품이 더 큰돈이 된다는 '롱테일' 마케팅에 대해 알고 있을 것이다. 2004년 10월, Wired Magazine의 크리스 앤더슨은 '아마존 도서 매출의 절반 이상은 최상위로부터 13만개 도서 이외의 나머지 도서의 판매에서 수익을 얻었다는 것을 발견했다. 이와 같이 보통의 서점에서는 팔리지도 않는 책들을 위한 시장이 베스트셀러 시장보다 더 크다(wired.com/wired/archive/12.10/tail.html).

독특한 취향을 가진 사람들이 일반 소매상에서는 구할 수 없는 틈새시장의 제품들을 찾을 수 있는 곳이 웹이다. 누가 롱테일을 가장 잘 이용할 수 있을까? 컨텐츠를 가장 쉽게 접할 수 있는 사용자들이 좀 더 많이 이용할 수 있을 것이다. 현대 정보 구조의 공동 창시자인 피터 모빌은 이러한 성공을 부르는 능력을 '파인더빌리티Findability' 라고 정의했다.

많은 기업들이 웹상에서 그들의 제품이 쉽게 노출되도록 하기 위해서 검색엔진 최적화SEO에 많은 돈을 쓰고 있다. 몇몇 기업들은 아직 검색엔진 최적화에 많은 돈을 쓸 수 없음에도 불구하고, 검색엔진과 롱테일 세일즈를 적극 활용하고 있다. 이런 기업들의 비밀은 무엇일까? 그들은 불확실한 단어를 없앤, 고객들이 매력을 느낄만한 적절한 핵심키워드를 사용한다. 그리고 이 책에서 설명했던, 시멘틱한 마크업이 그런 그들의 텍스트를 웹에 있는 방대한 데이터 중에서 가장 돋보이게 만들어준다. 적절하게 편집된 카피와 CSS 레이아웃, 그리고 구조적인 XHTML 마크업이 파인더빌리티의 가장 핵심이 되는 열쇠다. 이러한 것을 아는 기업들은 사업에 성공하고 있고, 모르는 기업들은 뒤쳐지고 있는 것이다.

2000년에 웹이 죽어가는 듯 보였지만, 지금은 웹표준의 힘을 얻은 새로운 아이디어와 기술들 덕분에 웹과 인터넷이 계속 활성화되고 있으며, 현금의 유동성이 점점 커지고 있다.

이번 장에서는 HTML 이후로 가장 성공적인 웹표준 사례인 XML eXtensible Markup Language에 대해서 살펴보자. XML은 복잡한 요구에 맞게 다양한 형태의 데이터에 적용될 수 있는 포괄적인 데이터 포맷이다. 우리는 XML이 급격한 시장 변화 속에서 소프트웨어가 어떻게 생존할 수 있을지, 오늘날 데이터 기반 산업의 문제점을 어떻게 해결하는지, 그리고 폭발적인 성공을 거두고 있는 아이튠과 아이팟을 비롯한 Web 2.0 애플리케이션들이 어떻게 성공 신화를 만들어 낼 수 있었는지 알아 볼 것이다.

또한 표준을 무시하던 전문 웹 편집 프로그램들이 어떻게 표준을 채용하게 되었는지 알아볼 것이다. 그리고 미래를 내다보는 디자이너들이 그들의 개인 웹사이트에서 어떻게 CSS 레이아웃과 XHTML 마크업을 사용하고 있으며, 어떻게 WAI(Web Accessibility Initiative, 웹 접근성 기준)와 Section 508의 접근성 가이드라인의 준수를 전파하고 있는지 알아볼 것이다.

4.1
크리스 앤더슨은 그의 롱테일 블로그(longtail.typepad.com/the_long_tail)를 '한 권의 책을 만들기 위한 공동의 일기장'이라고 부른다.

■ 범용언어 (XML)

3장에서 초창기 브라우저들이 표준화를 엉망으로 적용하면서 얼마나 많은 디자이너와 개발자들이 표준화가 실현 불가능한 꿈이라고 생각하게 만들었는지 설명했다. 그리고 그 덕분에 표준을 사용하지 않고 비생산적으로 진부한 방법을 계속해서 사용하게 되고, HTML, CSS, 자바스크립트를 무시할 만큼 플래시를 수용하게 되었는지 설명했다. 3장을 읽으면서 웹표준을 적용하고 제대로 사용하는데 얼마나 애를 먹고 있었는지 알게 되었을 것이다. 자 그럼 XML로 우리가 만들고자 하는 것은 무엇일까?

1998년 2월 XML 표준이 소개되었을 때[4.2], 소프트웨어 산업은 이를 적극 수용하였다. 처음 구조적인 문서와 데이터를 위해 범용적으로 적용할 수 있도록 소개되었지만, 웹에서 뿐 아니라 모든 곳에서 사용하게 되었다. 세계는 XML의 매력에 순식간에 빠져들었다. 미래학자들은 'XML 웹' 시대는 오지 않을 것이라고 예측했지만, 분명히 XML 애플리케이션은 변형되어 매개체로 부활했고, XML은 소비자와 전문 소프트웨어 산업에 엄청나게 공급되었다.

4.2

"엄마! 내 컴퓨터에 XML이 있어요!" 현재 맥킨토시를 슬쩍 살펴보면, 수백 개의 XML 파일을 발견할 수 있다. 그 중 어떤 파일은 운영체제의 설정을 저장하고, 다른 일부는 프린터를 작동시키고, 또 어떤 파일은 아크로뱃이나 아이포토, 아이튠, 유도라, 인터넷 익스플로러, 모질라, 플래시, 드림위버 같은 프로그램의 중요한 구성요소의 역할을 한다.

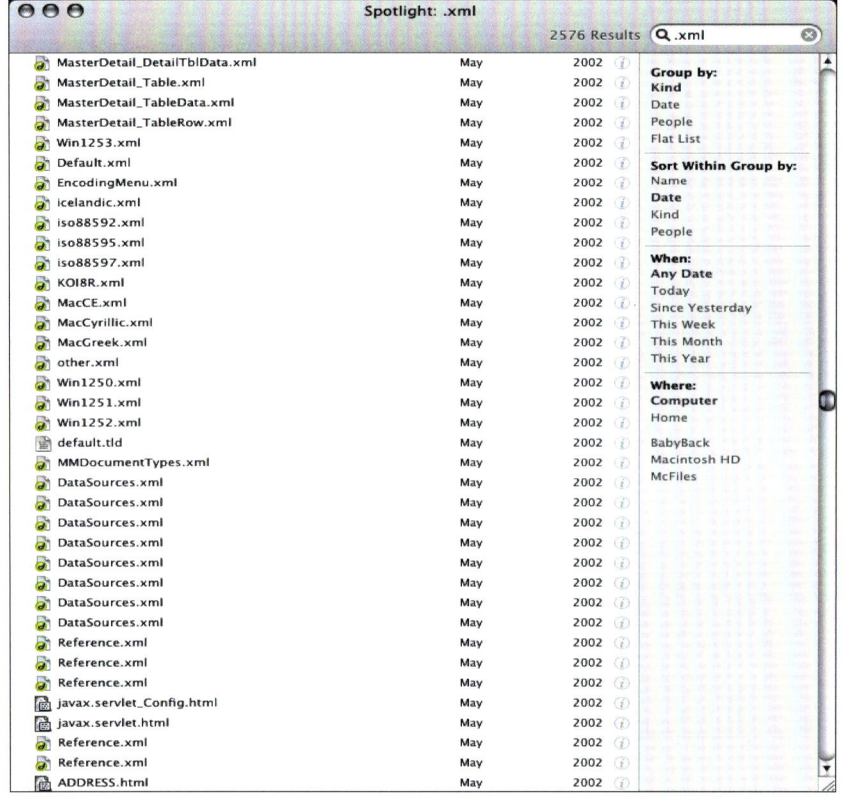

XML의 세 아버지

팀 브레이Tim Bray, 진 파올리Jean Paoli, 그리고 C. M 스퍼버그-맥퀸C. M. Sperberg-McQueen이 XML을 세상에 소개했다. 브레이가 주석을 달아둔 버전(www.xml.com/axml/testaxml.htm)은 XML과 SGML에 대한 깊은 안목과 함께 약간의 유머도 섞여 있다.

XML과 HTML의 비교

HTML과 같은 기본 기술에 기반을 두고 HTML과 마찬가지로 태그와 속성, 값을 구조적인 문서에 사용하지만 HTML과는 사뭇 다르다.

HTML은 웹페이지를 마크업하는 기본적인 언어이다. 몇 개의 태그는 수정되기도 했고, 모순된 규칙이 고쳐지기도 했다. HTML에서는 태그를 닫아야 하는 것도 있고, 닫지 않아도 되는 태그도 있지만, 기분에 따라 닫고 싶으면 닫고, 아니면 닫지 않아도 되는 태그도 있다. 이러한 느슨한 면에서 다루는 방법을 정확하게 몰라도 누구나 웹페이지를 만들 수 있게 해주는 것이 기본적인 HTML이었다.

웹이 기초적인 내용만 필요로 하던 초창기에는 이것이 좋은 방법이었다. 하지만 페이지들이 편집 프로그램에 의해 자주 변경되고, 컨텐츠가 데이터베이스에서 웹페이지로, 혹은 무선기기, 프린터로 데이터를 서로 교환하는 더욱 복잡해진 현대의 웹에서, 고정된 규칙이 없다는 HTML의 이러한 특징은 데이터의 용도 변경을 방해했다. 텍스트를 HTML로 바꾸는 것은 쉽지만 HTML의 데이터 마크업을 다른 포맷으로 변경하는 것은 쉽지 않은 일이었다.

또한 HTML은 단지 페이지를 구성하는 용도의 언어이지 딱히 의미를 가지는 언어는 아니다. HTML에서 페이지를 구성하고 있는 컨텐츠에 대한 정보는 가지고 있지 않아서, 다른 곳에서 그 컨텐츠를 재사용할 수가 없다. 그리고 당연히 그렇지만, HTML은 웹에서만 사용가능 하다.

그에 비해 XML 기반의 마크업은 고정된 규칙으로 되어 있고 웹이 아닌 많은 분야에서 사용 가능하다. XML로 문서를 구성할 때 단지 웹페이지에서만 보여주기 위한 것은 아니다. XML을 사용할 수 있는 모든 환경에서 태그 안에 있는 내용을 인식할 수 있다.

한 부모, 여러 자손들

명확히 말하자면, XML은 다른 언어를 만드는 언어이다. 규칙에 맞게 만들어지기만 하면 도서관 사서는 필요한 목록을 만드는데 적절한 XML 마크업을 자신이 원하는 대로 만들 수 있다. 음반회사는 음악가나 녹음, 작곡가, 제작자, 저작권 데이터, 저작권 사용료 데이터 등이 포함된 태그를 만들 수 있다. 작곡가는 MusicML이라고 부르는 개별적인 XML 마크업 언어로 만들어진 악보를 정리할 수 있다(이제부터 'XML 마크업 제작'이라는 표현 대신 'XML을 쓴다'는 표현을 쓰겠다).

이러한 맞춤형 XML 언어는 애플리케이션이라고 부르고 당연히 모두 XML로 구성되어 있기 때문에 서로 호환이 가능하다. XML 해독기로 이러한 모든 애플리케이션을 해석할 수 있고, 쉽게 서로 데이터의 변경이 가능하다. 덕분에 음반회사의 XML 데이터베이스에서 도서관의 음반정보로 사람이 직접 작업 해야 하는 수고를 덜어주며, 에러, 또는 소프트웨어가 서로 호환되지 않아서 겪는 어려움 없이 데이터를 이동시키는 것이 가능하다.

전문 소프트웨어나 일반 사용자용 소프트웨어의 필수 요소

이렇게 구성이 편리하고, 다양한 환경에서 해석이 가능하며, 데이터의 교환이 쉽다는 특징들이 XML을 코카콜라처럼 전세계 어디를 가든 볼 수 있게 만들었다. XML은 컨텐츠를 온라인이나 상업적인 데이터베이스로 보관만 하는 것이 아니라, 데이터베이스 기반이 아닌 File Maker Pro 같은 데이터 프로그램이나, 최고급 디자인 애플리케이션에서부터 MS Office, Open

Office 같은 상업적인 제품에 이르기까지 널리 사용된다. 그리고 XML 기반으로 각국의 언어로 되어있는 파일들의 공통 언어로도 사용된다.

애플 사의 유닉스 기반 Mac OS X 운영체제는 XML로 정보를 저장한다. 디자인툴의 최강자인 Quark Xpress와 어도비 인디자인에서도 가져오기 import와 내보내기 export를 XML로 하고 XML 기반의 템플릿을 지원한다. 드림위버와 같은 비주얼 웹 편집기도 마찬가지고, 또 XML 기반이기 때문에 데이터를 웹 페이지나 레이아웃 그리고 온라인 쇼핑몰이나 국제적으로 운영하는 데이터베이스들 사이에서 데이터를 상호 교환하는 것도 쉽고 가능하게 한다.

XML로 컨텐츠만을 다루는 게 아니라 어떤 제품은 XML 자체로 만들어진 경우도 있다. 드림위버는 오래 전부터 실제 사용자가 파일을 수정하여 프로그램을 변경해서 사용하는 것이 가능한 XML 파일로 만들어졌다[4.3]. 캐리 비크너 Carrie Bickner가 A List Apart에 쓴 유명한 글(www.alistapart.com/articles/dreamweaver)에서 어떻게 XML을 수정하면 드림위버 4가 유효한 XHTML을 만들게 할 수 있는지를 설명했다. 드림위버를 개인적으로 수정해서 파는 것은 작은 사업이 되기도 했다. 사실 그냥 작은 사업 정도가 아니고, 내가 아는 사람 중에 그걸로 집을 산 사람도 있다.

소비자들이 사용하는 소프트웨어도 XML을 좋아한다. PC나 맥, PDA에 있는 개인정보 관리 프로그램은 XML을 읽거나 저장하는 것이 가능하고 또는 다른 프로그램을 통해서 이러한 읽기와 저장을 가능하게 하기도 한다. 디지털 카메라가 날짜, 시간을 기록하고 해상도, 파일사이즈 등의 정보를 저장할 때 보통 XML로 저장한다. 부모님이 7MB짜리 여행사진을 이메일로 보내실 때도 아름다운 그 사진들의 풍경이 XML로 전송되는 것이다. 그러고 보니 여러분 부모님도 이미 웹표준을 사용하시고 계신다.

애플 사의 아이포토 iPhoto처럼 이미지파일을 관리하는 프로그램[4.4]도 XML을 사용한다. 그리고 가족사진을 현상할 때도 프린터가 Mac OS X 운영체제가 XML로 저장하고 있던 데이터를 사용한다.

가수보다 유명하다

어떻게 XML이 이렇게 다른 수많은 생산자들의 상상력을 장악하고 그들이 만드는 제품을 선도하는 것일까? XML은 표준화를 확장성(소비자들에게 맞추는 힘), 전환성(데이터를 다른 곳으로 옮기는 힘) 그리고 XML 애플리케이션이나 XML을 사용하는 제품들끼리 상대적으로 매끄러운 데이터 호환과 결합시켜 준다.

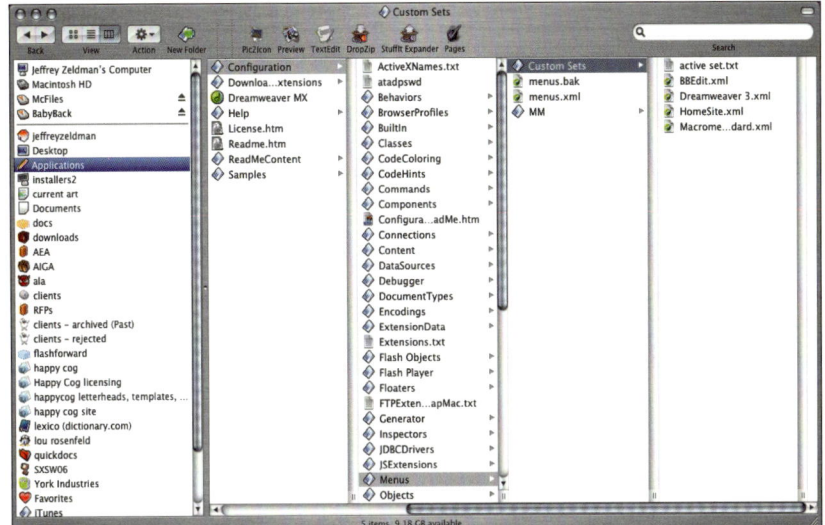

4.3
뚜껑을 열어보면 드림위버는 GIF 이미지들과 HTML 그리고 자바스크립트 파일들과 함께 XML 파일로 만들어져 있다. 웹사이트의 파일 구조와 마찬가지로 드림위버의 구성요소들도 하부디렉토리에 나누어져 있다. 드림위버를 좀 다룰 줄 아는 사람들은 이러한 파일들을 수정하여 자신에게 맞는 제품을 만들 수 있다.

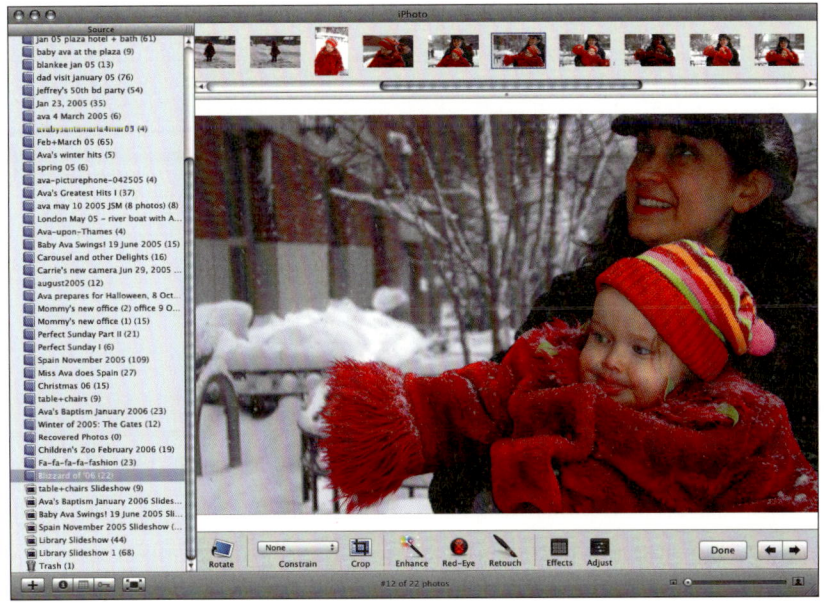

4.4
모든 맥에서 사용 가능한 애플 사의 아이포토(www.apple.com/iphoto)는 사진 목록 정보를 정리하고 인쇄상태를 미리 설정하는 등의 작업에 XML을 사용한다.

XML은 특허권이나 저작권에 장애를 받지 않는 표준으로, 제한된 호환성과 설치비용을 동반한 구식의 독자적인 포맷을 없애고 있다. W3C는 XML 사용과 관련해서 소프트웨어 제품이나 개인이 만든 XML 기반의 언어에 아무런 비용을 받지 않는다. 게다가 XML의 수용은 감염성이 있다. XML을 사용하는 업체가 늘어날수록 다른 업체들에게 퍼지는 속도는 더 빨라지며 각각의 제품에서 다른 제품들로 데이터를 이동시키는 것도 더 쉬워진다.

거기다가 XML은 작동도 잘된다. 이제 직장 동료들이 단순하고 제한적인 텍스트를 다른 제품으로 옮기는(보통 약간의 데이터 손실이나 엄청난 설정 변경이 뒤따른다) 여러분을 전문가로 여기던 시대는 지났다. XML은 업체들이 상호 정보 교환이 가능한 제품들을 만들어서 소비자가 더 현명하고 덜 힘들게 일할 수 있게 하도록 도와주고 소비자는 이에 따른 비용을 지불한다.

만병통치약은 아니지만 모든 TV에서 볼 수 있다

XML이 모든 소프트웨어 문제에 만병통치약이라 말하고자 하는 것은 아니다. JPEG 데이터는 텍스트보다는 이진수에서 훨씬 잘 표현된다. 또한 거의 대부분의 전문적인 애플리케이션과 많은 소비 제품들이 현재 XML을 사용하고 있고 점점 그 수가 증가하고 있기는 하지만 시장에 나와있는 모든 소프트웨어가 XML을 사용한다고 주장하는 것도 아니다. 또한 XML을 지원한다고 하는 모든 제품들이 문제없이 잘 작동된다고 말하는 것도 아니다. 하지만 문제 없이 수용이 되었건 아니건 간에 XML이 작업환경과 소프트웨어 산업을 변화시킨 건 사실이다.

XML을 지원하지 않는 제품을 생산하는 기업들도 XML을 지원해야 한다는 점은 알고 있다. 활기를 잃은 판매실적과 산산 조각난 미들웨어 시장으로 고통받던 2002년 4월 쌍방향 TV기술 제공자들의 그룹이 'iTV산업 표준 출범'(www.itvstandards.org)의 기치 아래 함께 뭉쳤다. 목표는 '모든 제작자들이 하나의 쌍방향 컨텐츠를 제작하고 모든 주요 셋톱박스와 PC플랫폼에 배포할 수 있게 하기' 위해서 XML 기반의 표준을 밝히고 지원을 지지하자는 것이었다.

귀에 익은 이야기이지 않은가? 바로 웹표준화 프로젝트가 1990년대 중 후반에 있었던 브라우저 전쟁에서 W3C 표준에 대해 했던 말과 똑같다.

강력한 데이터를 만드는 5가지 이유

웹에서 XML은 IT 전문가, 개발자 그리고 큰 규모의 기업이나 공공기관의 시스템 안에 있는 데이터를 가지고 일을 해야 하는 컨텐츠 전문가들이 선택하는 포맷이다. 따지기 좋아하는 사람들은 XML을 선택하는 이유를 다섯 가지로 얘기한다. 이 중 많은 부분이 앞서 말한 사실과 비슷할 것이다.

1. ASCII처럼 XML도 다른 요소들과 잘 어울리는 단순하고 보편적인 파일 포맷이다.

2. ASCII (또는 HTML과)와 달리 XML은 정보 처리 기능이 있고, 자기 인식이 가능한 포맷이다. XML은 단순히 데이터를 보관하기만 하는 것이 아니라, 데이터에 관한 데이터metadata를 가지고 있으며, 검색과 다른 여러 기능들을 용이하게 한다.

3. XML은 확장성 있는 언어이다. 사업이나 학문적인 필요성에 맞게 바꿀 수 있으며, 데이터 발행(data syndication, 데이터를 다른 곳에서 이용할 수 있게 해주는 것-옮긴이주)이나 웹 서비스를 자동으로 제공해 주는 것 같이 특정한 임무에 맞게 새로운 언어를 만들 수도 있다.

4. XML은 데이터가 다른 데이터베이스로 이동되거나 다른 포맷으로 바뀌거나 혹은 다른 XML 애플리케이션에서 다루어질 때도 기본적으로 일관성을 유지한다.

5. 추가적인 XML 프로토콜이나 XML 기반 보조 언어를 통해서 XML 데이터는 자동으로 웹 페이지에서부터 인쇄된 카탈로그와 연간 보고서 같은 여러 가지 종류의 포맷으로 전환이 가능하다. 이러한 전환성은 XML이 나오기 전에는 개발자들이 꿈에서만 그리던 것들이다. 그리고 기업은 XML이 가능하게 해준 비용절감의 효과에 감사하게 되었다.

발명의 모체

이제부터 열거하는 사례들은 웹 안팎에서 XML이 얼마나 사용되고 있는지를 알려주고, 최고의 개발자들을 괴롭히던 문제를 새로운 XML 기반 언어들과 프로토콜이 지속적으로 생겨나면서 어떻게 해결했는지 설명해 줄 것이다.

Extensible Stylesheet Language Transformations(XSLT) (www.w3.org/TR/xslt)

이 XML 기반의 마크업 언어는 XML 데이터를 압축하고 정리할 수 있고, 웹으로 즉시 구현 가능한 HTML이나 XHTML 포맷으로 변경할 수 있다. 원하기만 한다면 XSLT는 데이터를 PDF나 일반 텍스트로 변경할 수 있으며, 지속적으로 수정이 가능한 차트나 그와 유사한 SVG^{Scalable Vector Graphics} 포맷으로 전환된 이미지로 바꿀 수 있다. 심지어 XSLT는 이것들을 전부 동시에 할 수도 있다. 실용적인 사용방법은 J. 데이비드 아이센버그^{J. David Eisenberg}의 "Using XML"(www.alistapart.com/articles/usingxml)을 참조하자.

RDF^{Resource Description Framework} (www.w3.org/RDF)

이 XML 기반 언어는 웹상에서 메타데이터를 교환하는 애플리케이션을 위한 일관된 구조를 제공한다. 실제로, RDF는 도서관 일람표나 목록을 통합하고, 뉴스, 소프트웨어 등의 모든 종류의 컨텐츠를 모으고 조합하여, 여러 가지 종류의 컨텐츠들을 교환하고 공유하는 것을 가능하게 한다. 또한 RDF는 소프트웨어를 작동시킨다. 혹시 모질라 브라우저가 있다면, 그 폴더를 열어서 살펴보자. 브라우저가 작동하게 하는 RDF 파일(과 CSS 파일)이 있을 것이다. 구체적으로 예를들면, 개인정보 폴더를 열어보면, 각각의 개인정보가 담긴 XML 기반의 파일이 있을 것이다.

RDF는 사용하기 어렵고, 이해하기 힘든 언어일 수도 있다. 하지만 제대로 사용하면 RDF는 멋진 결과물을 만들게 해준다. 조 웰쉬^{Jo Walsh}(frot.org)는 RDF를 이용하여 지리학적인 관계에 주석을 다는 대단한 업적(space.frot.org)을 이루었다. 그리고 작가 폴 포드^{Paul Ford}는 RDF로 만든 분류학에 관한 하나의 에세이로 수천 명의 디자이너들에게 실없는 소리로 여겨지던 '시멘틱^{semantic}'에 대한 이론을 실제로 만들었다. XML.com에서 팀 브레이^{Tim Bray}(Mr. XML)의 "What is RDF?"에서 RDF에 대한 더 많은 정보를 확인할 수 있다.

Rich Site Summary 2.0(RSS) (blogs.law.harvard.edu/tech/rss)

여기서 신임 마케팅 담당자가 다시 등장한다. RSS^{Rich Site Summary}는 웹사이트를 설명하는 간단한 XML 용어이다. 이것으로 자신의 웹사이트에 새로운 컨텐츠가 업데이트되었음을 다른 사람에게 알릴 수 있다. 더 나아가 그 컨텐츠를 보낼 수도 있다. 사람들이 여러분의 사이트를 멋진 사이트라고 칭찬하지만, 실제로 여러분은 알지 못한 적이 있는가? 여기 훨씬 더 좋은 방법이 있다. 독자들이 여러분의 사이트에 항상 방문하기를 바라는 대신에 RSS를 이용해서 여러분의 독자들을 여러분이 직접 방문을 하는 것이다.

오래 전에 댄 리비^{Dan Libby}는 RSS를 AOL/넷스케이프의 'My Netscape'의 대문에 놓기 위해서 개발했다. AOL이 침체된 후 2001년 4월에 데이브 와이너^{Dave Winer}의 유저랜드 소프트웨어^{UserLand Software} 사가 그 사업을 진행하였다. 와이너는 나중에 연구를 위해 유저랜드를 떠나게 되었고, 이제 RSS는 하버드 대학의 버크먼 센터(cyber.law.harvard.edu)에 있는 Creative Commons 산하에 소속되어 있다.

오늘날 RSS 2.0은 수천 개의 사이트에서 쓰이며, 웹에서 가장 널리 퍼져 있는 XML이 되었다 [4.5, 4.6, 4.7]. RSS의 쉽고 강력한 발행은 블로그와 팟캐스트(112페이지 제프리 젤드만 메모 노트 '팟캐스트' 참조)에 힘을 실었다. 모든 블로그 제작 소프트웨어는 RSS2.0을 지원하고 거의 대부분이 경쟁 관계인 Atom을 지원한다. 애그리게이터(RSS를 수집하는 사이트나 제품)가 생겨났고 뭔가 업데이트가 있을 때, 검색 엔진에 알려주는 서비스(www.pingomatic.com)도 생겨났다.

작가들은 RSS를 이용해서 기존의 독자들과의 관계를 유지하고, 새로운 독자들을 만날 수 있다. 그리고 이것은 소수의 진보적인 블로거들만 하는 것이 아니다. USAToday.com도 RSS를 발행하고(asp.usatoday.com/marketing/rss/index.aspx), 뉴욕 타임스(www.nytimes.com/services/xml/rss/nyt/HomePage.xml)도 하고 있으며, BBC 방송도(news.bbc.co.uk/1/hi/help/rss/default.stm), Yahoo! News(news.yahoo.com/rss), 그리고 Wired News (wired.com/news/feeds/rss2/0,2610,,00.xml)도 하고 있다. '롱테

일'로 성공한 아마존(www.amazon.com/exec/obidos/subst/xs/syndicate.html)에서도 물론 하고 있다. 신문에서도 RSS를 위한 개별적인 섹션(www.washingtonpost.com/wp-dyn/rss/linkset/2005/03/24/LI2005032400102.xml)이 있고 토론을 위한 개별적인 기사(www.alistapart.com/feed/hattrick/rss.xml)도 있다.

4.5

Ranchero Software의 NetNews Wire (ranchero.com/netnewswire) 같은 맥킨토시 용 뉴스리더(사진)와 닉 브래드버리(Nick Bradbury)의 윈도우용 FeedDemon(www.feeddemon.com/feeddemon).

4.6

표준을 지원하는 오픈소스 소프트웨어인 워드프레스(wordpress.org)도 다른 모든 블로그 제작 환경처럼 RSS를 지원한다.

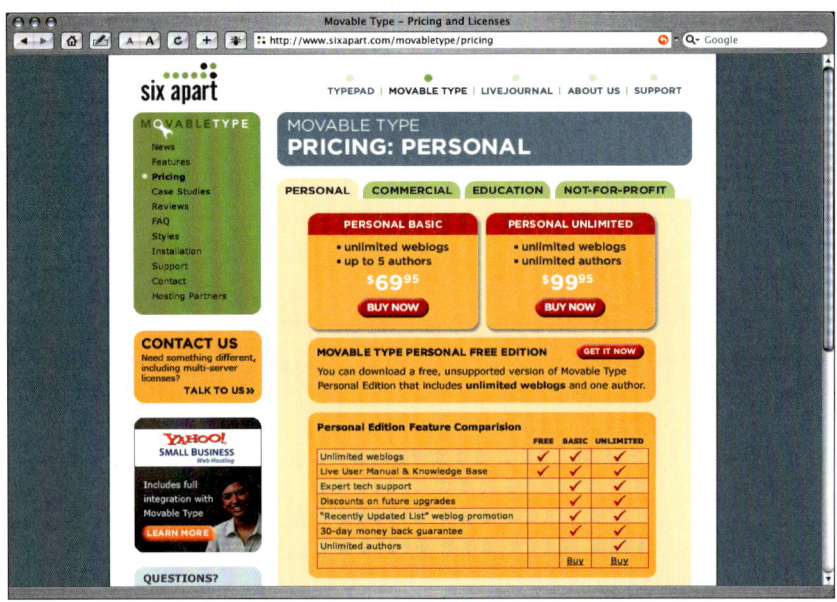

4.7
Six Apart 사의 최고급 블로그 제작 제품, Movable Type (www.sixapart.com/movabletype)도 마찬가지이다.

이것은 편집자의 꿈이며 마케팅 담당자의 기쁨이며 세일즈맨의 수입의 원천이다(많은 사람들에게는 싫증나고 TV나 신문에서 공간이 점점 줄어드는 것을 바라보는 세일즈맨이나 광고인들에게는 위안이 되는 점점 더 증가하는 RSS에는 유료 광고도 포함되어 있다).

팟캐스트 PODCAST

팟캐스트는 컴퓨터나 애플사의 아이팟 또는 다른 MP3 플레이어로 다운로드 받아, 언제 어디서나 들을 수 있는 오디오 프로그램이다. 온라인에 접속해 있는 동안 RSS 2.0을 통해, 현재 구독중인 컨텐츠로부터 업데이트 된 것을 기기에 알려준다. 자동적으로 컨텐츠를 다운로드 받으며, 동시에 이전에 있던 컨텐츠들은 삭제가 된다. 블로그처럼, 팟캐스트도 누구나 만들 수 있다. 가장 인기있는 블로그들이 '아마추어'들에 의해 운영되고 있는 것처럼, 팟캐스트도 많은 '아마추어'들이 운영하고 있다.

XMLHttpRequest (en.wikipedia.org/wiki/XMLHttpRequest)

마이크로소프트가 윈도우용 인터넷 익스플로러에 사용되는 ActiveX의 일부로 만들었지만, 애플의 사파리나 모질라, 오페라 브라우저에서도 모두 지원하고 있다. 비표준인 XMLHttpRequest 오브젝트는 서버에서 가져온 XML 데이터를 페이지의 재전송 없이 불러오기 위해서 자바스크립트와 함께 사용된다. 기술의 조합으로 사용자는 사용을 방해 받지 않고 멈춤 없이 풍부한 사용자 경험을 누릴 수 있게 되는 것이다. 제시 제임스 가렛은 자신이 쓴 유명한 글에서 이러한 애플리케이션 개발 방식을 Ajax(www.adaptivepath.com/publications/essays/archives/000385.php)라고 부르고 있다. 이 명칭은 Ajax가 시장에서 많은 관심을 받는데 큰 영향을 미쳤다.

마케팅을 하는 사람이나 투자자, 개발자들이 'Web 2.0' 애플리케이션에 대해서 이야기할 때 보통은 XMLHttpRequest와 XML, 자바스크립트를 이용해서 구현하고, XHTML로 마크업하고 CSS로 표현되는 형태를 말한다. Ajax는 플래시가 점유하고 있던 '리치 애플리케이션' 시장에서의 영역을 조금씩 확장해나가고 있고, 다양한 분야에서 많이 활용되고 있다(www.alistapart.com/articles/web3point0) 웹 애플리케이션은 급격히 증가할 것이고, 새로운 시장이 형성되어, 그에 따른 수입도 증대될 것이다. 이런 열기가 언제까지 지속될 수 있을까?

2006년 발렌타인 데이에 한 인터넷 쇼핑몰 업체가 이미 수천 개의 사이트와 제품들이 사용하고 있던 Ajax 기술에 대한 특허를 내겠다고 발표한 적이 있었다. 미국 정부는 이 업체가 신청한 특허를 승인하였다(www.informationweek.com/story/showArticle.jhtml?articleID=180206472&cid=RSSfeed_IWK_News). 이후에 어떤 일이 발생할지는 알 수 없지만, 여전히 법정 공방이 지속될 것이다.

XML-RPC (www.xmlrpc.com)

유저랜드 소프트 사가 개발한 또 다른 혁신적인 것으로 XML-RPC가 있다. XML-RPC는 '운영처리를 인터넷으로 연동시켜서 전혀 다른 운영체제와 환경에서 소프트웨어를 실행할 수 있게 해주는 것'이라고 정의 할 수 있다. 다른 것들 보다 XML-RPC는 지금부터 설명하는 웹 저작 프로그램에서 웹사이트 관리 업무를 자동화하는 데 사용된다.

웹 저작툴

이전에 설명되었던 XML 호환 소프트웨어 제품들은 비교적 비싼 비용을 들여야만 했지만, 현명한 개발자들의 손을 거치면서, XML 기반 언어를 무료로 이용할 수 있게 되었다. 그리고, 이런 개발자들은 주변의 동료 디자이너, 개발자, 편집자들이 필요로 하는 것이 있으면 새롭게 만들어내곤 했다.

워드프레스[4.6]나 무버블 타입[4.7] 같은 개인용 저작 제품은 사이트 관리를 위해서 XML-RPC를 사용하고, XML을 지원하는 사이트에 자동으로 컨텐츠를 발행하고 배포하기 위해서 XML RSS를 사용한다. 워드프레스나 무버블 타입에서 사용자가 편집을 할 수 있게 해주고, XML은 이 제품들이 그런 능력을 가질 수 있게 해준다.

개인 저작이(팟캐스팅을 포함해서) 확산되면서 XML도 숙련된 개발자만이 아니라 XML 표준이라는 말조차도 들어보지 못한 사람들이나 XML을(어떤 경우에는 HTML조차도) 혼자서는 사용하기 힘든 초보자들에게도 차츰 확산되었다.

사용자가 원하는 대로

XML의 원리는 최근에 생겨난 웹 서비스 시장도 이끌어 나간다. XML 기반의 SOAP(Simple Object Access Protocol, www.w3.org/TR/soap)는 분산, 독립적인 네트워크 환경에서의 정보 교환, 서비스와 오브젝트, 서버로의 접근, 그리고 메시지를 인코딩하고 디코딩해서 처리하는 작업들을 용이하게 해준다. XML의 강력한 힘은 SOAP가 다양한 플랫폼과 제품들을 아무 문제 없이 다룰 수 있게 해준다.

급증하는 웹 서비스의 세계에서 SOAP는 유일한 프로토콜이다(www.w3.org/2002/ws). 데이비드 로삼 David Rosam(dangerous-thinking.com)은 웹 서비스를 이렇게 정의한다.

> 웹서비스는 XML을 기반으로 하는 재사용이 가능한 소프트웨어 구성 요소이며, 모든 비즈니스 생태계에서 비용이 거의 들지 않는 상호작용이 가능하게 해주는 프로토콜과 연결되어있다. 웹 서비스는 빠르고 저렴한 애플리케이션 통합을 위해서 내부적으로 사용되거나 인터넷을 통해 고객이나 공급자 또는 동료에게 사용 가능하게 만들어질 수 있다.

이 말은 비즈니스 관점에서 보면 잘 맞는 말이지만, 웹서비스가 진짜 대단한 이유 중의 하나는 API라 불리는 라이브러리가 포함되어있다는 것이다. API를 통해 파생되는 무수히 많은 애플리케이션이 법적인 부담 없이 GNU(www.gnu.org/copyleft/gpl.html)나 CC(크리에이티브 커먼, creativecommons.org)에 의해 지원을 받고 있기 때문이다.

구글 맵스(maps.google.com), 플리커(flickr.com), 그리고 아마존 닷컴(Amazon.com)이 API에 대한 제약을 크게 두지 않고 가볍게 만들기 때문에 개인 개발자들도 정리된 데이터를 이용해서 분산된 서비스를 만들어낼 수 있다[4.8, 4.9]. 분산에 대한 아이디어를 한 단계 더 발전시키는 애플 사의 대시보드 위젯 Dashboard Widgets은 소비자가 (XHTML, XML, CSS, 그리고 자바스크립트로) 만든 원거리 데이터를 개인 컴퓨터로 끌어오는 애플리케이션이다[4.10].

위젯 Widget인 Niffy와 Mappr! 같은 사이트들이 더 대단한 이유는 이것들이 위대하고 독창적인 결과물의 시작단계일 뿐이라는 것이다. 이들은 겨우 19세기 후반의 무성영화 한편에 불과할 뿐이며, 흥미로운 것은 이들이 곧 대폭발의 전조가 될 것이라는 것이다.

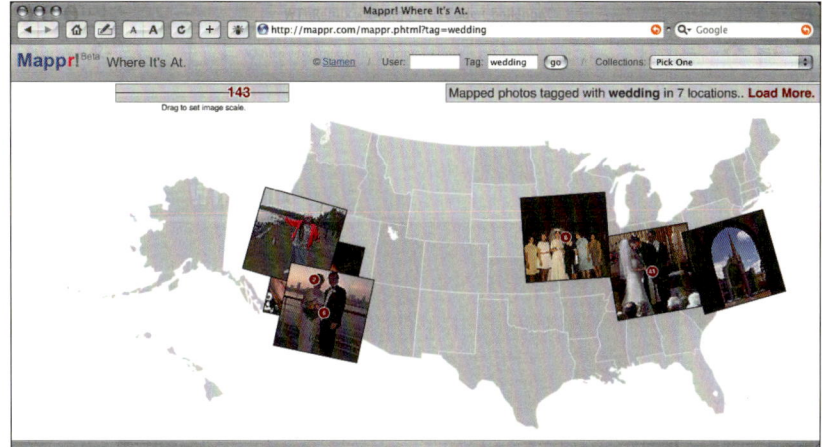

4.8

이들이 대기업의 API를 대표한다. Mappr! (mappr.com)는 Flickr.com의 사진에 지리학적인 정보를 추가한다.

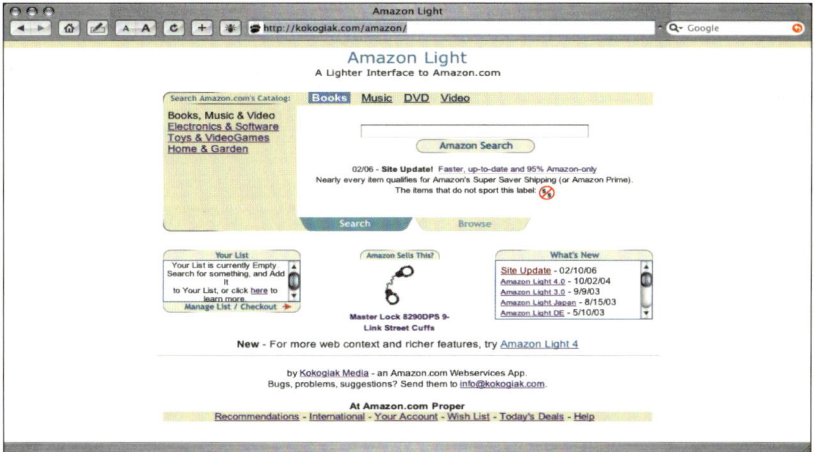

4.9

Amazon Light (kokogiak.com/amazon)는 Amazon.com 쇼핑 사이트에 더 가벼운 인터페이스를 적용한다.

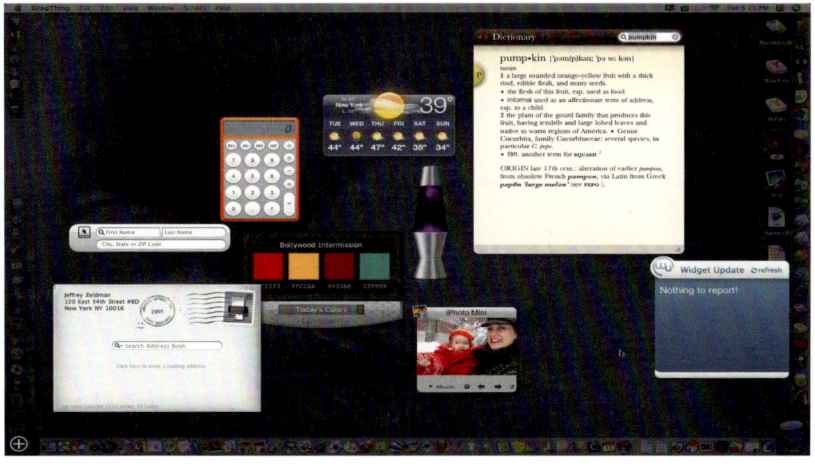

4.10

사용자에 의한, 사용자를 위한: 애플 사의 대시보드 위젯은 현명한 맥킨토시 사용자들이 표준화로 강화된 애플리케이션을 만들어 다른 모든 사용자들도 이를 사용할 수 있게 해준다.

■ XML 애플리케이션과 웹 사이트

XML은 SVG(www.w3.org/TR/SVG)와 XHTML(www.w3.org/TR/2002/REC-xhtml1-20020801)의 기반이 된 언어이다. 고객의 로고를 SVG 포맷으로 만들어내는 일러스트레이터 사용자들이나 XHTM로 페이지를 만드는 웹 제작자들은 알게 모르게 XML을 사용하고 있다.

XML의 모든 형태에 공통적으로 적용되는 법칙은 이런 포맷들이 함께 동작하고, 데이터베이스에 저장된 XML과 같이 다른 종류의 XML과도 작동한다는 것이다. SVG 그래픽은 방문자의 검색에 따라 자동으로 바뀌거나, XML 뉴스 피드에 의해 지속적으로 업데이트 된다.

지방 TV 뉴스 채널의 사이트는 도시 교통정보에 도시의 혼잡한 상태를 실시간으로 보여주는데 이러한 방법을 사용한다. 한 곳의 정체가 풀리고, 다른 곳의 정체가 시작되면, 이 정보를 사용자가 읽을 수 있는 컨텐츠인 XHTML로 변경해주는 서버에 보내고, SVG로 변형된 교통지도를 갱신하게 된다. 이와 동시에 그 데이터를 다른 뉴스 단체와 공유하거나 SOAP에 의해 도시의 공공기관에 도움을 주기 위해 RDF나 RSS로 발행Syndicate될 것이다.

XML 기반의 SVG 그래픽은 어도비 일러스트레이터 CS2(www.adobe.com/illustrator) 같은 제품으로 만들기 쉽다. 플래시 벡터 그래픽처럼 SVG로 된 이미지는 적은 자원을 사용하면서도 최대 크기의 모니터를 충분히 채울 수 있다. 그리고 SVG 그래픽은 다른 표준 웹 페이지 요소들처럼 ECMAScript와 DOM으로 조작이 가능하다. SVG의 문자 컨텐츠가 기본적으로 접근성이 있는 것은 물론이고 아무리 커지거나 변형되었어도 커서로 선택하는 것도 가능하다. 파이어폭스 1.5는 원래부터 SVG를 지원하고 애플 사의 사파리도 최근부터 지원을 하기 시작했다.

■ 호환성

공통의 부모를 공유하고 같은 공간의 규칙을 지키기 때문에, 모든 XML 애플리케이션은 서로 호환이 가능하여, 개발자들이 다른 XML을 통해서 XML 데이터 세트를 처리하거나, 필요할 때마다 호환에 대한 걱정 없이 새로운 XML 애플리케이션을 개발하기 쉽게 해준다.

오늘날 전문적이고 소비적인 소프트웨어 어디에나 있고, 웹 미들웨어와 백엔드 개발에서 널리 사용되며, 웹서비스 시장의 기본이 되는 XML은 비호환과 기술적인 악몽을 해결하면서 어느 누구의 상상보다 더 큰 성공을 거두었다.

익숙하지 않은 제품의 특성 때문에 소비자를 잃는 위험을 감수하고 싶지 않은 소프트웨어 제작자들은 XML을 지원하는 것이 제품에 있어서 다른 제품들과 자연스럽게 작동되도록 하고 변화하는 시장에서 살아 남게 해준다는 사실을 알게 되었다. 독자적인 시스템 하나가 계속해서 조직의 귀중한 데이터를 잡아두게 하는 것을 원하지 않는 경영자나 IT전문가들은 XML로 전환함으로써 이러한 문제들을 해결할 수 있다. 작은 규모의 개인 개발자들은 예산보다는 아이디어로 승부하는 XML로 무장하여 거대 기업들과 경쟁할 수 있다.

데이터에 의해 움직이는 오늘날의 세계에서 독자적인 포맷은 더 이상 도움이 되지 않는다. XML은 경쟁구도를 공평하게 만들고, 모든 사람들이 경쟁할 수 있게 한다. XML은 웹표준이며, 잘 작동한다.

잘 작동하고, 다른 표준들과 잘 연동되는 것이 바로 좋은 표준의 특징이다. 이것을 상호운용이라고 부르거나, 간단하게 구성요소 사이의 협업이라고 한다. 무엇이라고 부르건 간에 XML은 오래 전 독자적인 웹 기술을 넘어선 엄청난 발전이다. 웹표준의 마법에 걸려, 경쟁자들도 협업하는 법을 배우게 되었다.

■ 새로운 협력의 시대

브라우저 제작사들이 같은 표준을 지원하도록 해준 웹표준화 프로젝트에 감사한다. 기술적 조합으로 예상치 못한 결과가 나타나기도 하는 것처럼, 한때 심했던 이 경쟁자들 또한 종종 놀라운 방법으로 잘 협력하기도 한다.

2002년 7월 마이크로소프트는 W3C의 HTML 작업 그룹에 'W3C HTML 4.01 Test Suite Development를 지원하는 HTML 검사기준과 검사기준으로 지정할 만한 제안(lists.w3.org/Archives/Public/www-qa-wg/2002Jul/0103.html)'을 제시했다. 이 기고는 마이크로소프트, 오픈웨이브 시스템과 넷스케이프와 모질라의 소유주인 America Online을 위해서 만들어졌고 오페라 소프트웨어 사와 웹표준화 프로젝트에서 검토하였다.

기준 모음과 상세내역

W3C 기준모음^{Test Suites}은 브라우저 제작사들이 자신들의 제품이 표준에 맞는지 혹은 더 작업이 필요한지를 결정할 수 있게 해준다. HTML 4.01(XHTML 1.0의 근간이 된 마크 업 언어)에는 기준모음이 없다. 이러한 기준모음이 없어서 표준에 맞추고 싶어하던 브라우저 제작사들은 그냥 운 좋게 잘 맞기를 바라는 수밖에 없었다.

게다가 기준모음의 부재로 표준을 만든 사람들도 입장이 난처해졌다. 문제를 풀어야 하는데 실제로 증명할 수 있는 예제가 부족하면 자신이 만들고 있는 기술을 확신할 수 있을까? 이것은 마음에 그리고 있는 자동차를 만들 수 있는 공장도 없으면서 종이에 자동차를 그리는 것과 같다. 표준화를 만든 사람들과 브라우저 제작자들의 이해관계 속에서 기준모음이 상당히 늦어졌다.

얼마나 잘 맞는가

마이크로소프트가 기준모음이 없어서 생긴 문제들을 고치기 위해서 앞장섰으며 그 일을 독자적으로 하려고 하지 않고, 표준화 기반의 지원에 참여시키기 위해 경쟁사들과 외부 그룹(WaSP)을 끌어들였다. 이 경쟁사들과 외부 그룹들은 이 초대에 기꺼이 응했다. 결과물이나 파생물은 특허나 저작권에 대한 문제를 없애기 위해 전적으로 W3C에 귀속되어 제출되었다. 마이크로소프트나 경쟁사들은 그들의 노력에 대한 대가는 전혀 받지 않았다.

일반적으로 마이크로소프트는 넷스케이프에 좋은 일을 하지는 않고, 넷스케이프 또한 마이크로소프트에게 도움이 되는 일을 하지 않으며, 양쪽 다 오페라에 도움되는 일에 머리를 쓸 생각은 없다. 그리고 이러한 기업들은 이익 없는 사업에 돈을 투자하지는 않는다. 하지만 이번에는 웹을 위해 다같이 모여서 독자적이며 새로운 기술보다는 보잘것없는 HTML 4에 집중했다.

업계 언론에서도 신경 쓰지 않았던 이 사건은 커다란 변화의 전조가 되었다. 마이크로소프트와 가장 강력한 사업상의 적들에 의해 조용히 W3C에 제출된 'HTML 기준모음'은 웹이 성장해 나가는데 든든한 신호가 되었다. 경쟁자들이 이렇게 협력하는 것은 미숙함이 완숙함으로 성장한다는 신호이다.

같은 일이 성숙한 산업 분야에서 일어나고 있다. 서로 미워하던 음반회사들은 새로운 산업의 표준을 만들거나 인터넷에서 개인 간에 서로 음악 파일을 공유하는 것 같은(냅스터 같은) 다가오는 생계의 위협을 막아내기 위해서 평화롭게 협력할 것이다. 마이크로소프트, 넷스케이프 그리고 오페라가 같이 일하는 것은 웹이 그만큼 성장했다는 것을 의미한다. 그들이 같이 일하도록 만든 W3C 기준모음은 성장이 필요한 이유를 알려준다. 우리의 미숙함은 이 책에서 얘기하고 있는 표준 덕분에 성장한 것이다.

표준으로 인해 증가하는 개방성과 협조의 다른 예를 살펴보자.

WHAT Working Group

모질라 재단과 오페라 소프트웨어 사의 기술자들은 '거대한 웹 브라우저 시장에서 도구로 쓰일 기술적 설명서의 제작을 통해 웹 애플리케이션을 위한 하나의 일관된 개발환경을 만드는 것을 목표로 가진 조직'이 필요했다. 그래서 '자유롭고 비공식적이며 개방된 웹 브라우저 제작사들과 관계 집단들의 합작'인 Web Hypertext Application Technology(WHAT) Working Group (whatwg.org)을 조직했다.

모체 조직인 모질라 재단과 오페라 소프트웨어 사는 W3C의 가장 큰 공헌자들이기는 하지만 WHAT을 조직한 기술자들은 표준 개발에 느긋한 W3C의 태도 때문에 실망했다. 실제적으로 이 그룹이 W3C와는 다르게 강조하는 것은 브라우저와 연관된 이슈, XML보다 HTML을 우선적으로 대하는 것이다. 하지만 WHAT은 W3C와 함께 일하는 것이지 반대하는 것은 아니다 (www.w3.org/Submission/2005/02/Comment). 그들은 회사를 초월해서 같이 일하고 공통의 관심사에 대해(예를 들면 브라우저들이 RDF 컨트롤, 메뉴 그리고 툴바를 다루어야 하는 방법을 설명하는 것) 서로 논쟁하여 발빠르게 웹표준을 따라가고, 모든 브라우저들이 함께 발전하는 표준을 지원하기 위해서 브라우저의 개발을 합리화하는 것을 기대한다.

인터넷 익스플로러 7과 웹표준화 프로젝트

2005년 후반부터 마이크로소프트는 다른 기존 브라우저들보다 새로운 버전의 인터넷 익스플로러가 웹표준을 더 정확하게 지원하는지를 확인하기 위해서 인터넷 익스플로러 7을 비밀리에 만들지 않고 웹표준화 프로젝트와 함께 일해왔다. 또한 마이크로소프트의 기술자들은 이전 버전의 브라우저들이 가지고 있던 결함들을 피하기 위해 사용했던 CSS 핵들을 잡아내는데 고생을 하고 있다.

20세기에 맥용 인터넷 익스플로러 개발 그룹도 웹표준화 프로젝트와 같이 일을 했지만 윈도우쪽은 WaSP를 귀찮고 도움이 안 된다고 여기고 있었다(그리고 그 이유는 WaSP가 윈도우용 인터넷 익스플로러를 다룰 때는 거의 항상 잘못된 것만 지적했지 도움이 될 만한 것을 얘기한 적이 없었기 때문이다). 이렇게 자진해서 독립적인 표준화 그룹이나 큰 규모의 웹 개발 커뮤니티와 일하려고 하는 생각이 마이크로소프트의 새로운 개방 형태의 일부이다. 사실 마이크로소프트가 이렇게 착하게 행동할 이유가 없다. 마이크로소프트는 우리를 강압할 수 있을 정도로 크고 강력하기 때문이다. 하지만 이전과는 다르게 웹표준의 기치 아래 디자인, 개발 커뮤니티와 협조를 하려는 것이다.

■ 웹표준과 저작 프로그램

브라우저 전쟁의 절정이었던 시점에서 개발된 어도비(이전의 매크로미디어)사의 드림위버나 GoLive처럼 시장을 장악한 전문가용 비주얼 에디터들은 3.0과 4.0 브라우저에 최적화된 마크업과 코드를 생성하여 브라우저의 비호환 문제를 처리했다.

브라우저가 비표준이고 유효하지 않은 HTML 태그로 실행될 때 드림위버와 GoLive는 브라우저가 원하는 대로 태그를 만들어 주었다. 각 브라우저가 자신들만의 호환성 없는 DOM이 있거나 독자적인 스크립트 언어로 작동된다면, 드림위버나 GoLive는 그것에 따라서 코드를 만들었다

이런 방식을 사용한 드림위버와 GoLive가 마크업과 코드를 직접 사용하는 개발자들보다 더 잘못했다는 것은 아니다. 2장에서 설명한 바와 같이 표준이 개발되는 중이었고, 브라우저들이 지원을 제대로 하지 않을 때라서 사이트 제작자도 어쩔 수 없었다. '원하는 대로 주라'는 말은 그때는 말이 됐지만 이제는 적절한 전략이 아니다. 브라우저가 표준을 지원하자 드림위버나 GoLive 같은 프로그램들도 같이 변하게 되었다. 이제는 프로그램들도 표준을 지원한다.

The Dreamweaver Task Force

전문 비주얼 웹 편집의 선두 주자인 드림위버로 만든 사이트의 표준화 지원과 접근성을 향상시키는 노력의 일환으로 매크로미디어의 기술자들과 같이 일하기 위해 2001년 WaSP의 Dreamweaver Task Force가 생겨났다. Dreamweaver Task Force의 활동기록은 www.webstandards.org/act/campaign/dwtf에서 확인할 수 있다.

이 그룹의 주요목표는 아래와 같다.

- 드림위버는 '격이 다른' 유효한 마크업을 만들어야 한다(유효한 마크업은 반드시 표준 태그와 요소만 사용해야 하고 에러가 없어야 한다).
- 드림위버는 유효한 DTD를 추가하여 XHTML과 HTML 버전을 선택할 수 있게 해줘야 한다(DTD-Document Type Definition은 브라우저에게 어떤 종류의 마크업으로 웹 페이지를 만들었는가를 알려준다. 5장 참조).
- 드림위버는 문서의 DTD를 엄격히 따르고, 이에 따라서 마크업과 코드를 만들어야 한다.
- 드림위버는 모두에게 접근성 있는 웹 문서를 사용자가 쉽게 만들 수 있게 해야 한다.
- 드림위버는 CSS 2를 정확하게 표현하여 CSS로 만들어진 페이지가 드림위버의 비주얼 환경에서 작동이 되어야 한다.

- 드림위버는 사용자의 허락 없이 inline 스타일(9장 참조)을 추가하여 유효한 CSS 레이아웃을 방해하지 않아야 한다.
- 사용자가 드림위버로 만든 페이지가 유효하고 높은 수준의 접근성을 이룰 수 있다는 믿음을 가질 수 있어야 한다.

이 목표들에 더해서 추가적인 목표들이 2002년 5월 드림위버 MX가 출시되면서 생겨나게 되었다. 드림위버 MX를 만드는 데 도움을 주었던 Dreamweaver Task Force는 제품을 평가하면서 아래 사실들을 발견하게 되었다.

- 훌륭한 유효한 마크업을 생산해냈다.
- 사용자가 접근성 있는 사이트를 만들 수 있게 도와주었다.
- (CSS 배치에 다소 문제점이 있긴 하지만) 적합한 수준의 정확도로 CSS 2를 표현했다.
- CSS 레이아웃을 해치지 않았다.
- 유효한 XHTML과 CSS(자동으로 표준지원 검사를 하여) 사용을 권장했다.
- 웹표준을 중요하게 생각하고 장려했다

찾아봅시다

www.webstandards.org/act/campaign/dwtf/mxassessed.html에서 WaSP Dreamweaver Task Force의 모든 제품 평가를 볼 수 있다.

위지위그 편집 프로그램의 발달 (셋 중에 둘정도는 쓸 만하다)

드림위버는 흉내만 내는 정도가 아니고 이번 장에서 이야기하고자 하는 목적에 부합할 만큼 충분히 웹표준과 접근성을 지원한다고 말할 수 있다. 그 기능과 표준지원은 오늘날의 브라우저와 잘 맞는다. WaSP가 어도비와는 같이 일하지 않았지만, GoLive 비주얼 웹 저작 프로그램에서(www.adobe.com/golive) 자체적으로 충분하게 표준지원을 향상시켰다.

GoLive는 CSS와 XHTML과 함께 접근성이 있는 멀티미디어 작품을 만드는 W3C 표준인 SMIL(스마일, Synchronized Multimedia Integration Language(www.w3.org/AudioVideo)을 지원한다. 비주얼 웹 에디터의 중심인 이 제품들을 사용하는 사람들은 표준을 지원하고 접근성 있는 사이트를 손쉽게 만들 수 있다.

프론트페이지FrontPage에서부터 익스프레션 웹 디자이너Expression Web Designer까지 같은 종류의 제품들 중에서 세 번째로 마이크로소프트의 프론트페이지는 전문가들은 잘 사용하지 않지만 마이크로소프트 제품군과 같이 제공되는 덕분에 비전문가들이 많이 사용하고 있다. 공공기관에서는 예산을 '추가로 지원'해 주지 않기 때문에 그냥 프론트페이지를 사용한다.

하지만 프론트페이지는 비주얼 웹 에디터가 아니고, 인터넷 익스플로러 전용 에디터이기 때문에 인터넷 익스플로러에서만 제대로 보이는 독자적인 마크업과 코드만 사용해서 잘못된 페이지들을 만들어 내고 있었다. 프론트페이지의 비표준 결과물은 나쁜 것은 아니다. 그 버그는 그냥 특징일 뿐이고, 사용자의 이익을 위한 특징이 아니었을 뿐이다.

법정 진술서에서 마이크로소프트의 빌 게이츠는 프론트페이지를 포함한 오피스 제품 그룹에 직접 서신을 보내서 문서를 다른 제품들과 상호교환이 되게 만드는 것을 중단하라고(즉 표준화 기반으로 만들지 말라고) 했다고 인정했다. 빌 게이츠는 경쟁사 제품이 마이크로소프트 제품으로 만든 문서를 열고 저장하고 편집하는 것을 원하지 않았다. 결과적으로 웹사이트를 디자인하거나 개발할 때 프론트페이지를 쓰게 되면, 인터넷 익스플로러에서는 거의 확실하게 제대로 보이고 작동한다.

그것은 오래 전 일이었고, 지금은 좀 다르다. 사악한 마녀였던 프론트페이지는 죽었다. 2006년 마이크로소프트에서 익스프레션 웹 디자이너(www.microsoft.com/products/expression)를 출시했다. 비공식적인 그룹의 리더인 WaSP의 몰리 홀즈쉬랙Molly Holzschlag과 그 팀이 마이크로소프트와 같이 협업하여 익스프레션 웹 디자이너를 마이크로소프트가 할 수 있는 최대한 표준에 맞게 만들었다. XHTML을 정확하게 지원하고, CSS도 드림위버에 필적할 만큼 지원한다.

물론 비주얼 에디터가 직접 코딩하는 세련된 CSS나 시멘틱한 마크업만큼 좋을 수는 없다. 하지만 비주얼 에디터로 작업하기를 좋아하는 전문가들은 마침내 표준을 제공하는 믿을 만한 상당한 수준의 제품을 세 개나 만나게 될 것이다(WaSP는 마이크로소프트와 비주얼 베이직 스튜디오의 표준화 지원을 향상시키는 작업도 했다. WaSP가 최근에 한 일이 무엇인지 묻는다면, 마이크로소프트가 자사제품에 표준을 적용하는 것을 도와주었다는 점을 들 수 있다).

■ CSS 레이아웃의 출현

1996년 CSS 1 조항은 사이트에 있는 데이터를 사이트의 표현부분에서 분리해 내고, 표현하는 용도로 사용되던 HTML의 활용방식을 없애기 위해 제작되었다. 2000년이 되면서 모든 유명 브라우저들이 CSS 레이아웃을 제대로 보여줄 수 있게 되었다. 하지만 디자이너와 개발자들은 여전히 많은 수의 방문자가 CSS를 지원하지 않는 4.0이나 더 오래된 브라우저를 사용하고 있기 때문에 CSS를 받아들이기를 주저하고 있었다. 웹표준을 주류 디자이너와 개발자들이 마음 놓고 사용하게 만들기 위해서 뭔가가 필요했다. 그래서 웹표준화 프로젝트는 강력한 방법이 필요하다고 판단하였다.

브라우저 업그레이드 캠페인

2001년 2월 웹표준화 프로젝트는 브라우저 업그레이드 캠페인(www.webstandards.org/act/campaign/buc)을 시작했다. 이름이 시사하듯이 이 캠페인은 소비자가 새롭고 표준을 지원하는 브라우저를 사용하도록 장려하는 것이 목적이었고 그렇게 함으로써 디자이너들이 HTML 핵과 독자적인 코드 대신에 표준을 사용하도록 하는 것이었다.

일부에서는 방문자가 표준을 지원하는 브라우저를 사용한다고 가정하고 코딩을 하도록 권장하기도 했다. 문서의 <head> 안으로 분리된 자바스크립트는 브라우저에서 DOM을 인식하는지를 검사할 수 있다. 브라우저가 DOM을 인식하면 그 페이지를 인식하고, 인식할 수 없다면 방문자는 그 브라우저가 인식할 수 있는 적절한 다른 페이지로 넘겨진다.

그 방문자에게 인터넷 익스플로러, 넷스케이프, 오페라 또는 다른 표준을 지원하는 브라우저로 업그레이드할 것을 권장하고 업그레이드가 방문자에게 어떻게 더 좋은지를 알려준다.

"...에서 최적화 되어 있습니다." 같은 오래된 마케팅 캠페인 대신에 WaSP의 브라우저 업그레이드 캠페인은 중립을 지켰다. 어느 브라우저를 다운로드 받든지 표준을 지원하는 브라우저이기만 하면 상관없었다.

이러한 적나라한 강압적인 기술은 정확하게 CSS 레이아웃과 DOM을 사용하면서 비영리적이고 방문자를 다른 곳으로 보내는 위험을 감수할 만한 사이트에서만 사용되었다. 참여하는 디자이너와 개발자들에게 각 사이트의 방문자에 맞게 각자의 '브라우저 업그레이드' 페이지를 만들고, 반드시 유효하고 표준을 지원하는 사이트에만 사용하며, 주의 깊게 이러한 작업에서 나오는 장점과 단점을 살펴보도록 하였다.

브라우저 업그레이드의 악용

항상 그렇듯이, 게으른 개발자들은 존재하고 이들은 표준화가 전혀 되어 있지 않은 사이트에 이 방법을 사용해서 사용자를 강제로 다른 곳으로 보내기도 했다. 이 개발자들은 귀찮음을 해소하기 위하여 각자 자신의 업그레이드 페이지를 만드는 대신에 WaSP에서 제공하는 브라우저 업그레이드 페이지로 보낸 것이다. 짐작할 수 있듯이 그 결과로 소비자들은 표준을 지원하는 브라우저를 사용해보려고 하기보다는 실망을 더 많이 느끼게 되었다.

이 범죄자들 중의 하나는 치어리더의 사진을 모아두는 사이트였다. WaSP의 브라우저 업그레이트 캠페인 페이지에 가장 많이 보내온 사이트 중 하나인 Raiderettes.com[4.11]은 보기에는 멋진 사이트였지만 유효성 검사(validator.w3.org)를 해보니 아래와 같은 결과가 나타났다.

Fatal Error: no document type declaration; will parse without validation.(치명적인 오류: document type이 선언되지 않았음; 검사 없이 해석함).

I could not parse this document, because it uses a public identifier that is not in my catalog.(목록에 있지 않은 공통 식별자를 사용하여 이 문서를 해석할 수 없습니다.)

다른 여러 상업적인 사이트들처럼 Raiderettes.com은 표준을 지원하지 않으면서 단순히 거기서 사용된 DHTML 메뉴를 처리하지 못하는 브라우저를 거절하고 다른 곳으로 보내는데 'WaSP로 보내기' 코드를 사용한 것이다.

4.11
2000년도 쯤의 오클랜드 레이더Oakland Raider 치어리더 팀의 공식 사이트 Raiderettes.com (www.raiderettes.com). 웹표준화 프로젝트의 브라우저 업그레이드 캠페인에 참여한 모든 사이트들이 전부 올바른 마음으로 한 것은 아니었다.

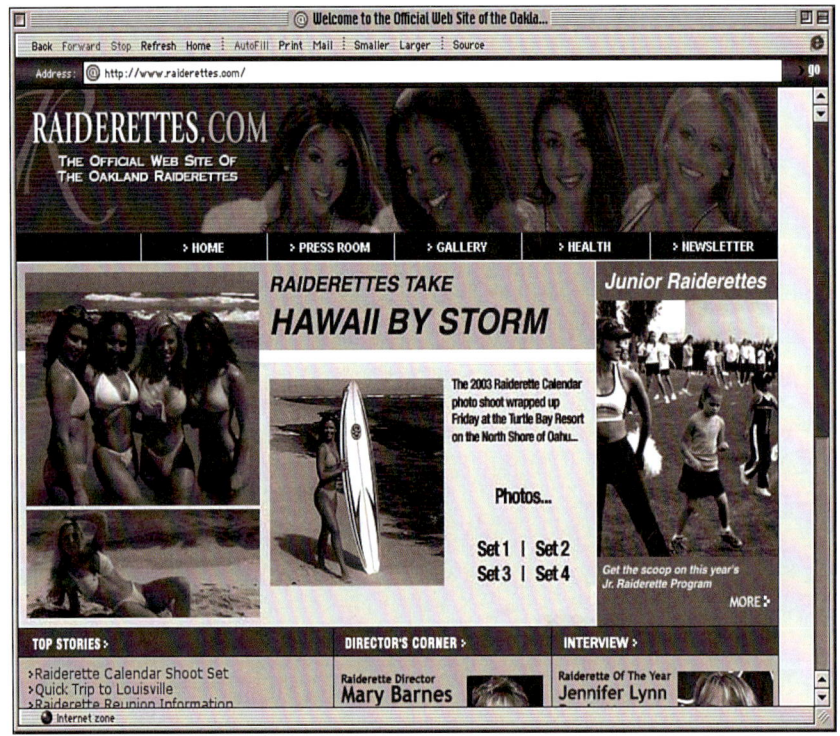

친절하고 상냥한 업그레이드 방법

이러한 실패들은 제쳐두고 캠페인은 수천 명의 디자이너와 개발자들이 표준을 시도해보도록 하는데 성공했다. 또한 업계 언론의 관심을 끌면서 상업적인 면에서 표준에 대한 인식을 높이기도 했다. 그리고 소비자들이 표준을 지원하는 브라우저를 다운로드하도록 하기도 했다.

브라우저 업그레이드 캠페인이 구식 브라우저의 사용자들을 막는 억지스러운 기행으로 악명을 쌓기는 했지만, 이것은 강제성을 최대한 줄이고, 소비자에게 이익이 되도록 하려는 전략적인 방법이었다. 새로 시작한 캠페인을 지원하고, 좀 더 소비자를 위한 측면이라는 점을 보여주기 위해서, 2장에서 설명한 것처럼 A List Apart(www.alistapart.com) 사이트를 전부 CSS 레이아웃과 유효한 HTML(추후에 바로 XHTML로 바뀌었다)로 개편을 했다.

캠페인의 유연성을 보여주기 위해서 ALA^{A List Apart}는 표준을 지원하지 않는 브라우저를 사용하는 방문자를 막지 않았다. 그 대신 표준을 지원하지 않는 브라우저에서는 사이트의 레이아웃을 숨겼다. 인터넷 익스플로러 5 이상, 넷스케이프 6, 오페라 5 이상 그리고 동급의 유사한 브라우저를 사용하는 독자들은 컨텐츠와 레이아웃을 볼 수 있다. 그리고 그 이전의 오래된 브라우저를 사용하는 사람들은 레이아웃 없이 내용만 볼 수 있다. 표준을 지원하지 않는 브라우저 사용자들은 향상된 브라우저 사용자들에게는 보이지 않는 친절한 '브라우저 업그레이드' 메시지를 보게 된다. 표준도 완벽하게 사용되었고, 모든 사람들에게 열려 있는 사이트가 된 것이다.

디자이너의 관심을 고조시키기 위해서 ALA는 변경된 성명서를 발표하고, 앞으로는 타도해야 한다고 주장한 'CSS를 지원하지 않는 브라우저들에서는 레이아웃이 보이지 않아야 한다'는 사실을 중심으로 하는 캠페인을 벌였다[4.12과 4.13].

4.12
"구식 브라우저를 타도하라!" 이 ALA 성명서는 디자이너들에게 CSS로 레이아웃을 만들고, DOM으로 코드를, 그리고 HTML로 레이아웃을 만들지 말고, 마크업은 마크업으로 남게 하라고 요청하고 있다(www.alistapart.com/articles/tohell).

4.13

2001년 2월에 브라우저 업그레이드 캠페인과 동시에 모습을 드러낸 ALA NO.99의 CSS 표지.

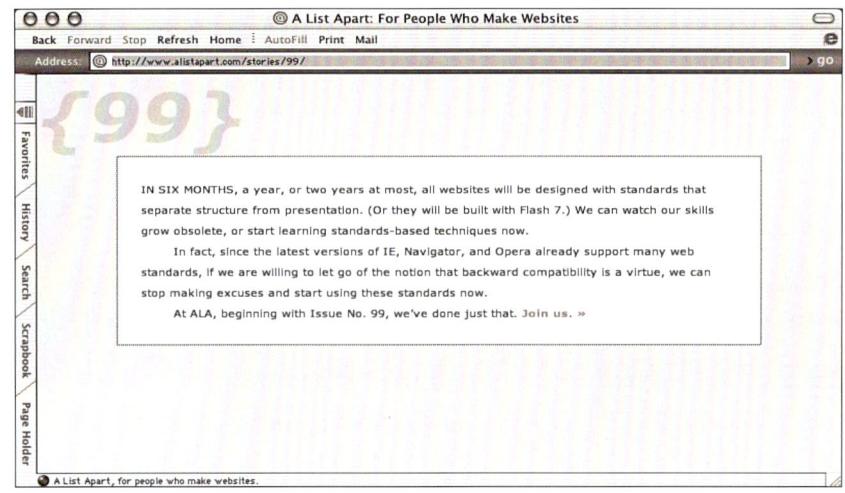

ALA는 구실만 생각해내지 말고 표준을 사이트에 적용시킬 것을 호소했다. 웹 컨퍼런스에서 냅킨에 급하게 썼던 서두[4.13](나중에 CSS에 적용되었다)는 이렇다.

> 6개월, 일년 혹은 적어도 2년 안에는 모든 웹사이트들은 표현에서 구조를 분리하는 표준으로 디자인될 것이다(아니면 플래시 7로 만들어질 것이다). 우리는 기술이 뒤쳐지는 것을 그냥 지켜 보든지 아니면 표준 기반의 기술들을 배우기 시작해야 한다.
>
> 사실 인터넷 익스플로러나 네비게이터 그리고 오페라의 최신 버전들은 이미 웹표준을 지원하고 있고, 하위 지원이 좋다는 생각을 버릴 의지만 있다면 이제 더 이상 구실을 대지 않고 표준의 사용을 시작할 수 있다.
>
> ALA에서 우리가 방금 만든 Issue No. 99과 함께 시작하자.

홍수의 시작

이 성명서는 감동을 주었다. 며칠이 지나 개인 사이트들이 한두 개씩 CSS 레이아웃과 XHTML 구조로 전환하기 시작했다. 토드 도미니Todd Dominey의 블로그 "What Do I Know," [4.14]가 내용과 디자인면에서 상당한 수준이면서 기술의 선택을 전환한 대표적인 사이트이다. 아틀란타에 있는 새로운 미디어 전문가인 토드 도미니는 디자인 스튜디오[4.15]를 운영하고 있고 전 세계적으로 수천 개의 사이트에서 볼 수 있는 동적 슬라이드쇼 갤러리 플래시 컴포넌트인 SlideShowPro(www.slideshowpro.net)의 창시자이면서 배급자이다.

04장 | 파인더빌러티, 발행, 블로그, 팟캐스트, 롱테일, Ajax   127

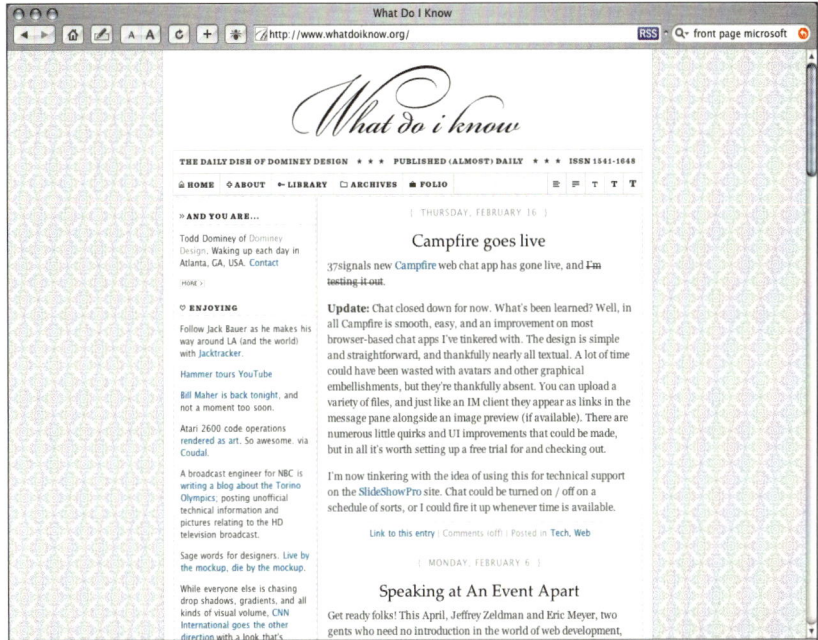

4.14
토드 도미니의 블로그 (www.whatdoiknow.org).

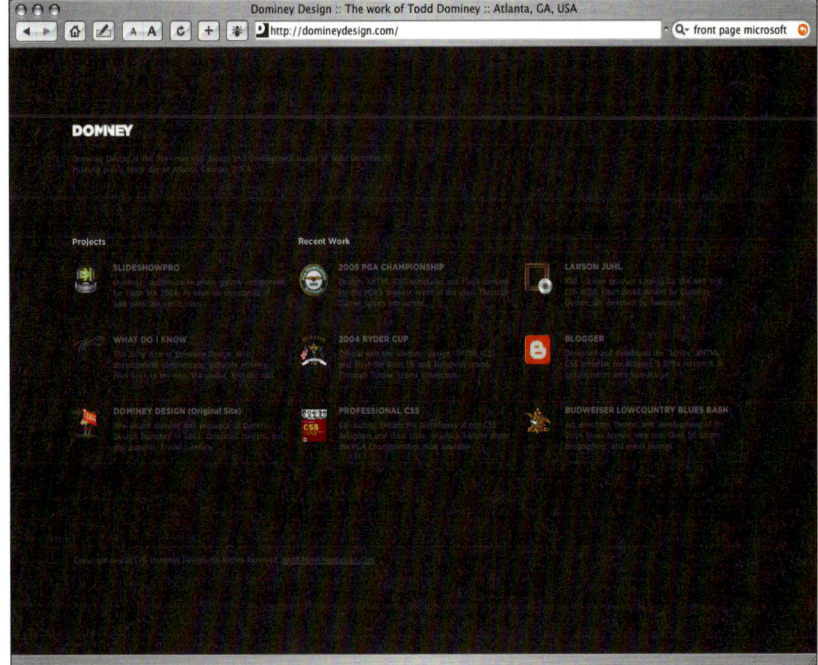

4.15
토드 도미니의 디자인 스튜디오(www.domineydesign.com).

도미니는 자신의 블로그에 순수 웹표준으로 전환한 이유를 설명했다(www.whatdoiknow.org/about.shtml).

> 이 사이트는 완벽한 XHTML/CSS 레이아웃 기술을 사용했다. 투명한 공백 gif 이미지나 테이블 등은 아무것도 사용하지 않았다. 이유는 간단하다. 나는 새로운 미디어 디자이너이고 고급 디자인 기술을 사용할 공간이 필요하지만 보통 고객이 주문하는 작업에서는 할 수가 없기 때문이다. 레이아웃 기술은 최첨단의 기술이고 앞으로 계속 새로운 브라우저에 맞춰서 고쳐나갈 것이다.
>
> 인터넷 익스플로러 5.0 이상(맥용과 윈도우용)이나 모질라, 넷스케이프 6, 오페라를 사용하고 있다면 특별한 문제는 없을 것이다. ICap과 OmniWeb 같은 더 오래된 브라우저나 베타 브라우저들에서는 문제가 생길 수 있다. 혹시 지금 회색 바탕화면에 파란색 글자만 보인다면 브라우저를 업그레이드할 것을 권장한다.

변경한 수많은 사이트와 도움이 되는 사이트

수많은 개인 웹사이트와 웹 로그들은 브라우저 업그레이드 캠페인과 ALA의 디자인 개편이 디자인 커뮤니티에 커다란 충격을 주고 난 이후에 CSS/XHTML로 전환했다.

CSS 레이아웃에 대한 갑작스러운 관심을 돕기 위해서 몇몇 개인 사이트들이 마음대로 사용할 수 있는 공개용 CSS 레이아웃 소스를 배포했다. CSS를 어떻게 쓰는지 모르거나, 페이지에 스타일을 어떻게 사용할지 모르겠다면, 아래 사이트들을 돌아다녀 보고 배우거나 그냥 복사해서 붙여서 사용하면 된다.

- Blue Robot의 레이아웃 저장소[4.16]
- Eric Costello의 CSS 레이아웃 테크닉(glish.com/css)
- Owen Briggs의 '작은 상자들' 비주얼 레이아웃 페이지[4.17]

에릭 마이어는 더 앞서가고 싶어하는 사람들에게 최근의 브라우저에서만 적용되는 모험적인 최첨단의 CSS 레이아웃 테크닉인 'css/edge' [4.18]를 제공한다. 원래 이러한 기술은 대부분의 일반 작업에서는 사용할 수 없지만, 가까운 미래에 생길 수 있는 작업에 대비해서 연습할 공간을 제공한다.

대부분의 CSS 디자이너들은 인터넷 익스플로러 5 이상에서 제대로 보이는 정도에 만족하고 넷스케이프 4에서는 적당히 완성도를 낮추어 만든다(또는 단순히 레이아웃 없이 내용만 보여준다). 마크 뉴하우스Mark Newhouse의 Real World Style [4.19]은 넷스케이프 4나 다른 오래된 브라우저들에서 상당수준으로 작동하는 쓸모 있는 CSS 레이아웃을 제공한다. CSS를 사용하고 싶지만 '구식 브라우저를 타도하라!'는 말을 하기는 힘들다면? Real World Style에서 그 방법을 보여준다.

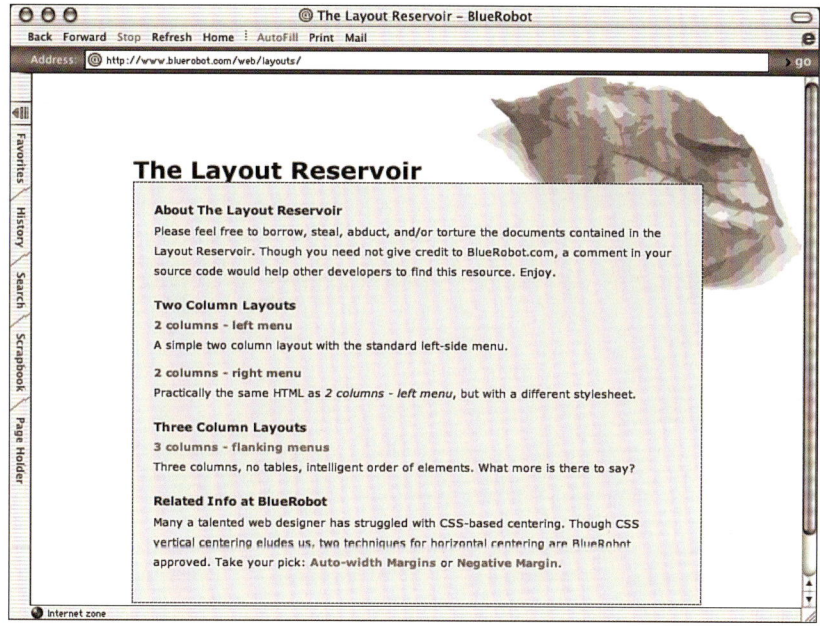

4.16
블루 로봇의 레이아웃 저장소(Blue Robot's Layout Reservoir)는 깔끔하고 유용한 CSS 레이아웃을 자유롭게 가져갈 수 있도록 제공한다(www.bluerobot.com/web/layouts).

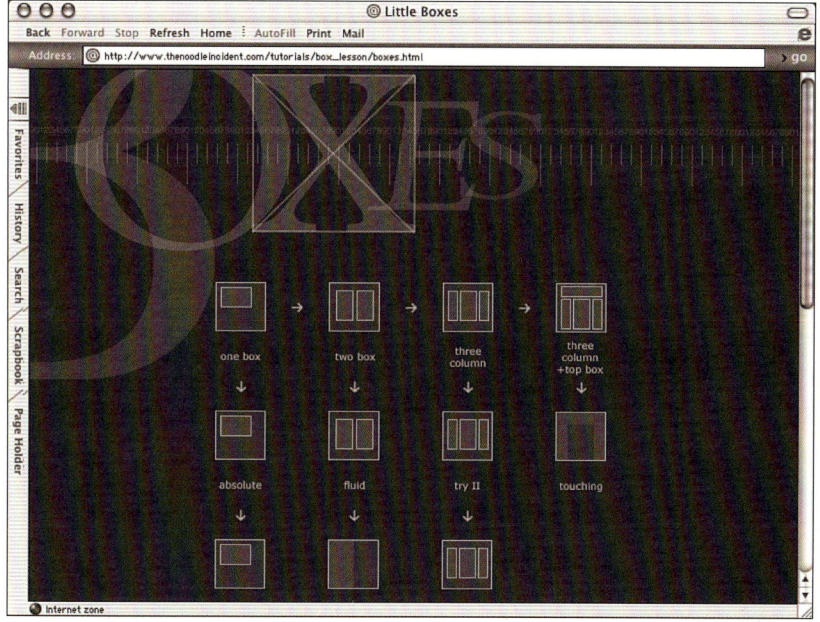

4.17
오웬 브릭스의 작은 상자들(Owen Briggs's Little Boxes) 비주얼 레이아웃 페이지(www.thenoodleincident.com/tutorials/box_lesson/boxes.html). 레이아웃을 살펴보고 클릭하면 거기서 생성된 (개인 웹 프로젝트에 사용하고 적용할 수 있는) CSS를 얻을 수 있다.

4.18

에릭 마이어의 css/edge 는 가장 표준을 잘 지원하는 최신 브라우저에서만 적용되는 모험적인 최첨단의 CSS 레이아웃 테크닉을 제공한다(www.meyerweb.com/eric/css/edge).

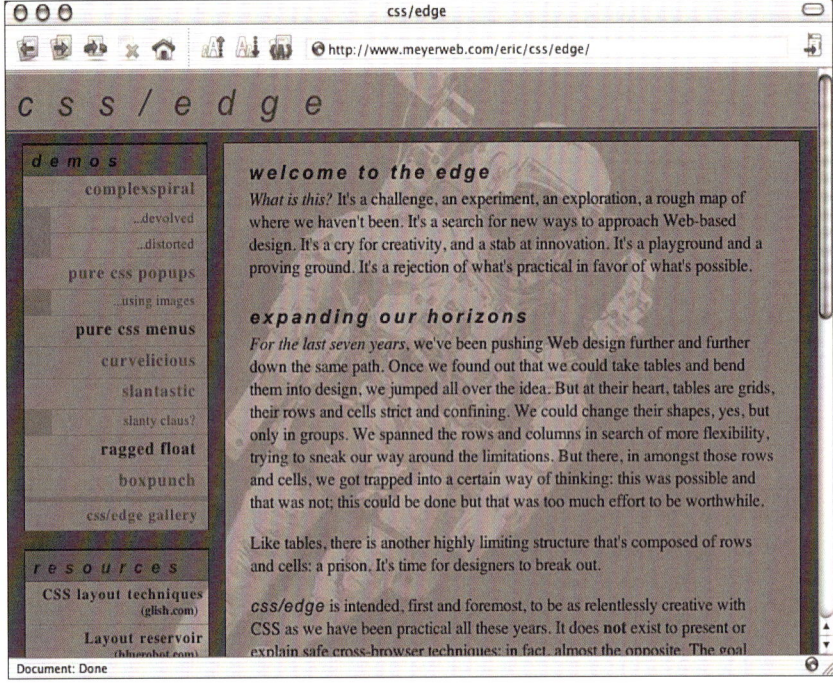

4.19

마크 뉴하우스(Mark Newhouse)의 Real World Style (www.realworldstyle.com)은 css/edge와는 반대로 넷스케이프 4 같은 오래되고 구식인 브라우저들에서도 상당히 잘 작동하는 CSS 레이아웃 소스를 제공한다 (당연히 최신의 표준을 잘 지원하는 브라우저에서도 잘 작동한다).

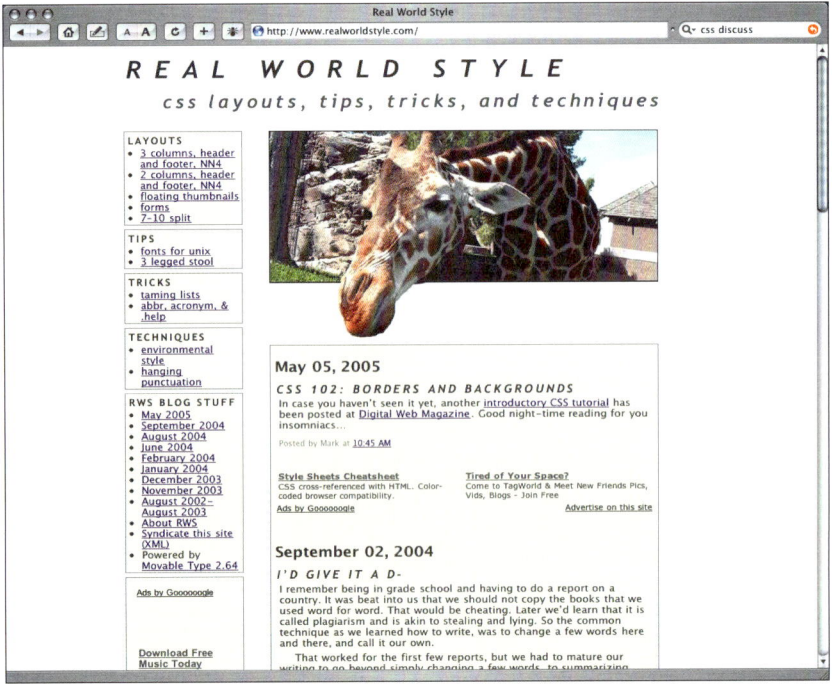

최대의 CSS 지식 창고

에릭 마이어 로 말하자면, 그는 CSS 디자인 커뮤니티의 메일링 리스트인 CSS Discuss(www.css-discuss.org)의 공동 설립자이면서 책임자이다. 이러한 그룹과 리더에게 흔히 기대하듯이 CSS Discuss WIKI(css-discuss.incutio.com)는 최대의 CSS 관련지식 저장소이다. 스크린리더기에서는 읽히고 브라우저에서는 보이지 않게 하고 싶은가(css-discuss.incutio.com/?page=ScreenreaderVisibility)? 아니면 3단 레이아웃을 만들고 싶은가(css-discuss.incutio.com/?page=ThreeColumnLayouts)? 또는 자주 사용하는 브라우저의 버그가 알고 싶은가? CSS Discuss WIKI에서 이러한 문제 외에 더 많은 문제들의 해답을 찾을 수 있을 것이다.

■ 목적 있는 유행 따라가기

CSS/XHTML은 개인사이트와 독립사이트의 영역에 자리를 잡았고 Section 508이나

WAI 접근성 가이드의 준수로 인해 접근성도 높아졌다. 현재 유명 독립 사이트들은 거의 둘 중의 하나를 준수한다.

- CSS 레이아웃과 XHTML 구조를 사용하는 상위 호환, 표준 기반의 사이트(수많은 블로그와 새로운 컨텐츠 사이트 그리고 모든 Web2.0 애플리케이션을 포함)
- 액션스크립트 (ECMAScript 기반의 스크립트 언어)의 힘을 개척해 나가는 플래시 전용 사이트.

여러분의 개인 웹사이트에 웹표준이나 플래시를 활용하지 않으면 디자인 커뮤니티의 많은 동료들이 여러분이 시대에 순응하지 못한다고 생각할 것이다. 이런 특성은 일시적이고 사소한 것이다. 하지만 이러한 인간의 특성이 주류 사이트들이 진보적인 기술을 채택하고 더 높은 단계로 나아가도록 도움을 준다.

독립성에서 리더십이 생겨난다

개인적이고 독립적인 사이트들은 항상 경계를 허물어 왔고 이러한 개혁들은 항상 주류에 영향을 주는 결과를 만들어 왔다. 자바스크립트, 프레임, 그리고 팝업 윈도우도 최첨단 개인 사이트에서 생겨났다. 이러한 사이트들이 별 문제가 없자 상업적인 디자인에서도 자바스크립트, 프레임, 그리고 팝업 윈도우를 사용하기 시작했다. 그리고 전자상거래 사이트(www.coach.com/index_noflash.asp)에서 DHTML로 만들어진 드롭다운 메뉴를 볼 수 있게 되었고 얄

미운 팝업과 창을 닫을 때마다 나타나는 광고들을 www.nytimes.com에서도 볼 수 있게 되었다(그러고 보니 그렇게 좋기만 한 건 아닌지도 모르겠다).

최첨단 사이트에서 주류 사이트로 기술이 이전되는 것은 이번에는 좋은 현상이다. 왜냐하면 이번에는 최첨단이 트릭보다는 상호 데이터 교환이 가능한 표준과 접근성에 초점을 두고 있기 때문이다. 개인 사이트들에서 영감을 얻은 부류와 최근에 생긴 법에 의한 약간은 강제적인 부류들의 변화는 이미 시작되었다.

웹표준의 주류

2001년 미국과 캐나다는 정부관련 사이트들은 웹표준을 따르고 접근성을 준수해야 한다는 가이드라인을 발표했다. 영국과 뉴질랜드 정부, 수많은 미국의 다른 주에서도 바로 따라왔다.

2002년 Texas Parks &Wildlife(www.tpwd.state.tx.us)와 알래스카 의 Juneau[4.20]의 홈페이지를 포함한 주요 정부관련 사이트들이 CSS 레이아웃을 가진 웹표준으로 개편했다. Texas Parks & Wildlife는 이 개편에 대해 이렇게 설명했다(www.tpwd.state.tx.us/standards/tpwbui.htm).

> 주정부의 기관으로서 TPW(Texas Parks & Wildlife)는 Texas Administrative Code §201.12에 의해 웹 페이지를 W3C에서 언급하는 웹표준으로 제작한다. 이러한 진행은 접근성에 관한 문제에서 기인한다. 웹 페이지는 신체적인 장애가 있거나 웹 페이지에 접속하는 기술에 문제가 있는 사용자들도 접근이 가능해야 한다.
>
> 그런데 페이지가 모든 사람에게 똑같이 보이지 않는데 어떻게 접근성이 있을 수 있을까?
>
> 접근성이 있다는 것은 모든 사용자들이 같은 것을 본다는 의미가 아니다. 접근성은 내용과 정보에 관한 것이다. 이것은 모든 사용자들이 모든 내용(문자, 그림과 멀티미디어)을 사용하는 것이 가능해야 한다는 의미이다. 이를 위해서 표준에 따라 TPW는 CSS를 사용하여 표현에서 내용을 분리했다. 표현에서 내용을 분리하는 작업은 TPW를 더 높은 품질과 역동적이고 시기 적절한 페이지로 만들 것이다.
>
> W3C에 의해 시작된 웹표준 코딩은 접근성 있는 페이지를 만드는 것을 가능하게 했다. TPW는 W3C의 CSS/XHTML 표준을 사용하여 호환성 있는 웹 페이지를 만들기 시작했다.

04장 | 파인더빌러티, 발행, 블로그, 팟캐스트, 롱테일, Ajax

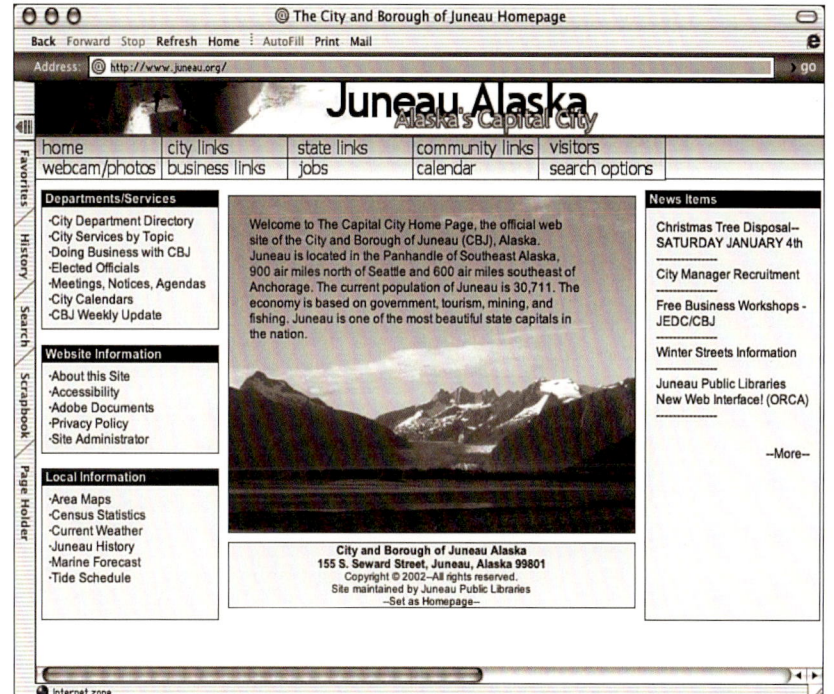

4.20
여행과 채광, 낚시 그리고 CSS의 고향, 아름다운 알래스카의 Juneau로 오세요(www.juneau.org). Juneau.org는 낡은 프레임구조를 버리고 CSS 레이아웃과 구조화된 XHTML 마크업을 사용한 최초의 공공 사이트였다.

알래스카 주도(州都)인 Juneau의 홈페이지를 만든 사람들은 비슷한 이유를 얘기한다(www.juneau.org/about/stylesheets.php).

우리는 CBJ(The City and Borough of Juneau, [4.20]) 사이트를 프레임 구조에서 CSS 표준으로 전환한다. 표준은 사용자의 접근성을 증가시키고, 디자인에 엄청난 자유를 준다. CSS를 사용하여 우리는 '텍스트 전용'이나 '프린터용' 페이지를 추가로 만드는 대신 같은 페이지를 거의 모든 브라우저와 초소형 컴퓨터나, 장애인용 전산기기에 사용하는 것이 가능하게 되었다. 마찬가지로 표준은 우리가 현재 '프레임 기반' 레이아웃에서 맞닥뜨리는 여러 가지 문제를 피할 수 있게 해주었다.

…유일한 단점은 많은 구식 브라우저들이 CSS를 지원하지 않는다는 점이다. 그러나 이 단점 중에서 다행스러운 것은 호환성 없는 브라우저에서 사용하는 CSS를 보는 화면이 프레임을 볼 수 없는 브라우저에서 프레임을 보는 화면보다는 낫다는 것이다. CSS를 지원하지 않는 브라우저는 CSS 웹 페이지를 글자만 보여준다. 멋지게 보이지는 않지만

모든 정보(링크와 이미지를 포함한)를 보여주기는 한다. 사실 CSS를 사용하면 웹 디자이너들은 사이트가 표준 브라우저에서 어떻게 보이는지 고민할 필요 없이 비표준 브라우저에서 내용을 정렬하는 것이 가능하다. 이러한 능력은 CSS의 가장 큰 장점이다. 웹 사이트 디자이너로서, 나는 사용자들이 나의 웹 페이지를 '볼 수 없다'고 하기보다는 '웃기게 생겼다'고 하는 게 더 좋다.

대부분의 새로운 버전의 유명 브라우저들은 CSS를 지원한다. 만약 지금 사용하는 브라우저가 CSS를 지원하지 않는다면, 아래의 링크를 클릭하여 새로운 브라우저를 다운받기 바란다. (느린 프로세서와 작은 용량의 메모리를 가진) 오래된 시스템에는 오페라를 선택하는 것이 좋다. 오페라는 다른 둘보다 훨씬 낮은 사양을 요구한다.

미국이 표준을 더 중요시 여긴다고 생각하는가? 많은 유럽 국가에는 W3C 사무실이 있어서 모든 국영 웹 사이트들은 법에 의해 표준을 준수하는 가이드라인을 가지고 있다. 2005년 11월 스페인의 아스투리아스에서 열린 웹표준과 사용성, 접근성에 관한 스탠딩 컨퍼런스에서 즐겁게 강연을 한 적이 있다. 저자가 미국인이라서 생기는 선입견 때문에 (표준과 사용성, 접근성에 관한 행사가 스탠딩이었다는 것은 제외하고) 특이해 보였던 것은 그 컨퍼런스가 스페인의 W3C 사무실인 Fundación CTIC와 오스트리아 정부가 협력하여 주최했다는 것이다. 유럽의 독자들은 거의 유럽에서는 모두가 이렇다는 것을 알고 있지만 미국의 독자들은 아마도 모를 것이다.

상업적인 사이트들의 진입

2002년 주요 상업적인 사이트들도 CSS/XHTML 기술로 전환하기 시작했고, 개발자들과 한번쯤은 '하위 호환'에 관한 논쟁을 했을 것이다. 같은 해 7월 주요 검색 엔진인 라이코스 유럽이 CSS/XHTML로 전향했고, 12월 미국 라이코스 소유의 핫봇이 뒤를 이었다. 거의 같은 시기에 초고속 AllTheWeb(www.alltheweb.com)도 CSS/XHTML로 전환하고 사용자가 스타일을 정의하는 기능을 관리기능에 추가했다. Yahoo.com은 HTML 마크업은 전혀 시멘틱 하지도 않고 유효하지도 않기는 하지만 생겨났을 때부터 CSS로 만든 디자인을 가지고 있었다.

Wired Digital의 전환

2002년 9월 유명 사이트인 Wired Digital이 순수 표준기반의 사이트로 개편되었다: XHTML로 데이터를, CSS로 디자인을 구성했다[4.21, 4.22]. 팀 리더인 더글라스 보우만^{Douglas Bowman} [4.23]은 개편을 감독하면서 표준의 준수를 최상의 과제로 삼았다.

웹 기술을 잘 이해하고 잘 쓰는 것으로 유명해진 사이트인 Wired는 개발자 커뮤니티의 등대역할을 하고 있었다. Wired가 웹표준으로 전환한 것은 구시대의 유산보다 상위 호환에 더 중점을 두어야 할 때가 왔다는 신호를 정확하게 보여주는 것이었다.

4.21

2002년 Wired Digital (www.wired.com)이 XHTML 구조와 CSS 레이아웃을 사용한 표준으로 전환했다.

4.22

비호환 브라우저에서(여기서는 넷스케이프 4) 본 Wired Digital (www.wired.com)은 WaSP의 업그레이드 캠페인과 ALA의 CSS 개편에서 배운 방법으로 레이아웃을 감추고 모든 컨텐츠를 보여준다.

4.23

Wired Digital의 표준 준수는 주로 자신의 회사 스탑디자인Stopdesign을 설립하기 위해서 Wired를 떠난 디자이너 더글라스 보우먼(Douglas Bowman)의 작업과 전파 덕분이다. 스탑디자인 사이트는(www.stopdesign.com) 획기적인 CSS의 활용 방법을 만들어 냈고 내 회사는 더글라스의 획기적인 아이디어를 사용했다.

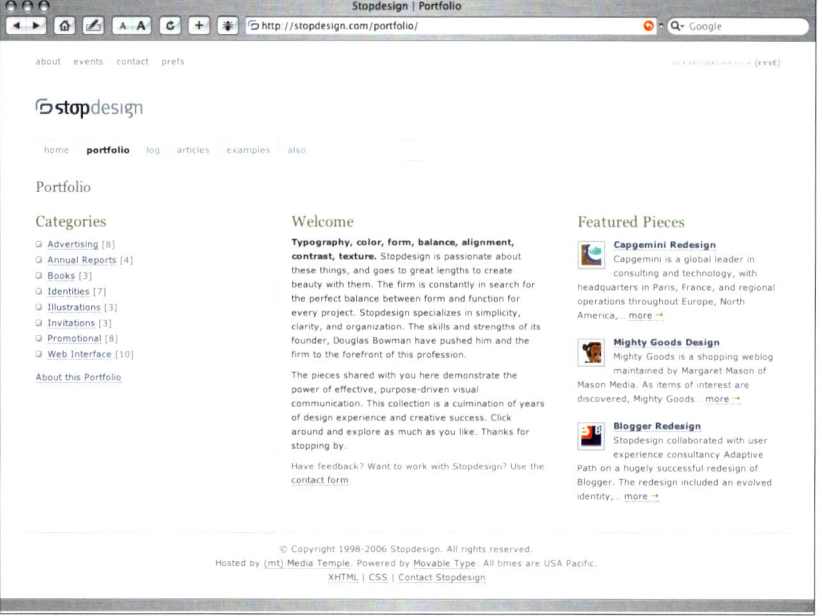

디자이너의 관심 끌기

정부 사이트들은 벌써 표준을 사용하기 시작했고, 주요 기업 사이트들도 그랬다. 하지만 밴쿠버 출신의 젊은 웹 전문가 데이브 시아Dave Shea가 디자이너들의 생각을 열어줄 사이트를 만들었을 당시에는 그래픽 디자이너들에게 웹표준이 그리 많이 알려져 있지 않았다. 데이브 시아(Dave Shea)의 CSS Zen Garden[4.24, 4.25, 4.26]은 HTML문서의 스타일을 바꾸는 CSS의 능력을 소개하는 한 장의 페이지로 되어 있다. 여기서 'Snowdrop Essence'나 'Night swimming' 같은 멋진 이름을 클릭하면 이 사이트의 모양과 느낌이 완전히 바뀌고 내용만 똑같이 남게 된다. 이것이 구조에서 표현을 분리하는 CSS의 힘이다. CSS를 바꾸는 것은 이전에도 한 적이 있었지만(ALA에서 했었다.) 이렇게 멋지게는 아니었다. 수백 명의 디자이너들이 Zen Garden 레이아웃을 만들어 흔적을 남기고 간혹 어떤 사람은 명성을 얻기도 했으며, 이 사이트 덕분에 전 세계의 수많은 사람들이 CSS를 좋아하게 되었다.

4.24

데이브 시아(Dave Shea)의 CSS Zen Garden(www.csszengarden.com)은 CSS가 무엇을 할 수 있는지를 보여준다. 에두알도 세사리오(Eduardo Cesario)(www.criaturacreativa.com)가 만든 "Organica Creativa" 레이아웃(csszengarden.com/?cssfile=/188/188.css&page=0).

4.25

또 다른 CSS Zen Garden: 앤드류 브런들(Andrew Brundle)(www.geocities.com/andrew_brundle2003)의 "Mozart" 레이아웃 (csszengarden.com/?cssfile=/189/189.css&page=0)

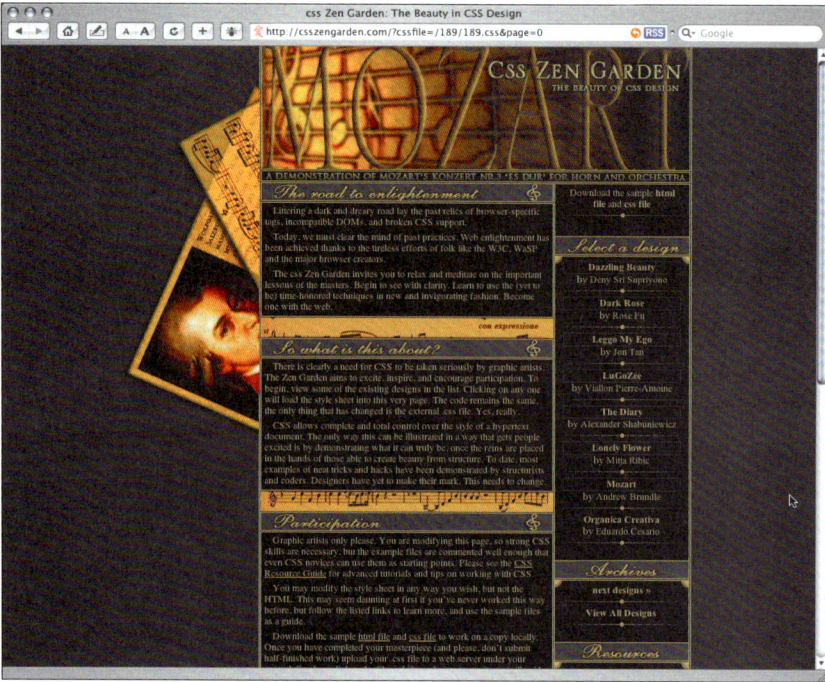

4.26

데니 스리 서프리요노 (Deny Sri Supriyono) (deepblue.indika.net.id)가 만든 CSS Zen Garden의 "Dazzling Beauty" 레이아웃 (csszengarden.com/?cssfile=/195/195.css&page=0)

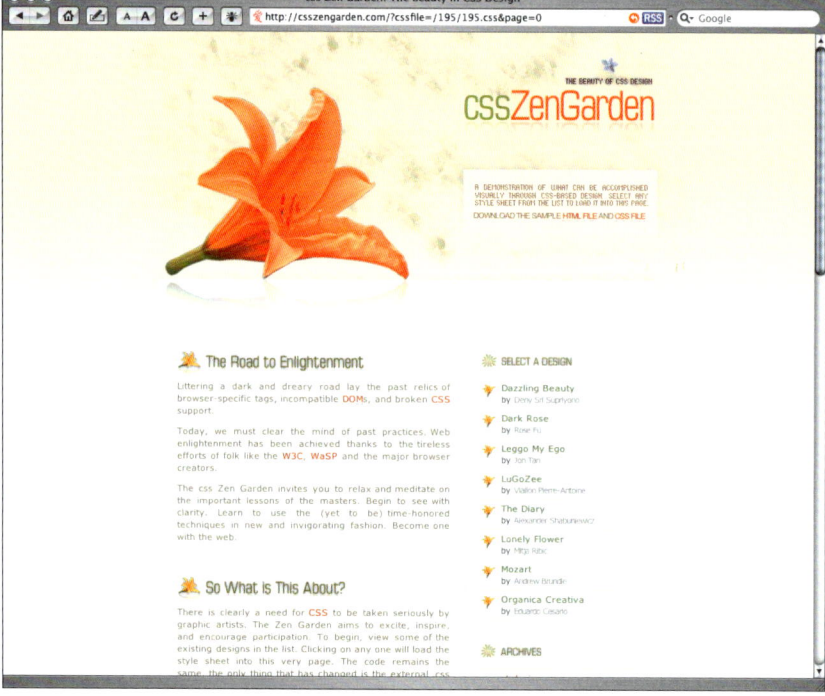

충격은 계속된다

디자인 선구자들의 대중화에 대한 노력 덕택에 우리는 전혀 예상하지 못했던 장소에서 웹표준을 발견하게 된다. 미 해군 모집 사이트[4.27]를 예를 들 수 있다. 에릭 마이어의 Redesign Watch [4.28]는 괄목할 만한 표준 기반의 개편을 계속해왔다. StyleGala [4.29]는 그 중에서도 더 특별하다.

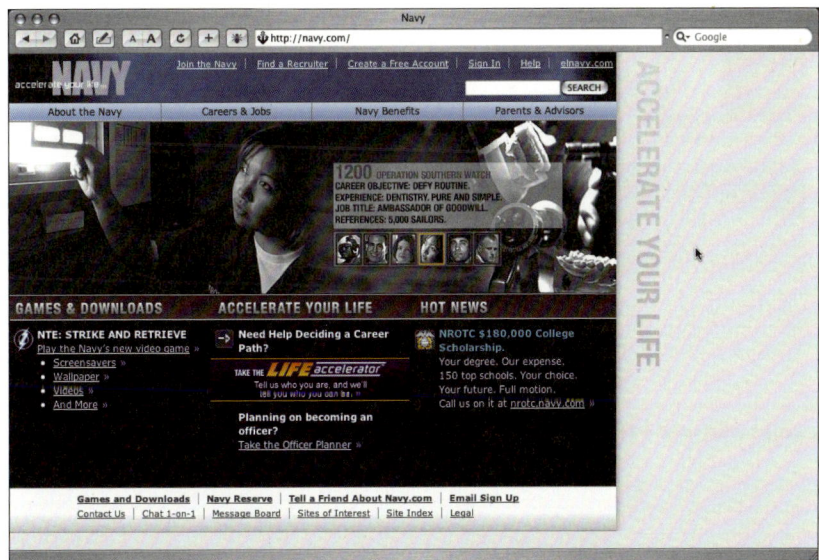

4.27
해군에 입대해서 CSS의 바다를 항해하라. 캠벨 에이발트(Campbell-Ewald) 디자인.

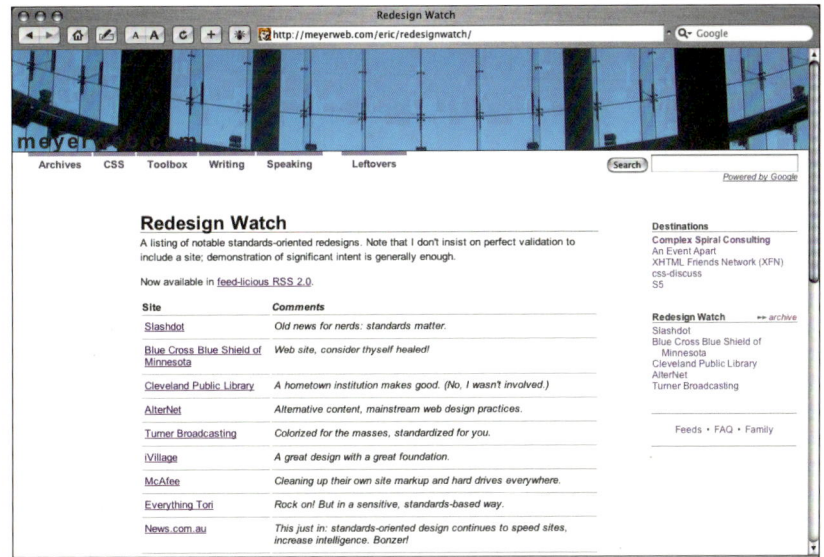

4.28
에릭 마이어의 Redesign Watch(meyerweb.com/eric/redesignwatch)는 괄목할 만한 표준 기반의 개편을 계속해왔다.

4.29

Style Gala (stylegala.com)는 좋은 디자인과 좋은 코드가 만난 사이트들을 보여준다.

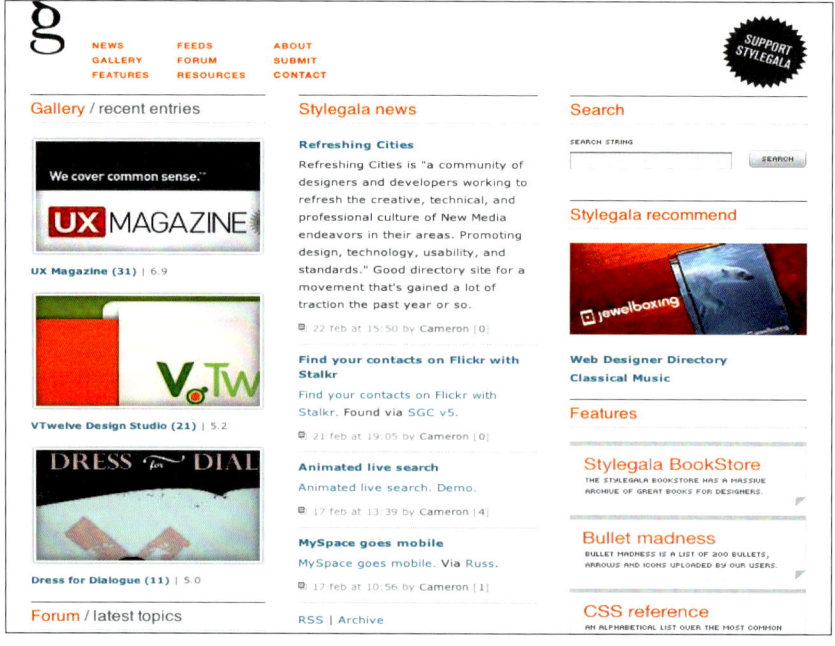

유효성 검사로 다져진 행복으로 가는 길

아름답고 사용성이 좋고, 접근성도 높은 사이트를 만들기 위해서 점점 더 많은 디자이너들이 웹표준을 사용하고 있다. 새로운 제품과 새로운 아이디어를 디지털 시장에 내놓기 위해서 점점 더 많은 개발자들이 웹표준을 사용하고 있다. 기본 템플릿이 유효하고 고객과 디자이너들이 모두 완전히 W3C 리스트를 따르기로 했지만 거대 기업 사이트에서는 아직 완전하게 유효한 XHTML/CSS이 만들어지기는 힘들다.

오래된 컨텐츠 관리 시스템(CMS)과 불완전한 데이터베이스는 많은 유효성 검사에서 에러를 발생시킨다. 또 유효하지 않은 방법과 적절하지 못한 URL 핸들링으로 제공되는 불법 광고에서도 발생한다. 하지만 다른 주요 표준화 기반의 사이트가 완벽하게 유효성 검사를 통과하지 못하는 것을 이해해 주는 것은 컨텐츠 관리 시스템과 광고 서비스에 의해 웹표준이 무시되는 것을 용서하는 것과는 다르다.

웹의 잠재력을 최대한 발전시키기 위해서 편집 프로그램은 절대로 표준을 지원해야 한다. 디자이너나 개발자들이 브라우저 제작사들에게 요구했던 것처럼 사이트의 소유자들과 관리자들은 필수적으로 CMS를 만드는 업주들과 광고 서비스 관리자에게 표준의 준수가 중요하다고 얘기해야 한다. 충분한 수의 고객이 이렇게 해준다면 CMS 제작업체들도 제품을 업그레이드 하고 99.9%의 웹사이트들도 구식의 방법을 버리기 시작할 것이다.

part II

디자인과 제작

최신 마크업	143
XHTML: 웹의 재구성	157
더 빈틈없고 견고한 페이지를 위하여: 엄격한 마크업과 혼합형 마크업에서의 구조와 메타 구조	177
XHTML 예제: 혼합형 레이아웃(1부)	205
CSS 기본	219
CSS 활용: 혼합형 레이아웃(2부)	243
브라우서 다루기 1부: DOCTYPE 전환과 표준 모드	271
브라우저 다루기 2부: Box Model, 버그, 차선책	285
브라우저 다루기 3부: 타이포그래피	311
접근성의 기본	331
DOM 기반의 스크립트로 작업하기	365
CSS로 디자인하기	379

05장

최신 마크업

1부에서는 오래된 웹 디자인 방식에 의해 발생되는 특이하고 비즈니스적인 이슈들에 대해 이야기했고, 또 표준에 의한 디자인이 가져다 주는 이점을 살펴보고, 마지막으로 강력한 힘을 가진 웹표준으로 유쾌한 그림을 그려 보았다. 이 책의 나머지 부분에서는 앞에서 설명한 일반적인 경우를 벗어난 특수한 경우들을 살펴볼 것이며, 그 전에 마크업의 기본적인 것들을 다시 한 번 살펴보는 것이 좋을 것이다.

많은 디자이너들과 개발자들은 마크업을 기초부터 다시 공부해야 한다는 점에서 망설여질 것이다. 전문적인 사이트 개발에 몇 주 정도씩 시간이 걸리는 경험을 해본 우리들은 당연히 구식의 HTML에 대해 다 알고 있다. 그런데 새롭고 강력한 언어라고 해서 시간도 없는 우리들이 배워야 하는 것일까? 오히려, PHP, 루비, ASP, ColdFusion 같은 서버측 기술을 배우는 것이 HTML 테이블이나 P 태그 같은 기본적인 문제를 다시 생각하느라 시간을 허비하는 것보다 중요하지 않을까?

답은 그렇기도 하고 그렇지 않기도 하다. 서버 측 기술은 사용자들의 반응에 동적으로 응답하는 사이트를 만드는데 필수요소이다. 오래된 정보 중심의 사이트들도 컨텐츠를 DB에 모아두고 PHP 같은 기술을 사용해서 불러오는 방법을 사용했다. 이 책에서 설명하는 표준처럼 서버 측 스크립트 언어도 인터페이스 부분에서 데이터를 정리해 추출해 내는 기능을 한다. CSS 같은 표준은 디자이너가 의미론적으로 전혀 의미가 없는 테이블 셀에 컨텐츠를 담아야 하는 괴로움을 덜어준다. 마찬가지로 PHP 같은 언어와 MySQL 같은 데이터베이스는 손으로 하나씩 페이지를 만들어야 하는 지루한 작업에서 벗어나게 해준다.

하지만 이렇게 동적으로 만들어진 웹 페이지들이 접근성도 없고, 수많은 브라우저와 기기에 호환이 되지 않거나 마크업만 열거되어 있다면 별 의미가 없다. 만약 이 동적인 페이지들이 일부 브라우저나 기기에서 읽혀지지 않거나 모뎀 환경에서 로딩하는데 60초씩 걸린다면 서버 측 기술들이 아무리 잘 되어 있어도 전혀 의미가 없다.

간단하게 말해서 둘 중에 하나를 선택하는 것이 아니고 둘 다 선택해야 한다는 말이다. 서버 측 기술과 데이터베이스는 좀 더 스마트하고 강력한 사이트를 만들 수 있게 해주지만 이 사이트가 가지고 있는 컨텐츠가 의미가 있고, 명확하게 구조화되어 있어야 제대로 작동하는 것이다. 그리고 이 부분이 많은 사람들이 (그리고 우리가 사용하는 많은 컨텐츠 관리 시스템이) 이루지 못하고 있는 부분이다.

PHP란 무엇인가?

PHP(www.php.net)는 오픈 소스이며, 다목적으로 설계된 언어이고 웹 개발에 적당하며 XHTML에서 사용이 가능한 스크립트 언어이다. 문법은 C와 Java, Perl에서 차용되어 만들어졌고 상대적으로 배우기 쉽다. PHP는 많은 기능을 가지고 있지만 그 중에 가장 많이 알려진 것은, MySQL(www.mysql.com) 데이터베이스와 함께 사용하여 디자이너나 개발자가 쉽게 동적인 사이트나 웹 애플리케이션을 만들 수 있다는 것이다.

PHP는 아파치 소프트웨어 재단(www.apache.org)의 프로젝트이고 무료로 사용이 가능하다는 점으로 유명하다.

또 다른 유명한 점은 이 언어의 프로파일링과 디버깅 툴이 광범위하게 많다는 것이다. 오픈소스 개발자들과 개인 디자이너들은 이 언어에 매혹되어 있고-루비라는 멋진 언어가 나오기 전까지 그랬었다-페이지를 만들거나 제품에 힘을 더하기 위해서 사용했다[5.1, 5.2]. 이러한 확장성 때문에 (그리고 무료이기 때문에) 거의 오픈 소스를 사용하지 않던 많은 큰 회사들이 PHP를 사용하기 시작했다. PHP는 2002년도부터 Yahoo.com에서도 사용 되고 있다.

PHP는 마이크로소프트 사의 서버에서도 작동이 가능하지만 보통은 아파치 서버에서 사용된다. 아파치는 윈도우와 유닉스에서 모두 사용이 가능하다. 거의 모든 리눅스 배포판에서 그렇듯이 애플의 유닉스 기반 Mac OS X에는 PHP와 아파치 서버가 내장되어 있다.

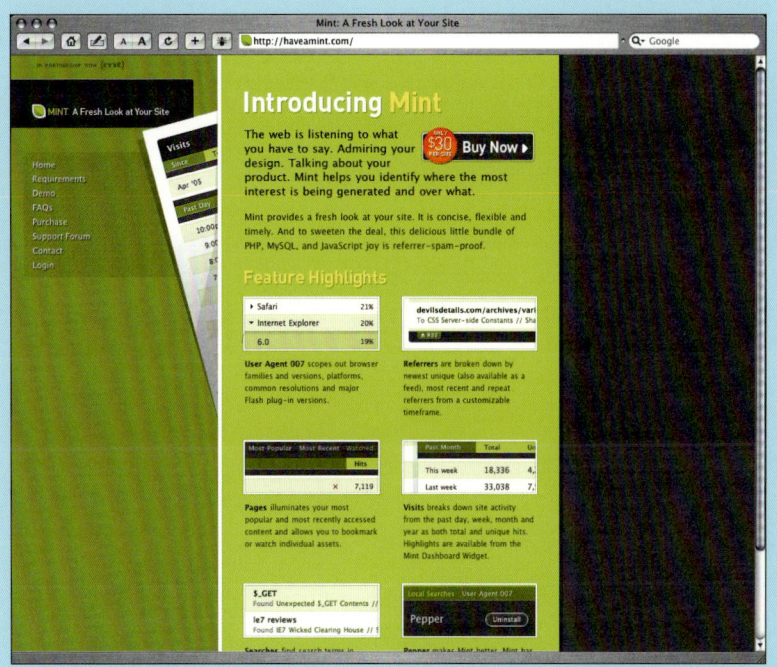

5.1
디자이너이자 개발자인 샤운 인맨(Shaun Inman)은 PHP, MySQL, 자바스크립트 그리고 CSS를 사용하여 누가 사이트를 방문하고 링크를 거는지, 어떤 브라우저를 사용해서 방문을 하는지 등을 알려주는 확장성 있는 리포팅 툴인 Mint(haveamint.com)를 만들었다.

5.2
Mint 설치 화면 (Event Apart 컨퍼런스 사이트에 사용되었다).

PHP란 무엇인가? (계속)

PHP는 프론트 부분이 CSS 레이아웃으로 만들어져야 한다거나 유효한 코드를 사용해야 한다거나, 의미있는 마크업을 사용해야 하는 규정이 있는 것은 아니지만 표준기반의 웹 페이지를 보면 보통은 PHP로 만들어져 있는 곳이 대부분이다.

'루비온레일스(www.rubyonrails.org)'는 빠르고 생산적이며 튼튼한 코딩에 최적화된 오픈소스 웹 프레임워크이다[5.3]. 루비란 무엇일까? 아마 생소할 수도 있다. 루비는 유키히로 마츠모토Yukihiro Matsumoto가 1995년에 만들어 오픈 소스로 무료로 배포되는 객체 지향형 프로그래밍 언어이다. Perl과 Ada의 객체 지향형 특징을 차용해서 문법을 구성하며, Lisp와 Python의 특징을 공유한다.

그러면 레일스는 무엇일까? 레일스는 2004년 7월 데이빗 하이네마이어 한슨David Heinemeier Hansson이 만든 37signals 사의 Basecamp 사이트[5.4]에서 사용된 프레임워크이다(2005년 12월에 1.0버전이 오픈 소스로 공개 되었다). 더 좋은 코드를 더 빠르게 쓸 수 있게 해주는 기본 원리의 매력 때문에 개발자들은 바로 빠져들었다.

거의 대부분의 프로그래밍 작업에서, 변수 하나의 값을 화면에 출력하기 위해서는 십여 줄의 코드를 작성해야 한다. 그리고 이러한 사소한 작업을 위해서 새로운 프로그래밍 작업을 할 때마다 단순한 반복 작업을 해야 한다. 마치 메일을 쓸 때 항상 쓰는 문구를 항상 쳐야 하는 것과 같다. 루비온레일스는 이러한 구조를 완전히 고쳤다. 레일스 내에서 개발자들은 더 이상 작은 문제에 신경 쓰지 않아도 된다. 그냥 자유롭게 환경설정만 하면 된다.

PHP처럼 레일스도 마크업 작업시 표준을 지켜야 하는 것은 아니지만, 보통은 그렇게 같이 가게 된다. 댄 벤자민(Dan Benjamin, hivelogic.com)은 2005년 루비온레일스를 사용해서 A List Apart의 새로운 컨텐츠 관리 시스템을 만들었다.[5.5]

마이크로소프트의 ASP.NET2.0(www.asp.net)과 어도비(매크로미디어였던) 사의 ColdFusion MX7(www.macromedia.com/software/coldfusion)은 동적으로 웹 컨텐츠를 만드는데 사용되고, 멋진 웹 애플리케이션을 만드는데 사용되는 서로 각각 다른 스크립트 플랫폼이다. 둘 다 각각의 장점이 있고, 열성적으로 운영되는 사용자 커뮤니티도 가지고 있다. 또 다른 기술 중에 하나인 JavaServer Pages(JSP)는 대규모 기업 시스템에서 사용되지만 그 부분은 이 책의 범위를 완전히 벗어나 있으니 생략하겠다.

조심해서 다루지 않으면 이 언어들 중의 일부에 내장되어 있는 퍼블리싱 시스템(자동으로 코드를 만들어 주는 시스템-옮긴이 주)은 표준화 템플릿을 망칠 수가 있다. 작업 중 한번은 ASP.NET 2.0에서 코드를 전부 유효하지 않게 바꿔 버려서 HTML Tidy(tidy.sourceforge.net, 6장 참조)에 집어 넣어야만 한 적이 있었다. 흰 옷에 진흙을 잔뜩 묻혀두고 물을 대충 뿌려서 닦아내는 정도에 불과했지만 최악의 시스템에서 깔끔하고 좋은 코드로 바꾸어 유효한 페이지를 만들어 낼 수 있었다.

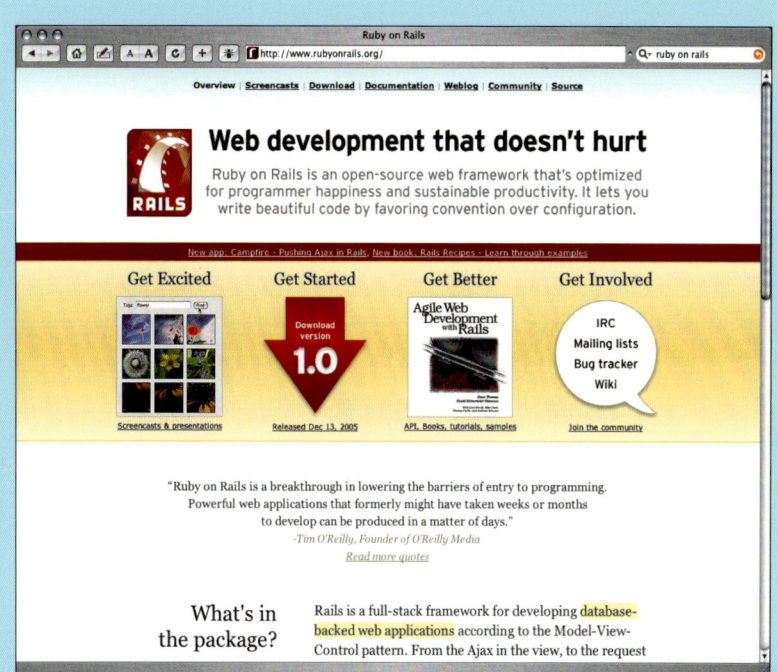

5.3
오픈 소스 개발 프레임워크 루비온레일스(www.rubyonrails.org). 기본 원칙에는 "DRY – Don't Repeat Yourself(반복하지 말자)"와 "Convention Over Configuration(할 때마다 맞추지 말고 규정을 지키자)" 같은 것들이 있다.

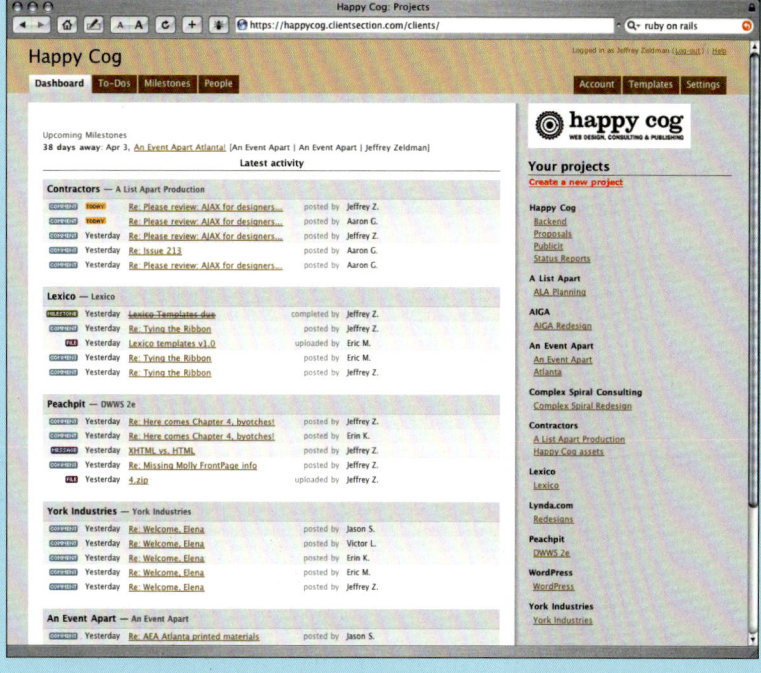

5.4
37signals의 Basecamp (basecamphq.com)는 계속해서 선물을 나눠주는 곳이다. 멋진 프로젝트 관리 애플리케이션이면서 루비온레일스의 기본 개념이 시작된 곳이기도 하다.

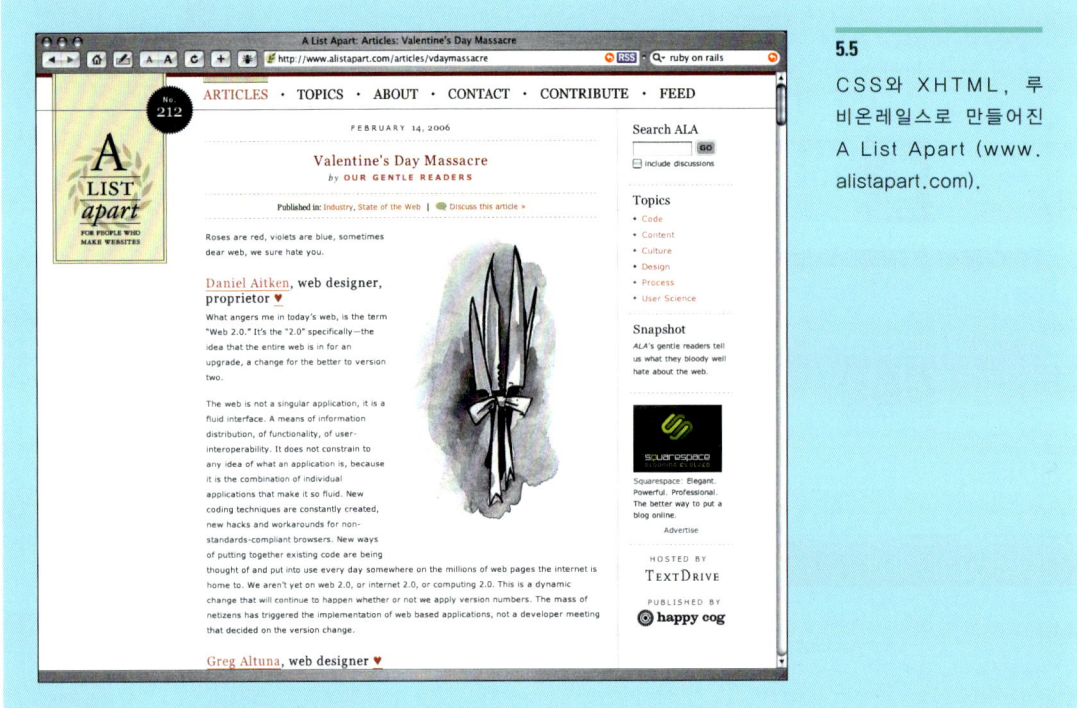

5.5
CSS와 XHTML, 루비온레일스로 만들어진 A List Apart (www.alistapart.com).

▰ 낡은 마크업의 숨겨진 오점

웹 디자인의 영역에서 더 많은 성공을 거두어 가고, 더 많이 시간을 투자할수록 취약한 마크업에서 생기는 숨겨진 비용이 줄어들게 된다. 처음 십여 년간 웹 디자인은 세심한 주의가 필요한 아기들을 방 한가득 돌보는 것과 비슷했다. 잘 작동하는 사이트를 만들기 위해서 각 브라우저에 맞게 특별한 조치가 필요했었다. 요즘의 브라우저들은 하나의 공통된 표준만 사용하면 되지만 많은 전문가들은 아직도 이러한 사실을 파악하지 못하고 계속해서 좋지도 않은 코드를 억지로 구겨 넣고 있다.

나쁜 음식은 먹는 사람에게 동맥경화를 일으키고, 충치를 만들며 몸을 약하게 만든다. 나쁜 마크업도 마찬가지로 사용자의 단기적인 요구를 충족시키지도 못하고 컨텐츠의 장기적인 생명력에도 피해를 입힌다. 하지만 앞에서 말한 것처럼 최근까지 이 사실은 대부분의 유명 브라우저들에 의해서 숨겨져 왔다.

이번 장과 이후의 장에서 우리는 깨끗하고 의미있는 마크업의 기본이 되는 원리를 찾아보고 웹 마크업을 이차적인 디자인 툴로 생각하는 인식에서 벗어나 구조적으로 생각하는 법을 배울 것이다. 이와 동시에 웹 페이지를 만드는 표준 언어인 XHTML의 목표와 장점에 대해 살펴보고, HTML에서 XHTML로 전환하는 방법에 대해서 의논해볼 것이다.

URL 문제

스크립트 언어는 보통 HTML/XHTML에서 사용하면 안 되는 &(ampersand)를 사용한 긴 URL을 만들어낸다. HTML과 XHTML에서 &는 생략부호의 Unicode인 ’처럼 entity를 나타내기 위해 사용된다. 이 문제는 URLEncodedFormat()이라는 ColdFusion 기능 중에 하나를 사용하거나 ASP의 기능인 HTMLEncode를 사용해서 수정이 가능하다. 둘 다 개발자들이 URL을 만들어 낼 때 이러한 기능을 사용해서 문제를 없앨 수 있다.

우연의 일치로, 제대로 된 XHTML 제작은 구조적인 마크업을 만들 수 있게 해주고 표현을 위한 핵을 사용하지 않아도 되게 해준다. XHTML 1.0 Transitional에서 이러한 핵들은 묵인되어 사용할 수 있다. 이러한 '묵인된다'는 의미는 만약에 정말 어쩔 수 없이 사용해야 할 상황이라면 사용해도 되지만, 최대한 CSS를 이용한다던가 하는 다른 방법을 사용해서 동등한 디자인 효과를 나타낼 수 있도록 노력해야 한다는 의미이기도 하다. XHTML 1.0과 1.1 Strict에서는 표현을 위한 핵들의 사용은 금지되며 "Validator"라고 부르는 W3C의 마크업 유효성 검사를[5.6] 통과하지 못한다(그리 익숙하지는 않을지 모르지만 표준에 의한 디자인이나 제작을 하다보면 익숙해질 것이다. 다음 쪽의 '유효성 검사하기!' 참조).

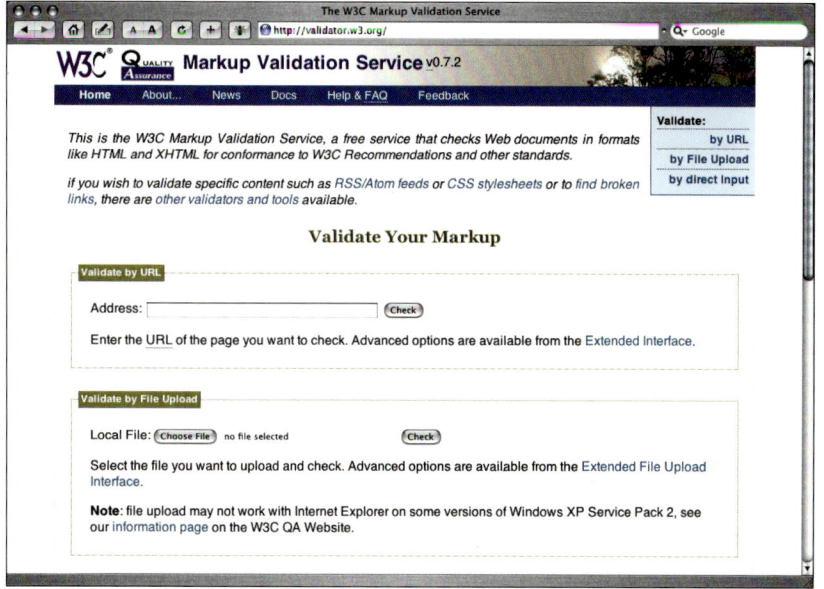

5.6
디자이너와 개발자들은 W3C의 무료 온라인 유효성 검사 서비스(validator.w3.org)를 사용해서 페이지를 표준에 맞게 제작할 수 있다.

> **유효성 검사하기!**
>
> W3C의 유효성 검사 서비스(validator.w3.org)에서 HTML 4.01이나 XHTML 1.0, XHTML 1.1으로 만들어진 웹 페이지가 규정에 맞게 제작이 되었는가를 검사할 수 있다. CSS 유효성 검사 서비스(jigsaw.w3.org/css-validator)로 스타일시트도 검사할 수 있다. htmlhelp.com의 웹 디자인 그룹에서도(www.htmlhelp.com/tools/validator) 거의 비슷한 유효성 검사 서비스를 운영하고 있다. 이 세 개의 서비스는 모두 무료로 제공된다.

XHTML을 Strict로 선택하건 Transitional로 선택을 하건 '여러분이 알고 있는 모든 것들은 틀린 것이다'라는 진리를 발견하는 초라한 경험을 하게 될 것이다. 리스트를 만들기 위해서 마구 써대던
 태그; 계층적인 구조를 전달해야 하는 대신 '그냥 모양을 보이기 위해서' 배치했던 <h1~6> 태그; 여백을 만들기 위해서 사용했던 투명 GIF이미지: 이외에도 많은 것들을 이제 버리게 될 것이다.

표현을 위한 핵을 사용하기보다는 이제 구조적으로 생각하게 될 것이다. 마크업은 마크업 자체로 내버려 둘 것이다. 약간의 테이블과 다른 적절치 않은 태그들을 사용한 과도기적인 레이아웃에서도 CSS로 좀 더 다듬는 방법을 배우게 될 것이고 XHTML에서 이런 복잡하고 장황한 테이블 셀 컬러와 정렬 요소들은 없애고 한두 개의 스타일시트로 대체할 수 있다. 웹 마크업의 새로운 언어를 배우면서 몇 년간 쌓아둔 안 좋은 습관을 잊어가야 한다. 자, 지금부터 시작해 보자.

■ 재구성

W3C에 따르면, 'XHTML(www.w3.org/TR/xhtml1)은 HTML을 XML로 재구성한 것이다.'라고 한다. 좀 더 쉽게 말하자면 XHTML은 HTML처럼 보이고 동작하며, 몇몇의 작지만 뚜렷한 차이점을 가지고 있는 XML 기반의 마크업 언어이다. 6장 'XHTML: 웹의 재구성'에서 다루듯이 약간 세련된 최신 브라우저에서는 약간 다를 수도 있지만 기본적으로 웹 브라우저와 다른 사용자들에게 XHTML은 HTML과 똑같이 작동한다. 디자이너와 개발자들에게 XHTML을 쓴다는 것은, 좀 더 엄격해진 규칙들과 한 두 개의 속성이 추가된 HTML을 쓰는 것과 비슷하다고 할 수 있다.

4장에서 우리는 XML eXtensible Markup Language을 프로그래머가 다른 맞춤형 마크업을 만들 수 있게 해주는 '상위' 마크업 언어라고 설명했다. XHTML eXtensible Hypertext Markup Language이 바로 그 맞춤형 마크업 중에 하나이다. XHTML 1.0은 XHTML 중에서 가장 첫 번째이자 가장 하위 호환이 잘 되는 버전이고 가장 배우기 편하고 여러 브라우저나 여러 사용자들에게 가장 적은 문제를 일으 킨다.

XML 기반의 애플리케이션이나 프로토콜은 그 종류가 상당히 많은 편이어서, 얼마나 상대 적으로 적은 노력과 문제점을 가지고 (또는 문제점 없이) 데이터를 바꾸거나 변환할 수 있느 냐 하는 XHTML의 장점에 따라 부분적으로 그 유명도는 달라진다. 이러한 프로토콜들 중에 는 Rich Site Summary(blogs.law.harvard.edu/tech/rss), Scalable Vector Graphics(www.w3.org/TR/SVG), Synchronized Multimedia Integration Language(www.w3.org/TR/REC-smil), ResourceDescription Framework(www.w3.org/RDF), 그리고 Platform for Privacy Preferences(www.w3.org/TR/P3P)가 있다.

이러한 각각의 프로토콜들이 웹에서 각자 주요한 자리를 차지하고는 있지만, XHTML 만큼 디 자이너와 개발자들에게 중요한 것도 없고 그만큼 배우기 쉬운 것도 없다.

왜 HTML을 XML이나 다른 것으로 '재구성' 해야 할까? 한 가지 이유로 XML은 HTML과는 달리 엄격하다. XML에서는 태그를 열고 시작하면 반드시 닫아줘야 한다. HTML에서는 일부 태그는 전혀 닫지 않고 어떤 태그는 항상 닫아주고 어떤 태그는 개발자의 취향대로 닫기도 하고 닫지 않기도 한다. 이러한 엄격하지 못한 특성은 실제적인 문제를 발생시킨다. 예를 들어 테이 블 셀이 닫혀 있지 않으면 HTML에서는 닫지 않아도 된다고 하지만 일부 브라우저에서는 읽지 못할 수도 있다. XHTML에서는 모든 요소를 닫아줘야 하고 그 덕분에 브라우저 문제를 해소 할 수 있게 해주며, 테스트와 디버깅에 들어가는 몇 시간을 절약하게 해주고 어떤 태그는 닫아 줘야 하고, 어떤 태그는 닫지 않아야 하는지 고민하지 않아도 되게 해준다.

가장 중요한 것은 XML 기반의 언어로 마크업을 만들면 다른 XML 기반의 언어나 애플리케이 션, 프로토콜과의 호환성이 좋다는 것이다.

그런데 XML이 그렇게 중요하다면 어째서 XML을 쓰지 않고 HTML과 비슷한 역할을 하는 XML 기반의 마크업 언어를 만드는 걸까? XML은 강력하고 보급도 많이 되어 있지만 순수 XML 데이터를 웹 브라우저에 사용하기가 어렵고, 멋지게 웹 페이지를 만들기도 어렵다. 그리 고 본질적으로 XHTML은 약간의 XML의 강력함과 많은 부분의 HTML의 심플함을 이어주 는 다리 역할을 하는 기술이다.

주요 요약

간단하게 말해서 XHTML은 신구 버전의 웹 브라우저 모두에서 HTML처럼 작동하는 XML이고 또한 PDA에서부터 휴대폰이나 스크린리더에 이르기까지 거의 대부분의 인터넷 기기를 휴대가능하고 실용적이며 효과적이게 해준다.

XHTML은 HTML만큼 배우기 쉽고 사용하기도 쉽다-고쳐야 하는 나쁜 버릇이 없는 신입들에게는 좀 더 쉽고, 1990년대부터 힘들게 살아온 디자이너나 개발자들에게는 약간 어려울 것이다.

XHTML은 현재 마크업의 표준이며(HTML 4를 대신한다), 엄격하고 논리적인 문서 구조로 웹 컨텐츠를 만들고, CSS나 DOM 같은 다른 웹표준과의 연동이 좋고, 다른 기존에 있었거나 앞으로 나타날 XML 기반의 언어, 애플리케이션, 프로토콜들과 더 잘 작동하도록 만들어져 있다. 짧지만 중요한 약간의 다른 얘기를 좀 하고 나서 XHMTL의 이점을 알아보기로 하자.

어느 XHTML이 더 우리에게 맞을까?

이번 장과 책의 전반에 걸쳐서 우리는 XHMTL 중에서 가장 관대한 편이고, 현존하는 개발 방법 중에서 가장 호환성이 좋으며, 가장 배우기 쉽고 표준으로 전환하기 쉬운 XHTML 1.0 Transitional에 중점을 두게 될 것이다.

많은 표준 매니아들은 XHTML 1.1 Strict를 선호한다. 여기에 문제가 있는 것은 아니지만 구식 브라우저들과의 호환이 약간 떨어지며 MIME 타입과 같이 서비스 되어야 제대로 작동하는데 이 때문에 인터넷 익스플로러 같은 일부 유명 브라우저들에서는 오작동을 하기도 한다. 게다가 오래된 웹 페이지를 XHTML 1.0 Transitional로 전환하는 것에 비해서 XHTML 1.1 Strict로 전환하는데 더 많은 노력이 필요하고 더 많은 생각이 필요하다. 대부분의 독자들에게 XHTML 1.0 Transitional이 향후 몇 년간을 위해서 최고의 선택일 것이다.

XHTML 2 - 누구를 위한 것인가?

이 책의 초판이 나오던 당시 XHTML 2.0의 초안이 개발 커뮤니티의 의견을 얻기 위해 제안되어 있었다. 4년이 넘게 지난 지금 우리가 알고 있는 HTML과 XHTML보다 좀 더 양보적인 태도를 취하며, 보호되고, 어느 정도 변화도 있었지만, XHTML 2.0은 여전히 초안 상태로 남아있다.

XHTML 2.0은 비록 기존의 개발 방식을 버리는 결과이긴 하지만 점차 이상적인 시멘틱 웹으로 접근해 가고 있다. 최초의 기본 취지는 물론 순수주의였다. XHTML 2.0은 일부러 HTML이나 XHTML 1.0 같은 하위 버전과 호환되지 않게 만들었다. img 요소(대신 object를 사용한다)나
 태그(대신 나중에 <l>로 바뀐 <line> 요소가 생겨났다), 이제는 hlink라고 불리는 기술에 자리를 내주는 유서 깊은 <a> 링크를 포함한 익숙한 규칙들을 전부 없앴다.

개발자들이 여기에 너무 많은 불만을 나타내자 그 다음에 나온 초안에는 <a>는 다시 생겨났다. 도대체 어떻게 그런 것이 가능한 건지 이해는 되지 않지만, 수정된 XHTML 2에서는 페이지의 어떤 요소든지 href 속성을 가질 수 있으니 <a>가 추가되었다로 하더라도 별 의미가 없다. img 태그는 수정 후에도 여전히 없어졌다. 인터넷 익스플로러에서 제대로 작동하지 않는다고 알려져 있는 object는 여전히 사용한다.

일부는 초기의 XHTML 2를 좋아하기도 했지만, 대부분의 사람들은 지나치게 상아탑 같은 학술적인 느낌이 나고 사이트가 만들어질 수 있는 공간이 너무 없다는 불만을 보였다. 대부분의 디자이너들은 거의 상관없다는 분위기였다. 4년이 지난 지금도, 일부 최신 기술을 좋아하는 사람들을 제외한 대부분의 사람들은 여전히 무시하고 있다.

예전에 XHTML 2.0을 만들고 있는 몇몇 사람들을 만나본 적이 있었다. 그 사람들이 나보다 훨씬 똑똑하고 어떤 부분에서는 더 지식이 풍부하겠지만, 나는 그 사람들이 이론적인 문제보다는 실제적인 문제를 풀어나가는데 우리 같은 사람들과 그들의 지식을 공유해 대화를 나누는 시간을 가졌으면 좋았을 것이라고 생각했다. 하지만 그것은 4장에서 다루었던 WHAT 그룹에서 해결해 줄 수 있을 것이다.

XHTML 2가 발표되고 브라우저가 지원을 시작하면 XHTML 2는 하위 호환은 되지 않을 것이다. 하지만 걱정할 것은 없다. 브라우저 업체에서는 여전히 XHTML 1을 지원할 것이기 때문이다. 마찬가지로 브라우저들이 HTML 4를 지원하지 않을 가능성도 없다. HTML 4.01로 제대로 만들어진 사이트는 몇 년간은 계속해서 문제 없이 돌아갈 것이다. XHTML 1로 만들어진 사이트도 마찬가지이다. HTML과 XHTML 중에서 어느 것을 선택할 것인가에 대한 판단은 아래에 있는 10가지 포인트로 요약될 수 있다.

XHTML로 바꿔야 하는 이유 Top10

1. XHTML은 HTML 4를 대체하고 있는 현재의 마크업 표준이다

2. XHTML은 HTML이 취약한 부분인, 다른 XML 기반의 마크업 언어나 애플리케이션, 프로토콜과 잘 호환되도록 설계되어 있다.

3. XHTML은 HTML보다 더 규칙적이기 때문에 기능이나 표현상의 문제가 적다.

4. XHTML 1.0은 앞으로 만들어질 XHTML의 새로운 버전들과 이어주는 역할을 한다. XHTML 2의 초안이 '최종 권고안 상태'로 되면 (XHTML 2를 도입하기로 했다는 전제하에서) HTML에서 도입하는 것보다는 XHTML 1.0에서 도입하는 것이 쉬울 것이다.

5. 구식 브라우저들은 XHMTL이나 HTML이나 다루기는 비슷하다. XHTML에 강점이 더 많은 것은 아니지만, 마찬가지로 단점도 많지 않다.

6. 새로운 브라우저들은 XHMTL(특히 XHMTL 1.0)을 더 좋아하고, HTML 4로 만들어진 페이지에서는 사용할 수 없는 특별한 취급 사항들을 허용해준다. 이는 많은 경우에서 HTML보다 XHTML이 모양을 예측하는 것을 더 가능하도록 해준다. 다음 장에서 보게 되겠지만, 파이어폭스와 인터넷 익스플로러는 XHTML DOCTYPE 상에서 CSS 레이아웃을 더 정확하게 보여준다.

7. XHMTL은 무선기기나 스크린리더 그리고 다른 특수한 환경에서 데스크탑 브라우저에서처럼 잘 작동하기 때문에 무선기기용 마크업을 따로 만들 필요도 없고, 적은 노력과 비용으로 더 높은 접근성을 사이트에 적용할 수 있다. 많은 HTML 사이트가 무선기기용 버전이나 텍스트전용 버전, 프린터용 버전을 가지고 있지만, XHTML 사이트에서는 이러한 부담 없이 하나의 문서로 전부 해결이 가능하다(대부분의 경우 하나의 문서가 여러 가지 목적으로 제대로 만들어져 있다면 가능한 일이고 그렇게 만들어 주는 것이 CSS이다).

8. XHTML은 웹 페이지를 여러 가지 플랫폼이나 브라우저, 기기들에 전부 맞추어서 동작과 표현을 만들 수 있게 해주는 웹표준의 구성 요소 중 하나이다(CSS와 W3C DOM도 포함).

9. XHTML로 제작하게 되면 표현을 위한 마크업을 사용하는 버릇을 고칠 수 있고, 그렇게 되면 접근성 문제와 서로 다른 브라우저에서 생기는 불일치에 대한 문제도 해결할 수 있다(구조적인 XHTML을 사용하고, CSS에 거의 모든 표현부분을 분리해 둔다면 넷스케이프와 마이크로 소프트사의 브라우저 간의 차이점에 대한 문제를 크게 염려하지 않아도 된다).

10. XHTML로 페이지를 제작하게 되면 작업물을 W3C의 마크업 유효성검사 서비스로 검사하는 습관을 가지게 되어 테스트나 디버깅에 걸리는 시간을 줄이고, `<img>` 태그에 alt 요소를 빼먹는 것 같은 기본적인 접근성에 관련된 실수를 피할 수 있다.

XHTML로 바꾸지 말아야 하는 이유 Top5

1. 시간제로 일하고 있는 경우.
2. 가능한 모든 브라우저나 기기에 대한 모든 버전에 맞게 여러 개의 페이지를 만들기를 즐기는 경우.
3. 머리 속에서 그냥 무조건 하지 말라고 하는 경우.
4. 웹 사업을 그만 두려고 하는 경우.
5. XHTML을 사용할 줄 모르는 경우.

다행스럽게도, 5번째 이유에 대해서는 다음 장에서 해결이 가능하다.

06장

XHTML : 웹의 재구성

이번 장의 제목을 'XHTML : 간단한 규칙, 손쉬운 가이드라인'이라고 제목을 지을까 했었다. 한 가지 이유는 이번 장에서 다루는 규칙과 가이드라인이 간단하고 쉽기 때문이다. 다른 한 가지 이유는 웹 디자인 책에서 말하는 '간단'이나 '손쉬운'이라는 단어가 슈퍼마켓에 있는 '신상품!'이나 '공짜!' 같이 진부하지만 확실히 시선을 끌어서 흥미나 시도를 얻게 만드는 효과를 가지기 때문이다.

그리고 당연히 나는 이번 장에 흥미를 자극하고 시선을 끌게 만들고 싶다. 왜? 그것은 여기서 이 간단하고 쉬운 개념을 잡는 순간 웹 페이지의 구조에 대해서 새로운 생각을 가지게 될 것이고, 바로 웹 페이지를 만드는 방법을 바꾸게 될 것이기 때문이다. 여기서 말하는 방법이라는 것은 이제까지 사용해 왔던 태그를 버리고 새로운 태그를 사용한다는 의미가 아니다. 그것은 기본적으로 생각하는 (그리고 일하는) 방식이 바뀐다는 의미이다.

'간단한 규칙과 손쉬운 가이드 라인'은 타이틀이 되지 못했다. 다른 하나는 '깨달음의 빛에 있는 진실된 방법에 의한 통일의 달성'이었지만 너무 거창해서 포기했다. 재구성이라는 작업이 XHTML의 (그리고 이번 장에서 하는) 근본적인 역할이다. 그래서 'XHTML : 웹의 재구성'을 선택했다.

이번 장에서 우리는 XHTML의 기본을 배우고 구조적인 마크업과 표현을 위한 마크업의 기본 원리와 의미를 알아볼 것이다. 만약 지금 웹표준을 디자인이나 개발 작업에 사용하고 있다면 어느 정도는 익숙할 것이다. 하지만 감춰져 있던 보물 같은 사실들을 6장에서 많이 발견하게 될 것이다.

XHTML로의 전환: 간단한 규칙과 손쉬운 가이드라인

기존의 HTML에서 XHTML 1.0으로 전환하는 것은 몇 가지의 간단한 규칙과 손쉬운 가이드라인만(이 표현이 너무 많이 나오긴 하지만 아무리 강조해도 지나치지 않다고 생각한다.) 알고 있다면 빠르고 쉽다. HTML을 사용해 봤다면 XHTML도 사용할 수 있다. HTML을 사용해 본 적이 없다고 해도 XHTML을 사용할 수 있다. 자 그러면 (간단하고 손쉬운) 기본으로 들어가 보자. XHTML의 규칙들은 다음과 같다.

적절한 DOCTYPE과 네임스페이스로 시작하라

XHTML 문서는 브라우저에게 어떻게 해석할지를 알려주고 유효성 검사 서비스에 어떻게 검사해야 하는지를 알려주는 요소로 시작한다. 그 중 첫 번째가 DOCTYPE(document type의 줄임) 선언이다. 이 간편하고 단순한 요소가 유효성 검사 서비스에게 XHTML이나 HTML의 어느 버전을 사용하고 있는지를 알려준다. W3C 위원 멤버들만 알고 있는 알 수 없는 이유 때문에 DOCTYPE은 항상 대문자로만 써야 한다.

DOCTYPE은 왜 사용하는가?

XHTML은 디자이너/개발자가 다른 규칙을 가지는 다른 타입의 문서를 만들 수 있게 해준다. 각각의 규칙들은 document type definition[DTD]라고 부르는 긴 XHTML 명세서에 정의되어 있다. 사용한 DOCTYPE의 정의는 유효성 검사 서비스나 브라우저에게 마크업을 만드는데 어떤 DTD를 사용했는가를 알려준다. 그러면 이 정보로 유효성 검사 서비스와 브라우저는 어떻게 이 페이지들을 다루어야 하는지를 알게 되는 것이다.

DOCTYPE 정의는 표준을 지원하는 웹 페이지의 핵심이다. 올바른 DOCTYPE으로 시작하지 않는 XHTML의 마크업과 CSS는 유효성 검사를 실행할 수 없다. 게다가 선택한 DOCTYPE에 따라서 대부분의 브라우저들이 사이트를 보여주는 방식에 영향을 주게 된다. DOCTYPE에 따라 달라지는 결과를 모르던 사람은 상당히 놀라게 될 것이다. 11장에서 인터넷 익스플로러와 모질라 파이어폭스, 카미노 같은 Gecko 기반의 브라우저들에 DOCTYPE이 미치는 효과를 알아볼 것이다.

XHTML 1은 세 가지 DTD를 가지고 있고 세 가지 DOCTYPE에 대한 정의를 할 수가 있다.

- **Transitional** – 유연하고 덜 까다로운 DTD(다음 절의 "어느 DOCTYPE을 쓸까"? 참조)
- **Strict** – 표현을 위한 마크업 요소와 속성을 사용하는 상당히 엄격한 DTD
- **Frameset** – 90년대 스타일; 디자인의 틀을 잡는 DTD.

어느 DOCTYPE을 쓸까?

앞에서 나열된 세 가지 중에서 XHTML 1.0 Transitional이 우리가 잘 알고 좋아하는 HTML에 가장 가깝다. 즉 표현을 위한 마크업 구조와 비권장사항인 요소, 속성을 사용할 수 있는 유일한 DTD이다.

`herf`에 있는 `target` 속성은 권장하지 않는 속성이다. 링크된 페이지를 새로운 창으로 열고 싶거나 그렇게 할 수밖에 없다면 Transitional이 유일하게 사용할 수 있는 XHTML DTD이다.

```
<p>Visit <a href="http://www.whatever.org" target=
"_blank">whatever.org</a> in a new window.</p>

<p>Visit <a href="http://www.whatever.org/" target=
"bob">whatever.org</a> in a named new window.</p>
```

XHTML 1.0 Strict에서 새 창으로 링크를 열기 위해서는 자바스크립트를 사용해야 하고 동시에 자바스크립트를 지원하지 않는 환경에서도 작동하게 해야 한다. 새 창으로 링크를 열 수 있느냐 없느냐 하는 것이 중요한 점이 아니다. 중요한 점은 XHTML 1.0 Transitional에서는 너무도 간단하게 이런 작업을 하게 해준다는 것이다.

XHTML 1.0 Transitional은 또한 CSS로 하지 않고 테이블 셀에 배경색을 직접 넣는다거나 하는 마크업에 직접 사용하는 방법을 허용한다. DOCTYPE에서 XHTML 1.0 Strict를 사용한다고 선언하고 실제 페이지에서는 `bgcolor` 같은 요소를 사용하면 유효성 검사에서 에러로 나타내고 일부 표준 브라우저에서는 아예 무시한다(배경색을 표시하지 않는다). 반대로 XHTML 1.0 Transitional DTD라고 선언하면 `bgcolor`는 에러로 표시되지 않고 브라우저는 이를 무시하지 않고 적용한다.

정리하자면 XHTML 1.0 Transitional은 웹표준으로 전환하고 있는 디자이너에게 최적의 DTD이다. Transitional이라는 문구가 들어간 이유가 바로 그것이다.

XHTML 1.0 Strict가 전환기에 있는 디자이너나 개발자에게 최적의 선택이라는 의견도 있을 것이지만 다이어트에는 해병대 훈련이 최고라는 의견과 마찬가지로 의미 없는 의견일 것이다.

느슨한 구식 HTML 4에서 엄격한 XHTML 1.0 Strict으로 건너 뛰는 것은 마크업이 눈에 보이는 것보다는 구조를 위한 것이라는 것을 이해하는데 강력하게 도움을 줄 것이고 아마도 좋은 선택이 될 수도 있을 것이다. 하지만 이번 장의 (그리고 대부분의 독자들의) 목적을 위해서 여기서는 XHTML 1.0 Transitional을 사용할 것이다. DOCTYPE 선언은 다음과 같다.

```
<!DOCTYPE html PUBLIC "-//W3C//DTD XHTML 1.0 Transitional//EN"
 "http://www.w3.org/TR/xhtml1/DTD/xhtml1-transitional.dtd">
```

frameset DOCTYPE은 `<frameset>` 요소를 가진 문서에 사용된다. 사실 사용된다기보다는 필수적으로 `<frameset>`과 함께 사용되어야 한다.

DOCTYPE 선언은 모든 XHTML 문서에서 어떤 코드나 마크업이 나오기 전에 최상단에 있어야 한다. `<head>` 요소보다 앞이고 `<title>`, meta 요소나 스타일시트, 자바스크립트 링크보다도 앞이어야 한다. 그리고 또한 당연하겠지만 컨텐츠보다 앞서야 한다. 간단히 말하면 DOCTYPE 선언은 최상단에 있어야 한다.

(표준을 잘 아는 독자들은 어째서 DOCTYPE 선언보다 더 앞에 오는 XML prolog는 언급하지 않았는지 궁금해 할 수도 있을 터인데 잠시 후에 설명할 것이다.)

DOCTYPE 다음은 네임스페이스

DOCTYPE 선언 바로 다음에는 `<html>`에 요소에 추가를 해주는 XHTML 네임스페이스 선언이 있어야 한다.

```
<html xmlns="http://www.w3.org/1999/xhtml" xml:lang="en"
 lang="en">
```

XML의 네임스페이스는 특정 DTD와 연계된 요소들의 타입과 속성의 이름들의 모음이고, 네임스페이스를 선언하면 여기서 www.w3.org/1999/xhtml로 지정된 온라인상의 문서에 의해서 네임스페이스를 인식할 수 있게 해준다. 그 뒤에 있는 두 개의 추가 속성은 이 XML이 영어로 만들어졌고 문서 자체도 영어라는 것을 지정한 것이다.

DOCTYPE과 네임스페이스의 선언으로 XHTML Transitional 1.0 페이지는 이렇게 시작하게 된다.

```
<!DOCTYPE html PUBLIC "-//W3C//DTD XHTML 1.0 Transitional//EN"
"http://www.w3.org/TR/xhtml1/DTD/xhtml1-transitional.dtd">
<html xmlns="http://www.w3.org/1999/xhtml" xml:lang="en"
lang="en">
```

> **복사, 붙여넣기 해서 사용하자!**
>
> 혹시 마크업이나 코드를 책에서 보고 글자를 치는 것이 싫다면 zeldman.com이나 alistapart.com에 소스보기를 해서 복사한 후 붙여 넣기 해서 사용하면 된다. 이 사이트들의(copyright가 붙어 있는) 컨텐츠나 디자인을 그냥 복사해서 사용하라는 이야기가 아니고, 그냥 DOCTYPE이나 namespace 선언 같은 것들을 가져가라는 의미이다.

컨텐츠 타입 선언

브라우저가 정확히 해석하고 마크업 유효성검사를 통과하기 위해서는 모든 XHTML 문서에 Unicode, ISO-8859-1(Latin-1과 동일) 같은 정확한 캐릭터 인코딩의 종류를 선언해 주어야 한다.

캐릭터 인코딩을 잘 모르거나 ISO-8859-1이 뭔지 모른다고 해도 걱정할 것은 없다. 이번 장에서 금방 전부 다루게 될 것이다(다음 절 '캐릭터 인코딩: 따분하고 더 따분하고 최고로 따분한' 참조). 지금 알아야 할 것은 이것이다. 다시 말해 브라우저에 어떤 종류의 캐릭터 인코딩을 사용할 것인지를 알려주는 방법은 세 가지가 있지만 지금은 그 중 한 가지만 제대로 사용이 가능한데, W3C가 특별히 권장하고 있는 것은 아니다.

XML Prolog(사용하지 않는 방법)

XHTML 페이지는 보통 XML 선언이라고 알려진 XML prolog로 시작을 한다. XML prolog는 앞에서 설명한 DOCTYPE이나 네임스페이스 선언보다 더 앞에 사용하고, 하는 일은 XML의 버전을 알려주고 페이지에 사용된 캐릭터 인코딩의 타입을 선언하는 일이다.

W3C는 XHTML문서를 포함한 모든 XML문서에 XML prolog로 시작할 것을 권장하고 있다. 예를 들면 ISO-8859-1(Latin-1)인코딩은 아래와 같은 XML prolog를 사용한다.

```
<?xml version="1.0" encoding="ISO-8859-1"?>
```

어려운 것은 없다. 이 태그는 브라우저에게 이 페이지에 XML의 1.0 버전이 사용되었고 캐릭터 인코딩은 ISO-8859-1이 사용되었다는 것을 알려준다. 이 태그에서 단 한 가지 새로운 점은 태그를 열고 닫는데 물음표를 사용한다는 것이다.

아쉽게도 유명 브라우저를 포함한 몇 개의 브라우저는 XML prolog를 지원하지 않는다. 심한 경우는 뭔지 몰라서 허둥대다가 브라우저 자체가 죽는 경우도 있다.

실제로 브라우저들은 별로 지장을 받는 것은 아니지만 방문자들은 사이트 덕분에 곤란을 겪게 된다. 사이트가 사용자에게 보이지 않는 경우도 있고 브라우저에 오류를 만들기도 한다. 어떤 경우에는 사이트가 죽지는 않고 그냥 잘못 보여주는 경우도 있다(0우용 인터넷 익스플로러 6에서 이런 경우가 발생한다).

요즘에는 윈도우용 인터넷 익스플로러가 거의 유일하게 XML prolog를 읽지 못하는 브라우저이다. 하지만 윈도우용 인터넷 익스플로러가 가장 많이 사용되는 브라우저이기도 하다. 그러니 XML prolog를 사용하느냐 하지 않느냐 하는 문제는 엄밀히 말하자면 선택사항이 아니다.

다행인 것은 어느 정도 해결책이 있다는 것이다. 문제되는 prolog 대신에 〈head〉 부분에 캐릭터 인코딩을 Content-Type 요소로 넣어서 선언할 수 있다. ISO-8859-1 인코딩을 선언하려면 아래와 같이 사용하면 된다.

```
<meta http-equiv="Content-Type" content="text/html; charset=
ISO-8859-1" />
```

이렇게 해서 XHTML문서의 처음 부분은 다음과 같이 될 것이다.

```
<!DOCTYPE html PUBLIC "-//W3C//DTD XHTML 1.0 Transitional//EN"
"http://www.w3.org/TR/xhtml1/DTD/xhtml1-transitional.dtd">
<html xmlns="http://www.w3.org/1999/xhtml">
  <head>
<title>Transitional Industries: Working for Change</title>
<meta http-equiv="Content-Type" content="text/html; charset=
ISO-8859-1" />
  </head>
```

ASCII가 아닌 문자를 많이 사용하는 해외용 사이트를 만들고 있다면 Unicode를 Content-Type에 사용할 수 있다.

```
<meta http-equiv="Content-Type" content="text/html;charset=
UTF-8" />
```

앞에서와 마찬가지로 zeldman.com의 소스를 보고 그냥 복사해서 붙여서 사용할 것을 권장한다.

또 지금까지 설명한 부분을 전부 잊어버려도 상관없다. 많은 디자이너들이 보통은 페이지에 무엇을 복사해서 넣어야 하는가만 알고 실제 내용들을 알지 못해도 전혀 문제 없이 살아가고, 일하고 있다.

큰 관심을가질 필요 없는 주제가 하나 있는 것 이외에는 이제 골치 아픈 부분은 끝나간다. 이제 나머지는 우습게 지나갈 수 있을 것이다.

태그는 전부 소문자로 적는다

HTML이나 XML이 대소문자를 구분하지 않는 것과는 달리 XHTML은 대소문자를 구분한다. 모든 XHTML 요소나 속성의 이름들은 전부 소문자로 사용해야 하고 그렇지 않으면 문서는 유효하지 않게 될 것이다(유효성 검사는 전혀 에러가 없어야 한다. W3C와 웹 디자인 그룹에서 제공하는 무료 마크업 유효성 검사 서비스에 대해서 다시 한 번 5장 '최신 마크업'을 참조하자).

전형적인 HTML 요소를 살펴보자.

```
<TITLE>Transitional Industries: Our Privacy Policy </TITLE>
```

TITLE 요소가 보이고 아무도 읽는 사람은 없는 개인정보 보호 정책에 관한 페이지라는 표시가 있다. 이 요소를 XHTML로 바꾸는 방법은 간단하게 대문자 요소를 소문자로 바꾸는 것이다.

```
<title> Transitional Industries: Our Privacy Policy</title>
```

마찬가지로 <P>는 <p>가 되고, <BODY>는 <body>가 되는 방식이다.

물론 원래의 HTML이 소문자를 사용했다면 바꿀 필요는 없다. 하지만 보통 지금까지 HTML 요소나 속성을 적을 때는 대문자를 사용하도록 배웠기 때문에 아마도 XHTML로 전환할 때는 소문자로 바꾸는 일이 필요할 것이다.

베어본스^{BareBones}의 BBEdit나 옵티마 시스템의 PageSpinner, 어도비 사의(이전의 매크로미디어) HomeSite 같은 유명 HTML 에디터들은 자동으로 tag나 속성이름들을 소문자로 전환하는 기능을 제공하고, 무료 프로그램인 HTML Tidy(뒤에 있는 'HTML Tidy' 참조)에서도 이러한 기능을 제공한다.

속성값이나 내용은 대소문자에 상관 없다

앞의 예제에서 요소의 이름(title)만 소문자로 수정했다. "Transitional Industries: Our Privacy Policy"라고 써 있던 컨텐츠 부분은 그대로 남아있다. 물론 title 안에 있던 컨텐츠는 전부 대문자로 써있어도(TRANSITIONAL INDUSTRIES: OUR PRIVACY POLICY) 보기에는 불편하지만 유효한 XHTML이 되는 데는 아무런 문제가 없다.

요소와 속성이름은 소문자로 지정하고, 속성값이나 컨텐츠는 그렇지 않아도 된다. 아래 예제들은 전부 유효한 XHTML이다.

```
<img src="/images/whopper.jpg" alt="Big John catches a whopper." />
<img src="/images/WHOPPER.JPG" alt="Big John catches a whopper." />
<img src="/images/whopper.jpg" alt="Big John catches a Whopper and fries." />
```

서버에 설치된 프로그램의 종류에 따라서 src에 들어가는 파일명은 대소문자를 구분하기도 있지만, XHTML상에서는 문제가 없다. 반면 Class와 ID의 값은 대소문자를 구분한다.

대소문자를 혼합해서 사용한 속성이름은 조심해야 한다. 드림위버 같은 위지위그 에디터나 Fireworks나 ImageReady 같은 이미지 에디터를 이용해서 자바스크립트로 롤오버를 만든다면 onMouseOver를 소문자인 onmouseover로 바꾸어야 한다.

이렇게 사용하면 문제가 되고,

```
onMouseOver="changeImages
```

이렇게 사용해야 한다.

```
onmouseover="changeImages
```

시간단축의 기술, HTML Tidy

분명히 유효한 XHTML을 만드는 가장 쉬운 방법은 처음부터 손으로 쓰는 방법이다. 하지만 웹 디자인의 업무에서 개편이 대부분이고 오래된 페이지들을 바꾸는 작업이 많다. 개편작업을 하게 되면 XHTML로 바꾸는 완벽한 기회이고 이때 일일이 손으로 할 필요는 없다. 무료 프로그램인 HTML Tidy[6.1]로 간단하게 HTML에서 XHTML로 변경할 수 있다.

Tidy는 표준화 지지자인 데이브 라겟[Dave Raggett]이 만들었고, 개인적으로 추가 버전들을 만들고 있기는 하지만 오픈소스로 Source Forge(http://tidy.sourceforge.net)에서 관리하고 있다. 예를 들면 테리 티그[Terry Teague]는 그림 6.1에 있는 맥 OS 버전을 만들었다.

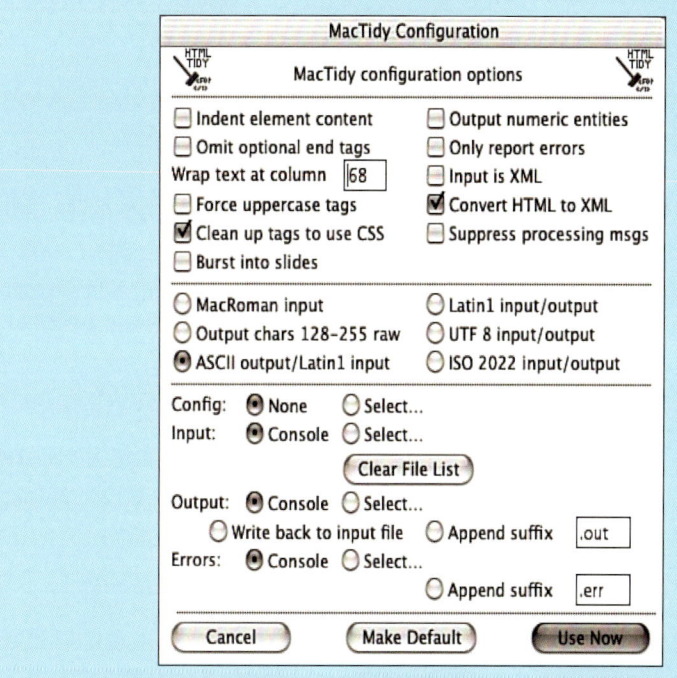

6.1
멋지게 보이지는 않지만, 가격은 부담이 없다. 무료 HTML Tidy(tidy.sourceforge.net)로 페이지를 HTML에서 XML로 변환할 수 있다. 이 문구를 기억하자: HTML을 XML로 변환할 수 있다. 많은 버전의 Tidy가 모든 OS별로 나와있다(여기 보이는 버전은 Mac OS X용 버전이다).

윈도우, 유닉스, 그리고 여러 가지 리눅스 배포판과 맥(OS 9와 OS X)이나 기타 다른 플랫폼에 맞는 다운로드용 버전도 있고, 또 온라인 버전도 있다. 어떤 버전은 플러그인처럼 기존의 웹 소프트웨어에 장착되기도 한다. 예를 들면 BBTidy는 BareBones Software의 BBEdit 에디터의 플러그인이다. 각 버전들은 다른 기능을 제공하고 당연히 상당히 다른 문서를 만들어 낸다. Tidy는 단순해 보이지만 그만큼 강력한 툴이고 매뉴얼을 잘 읽어야 나중에 후회하는 일이 없을 것이다.

모든 속성값에 인용부호를 사용한다

HTML에서는 속성값에 인용부호를 사용하지 않아도 문제가 없었지만 XHTML에서는 반드시 사용해야 한다(height=55라고 쓰면 안 되고 height="55"라고 써야 한다).

추가로 약간의 예를 들자면 속성값에 인용부호가 포함된 경우가 있다고 생각하자. 예를 들어 alt에 들어가는 문구 안에 "The Happy Town Reader's Theater Presents 'A Christmas Carol.'"처럼 인용부호가 들어가 있다면 어떻게 할까? 당연히 이렇게 할 것이다.

```
<img src="/images/carol.jpg" alt="The Happy Town Reader's
Theater presents 'A Christmas Carol.'" />
```

좀 더 나은 방법으로 처리하자면, 이러한 아포스트로피나 인용부호 같은 문자들을 변환해서 표현하면 된다.

```
<img src="/images/carol.jpg" alt="The Happy Town Reader&#8217;s
Theater presents &#8216;A Christmas Carol.&#8217;" />
```

이제 속성을 인용부호로 감싸고 나면 속성들 사이에 띄어쓰기를 해야 한다. 따라서 다음의 예제는 잘못된 경우가 된다.

```
<hr width="75%"size="7" />
```

참고: W3C 유효성 검사기는 HTML과 XHTML을 모두 검사하지만 이 잘못은 감지하지 못한다. 순수 XML을 다루는 검사 프로그램은 이러한 잘못을 잡아낸다.

어쩔 수 없이 인용부호를 사용해야 한다면 다음처럼 "나 "를 사용해야 한다.

```
<img src= "/images/hello.jpg" alt= "Mrs. O'Hara says,
&#34;Hello&#34; to us." />
```

아포스트로피를 써야 하는 경우 다음처럼 '나 '를 사용한다.

```
<img src="/images/hello.jpg" alt='Mrs. O&#39;Hara says,
"Hello" to us.' />
```

HTML에서는 인용부호를 사용하지 않아도 상관없지만 보통은 그냥 사용하기 때문에 XHTML로 바꾸는데 크게 문제가 되지는 않는다. 일부 상업용 사이트에서만 최소한의 페이지 용량조차도 줄이기 위해서 인용부호를 사용하지 않기도 한다.

이 사이트들은 XHTML로 전환할 때 인용부호를 전부 달아주어야 한다. HTML Tidy에서는 자동으로 이런 속성값에 인용부호를 추가해 준다. 사실 HTML Tidy는 이번 장에서 다루는 모든 XHTML 변환에 대한 문제들을 다 해결해 준다.

모든 속성에는 값이 있어야 한다

모든 속성은 값을 가져야 한다. 따라서 다음에 나오는 HTML의 속성에는 값이 주어져야 한다.

```
<td nowrap>
<hr noshade>
<input type="checkbox" name="shirt" value="medium" checked>
```

값은 속성이름과 같아야 한다.

```
<td nowrap="nowrap">
<hr noshade="noshade" />
<input type="checkbox" name="shirt" value="medium" checked="checked" />
```

물론 이상하게 보이겠지만 익숙해져야 한다.

모든 태그는 닫아준다

HTML에서는 `<p>`나 `<li>` 같은 많은 태그들을 닫지 않아도 문제가 없었다. 다음 예제는 HTML에서는 전혀 문제가 없지만 XHTML에서는 문제가 있다.

```
<p>HTML에서는 이렇게 해도 문제가 없지만 XHTML에서는 유효하지 않게 된다.
<p>문단태그의 끝에 닫지 않았다.
<p>HTML에서는 상관없는데 어째서 XHTML에서는 문제가 될까?
```

XHTML에서는 열린 태그는 무조건 닫아주어야 한다.

```
<p>HTML과 XHTML 모두 문제가 없다. </p>
<p>마지막에 태그를 닫아준다.</p>
<p>닫아주면 HTML이나 XHTML에서 아무 문제가 없다.</p>
```

모든 태그는 닫아 주어야 한다는 이 규칙은 HTML의 혼돈스럽고 일정하지 않은 방식보다 더 이해하기 쉽고, 문제의 여지를 없애준다. 예를 들어 `<p>` 태그를 닫아주지 않으면 일부 브라우저에서 페이지에 원래의 의도대로 CSS를 적용하는 데 문제가 생길 수 있다.

"내용 없는" 태그도 닫아준다

XHTML에서는 `<br>`이나 `<img>` 같은 "내용 없는" 태그도 그 끝에 역 슬래시(/)를 사용해서 /> 닫아 주어야 한다.

```
<br />
<img src="zeldman.gif" />
```

행간 태그와 이미지 태그에 닫아준 />를 자세히 보면 그 바로 앞에 빈 공간이 있다. 그 공간은 브라우저가 혹시 XHTML 표준이 아닌 다른 코드로 오해하지 않도록 넣어준 것이다.

이러한 규칙을 지키는데 지나치게 복잡하거나 많은 일을 필요로 하지는 않는다. 2001년 정도부터 BBEdit, PageSpinner 그리고 HomeSite는 XHTML로 작업한다는 선언만 해주면 [6.2] "내용 없는" 태그도 자동으로 닫아주는 기능이 들어가 있다. 드림위버나 GoLive 같은 비주얼 웹 에디터도 마찬가지이다.

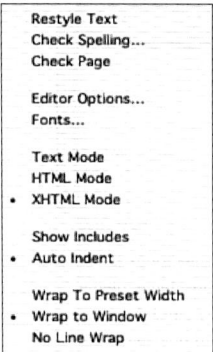

6.2
옵티마 시스템Optima System의 PageSpinner 에디터를 드롭다운 메뉴에서 XHTML 모드로 설정하면 요소명이나 속성값을 소문자로 바꿔주고 내용 없는 태그도 공백을 포함한 />로 닫아준다 (www.optima-system.com/pagespinner/).

원래 유효하고 접근성 있게 하기 위해서는 두 번째 예제의 `<img>` 요소에 alt 속성은 반드시 있어야 하고 title 요소는 선택사항으로 추가해 줄 수 있다.

```
<img src="zeldman.gif" alt="Jeffrey Zeldman, author of
Designing with Web Standards." title="Jeffrey Zeldman,
debonair web designer and billionaire author of Designing
with Web Standards, now in its 400th printing." />
```

이것이 제대로 된 XHTML이다.

주석 안에 더블대시 사용금지

XHTML에서는 주석의 처음과 끝에만 더블대시를 사용한다. 따라서 아래의 예제는 유효하지 않다.

```
<!-- 예전부터 사용하던 아래의 이 구분 라인은 유효하지 않다. -->
<!-- - - - - - - - - - - - - - - - - - - -->
```

-를 =로 바꾸거나 - 사이마다 공백을 번갈아 넣는 방법을 사용한다.

```
<!-- 유효하다 - - 아래와 같이 사용하기도 한다 -->
<!-- =========================== -->
```

모든 〈 와 &는 변환해 준다

태그의 일부가 아닌 모든 `<`부호는 `&lt;`로 변환해 주어야 하고 요소가 아닌 모든 `&`부호는 `&amp;`로 바꿔 주어야 한다. 따라서 아래 문장은,

```
<p>이 사람 & 저 사람 모두 z = 3일 때 x < y라고 말한다.</p>
```

다음과 같이 이렇게 바뀌어야 한다.

    <p>이 사람 & 저 사람 모두 z = 3일 때 x < y라고 말한다.</p>

W3C유효성 검사 서비스에서는 인코딩되지 않은 마크업에 경고 메시지만 보이지만 순수 XML 검사기에서는 치명적인 오류라고 나타낸다.

참고: >도 마찬가지로 >로 변환하는 것이 좋다. 물론 변환하지 않아도 문제는 없지만 그렇게 해주는 것이 대칭을 위해서도 좋고 다른 사람들이 보기에도 편할 것이다.

자, 그러면 XHTML의 규칙들을 다시 한 번 살펴보자.

■ 실행 요약: XHTML 규칙

- 적합한 DOCTYPE과 네임스페이스로 시작한다.
- 컨텐츠 타입을 META Content 요소를 사용하여 선언해 준다.
- 모든 요소와 속성의 이름은 소문자로 써준다.
- 모든 속성값에는 인용부호를 사용한다.
- 모든 속성에 값을 지정한다.
- 모든 태그는 닫아준다.
- 내용 없는 태그도 한 칸의 공백과 /로 닫아준다.
- 주석 안에 더블대시를 사용하지 않는다.
- <와 &를 <와 &로 사용한다.

짧은 리스트에서 보여준 것처럼 XHTML의 규칙들은 간단하고 몇 개 되지 않는다. 마지막으로 좀 지겨운 부분 하나만 추가하면 이제 다음 단계로 넘어갈 수 있다.

캐릭터 인코딩: 따분하고 더 따분하고 최고로 따분한

앞의 절('컨텐츠 타입 선언')에서 XHTML의 두 번째 규칙을 읽으면서, 아마도 "왜 컨텐츠 타입을 선언해야 하는 걸까?"라는 의문을 가지거나 어쩌면 "컨텐츠 타입이 뭐지?"하는 의문을 가졌을 수도 있을 것이다. 이 질문에 대한 대답은 바로 다음에 나온다. 아마도 "이 지겨운 부분을 계속 읽어야 하나?"하는 의문을 던질지도 모른다. 답은 당연히 읽어야 한다는 것이다. 이쯤에서 이런 점에 대해서 쓰고 있다는 의미는 읽어야 한다는 의미가 되기도 한다.

유니코드와 다른 캐릭터 세트

Unicode 협회(www.unicode.org)에 의해 표준에서 정의된 XML, XHTML, HTML 4.0 문서의 기본 캐릭터 세트는 당연하겠지만 유니코드(www.w3.org/International/O-unicode.html)이다. 유니코드는 '어떤 플랫폼이나 프로그램이나 언어에 관계없도록' 모든 문자에 번호를 부여한 포괄적인 캐릭터 세트이다. 유니코드는 실제 알파벳이 아니고 숫자로 되어있는 구조이지만 알파벳이나 마찬가지이다.

유니코드가 웹 문서의 기본이지만 개발자는 필요에 따라 다른 캐릭터 세트로 쉽게 바꿀 수 있다. 예를 들어 미국이나 서유럽의 웹사이트는 보통 ISO-8859-1(Latin-1) 인코딩을 사용한다. 이제 아마도 Latin-1 인코딩이 무슨 의미인지, 어디서 나타난 것인지 궁금할 것이다.

ISO 8859는 무엇일까?

ISO 8859는 알파벳 언어를 사용하기 위한 표준화된 다중언어의 1byte 코드(8bit) 그래픽 문자 세트이다. 이 캐릭터 세트의 첫 번째인 ISO-8859-1(다른 이름으로는 Latin-1)이 서유럽문자를 유니코드로 표시하는 데 사용되었다. ISO 8859 캐릭터 세트는 Latin-2(동유럽), 터키어, 그리스어, 히브리어, 북유럽등 여러 다른 언어를 포함한다.

ISO 8859 표준은 1980년 중반에 Ecma에서 만들고, 국제 표준 기구(ISO)에 의해서 인증을 받았다.

유니코드로 변경

어떤 캐릭터 세트를 사용하든지 상관없이 표준인 유니코드로 변경하기 위해서는 앞에서 설명한 XHTML의 두 번째 규칙에서 캐릭터 인코딩을 선언해 주어야 한다(이것이 이 지루한 부분의 핵심이다). 캐릭터 인코딩은 다음 세 가지 방법 중에 하나를 사용해서 선언할 수 있다.

- 서버 관리자는 인코딩을 웹 서버의 HTTP 헤더를 통해서 설정할 수 있다. W3C는 이 방법을 권장하지만 거의 지켜지지는 않는다-아마도 시스템 관리자가 보통 HTTP 헤더를 손대는 것을 좋아하지 않기 때문일 것이다. 귀찮은 작업을 하고 싶어하는 사람은 없을 테니 말이다.

- XML 문서(XHTML 포함)에서는 디자이너/개발자가 선택사항이지만 XML prolog로 인코딩을 선언할 수 있다. 이 방법 역시 W3C의 권장사항이지만 더 많은 브라우저가 이 방법을 지원하기 전까지는 따르기는 힘들다.

- HTML이나 XHTML 문서에 디자이너/개발자가 "Content-Type" 요소를 사용해서 인코딩을 선언할 수 있다. 서버 관리자가 잊어버리면 그대로 끝인 서버 관리자의 방법이나, 브라우저가 지원하지 않으면 의미가 없는 XML prolog 방법과 반대로 "Content-Type" 방법은 믿을 만하다. 이 장의 초반에 얘기했던 방법이다. 왜 이 방법을 사용해야 하는지를 이제 알게 되었을 것이다.

자, 이제 이 책이나 아니면 적어도 이 장에서 가장 지루한 부분을 끝냈다. 이제 다시 재미있는 부분으로 들어가자! 여기서부터는 웹사이트의 디자인이나 제작하는 방법을 다시 연구해보는 재미있는 부분을 시작할 것이다.

구조적인 변화

XHTML로 하는 개발은 대문자를 소문자로 바꾸고 `<br>` 태그에 슬래시를 넣어서 닫아주는 것만이 아니다. 그냥 '태그 꾸미기'가 전부였다면 문제될 건 하나도 없었을 것이고 이 책을 쓰고 있을 이유도 없을 것이다. 하지만 XHTML의 장점을 제대로 이용하기 위해서는 마크업을 할 때 보이게 될 모양에 대해서 생각하기보다는 구조적인 부분을 생각하는 방법이 필요하다.

스타일보다는 감각적인 마크업을 하자

중요: 최대한의 확장을 위해서 레이아웃은 CSS로 한다. 웹표준의 세계에서 XHTML 마크업은 표현을 위한 것이 아니고, 문서의 핵심 구조를 위한 것이다. 잘 구조화된 문서는 멋지게 보여주는 데스크탑의 화려한 페이지를 보는 것과 거의 비슷한 수준으로 PDA나 스크린리더에서도 볼 수 있다. 또한 잘 구조화된 문서는 CSS를 지원하지 않는 오래된 브라우저에서, 또는 최신 브라우저이긴 하지만 사용자가 CSS를 사용하지 않게 설정하고 사용하는 환경에서도 읽는 것이 가능하다.

모든 사이트가 지금 당장 HTML 테이블 레이아웃을 버릴 수는 없다. CSS를 개발한 W3C도 2002년 12월까지 CSS 레이아웃으로 전환하지 않고 있었다. 또한 완고한 순수 표준 매니아들도 항상 표현에서 구조를 완벽하게 분리해 낼 수는 없다-적어도 XHTML 1으로는 힘들다. 하지만 표현에서 구조를 분리하는 것이(디자인에서 데이터를 분리하는 것이) 이상적인 방향이고 혼합형과 전환형 레이아웃에서도 충분한 장점을 얻을 수 있다. 좀 더 구조적으로 생각하게 도와주는 약간의 팁을 이제 설명할 것이다.

규칙을 지키자

문법을 가르칠 때 대부분은 전형적인 형식에 따라서 에세이를 쓰도록 가르친다. 그리고 나서 전문가가 되면 빡빡한 규칙에서 벗어나 크나큰 자유를 만끽하게 되고 자신만의 독특한 표현을 마음껏 펼치게 된다(브로셔나 상업용 사이트는 그렇게 독특하거나 개성적이지 못할 수도 있다. 하지만 적어도 규칙에 얽매이지는 않는다).

실지로 HTML에서는 원래 컨텐츠를 조직적인 분류(정해진 테두리) 안에 표현하도록 되어 있었다. 하지만 CSS를 지원하는 브라우저가 나오기 전까지는 그렇게 하지 못했고, 멋진 레이아웃을 만들어 내지도 못했었지만 이제는 디자인적인 제약 없이 멋진 기본 문서 구조를 만들 수 있다.

웹에 텍스트로 문서를 만들 때나 기존 텍스트 문서를 웹으로 옮길 때 기존의 규칙을 고려해야 한다.

```
<h1>My Topic</h1>
<p>Introductory text</p>
<h2>Subsidiary Point</h2>
<p>Relevant text</p>
```

아직 만들지 않은 논리적인 구조를 미리 계획할 때, `<font>` 같은 좋지 않은 HTML 요소나 `<br />` 같이 의미 없는 요소를 피해야 한다. 아래와 같이 사용하면 안 된다는 것이다.

```
<font size="7">My Topic</font><br />
Introductory text <br /><br />
<font size="6">Subsidiary Point</font><br />
Relevant text <br />
```

보이는 모양에 따르지 말고 의미에 따라서 요소를 사용하라

어떤 사람들은 약간 큰 글자를 표현하기 위해서 `<h1>` 태그를 사용하거나 문장 앞에 점을 넣고 싶을 때 `<li>`를 사용한다. 3장의 '상속 문제' 절에서 다루었듯이 브라우저는 원래 HTML의 요소를 먼저 읽고 거기에 디자인 속성을 입힌다. 기본적으로 우리는 `<h1>`은 크고, `<li>`는 점이고 `<blockquote>`은 '들여쓰기'라고 생각한다. 보통은 HTML의 구조적인 요소들을 대충 모양에만 맞게 사용해왔다.

이와 비슷하게, 모든 제목들을 같은 크기의 텍스트로 보이게 하고 싶으면 구조적인 생각이나 접근성 문제에 대한 고민 없이 모든 제목들을 `<h1>`으로 지정했다.

```
<h1>이 부분은 큰 제목부분이다.</h1>
```

```
<h1>이 부분은 큰 제목은 아니지만 제목과 같은 크기로 보이게 하고 싶어서 사용했고 CSS는 어떻게 사용하는
지 몰라서 수정을 못했다.</h1>

<h1>이 부분은 크기는커녕 그냥 제목도 아니다. 그냥 이 페이지에 있는 내용이 다들 중요한 내용이라서 크게
보이게 하고 싶었다. CSS를 사용할 줄 안다면 뭔가 다른 방법을 사용할 수 있을 것 같다.</h1>
```

이제 보이는 모양에 맞춰서 아무 태그나 가져다가 쓰던 습관은 버리고, 요소들을 의미에 맞게 사용해야 한다. 실제로 `<h1>`은 CSS로 원하는 모든 모양으로 보이게 할 수 있다. `<h1>`은 작은 폰트에 보통 굵기로 보이게 할 수도 있고 `<p>`를 크고 굵은 글씨로 할 수도 있으며, `<li>`에서 점을 없애고 (거기다가 PNG나 GIF, JPEG로 만든 개, 고양이모양이나 회사에서 만든 로고를 넣을 수도 있다) 사용할 수도 있다.

이제부터 CSS는 요소들을 어떻게 보이게 하느냐 하는 목적으로 사용할 것이다. 심지어는 어느 페이지에 있느냐에 따라서 혹은 어느 사이트에 있느냐에 따라서 각기 다르게 보이게 할 수도 있다. `<li>`를 원래 만들어진 목적(요소가 여러 개의 리스트로 나열된다는 목적)이 아닌 이유로 쓰여질 필요는 전혀 없다.

CSS는 어느 요소든지 원하는 모양으로 만들 수 있게 함으로써 표현에서 완벽하게 구조를 분리해 낼 수 있다. CSS를 지원하는 브라우저에서는 원하기만 하면 6개의 제목태그(h1-h6) 모두 똑같이 보이게 할 수도 있다.

```
h1, h2, h3, h4, h5, h6 {
  font-family: georgia, palatino, "New Century Schoolbook",
  times, serif;
  font-weight: normal;
  font-size: 2em;
  margin-top: 1em;
  margin-bottom: 0;
}
```

이렇게 사용할 이유가 있을까? 아마도 텍스트 브라우저나 무선기기 그리고 뉴스레터로 보내는 메일에 들어가는 HTML에서 문서의 구조는 유지하면서 일반 브라우저에서 제대로 된 룩앤필(Look & Feel)도 지원하기 위해서 사용할 수도 있다.

XHTML에 관해서 다루는 이번 장에서는 최첨단의 CSS 기술만 보여주려고 하는 것이 아니다. 그저 단순히 문서구조와 그래픽적인 표현은 완전히 다르게 분리가 되어 있다는 것과 구조적인 요소는 모양이 아닌 구조에 더 의미를 가지고 있어야 한다는 것을 보여주려는 것이다.

의미 없는 요소보다 구조적인 요소를 사용하라

HTML과 XHTML 요소가 구조적인 의미를 전달하는 것이라는 점을 잊었거나 애초에 몰랐기 때문에 많은 사람들이 구조와는 전혀 상관없는 마크업을 사용하는데 익숙해져 있다. 예를 들면 많은 HTML 사용자들이 문장을 다음과 같이 만든다.

```
아이템 <br />
다른 아이템 <br />
세 번째 아이템 <br />
```

이것을 순서가 있는 리스트나 없는 리스트를 사용해 보면,

```
<ul>
<li>아이템</li>
<li>다른 아이템</li>
<li>세 번째 아이템</li>
</ul>
```

"하지만 <li>를 사용하면 점이 생기는데요?"라고 말할지도 모른다. 바로 앞에서 다루었던 절을 참고 하자. CSS는 요소들의 본래 모양에 대한 아무런 가정이 없다. 그냥 어떻게 보이게 할 것인지를 정해주면 되는 것이다. 점을 빼는 정도는 CSS에서는 정말 작은 일일 뿐이다. CSS는 리스트를 옆으로 나열해서 그냥 문장처럼 보이게도 할 수 있고, 롤오버 액션까지 추가해서 네비게이션바처럼 보이게 할 수도 있다.

리스트요소를 리스트를 만드는데 사용하고 마찬가지로 <b> 태그 대신에 <strong>을 쓰며 <i>보다는 <em>을 사용하자. 기본적으로 대부분의 데스크탑용 브라우저들은 <strong>을 <b>처럼, <em>을 <i>처럼 표시해서 문서의 구조를 해치는 일 없이 같은 모양으로 보이게 할 수 있다.

CSS는 어떤 요소든 모양을 미리 정해두고 있지는 않지만 브라우저는 거의 모두 정해놓은 모양이 있고 어떤 브라우저도 아직까지는 <strong>을 굵은 글씨 이외에 다른 모양으로(디자이너가 CSS를 사용하여 일부러 바꾸지 않는 한) 표시하지 않는다. 혹시나 어떤 특이한 브라우저가 <strong>을 굵은 글씨로 표시하지 않을지도 모른다는 걱정이 있다면 CSS에 이렇게 지정해 두면 된다.

```
strong {
  font-weight: bold;
  font-style: normal;
}
```

<strong> 같은 구조적인 마크업을 사용하면 텍스트 브라우저나 다른 여타 기기를 사용하는 사람들이 필요 없는 마크업에 대역폭을 낭비하는 문제를 예방할 수 있다. 게다가 <b>나 <i> 같은 표현용 요소들은 XHTML을 사용하면서 점점 사라지게 될 것이다. 구조적인 요소를 사용해서 이런 위험 요소를 미리 방지하자.

물론 모든 규칙에는 예외라는 것이 있다. <strong> 대신 <b>를 쓰거나 <em> 대신 <i>를 써야 하는 몇 가지 예시가 있다.

- CSS를 지원하는 브라우저에서 사용할 네비게이션바에 사용할 리스트를 만들고 있다. 네비게이션바에서 Home '버튼'이 현재위치임을 알려주기 위해서 강조하는 의미가 아닌 표시를 하고 싶은데 CSS를 지원하지 않는 환경에서도 '현재위치'를 표시해 주고 싶다. Home 링크를 <b> 태그로 감싸면 잘못된 의미로 전달되는 것을 막을 수 있다.

- 폴 포드Paul Ford의 유명한 예제(www.ftrain.com/ProcessingProcessing.html)에서 "1901년도 내용을 편집할 때 특별한 의미 없이 이탤릭을 사용한다. 문자에는 미묘하게 변화하면서 역사에 깊숙하게 연관되어 있는 의미가 담겨져 있다."

<b>와 <strong>에 관해서 좀 더 깊이 생각하고 싶다면 매튜 폴 토마스Matthew Paul Thomas (http://mpt.net.nz/archive/2004/05/02/b-and-i), 조 클락Joe Clark(http://blog.fawny.org/2004/05/16/ubu), 그리고 제임스 크레이그James Craig(http://cookiecrook.com/2004/05/#cc108424449201351713)를 참조하라.

■ 비주얼 요소와 구조

'웹표준'은 우리가 사용하는 기술에만 국한된 것이 아니고 우리가 사용하는 방법과도 관계가 있다. XHTML로 마크업을 하고, CSS로 레이아웃을 다룬다고 해서 무조건 사이트의 접근성을 높이거나 이식을 쉽게 만들거나 또는 무게를 줄여서 부하를 줄이는 것은 아니다. XHTML과 CSS는 예전에 사용되던 웹의 기술들과 마찬가지로 잘못 사용하거나 남용될 수 있다. 장황한 XHTML 마크업은 장황한 HTML과 마찬가지로 사용자의 시간을 낭비할 수도 있다. 지나치게 많이 사용되어 느릿느릿한 CSS는 표현을 위한 HTML을 대신하지 못한다. 그냥 전혀 좋은 점 없는 다른 것으로 자리를 다시 채우는 것이다.

'구조적인 변화' 절에서 나왔던 가이드라인은 지나치게 복잡하고 의미가 전혀 없이 그저 모양만 가지는 구조가 되는 것을 막아준다. 하지만 모든 사이트에 공통으로 나오는, 로고가 붙어 있는 네비게이션바 같은 상표와 관련된 부분은 어떻게 해야 할까? 이러한 요소들도 구조적으로 만들 수 있을까? 혹은 그렇게 해야 할까?

첫 번째 의문에 대한 대답은, '만들 수 있다'이다—네비게이션바 같은 비주얼 요소들도 당연히 구조적으로 만들 수 있다. 예를 들어 앞에서 언급했듯이 CSS는 리스트를 완벽하게 네비게이션 바로 보이게 만들 수 있고 버튼과 롤오버 효과까지 추가할 수 있다.

두 번째 질문에 대한 대답은 네비게이션바 같은 비주얼한 요소들은 복합적 요소들이 사용되는 전환형Transitional 레이아웃에서는 구조적으로 '만들 필요는 없다'이다. 레이아웃에서 기본 컨텐츠에 지나치게 장황하지 않고 좋은 구조를 사용하고 있으며, 또 XHTML과 CSS가 유효하고, 높은 접근성으로 만들어져 있다면 전환형 표준을 준수하는 것이고 전혀 문제될 것이 없다(다른 문제가 있을 수는 있지만 웹사이트를 만드는 방법에 문제가 있는 것은 아니다).

다음 장에서는 XHTML과 CSS로 작업하면서, 올바른 방법과 잘못된 방법에 대해 알아보고, 어떻게 하면 복합적 요소들이 사용된 전환형 레이아웃의 비구조적인 요소들을 가지고 멋지고, 깔끔하고, 간결한 마크업을 만들 수 있을지 알아보자.

07장

더 빈틈없고 견고한 페이지를 위하여: 엄격한 마크업과 혼합형 마크업에서의 구조와 메타구조

이번 장은 반드시 숙지해야 할 부분이다. 이번 장을 읽고 나면, 여러분의 실력도 향상될 것이고, 웹페이지에서 쓸데없이 사용된 코드들도 제거될 것이며, 마크업과 디자인의 차이점을 확실히 이해할 수 있게 될 것이다.

이번 장에서 설명되는 아이디어는 아주 쉬운 내용이지만, 사이트의 효율성을 높이고, 여러분이 디자인을 하고 관리하는데 상당히 많은 도움이 될 것이다. 이 장에서는 페이지의 용량을 절반 이상으로 줄이고, 서버의 부하도 줄이면서, 사이트의 로딩 시간을 단축시켜줄 수 있는 논리적이고 간결한 마크업을 사용하는 방법에 대해서 배우게 될 것이다. 이러한 성과는 표현을 위한 요소를 XHTML에서 제거하고, 전혀 이득이 안되는 잘못된 습관들을 피하는 법을 배움으로써 얻어지게 될 것이다.

이러한 좋지 않은 습관들은 웹사이트를 상당히 괴롭히고 있다. 특히 테이블 기반의 레이아웃에 약간의 CSS를 혼합한 경우가 그렇다. 이런 경우는 거의 대부분 상당한 수준에 있는 디자이너들이라 하더라도 지나치게 사용하거나 서투르게 사용하는 경우가 대부분이다. 직접 코딩을 했거나 드림위버, GoLive 같은 비주얼 에디터를 사용했거나 거의 비슷한 수준으로 문제가 생긴다.

이번 장에서는 이러한 일반적인 실수들을 제시해서 스스로 알아내고 예방하여, 어떻게 지금보다 더 잘 만들어 갈 것인지를 알아볼 것이다. 또한 우리는 ID요소들과 표준화 기반의 디자인에 더욱 친숙해지게 될 것이고, 혼합형이든 순수 CSS를 사용하든 상관없이 XHTML을 매우 간결하게 사용하는 방법을 보여줄 것이다.

■ 모든 요소를 구조적으로 사용해야 할까?

6장에서 결론을 내린 것처럼 전환형Transitional 사이트에서의 네비게이션 요소들은 구조적이 아니어도 큰 문제가 없다고 얘기를 했다. 다시 말해서, 순수 CSS 레이아웃에서 적어도 `<h><p><li>` 태그 같은 일부 요소들 안에서는 구조적일 필요가 없다.

하지만 이 요소들은 메타구조가 되기도 한다. 이것은 일반적인 요소들과 웹사이트의 디자인에서 한 역할을 담당하는 특정 구조적 속성들을 이용해서 마크업을 한다. 이론적인 목적으로 만들어진 것은 아니지만 용량을 줄이거나 사이트의 유지보수를 편하게 하고 데이터의 용도변경을 쉽게 하는 등의 실생활에서 이익을 얻기 위해서 사용된다.

2004년 Happy Cog에서 디자인한 The Kansas City Chiefs[7.1] 사이트는 레이아웃에 CSS를 사용하고, XHTML을 사용하여 구조화 작업을 했다. 그리고 제목에서부터 리스트, 문단에 이르기까지 마크업에 들어간 거의 모든 요소들이 구조적이었다. 하지만 home 버튼과 다른 네 개의 하위 메뉴들은-표, 스케줄, 단계도Detph Chart, 사고소식-6장에서 설명한 구조적이거나 시멘틱한 내용이 전혀 없었다.

```
<div id="header">
  <div id="submenu">
    <a href="/" id="home"><i>Kansas City Chiefs Home</i></a>
    <a href="/tickets/" id="tickets"><i>Tickets</i></a>
    <a href="/schedule/" id="schedule"><i>Schedule</i></a>
    <a href="/depth_chart/" id="depthchart"><i>Depth
    Chart</i></a>
    <a href="/injuryreport/" id="injuryreport"><i>Injury
    Report</i></a>
  </div>
</div>
```

그냥 단순한 링크들이지만 이 사이트의 현명한 디자이너가 이름을 지어준 id를 가진 XHTML 요소 두 개로 감싸고 있다. 자, 이제 용어들을 정리하고 어떻게 이 요소들이 같이 융합해서 메타구조를 만드는가와 어떻게 페이지의 용량을 줄이고, 기존의 표현을 위한 마크업을 재정리 하지 않고 레이아웃을 다루는지를 알아보자.

7.1

럭비볼, 땀 그리고 시멘틱: 2004년 Happy Cog가 디자인한 Kansas City Chiefs의 사이트이다(홈페이지의 기록들은 kc.happycog.com에서 확인할 수 있다).

div와 id 그리고 다른 여러 보조요소들

이번 장과 이후의 내용에서는 div 요소과 id 속성에 도움이 될 만한 많은 것들을 참조하고 있다. id가 여러분의 사이트에 상당히 간결한 XHTML을 쓰게 해주고, CSS를 현명하게 사용하게 해주며, 표준 DOM을 사용한 세련된 동작을 추가하게 해주는 멋진 도구라면 제대로 사용한 div는 구조적인 마크업의 양념과도 같다.

> id와 class 속성을 결합시킨 div와 span 요소는 문서에 구조를 추가할 수 있는 일반적인 기법을 제공한다. 이 요소들은 내용이 inline(span)이거나 block(div)이 되도록 정의하지만, 다른 사항들은 지정하지 않는다. 따라서 작업자는 이 요소들을 스타일과 결합해서 HTML을 자신들의 필요와 취향에 맞게 바꾸는 데 사용할 수도 있다(www.w3.org/TR/REC-html40/struct/global.html#h-7.5.4).

div는 무언인가?

"div"가 "division(부분)"의 약자라는 것을 설명하기에 가장 적합한 시기인 것 같다. 링크를 여러 개 한 번에 묶을 때 그것은 문서의 한 "부분"이 된다. 컨텐츠는 또 다른 부분이 될 것이고 문서 맨 아래쪽에 있는 법적인 내용 고지 부분은 또 하나의 부분이 될 것이다.

특정 구조를 위한 일반 기법

모든 HTML 사용자들은 <p> 태그나 <h1> 태그 같은 기본 요소들에는 익숙하지만, div는 그리 익숙하지 않을 것이다. div를 이해하는 중요 포인트는 '구조를 만들기 위한 일반적인 기법'이라는 W3C의 문구에서 찾을 수 있다.

Kansas City Chiefs의 웹사이트에서 보듯이 서브링크(표, 스케쥴, 단계도, 사고소식)들은 div로 감싸져 있다. 이 항목들은 문단이나 리스트 또는 다른 일반적인 구조적 요소가 아니기 때문이다. 하지만 더 넓은 범위에서 정확한 개념으로 말하자면 이 링크들도 서브링크라는 구조적인 역할을 하고 있다. 이 역할을 강조하기 위해서 이 메뉴들을 감싸고 있는 div를 "submenu"라고 명시했다. 이 링크들이 맨 앞머리에 있기 때문에 이들을 감싸는 div를 또한 "header"라고 명명했다.

이름은 아무렇게나 지을 수 있다. "hello"나 "orangebox"들도 XHTML의 규칙에 적합한 이름이다. 하지만 그 안에 담고 있는 요소가 하는 기능을 설명하는 이름처럼 의미가 있거나 메타 구조적인 이름이 더 좋다. 사용자는 파란색으로 표현하고 싶어 하는데 사이트 안에서는 이름이 "orangebox"라면 상당히 이상한 배합이 될 것이다. 또 아직 개편은 6개월이나 남았는데 "hello"라고 지은 이 요소가 네비게이션인지 사이드바인지 또는 검색창인지 도대체 알 수가 없다면 그것도 상당히 난감한 상황이 될 것이다.

추가로, 구조적인 id를 "menu"나 "content"나 "searchform"이라고 이름을 짓는다면 마크업이 디자인을 의미하는 것이 아니며, 잘 구조화된 페이지는 어떻게든 디자인대로 만들 수 있다는 것을 알게 될 것이다. 순수 CSS 레이아웃을 사용하든 혼합형 CSS/테이블 레이아웃을 사용하든 핵심 페이지의 요소에 의미있는 이름을(navigation, content, searchareas 같은 이름들) 부여하는 습관을 들인다면, 표현을 위한 마크업을 생각하고 만드는 버릇을 버리는데 도움이 될 것이다.

id와 class

id 속성은 XHTML에서는 새로운 속성이 아니다. class 속성이나 div, span도 마찬가지이다. 이들 전부 HTML에서부터 시작되었다. id 속성은 요소에 고유한 이름을 부여한다. 그 이름은 그 페이지 안에서는 단 한 번만 사용이 가능하다(예를 들어 페이지에 "content"라는 id로 div가 하나 있다면 다른 div나 다른 요소들은 "content"라는 이름을 가질 수 없다). 반대로 class 속성은 같은 페이지 안에서 원하는 만큼 사용이 가능하다(예를 들어 한 페이지 안에서 다섯 개의 문단이 "small"이나 "footnote(각주)" 같은 class명을 공유한다). 다음의 마크업이 id와 class의 차이를 이해하는데 도움을 줄 것이다.

```
<div id="searchform">검색창이 여기 들어갈 것이다. 이 페이지에서
이 부분은 유일하게 존재한다.</div>
<div class="blogentry">
   <h2>오늘의 블로그 포스트</h2>
   <p>Blog  컨텐츠는 여기 온다.</p>
   <p>blog컨텐츠에서 또 다른 문단 하나가 여기 온다.</p>
   <p>페이지 안에 많은 문단이 들어갈 수 있듯이 블로그에는 많은 요소가 있다.
   하나의 블로그 페이지는 "blogentry" 클래스의(또는 다른 아무 클래스의)
   인스턴스를 여러 개씩 가질 수 있다.</p>

</div>

<div class="blogentry">
   <h2>어제의 블로그 포스트  </h2>
   <p>"blogentry."클래스를 가진 또 다른 div이다.</p>
   <p>이렇게 수많은  div를 만들 수 있다.</p>
   <p>열 개의 블로그 포스트가 한 페이지에 있다면  "blogentry" 클래스를 가진
   div도 열 개가 있게 된다.</p>
</div>
```

이 예제에서 div id="searchform"은 이 페이지에서 검색 창을 표시하기 위해서 사용될 것이고, div class="blogentry"는 웹로그(보통 블로그로 알려져 있는)의 각각 요소들을 나누어 가지게 될 것이다. 이 페이지에서 검색 창은 하나뿐이고, 그래서 id가 유일성을 위해 선택된 것이다. 하지만 블로그는 많은 요소들을 가지고 있기 때문에 class가 각각의 요소들을 위해서 사용되는 것이다. 마찬가지로 뉴스사이트 또한 여러 개의 div에 class="newsentry"(또는 "newsitem"이나 "newstroy") 같은 클래스를 가지게 된다.

모든 사이트에 div가 필요한 것은 아니다. 블로그에서는 h1, h2, h3와 <p>만 가지고도 충분히 잘 만들 수 있다. 뉴스 사이트도 마찬가지이다. "blogentry" class를 가진 div들을 보여준 것은 모든 페이지를 div로 가득 채우라는 의미가 아니고 단지 여러 개의 요소들이 같은 class를 공유할 수 있다는 것과 단 하나의 요소만 id를 가질 수 있다는 원리를 보여주기 위한 것이다.

메모쪽지 이론

id 속성은 메모쪽지와 같다고 생각할 수 있다. '우유 살 것!' 같은 잊어버리기 쉬운 내용을 적어서 냉장고에 붙여두는 것이나 전화기에 전화할 사람을 적어서 붙여두는 메모용지. 또 다른 것으로는 지로용지에 붙여서 매달 15일에 납부해야 한다는 메모들이 있다(항상 결제를 늦게 해주는 고객을 적어두기도 한다).

id 속성은 마크업의 특정 부분에 사용하여 이 부분에 어떤 특별한 조치가 필요하다고 알리기 위해서 붙이는 레이블의 역할을 하기도 한다. 특정 id에 적용되는 하나 또는 여러 개의 규칙을 스타일시트에 쓰거나 자바스크립트에 몇 줄의 코드를 적어서 이 특별한 조치를 취하게 된다. 예를 들어 CSS 파일에는 id가 "searchform"인 특정 div에만 적용되는 특별한 규칙이 있기도 하다. 또는 스타일시트에 id가 "menubar"인 테이블에만 적용되는 규칙이 있을 수도 있다(제대로 책을 이해하고 있다면 id가 "menubar"인 테이블은 메뉴바로 사용된다는 것을 알 수 있을 것이다. 8장과 10장에서 이러한 table과 id를 사용하는 혼합형 사이트를 만들어 볼 것이다).

id 속성값이 특정 CSS 규칙 세트에 자석과 같은 역할을 하는데, 이를 CSS 선택자(selector)라고 한다. 이 선택자를 만드는 데는 많은 방법이 있지만(9장 참조), id가 특히 사용이 편하고 다재다능하게 사용 가능하다.

id의 힘

id 속성은 매우 강력하다. 그 중에서도 특히 아래의 기능들이 가능하다.

- 스타일시트의 선택자로서(이전 절 참조) 간결하면서도 최소한의 XHTML을 작성할 수 있게 해준다.
- 링크태그에 타겟으로 사용되던 "name" 속성을 대체한다(또는 하위호환을 위해서 양쪽 모두 사용한다).
- DOM 기반의 스크립트에서 특정한 요소를 참조하는 용도로 사용된다.
- 선언된 객체 요소의 이름으로 사용된다.
- 다목적의 프로세스를 위한 도구로 사용된다(W3C의 예를 빌리자면, "HTML페이지의 데이터를 데이터베이스로 추출해 낼 때나 HTML문서를 다른 포맷으로 변환할 때 등에서 영역을 구분할 때" 사용한다).

id의 규칙

id의 값은 문자나 언더바로 시작해야 한다. 다시 말해서 숫자로 시작할 수 없다. W3C 유효성검사 서비스는 그렇지 않겠지만 XML 검사기에서는 에러로 표시한다. 또한 id를 자바스크립트에서 document.idname.value와 같은 형식으로 사용하려고 한다면 올바른 자바스크립트 변수명으로 만들어야 한다. 즉 문자로 시작하거나 문자, 숫자, 다른 언더바 등이 뒤에 오는 언더바로 시작해야 한다. 공백은 허용되지 않고 특히 하이픈(-)은 사용할 수 없다. 하지만 실제로 언더바를 class나 id에 사용하는 것은 CSS 2.0에서(그리고 일부 브라우저에서) 제약이 있기 때문에 사용하지 않는 것이 좋다.

> 마지막으로 정말 괴짜를 위해서 덧붙이자면 id나 class의 이름에 숫자를 올바른 유니코드로 이스케이프 시켜서 사용하면 사용이 가능하다. 하지만 그렇게까지 할 필요는 없을 것이다.

시멘틱 마크업과 재사용성

이제 다목적 XHTML 요소에 대해서 알아보았다(특히 div와 id). 다시 Kansas City Chiefes[7.1]를 살펴보자. 먼저 맨 앞의 menu를 보자.

```
<div id="header">
  <div id="submenu">
    <a href="/" id="home"><i>Kansas City Chiefs Home</i></a>
    <a href="/tickets/" id="tickets"><i>Tickets</i></a>
    <a href="/schedule/" id="schedule"><i>Schedule</i></a>
    <a href="/depth_chart/" id="depthchart"><i>Depth Chart</i></a>
    <a href="/injuryreport/" id="injuryreport"><i>Injury Report</i></a>
  </div>
</div>
```

5개의 HTML 링크가 있고 각각 기능을 의미하는 id가 할당되어 있다. 홈으로 보내는 "home", 티켓에 관련된 "ticket" 등. 앞에서 언급한 것처럼 내부 div("submenu")에는 각 기능에 맞는 링크들을 묶어 두고 있다. 외부 div("header")는 페이지에서 content나 sidebar, footer와 구분 짓기 위해서 사용되었다.

이 두 개의 div 요소들은 포함하고 있는 내용물의 일반적인 기능(네비게이션 메뉴)을 나타내고 레이아웃에서의 위치(페이지의 머리부분)를 나타내는 진정한 구조를 만들어 준다. 이와 대조적으로 테이블 레이아웃은 데이터에 대한 의미있는 정보도 없으며, 세 배가 넘는 용량을 차지하고 있다.

> ### 큰 힘에는 많은 의무가 따른다
>
> 여기서 다루는 요소와 속성은 보통 잘못 사용되거나 과잉 사용으로 인해, 페이지의 용량을 줄이기는커녕 몇 배로 증가시키기도 하고, XHTML의 구조에 메타구조를 더하지는 못할망정 구조화의 흐름조차도 끊어버리는 경우가 있다. 이번 장을 읽고 나면, 과다하게 사용된 경우를 발견할 것이고, 어떻게 피해야 하는지도 알게 될 것이다.

이 마크업에 img 태그가 없다는 것과 마찬가지로 width나 height, background, border를 사용하지 않았다는 것을 알수 있을 것이다. 또 테이블 셀도 없고, 그와 연관된 height나 width, background color, rowspan, colspan 속성도 없다. 아주 깔끔하고 최소한의 태그만 사용된 상태이면서도, 사용자나 동료가 이해할 수 있는 모든 정보를 제공한다.

CSS와 함께 이 간편한 마크업은 사이트의 방문자에게 빠른 로딩 속도로 멋진 레이아웃을 제공한다. 사실 레이아웃에 선택권도 제공한다. 이를테면 방문자가 사이드 바의 상단에 있는 작은 버튼을 클릭하면 사이즈나 배경이미지, head의 그래픽을 바꿀 수 있다(이 버튼에 관해서는 잠시 후에 설명할 것이다). 그리고 CSS를 지원하지 않는 환경에서는 멋지게 구조화된 마크업이 모든 컨텐츠를 아무 문제 없이 모두 보여준다.

날카로운 독자들은 `<i>` 태그가 여기에 왜 사용되었을까, 하고 궁금해 할 것이다. 아래와 같이 ticket 링크 안에 `<i>`가 사용되었다.

```
<a href="/tickets/" id="tickets"><i>Tickets</i></a>
```

논리적이고 구조적으로 생각했을 때, 링크는 이렇게 되리라고 예상했을 것이다.

```
<a href="/tickets/" id="tickets">Tickets</a>
```

그럼 이 `<i>` 태그가 하는 일은 무엇일까? 이 태그는 일반적인 웹 브라우저에서 HTML 텍스트를 숨기는 (그래서 사용자들이 이미지로 만든 더 멋진 글을 볼 수 있게) CSS의 키 코드 역할을 한다. 이와 동시에 스크린리더나 텍스트 기반 브라우저에서는 이 텍스트들이 보이게 된다(그래서 모든 사용자들이 같은 내용을 전달받을 수 있다).

이 간단한 인용부분이 어떻게 페이지가 작동하는가를 보여주는 핵심이고, 이 페이지가 표준기반의 디자인이 전혀 비주얼한 차이 없이 테이블 기반의 레이아웃보다 얼마나 우수한지를 보여주는 완벽한 척도이다.

이 글을 쓰는 지금 이 Chiefs 사이트는 2년 전의 예제이고 어느 정도는 오래된 방법이다. 지금 이 페이지를 다시 디자인한다면, 다섯 개의 링크는 다른 네비게이션 요소들처럼 `<ul>` 안에 있는 리스트 요소인 `<li>`를 사용했을 것이다(kc.happycog.com의 소스 참조). 모든 요소들이 구조적일 필요는 없지만 거의 대부분은 그래야 한다. 또 지금이라면 Home 링크를 submenu에 포함시키지 않았을 것이다. 시멘틱하게 생각하면 Home은 다른 곳에 있어야 한다. 하지만 이 예제는 최소한의 마크업만 사용해서 얼마나 표현할 수 있는가를 보여주고 있다.

그리고 마크업에 이미지나 테이블 셀 그리고 이에 따르는 요소들을 사용하지 않고 사이트를 만들었기 때문에-이 페이지자체가 구조적인 요소들을 사용하기 때문에-이 사이트의 구조를 바꾸는 개편을 하지 않는 한, 다음에 이 Kansas City Chiefs 사이트를 개편하는 팀은 이 마크업을 그대로 사용하면서 전혀 다른 레이아웃을 만들 수 있다. 코드를 줄이고, 재사용하고, 재활용하자.

아마도 이 사이트에서 로고나 글자들이 submenu에 들어간 마크업에는 아무런 요소도 들어가 있지 않으면서 어떻게 표현이 가능한지 궁금할 것이다. CSS가 div와 그 안에 포함된 링크들에 id를 부여해서 이미지를 불러내고 선택해서 위치를 정하고 거기에 롤오버 효과까지 넣어준다. 어떻게 한 것일까? 잠시만 기다리면 곧 알게 될 것이다.

테이블 없이 이미지 분류하기

Chiefs 사이트의 예제를 끝내기 전에 sidebar의 상단에 있는 버튼과 텍스트[7.2]를 한 번 더 살펴보자. 15장에서 설명하게 될 간단한 표준화 기반의 기술로 만든 이 작은 위젯은 사용자들이 접근성을 높이기 위해서 글자의 크기를 조절할 수 있게 해주고 흥미요소로 사이트의 모양을 수정할 수 있게 해준다. 다음은 자바스크립트와 타이틀의 글자, 현재의 목적과 관계 없는 다른 요소들을 모두 없애고 이해를 돕기 위해서 줄 바꿈을 해둔 페이지의 마크업이다.

```
<div id="switchwidget">
  <a href="/switch/"><img src="/i/switcher_01.gif" width="38"
    height="27" id="switch1" alt="" /></a>
  <a href="/switch/"><img src="/i/switcher_02.gif" width="30"
    height="27" id="switch2" alt="" /></a>
  <a href="/switch/"><img src="/i/switcher_03.gif" width="38"
    height="27" id="switch3" alt="" /></a>
  <a href="/switch/"><img src="/i/switcher_04.gif" width="22"
    height="27" id="switch4" alt="" /></a>
  <a href="/switch/"><img src="/i/switcher_05.gif" width="24"
    height="27" id="switch5" alt="" /></a>
</div>
```

7.2
2004 Kansas City Chiefs 사이트를 300% 확대해서 본 모양.

전혀 테이블이 없다. 그럼 어떻게 저 이미지들을 테이블이나 셀이 없이 하나의 그룹으로 묶었을까? 단순한 소스의 조합일 뿐이다. CSS에서 감싸고 있는 div에(스타일을 바꿔주는 widget을 가지고 있기 때문에 "switchwidget"이라고 이름 지었다) 적당한 width를 주었다. 모든 이미지들의 width를 더한 총합이 감싸고 있는 div의 width와 같거나 그보다 적다면—그리고 이미지 사이에 엔터를 쳐서 줄바꿈을 하지 않는다면—이 div는 테이블 없이 이미지를 유지하는 것이 가능하다(줄바꿈을 하는 것은 원래 문제가 되지 않아야 하지만 실제로는 공간을 차지하면서 문제를 일으킨다. 이 문제는 인터넷 익스플로러에서만이 아니고 모질라에서도 나타난다. 앞에서 보인 예제에서 줄바꿈을 한 것은 명확한 표현을 위한 것이고, 실제로 사이트의 코드에는 공백이나 줄바꿈 없이 사용되었다).

alt를 사용하자!

우리가 보고 있는 Kansas City Chiefs widget에 있는 alt가 하는 일은 무엇일까? alt=""는 "null alt"라고 부르는데 14장에서 그 사용방법을 설명할 것이다.

하지만 alt 안을 그냥 비워두면 이미지를 보지 못하는 사람들은 어떻게 그 내용을 알 수 있을까? 그럴 수도 없고 그럴 필요도 없다. 글자크기를 조절하는 정도로는 시각 장애인에게 큰 도움이 되지도 못하고 보이지도 않는 배경이미지를 바꾸고 싶은 마음도 없을 것이다. 자신들과 전혀 상관없는 효과에 관심이 없는 이런 사용자들을 귀찮게 하지 않기 위해서 우리는 null alt를 사용한다.

하지만 또 여기서 alt를 비워두면 윈도우에서 마우스를 이미지에 올렸을 때 나오는 툴팁을 보고 싶은 사람들에게 방해가 되지 않을까? 맞는 말이다. 그래서 우리는 title을 사용해서 이미지에 툴팁을 만들어 준다. 예제코드를 명확하게 보여주기 위해서 위의 예제에서는 빠져있다.

kc.happycog.com에 가보고 싶은 마음이 없거나 가볼 수 없는 사람들을 위한 이 페이지의 swrchwidget 부분의 원본 소스이다.

```
<div id="switchwidget"><a href="/switch/" onclick="setActiveStyleSheet('default'); return false;" title="Customize this site (default)."><img src="/i/switcher_01.gif" width="38" height="27" id="switch1" alt="" /></a><a href="/switch/" onclick="setActiveStyleSheet('player'); return false;" title="Customize this site (player)."><img src="/i/switcher_02.gif" width="30" height="27" id="switch2" alt="" /></a><a href="/switch/" onclick="setActiveStyleSheet ('cheer'); return false;" title="Customize this site (cheer)."><img src="/i/switcher_03.gif" width="38" height="27" id="switch3" alt="" /></a><a href="/switch/" onclick="setActiveStyleSheet('normfont'); return false;" title="Customize this site (normal font size)."><img src="/i/switcher_04.gif" width="22" height="27" id="switch4" alt="" /></a><a href=
```

```
"/switch/" onclick="setActiveStyleSheet ('friendlyfont'); return false;"
title="Customize this site (friendly type size)."><img src="/i/switcher_05.
gif" width="24" height="27" id="switch5" alt="" /></a></div>
```

간결한 마크업과 메타구조적인 생각들은 CSS 레이아웃에서는 제한이 없다. 테이블 레이아웃에서도 마찬가지로 힘을 발휘할 것이다.

■ 혼합형 레이아웃과 간결한 마크업: 해야 할 것과 하지 말아야 할 것들

CSS 레이아웃을 배우는 것에 대한 두려움이나 특정 프로젝트에 사용할 수 없다는 것은 웹표준을 사용하지 않는 데 대한 이유가 될 수 없다. 잘 만들어진 테이블 레이아웃을 기본적인 CSS와 구조적이고 접근성 있는 XHTML에 결합시키면 혼합형, 전환형transitional으로 만들 수 있다. 어떤 사람들은 혼합형 레이아웃을 만들면서 CSS를 가장 쉽게 배우고, 일부(많지는 않고 아주 일부) 레이아웃은 간단한 XHTML테이블 안에서 기본적인 요소들이 더 잘 작동한다. 하지만 테이블 마크업은 구식의 마크업을 말하는 것이 아니고, 또 약간의 비구조적인 요소를 사용한 혼합형 레이아웃은 지금 수많은 사이트들이 사용하고 있는 불필요한 요소를 잔뜩 집어넣은 HTML을 의미하는 것이 아니다.

> **주의사항**
>
> 혼합형 사이트의 일부 인터페이스 요소들은 구조적이지 않을 수도 있다고 얘기했다. 하지만 그것은 사이트의 다른 부분에 구조적인 마크업이 사용되지 않았다는 의미는 아니다. 문단은 당연히 <p>로 마크업되고 있고 리스트도 마찬가지이다. 또한 네비게이션 메뉴나 다른 요소를 만들 때 책에 있는 모든 잔기술을 사용하라는 의미도 아니다. 구조적이건 아니건 모든 요소들은 간결하고 깔끔한 마크업과 잘 정리된 CSS로 만들어져야 한다. 깔끔한 마크업이 바로 이 장에서 얘기하고자 하는 모든 것이다.

안 좋은 방법들에 이름 짓기

이번에 나오는 절에서는 많은 사이트들에서 사용된 잘못된 방법을 알아보고, 이러한 잘못된 방법을 사용한 부분들이 좋지 않은 이유를 설명할 것이다. 또 특별히 잘못 사용된 몇 개의 기술을 알아볼 것이다. 이번 절을 읽으면서 이제부터 하는 작업에서 이러한 안 좋은 습관을 없애는 것뿐만이 아니라 동료나 제작 업체들이 만드는 잘못된 부분을 찾아낼 수 있게 해 줄 것이다.

이 간단한 사실들을 마음에 새겨둔다면, 동료나 제작 업체에서 이러한 잘못된 방법을 없애려고 할 때, 이번 장에서 만들어진 적절한 이름으로 표현할 수 있을 것이다. 동료들이나 업체들은 새로운 마크업을 사용하게 될 것이고, 여러분에게 새로운 존경심을 보이게 될 것이며 그보다도 더 중요한 것은 여러분이 주변에 있으면 상당히 불편하게 될 것이다.

사실 다음에 소개되는 안 좋은 제작 습관들은 누군가를 비하하려는 것이 아니고 단순히 자신의 업무방식에서 이러한 안 좋은 습관들을 찾아내서 없애기를 바라는 것뿐이다. 아마 많은 도움이 될 것이다.

혼합형 마크업에서의 자주 발견되는 실수들

방문자가 페이지를 돌아다닐 때 방문자의 현재 위치를 알려주는[7.5] 메뉴바로 만들어진[7.4] 전형적인 테이블 기반의 사이트 디자인[7.3]을 예로 들어보자. 이 사이트의 로고는 그래픽적인 요소일 것이고 거의 대부분은 GIF 이미지일 것이다. 메뉴의 이름들도(EVENTS, ABOUT, CONTACT 등) 마찬가지로 이미지이거나 단순한 링크로 걸려있을 수도 있을 것이다. 링크가 선택이 되면, 보수적인 웹 디자이너들은 텍스트의 모양을 결정하기 위해서(size, face, color) font 태그를 사용하고, 이젠 사용하지 않는 정렬 속성들을 사용하며, 이 메뉴들을 담고 있는 테이블 셀에 border나 background 같은 속성을 사용해서 마크업을 망가뜨릴 것이다. 현대적인 디자이너들은 CSS를 사용하겠지만 잘못된 방법을 사용한다면 전혀 이보다 나아진다는 보장은 없을 것이다.

7.3
i3Forum 사이트용 디자인(8장과 10장에서 이 사이트를 제작해볼 것이다).

7.4
방문자가 홈페이지에 들어왔을 때 보이는 메뉴. 로고의 배경이 흰색으로 선택되어 있다.

7.5
방문자가 EVENTS 페이지에 들어갔을 경우 EVENTS 메뉴가 선택되어 강조된다. 기본적인 방식이다..

일반 텍스트 링크 대신 GIF 이미지를 사용한다고 하더라도 디자이너는 사이트의 다른 테이블과 분리되어 보이게 하기 위해서 다른 형태의 메뉴테이블을 만들고 싶을 것이다. 예를 들어 이 메뉴 테이블[7.3, 7.4]은 검은색의 테두리 선을 가지고 있고, 페이지의 다른 테이블에는 이 테두리가 전혀 없다. 최악의 경우 디자이너는 단순히 이 테두리를 그려주기 위해서 메뉴테이블을 다른 의미 없는 테이블 안에 넣어서 만들기도 하는데, 이것이 1997년에 우리가 사용하던 방식이다. 현재의 디자이너들은 망가진 마크업에 CSS를 마구 집어넣어서 다른 테이블들과 메뉴를 구분시킨다. 이러한 방법은 예전의 방법에 비해서 전혀 나아진 것이 아니다.

무분별한 클래스의 사용

하나의 페이지에서 네비게이션 테이블을 다른 테이블들과 다르게 보이기 위해서는 어떻게 하면 될까? 또는 이 네비게이션바 테이블 셀 안에 있는 링크들을 다른 페이지들의 일반적인 링크들과 다르게 만들기 위해서 어떻게 하면 될까? 이미 인식하고 있는 bgcolor나 font 같은 권장되지 않는 태그나 속성을 사용하지 않는다는 조건에서 말이다. 다음과 같은 것을 원하는 것은 아니다.

```
<td align="left" valign="top" bordercolor="black"
bgcolor="white">
<font family="verdana, arial" size="2">
<b><a href="/events/">Events</a></b>
</font></td>...
```

하지만 거의 확실하게 손대야 하는 모든 요소에 class를 지정하고 싶지는 않다. 이러한 방법은 너무 지나치게 많다는 정도는 알고 있다.

```
<td class="whitewithblackborder"><span class="menuclass"><b>
<a href="/events/">Events</a></b></span></td>...
```

심지어는 이런 한심한 상태를 본 적도 있다.

```
<td class="whitewithblackborder"><span class="menuclass">
<font class="menufontclass"><b>
<a href="/events/">Events</a></b></font></span></td>...
```

이러한 스타일을 우리는 클래스남용classitis이라고 부른다. 이 클래스남용에 피해를 입은 사이트는 모든 태그가 툭툭 튀어나오게 된다. 클래스남용은 마크업에서 페이지마다 쓸모 없는 무게만 늘리면서 의미를 불명확하게 하는 해충 같은 것이다. 이 문제는 CSS 중 일부만 지원하던 브라우저 시절이나 많은 디자이너들이 CSS를 어떻게 사용하는지 정확히 알지 못하던 시절부터 시작되었다.

아직도 많은 사람들이 정확히 모르던 그때 그시절의 방법에서 벗어나지 못하고 있으며, 그 이유는 그 상태로 다른 기술로 관심을 옮겼거나 사용하는 에디터 툴이 모든 태그에 class를 지정하고 그 사람들은 그렇게 만들어진 소스를 공부해서 사용했기 때문이다. 클래스남용은 `<font>` 태그만큼이나 안 좋은 방법이다. 좋은 마크업에서는 거의 사용하지 않는다.

비주얼 에디터와 클래스남용

가장 세련된 비주얼 웹 에디터라고 해도 쓸모 없는 클래스를 만들어낸다-가장 큰 이유는 이 에디터들이 프로그램이지 인간이 아니기 때문이다. 사람들은 특정한 부분에서 일반적인 사항을 찾아낼 수 있다. 문단에 CSS를 적용하면 모든 문단에는 같은 모양의 스타일이 적용된다. 하지만 비주얼 에디터는 사용자가 원하는 바를 정확히 알 수 없다. 이러한 에디터로 작업을 할 때 다섯 개의 문단을 전부 11px의 Verdana로 만든다면 이 에디터는 각각의 문단에 클래스를 지정해서 모두 지정하게 된다. 드림위버와 GoLive의 최신 버전은 세련되고 강력하며 표준을 지원한다. 하지만 클래스남용이나 div남용을 피하기 위해서는 손으로 편집을 하는 것이 더 좋은 방법이다.

div남용의 문제점

어떤 경우에는 클래스남용은 상급의 구조적인 마크업에 해당하기도 한다.

```
<p class="noindent">웹 페이지를 디자인 하는 안 좋은 방법이다.</p>
<p class="indentnomargintop">이렇게 class를 많이 사용할 필요는 없다.</p>
<p class="indentnomargintop">이런 습관은 버리는 것이 좋다.</p>
<p class="indentnomargintop">지금부터 시작하자.</p>
```

앞의 예제는 더 세련되고 표준에 기반한 에디터가 만들어내는 코드이다('비주얼 에디터와 클래스남용' 참조). 일반적으로 클래스남용은 이보다 좀 더 심각한 상황에서 더 나빠질 수 있다. 우리는 이러한 상황을 div남용이라고 부른다.

```
<div class="primarycontent"><div class="yellowbox"><div class=
"heading"><span class="biggertext">Welcome</span> to the
Member page!</div><div class="bodytext">Welcome returning
members.</div><div class="warning1">If you are not a member <a
href="/gohere/" class="warning2">go here</a>!</div></div></div>
```

이것은 전혀 구조적인 것과는 거리가 먼 마크업이다-자리만 잔뜩 차지하는 비구조적이고 전혀 무의미한 마크업이다. 이러한 사이트를 PDA나 텍스트 기반 브라우저로 보게 되면 이 많은 요소들이 어떻게 서로 연결되는지 전혀 알 수가 없을 것이다. 사실 서로 연결되지도 않는다. div남용은 구조의 핵심요소를 없애고 그 자리를 텅 빈 껍데기로만 채워둔다.

클래스남용과 div남용은 아마추어 음악가가 연주하는 음악과 같다-가수나 솔로연주자에 맞춰서 연주해야 하는 고등학교 밴드부의 기타리스트가 즉흥적으로 연주하는 것과 같다. 클래스남용과 div남용은 잘못된 글에서 남용되어 사용된 형용사들과 같다. 또한 의미를 살려 만든 정원에 깔린 잡초와 같은 존재이다.

마크업에서 클래스남용을 가차없이 제거하면 비만이었던 페이지가 반으로 줄어드는 걸 볼 수 있을 것이다. div남용을 피하면 깔끔하고 간결하며 제대로 구조적이면서 텍스트 브라우저에서도 일반 데스크탑 브라우저처럼 잘 작동되는 마크업을 만들 수 있을 것이다. 이러한 작업을 꾸준히 하게 되면 좀 더 현명하고 표준을 잘 지키는 웹 페이지를 만드는 방법을 제대로 알아가게 될 것이다. 여러분만이 이 일을 해낼 수 있다고 생각하면 더 쉬울 것이다.

div가 문제가 아니다

일부는 이런 생각을 할지도 모른다: "멋지다고 자랑만 하는 웹표준에 대한 책을 쓰는 당신 말이요. div가 아까는 나쁘다고 해놓고는 이번 장에서 예제에는 div로 시작했지 않나? 이 거짓말쟁이."

 사실, div가 나쁘다고 한 적은 한 번도 없고 W3C에서도 그런 얘기는 전혀 없다. 이 장의 앞부분에 있는 'div와 id 그리고 다른 여러 보조요소들'을 참조하라.) div는 사이트의 구조적인 구역을 구분하는 완벽한 마크업 구성요소이다.

div남용은 div를 완벽하게 잘 만들어진 요소 대신에 사용했을 때를 말한다. 문단으로 글을 썼다면 div로 감싸고 클래스를 "text"로 지정하는 것이 아니라 이것은 <p>를 사용해야 한다. 최고레벨의 헤드라인은 <h1>이어야 하지 <div class="headline">으로 사용하는 것이 아니다. 이 정도면 무슨 말을 하고 싶은지 알 것이다.

왜 div를 사용할까?

많은 디자이너들이 제목에서부터 문단까지 전부 다 비구조적인 div를 대신 사용한다. 대부분은 4.0브라우저에서부터, 특히 넷스케이프에서, <h1> 같은 구조적인 요소들에 생기는 불필요한 공백을 없애서 레이아웃을 보호하기 위해 div를 사용할 때 생겨난 버릇이다(3장의 '넷스테이프 4의 표현의 상속 문제' 참조).

급격히 줄어든 4.0브라우저 사용자들 때문에 pixel 단위까지 완벽하게 레이아웃의 미묘한 차이를 지키기 위해서 많은 디자이너들이 비구조적인 <div>를 <p>, <h1> 같은 표준 태그 대신 사용하기를 권장했다. 이로 인한 대가는 상당히 컸다. 이 방식은 급격히 성장하는 무선기기나 전화기, 스크린리더 사용자들에게 통과할 수 없는 장벽이었다. 또 이 방식은 사용자가 어떤 브라우저나 기기를 사용하느냐에 따라서 용량과 부하를 두세 배로 늘린다.

div남용의 또 다른 전형적인 형태는 디자이너가 "테이블은 나빠, CSS는 좋아" 같은 정보를 접하고 겹겹으로 쌓인 테이블 마크업을 단지 div로 바꾸고 겹겹이 쌓아두는 경우이다. 장점은 전혀 없고(자기만족감과 그로 인한 거들먹거림 말고는) 오히려 문서를 더 편집하기 어렵게만 만들었을 뿐이다.

id를 사용하라

이렇게 표현을 위한 HTML을 없애고, 클래스남용이나 div남용도 없애고, 어떻게 분리된 디자인 규칙을 네비게이션에 테이블과 CSS를 혼합한 혼합형 레이아웃에 적용시킬 수 있을까? 이것은 id의 힘을 이용하면 가능하다. 메타구조적인 고유한 이름을 메뉴를 담고 있는 테이블에 적용시킨다.

```
<table id="menu">
```

그리고 나서 스타일시트를 작성할 때, "menu"라는 선택자를 만들고 연결되는 CSS 규칙을 만들어 테이블 셀과 텍스트와 다른 부분에 어떻게 보이게 할지를 선언한다. 메뉴를 만드는데 텍스트링크를 사용하기로 했다면 최소한의 선언으로 가능하다.

```
<td><a href="/events/">Events</a></td>
```

"나머지는 어디에 있지?"라는 질문을 하게 될 것이다. 다른 테이블 셀을 제외하고는 "나머지" 같은 것은 없다. 테이블에 "menu"라는 이름으로(또는 다른 적당한 이름으로) id를 할당하고 나중에 디자인 단계에서 만드는 스타일 시트에 그 "menu"를 CSS에 선택자로 사용해서 이 장의 모든 문제점은 해결될 것이다.

클래스남용과 div남용, 쓸데없는 <font> 태그, 장황하고, 대역폭을 잡아먹는 <td>에 들어가는 height, width, align, background color 요소들도 없이 하나의 디지털화된 코드로("menu"라고 지정한 id 하나) 이제 스타일 시트에 특정한 표현 단계를 위한 깔끔하고 간결한 마크업을 만들 준비가 된 것이다.

CSS가 이 각각의 테이블 셀의 background color(그리고 background image)와 border, 공백padding, 가로와 세로 정렬, 롤오버 효과 등을 포함한 모든 외양적인 면을 컨트롤한다. CSS 테이블 셀의 롤오버 효과는 보통 background color나 border color 또는 둘 모두를 포함한다. 이 롤오버 효과는 거의 모든 최신 브라우저에서 잘 지원되고 지원하지 않는 브라우저에서도 문제는 생기지 않는다. 마찬가지로 CSS는 링크에 들어간 font나 size, color, 다른 수치적인 변수들을 컨트롤 한다.

Image는?

고유한 id와 간결한 XHTML, 그리고 스타일시트의 조합이 이미지를 사용하는 테이블 기반의 메뉴에서도 텍스트 링크처럼 제대로 작동할까? 좋은 질문이다! 당연히 정확하게 작동한다. 반드시 필요한 요소들로만 만든 테이블로 제작을 하고 이미지요소를 사용해서 같은 작업을 하면서 모든 이미지 요소에 올바른 alt 요소를 넣어보자.

이 장의 초반에서 알려준 것처럼 자바스크립트를 사용하지 않고 투명 GIF 이미지로 정교하거나 간단한 롤오버 효과를 CSS를 이용해서 만들 수 있다. 하지만 지금 그 부분은 나중에 다루게 될 것이다.

이번 장은 이름을 만드는 것에 대한 것이니, 간결한 XHTML과 잘 만들어진 CSS의 id 기반 조합을 주로 하여 텍스트를 링크로 사용하는 경우 '클린 텍스트 방식'이라고 부르고, 이미지를 주로 사용하면 '클린 이미지 방식'이라고 부르자. 만약 이 책이 악명 높은 국제적 기업에 소속되어 있다면 이 방법들은 저작권을 가지고 상표가 생기고 특허를 내서 이번 장을 보여주는데 상당한 비용을 지불해야 할 거라고 은근한 암시를 주었을 것이다. 사용하면서 이 이름을 사용하든지 그냥 마음에 드는 이름을 만들어서 사용하든지 그런건 아무래도 좋다. 하지만 걱정은 전혀 하지 말고 이 방법들을 사용하기를 바란다.

테이블 레이아웃이 어떻게 하면 좀 더 제대로 문제없이 만들어질 수 있는가를 이해한다면 또 다른 중요한 점을 얻어가게 되는 것이다.

테이블 셀의 제거

2003년에 만들어진, 그물로 잡힌 진귀한 어류와 산호를 웹에서 취급하는 가장 오래된 사이트인 Marine Center[7.6]를 보자(www.marinecenter.com). 이 사이트의 레이아웃이 여러 개의 업무에 따라서 분리되어 있는 것을 알 수 있다. 예를 들어 오른쪽에 있는 IMPULSE-BUYER'S 영역은 현재 가능한 아이템을 제공하고, 방문자가 사이트의 메일리스트에 등록하도록 유도하며, 검색과 살펴보는 기능을 제공한다. 왼쪽의 컨텐츠 영역은 새로운 상품을 보여주고 멋지게 촬영된 사진을 연속으로 돌아가면서 보여주면서 방문자가 "Fish Tales"로 들어오도록 유도한다.

이런 레이아웃은 우리가 2장[2.3, 2.4]에서 살펴보았던 Gilmore 사이트처럼 보통 각 요소를 각각의 테이블 셀에 가지고 있다. 포토샵에서 잘라서 만들거나 비주얼 웹 에디터에서 요소를 배열해서 만든 전형적인 레이아웃에서는 커다란 물고기 사진을 보통은 전용 테이블 셀 안에 넣는다. 다른 작은 물고기 이미지들이나 "Fish Tales"라고 써 있는 이미지 제목 같은 요소들도 마찬가지이다. 다른 테이블 셀에는 투명한 GIF 이미지를 넣어서 상하좌우로 여백을 만들어 준다.

십여 개의 셀들은 위험스럽게 서로 얽혀서 연결되어 있다. 예를 들자면 이 사이트에 글을 쓰는 전문가가 너무 많은 글을 써서 밀려나게 된다면 가운데 있는 커다란 물고기의 사진은 아래로 밀려 내려갈 것이고 이렇게 되면 오른쪽 부분에 예상치 못한 공백이 위아래로 생기게 될 것이다.

7.6

Fish 메뉴: Happy Cog가 2003년 디자인한 Marine Center(www.marinecenter.com)는 그물로 잡힌 진귀한 어류와 산호들을 보여주는 혼합형 표준화 사이트이다.

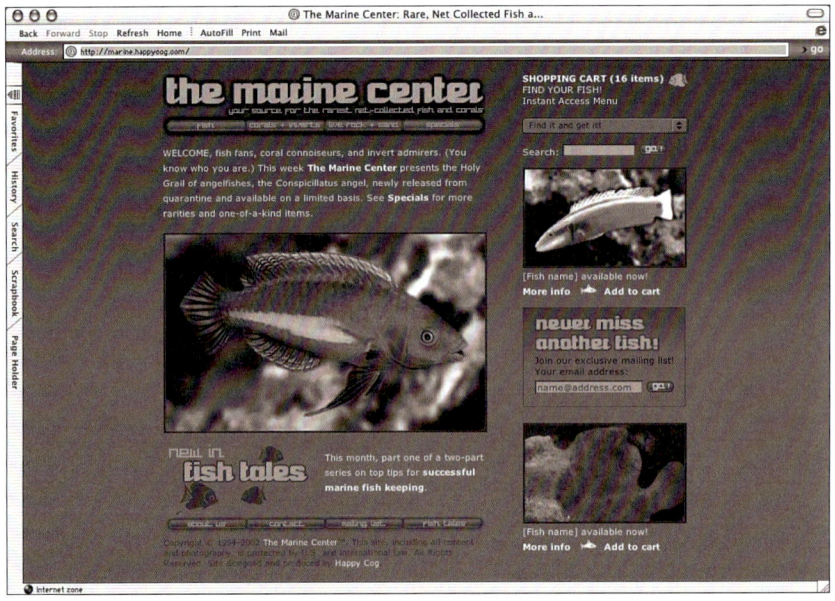

이 사이트는 상당히 용량을 많이 차지할 것이다. 이미지가 많아서가 아니라 각각의 요소들이 복잡한 테이블 구조로 서로 연결되어 있기 때문이다.

Marine Center가 혼합형 레이아웃을 사용하기는 하지만 테이블을 최대한 적게 사용하는 제약을 두어, 발생가능한 문제를 미연에 방지한다. 기본 테이블 구조로 왼쪽과 오른쪽을 구분한다. 이 구분된 양쪽으로 모양에 따라 요소들이 위치하고, 여백과 정렬의 미묘한 차이는 CSS로 다룬다. 10장에서 이 CSS 방법에 대한 것은 다시 설명할 것이다. 이번 장의 목적에 맞게 가능한 최소한의 테이블 요소를 사용한다. 최소한의 테이블에 CSS를 적용시키기 시작하면 이전부터 생각해 왔던 많은 기술이 별것이 아니라고 느끼게 될 것이다.

구식 방법들

참고를 위해서(그리고 혹시 이중에서 사용할지도 모르기 때문에) 구식 방법들이 처음 웹에 등장한 순서대로 나열해보려고 한다.

이미지 맵의 시대

상업적인 웹 디자인이 시작된 시기에는 그림 7.4나 그림 7.6의 상, 하단에 있는 잘 정리된 네비게이션바를 만들기 위해서 이미지맵을 사용했다. 초기의 이미지맵은 다섯 가지 부분으로 나눌 수 있다.

- 포토샵으로(또는 Canvas나 다른 이미지 에디터로) 만든, 이름 그대로 GIF나 JPEG 포맷으로 저장된 사진파일.
- 이미지의 '활성화'되는 부분의 좌표와 각 부분의 링크에 걸리게 되는 URL을 가지고 있는 맵파일.
- 거의 보통 PERL로 만들어지고 서버의 특정 디렉토리에 저장되어 사용자의 마우스 클릭 정보를 전달하는 CGI 프로그램.
- 페이지의 소스코드에서 이미지 요소에 들어가 있는 "ISMAP" 속성.
- CGI 프로그램의 위치를 지정하는 이미지 요소를 감싸고 있는 <a> 태그.

HTML은 이러한 모양이 될 것이다.

```
<A HREF="/cgi-bin/imagemap/image.map"><IMG SRC="/images/image.gif" ISMAP></A>
```

이것이 1990년대 중반에 가장 보편적인 서버사이드 이미지 맵으로, 사이트의 서버에 있는 CGI 스크립트가 사용자의 마우스클릭을 맵으로 잡힌 URL로 보내준다. 물론 디자이너도 많은 일을 한다. 이미지 맵 디자인이 쉬운 방법은 아니었지만, 이 방법 말고는 디자이너가 원하는 효과를 전부 보여줄 방법이 없었다.

서버사이드 이미지 맵은 금새 클라이언트사이드의 이미지 맵으로 바뀌었고, 클릭이 서버에서가 아닌 '클라이언트에서'-즉 사용자의 브라우저에서-정해진다. 클라이언트사이드 이미지 맵은 별도의 맵 파일이 필요 없다. 그 대신 좌표가 아래처럼 HTML 페이지 안에 직접 사용된다.

```
<map name="navigation">
<area shape="rect" coords="0,400,75,475" href="index.html">
<area shape="rect" coords="401,500, 425, 525" href="events.html">
...
</map>
```

클라이언트사이드 이미지 맵은 사용하기 쉬웠고 자연스레 서버사이드 이미지 맵은 사라졌다.

맵의 단점

이미지 맵을 사용하던 개발자는 방문자가 사이트의 구조 안에서 지속적으로 변하는 자신의 현재 위치를[7.4, 7.5] 완벽하게 이해하기를 원하기 때문에 메뉴에 해당하는 페이지마다 각각의 이미지 파일을 만들 수밖에 없었다. 그러면 모뎀을 사용하는 방문자는 이 무거운 이미지 파일을 각 페이지를 갈 때마다 다운로드 받아야 한다. 혹시 이 개발자가 제대로 요령이 있다면 모든 페이지의 맵 파일도 현재 위치한 부분은 클릭이 되지 않도록 수정할 것이다.

이 효과를 만들기 위해서는 상당한 양의 용량이 필요할 것이고, 1994-1996년대의 전화선은 빠른 속도와는 거리가 멀었고, 사용자는 보통 그 속도에 만족하기 힘들었다. 사용성에 관한 문제를 바탕으로 이러한 사용자의 불만을 본다면 이미지는 거의 무조건 좋지 않다고 단언할 수 있다.

이제는 거의 이미지 맵을 쓰지 않는다. 초기의 경험들 때문에 고생을 하고 있는 일부 사용성에 관련된 컨설턴트나 관계자들은 이미지와 그래픽 디자인에 안 좋은 감정을 가지고 있다. 이것은 마치 자동차가 처음 나왔을 때, 말들을 놀라게 하는 바람에 차를 무조건 싫어하는 것과 비슷한 현상이다.

접근성이 없으면 구조도 필요 없다

이미지 맵이 잘 만들어진 느낌을 보여주기는 하지만 이미지를 보이게 해둔 그래픽 브라우저에서만 사용이 가능하고 또한 사용자가 (마우스 클릭을 위해서) 활동을 하는데 지장이 없어야 하며, (이미지를 판별하기 위해서) 시력에도 문제가 없어야 한다. 이미지 맵은 alt 속성을 사용하면 접근성을 향상시킬 수 있지만 실제로 사용은 많이 되지 않았다.

또 이미지 맵은 구조적인 의미는 전혀 가지고 있지 않다. 적합한 장비를 갖추고 있을 때(사용자의 신체적인 조건도 같이 갖추고 있을 때) 클릭이 가능한 단순한 이미지일 뿐이다. 비구조적인 HTML의 전형적인 형태를 갖추고 있다.

자르고 나누기

이미지 맵의 문제점 중에서 가장 큰 것은 똑같이 반복되는 이미지 요소를 캐시로 저장해도 전송량에 전혀 도움이 되지 않는다는 것이다. 그래서 디자이너들은 이제 이미지를 포토샵으로 잘라서 이 잘라진 이미지 조각을 GIF나 JPEG 포맷으로 만들고 HTML 테이블을 사용해서 구성을 맞추는 방법을 사용하기 시작했다(기억 못하는 사람이 없으리라고 생각은 하지만 혹시나 하는 마음에 반복하자면 2장에 있는 그림 2.3, 2.4을 참조하라).

자르고 나누는 방법은 구조적이지는 않았지만, 사용자의 하드드라이브에 브라우저 캐시로 이미지를 저장함으로써, 서버와 사용자 간의 전송량을 상당히 줄일 수 있었다.

```
<a href="/events/">
<img src="/images/events.gif" alt="Events">
</a>
```

'자르고 나누기'가 이미지 맵에서 문제가 되던, 지나치게 많은 전송량을 감당할 필요 없이 잘 만들어진 모양을 제공할 수 있게 해주면서 디자이너와 개발자들은 자연스럽게 이 방법을 사용하기 시작했다.

이미지 자르기의 유행

초기에는 어도비 포토샵에서 사각형 마퀴툴로 하나씩 전부 손으로 조각을 선택해서 레이어를 전부 하나로 합치고 복사한 뒤에 새로운 파일에 붙여서 사용했다. 그리고 다른 플러그인을 사용해서 GIF로 만들었다. HTML을 직접 만들어서 이미지들을 배열하고 공백이 없도록 잘 조절하는 일도 필요했었다. 그때는 모든 것이 자급자족의 생활이었다.

그리고 몇 가지 새로운 사건들이 생겨났다.

넷스케이프에서 1996년에 만든 자바스크립트 객체 모델을 확장시켜서 사용자의 마우스액션에 따라서 이미지를 바꿔주는 기능을 추가했다. 롤오버 효과가 생겨난 것이다. 어떤 사람은 손으로 이미지를 잘라서 테이블 레이아웃에 배열하는 롤오버 효과를 만드는 자바스크립트를 배웠다. 또 어떤 사람들은 Project Cool 같은 신기술을 알려주는 사이트에서 복사해서 붙이는 법을 배웠다. 그리고 거의 대부분의 사람들은 이 두 가지 방법을 모두 사용하고 있다.

한편, 어도비에서는 이전에는 별도로 판매되다가 포토샵에 내장된 ImageReady로의 단축키를 추가하면서 포토샵의 웹 기능을 강화시켰다. 포토샵에 있던 가이드를 그대로 가져와서 ImageReady를 사용하면 프로그램이 알아서 자르고 나눠준다. ImageReady에서 HTML 테이블 마크업까지도 만들어주고, 그 다음버전에서는 자바스크립트로 롤오버 효과까지도 만들어 준다.

매크로미디어(현재는 어도비)의 웹 이미지 제작프로그램인 Fireworks도 같은 기능을 가지고 있었고(지금도 가지고 있다), 매크로미디어와 어도비는 테이블과 롤오버를 만들어주는 위지위그 에디터를 만들어냈다.

개발자들은 이제 두 부분에서 전부 만족할 만한 결과를 가지게 되었다 - 보이는 부분에도 만족할 만한 효과도 있으면서 이 귀찮은 작업을 컴퓨터가 해주는 것이다.

네비게이션 테이블 레이아웃의 장점

사라지고는 있지만 GIF 이미지가 들어간 HTML 테이블(또는 XHTML 테이블)과 자바스크립트는 여전히 현대 웹 디자인과 개발의 기준이 되고 있다. 일부 표준 지지자들은 비구조적이라서 싫어하고, 또 일부 사용성 컨설턴트들은 그래픽 디자인과 관련된 모든 것을 경멸하듯이 가치가 없다고 생각한다.

하지만 이번 장에서 보여준 것처럼(그리고 다음 세 개 장에서 좀 더 자세히 보여줄 것처럼) 테이블은 잘 만들어진 룩앤필을 요구하는 혼합형, 전환형 레이아웃에는 적합하다. 가장 큰 세 가지 단점은 다음과 같다.

- 사이트의 구조를 바꾸거나 룩앤필을 바꿀 때, 지나치게 손이 많이 간다.
- 단 하나의 기기에만 맞도록 만들어져 있다. 컨텐츠를 다른 종류의 기기에(휴대전화 같은) 서비스하고 싶다면, 대체할 만한 마크업과 그래픽이 필요하고, 스크립트와 서버

사이드 언어로 사용자를 구분해야 한다.

- 컨텐츠가 표현에 중점을 두기 때문에 시각장애를 가진 사람들은 자주 네비게이션이나 다른관심도 없는 분야의 난관에 빠지게 된다. 이러한 사용자들을 우리의 컨텐츠를 보여주기는 힘들고 난감한 일이 될 것이다. 신체적으로도 장애가 있는 시각 장애인들에게는 이 컨텐츠를 보는 것 자체가 불가능이 될 것이다. CSS가 구조에서 레이아웃을 구분해 내기 때문에 CSS 레이아웃으로 컨텐츠를 제일 먼저 위치하게 해서 모든 사용자가 첫 번째로 접근이 가능하게 할 수 있다.

처음으로 보여준 두 개의 단점은 디자이너와 사이트의 소유주에게는 고생스럽지만 사용자는 전혀 문제가 없다. 세 번째는 피하는 것이 가능하다: 8장의 "넘어가기 메뉴 VS 순서 조절"에서 알려줄 것이다.

테이블만이 독특하고 잘 만들어진 효과를 보여줄 수 있는 것은 아니지만 브라우저 환경에서 가장 신뢰성이 높은 방법이며, 간결하고 접근성이 높은 마크업으로 만들어질 수 있고, 1990년대 중반에 많이 사용한 이미지를 사용하지 않는 방법보다 전송량을 절약할 수 있다.

지나치게 장황한 테이블

전송량을 절약하고 접근성을 높이며 (이미지는 읽지 못하는) 검색 엔진에 제대로 된 결과를 알려줄 수 있게 하기 위해서 1990년대 중반에 일부 웹 디자이너들은 GIF로 만든 텍스트를 사용하는 것을 중지하고, HTML에 네비게이션용 이름을 쓰고 테이블 레이아웃에 추가해서 레이아웃을 잘라서 붙이는 방법을 따라하기 시작했다.

```
<!-- 가장 바깥쪽의 테이블 시작. 이 부분에서 검은색 테두리를 만든다. -->
<TABLE WIDTH=80% BORDER=0 CELLSPACING=1 CELLPADDING=0>
<TR>
<TD WIDTH=100% VALIGN=TOP BGCOLOR="#000000">
<!-- 실제 네비게이션이 들어간 테이블 시작 -->
<TABLE WIDTH=100% HEIGHT=100% BORDER=0 CELLSPACING=
1 CELLPADDING=0>
<TR>
<TD WIDTH=25% HEIGHT=50 VALIGN=TOP BGCOLOR="#FF9900">
<FONT SIZE=2><BR><BR><FONT FACE="GENEVA, ARIAL, HELVETICA"><B>
<A HREF="item1.html">Menu Item 1</A></B></FONT><BR><BR>
</FONT></TD>
<TD WIDTH=25% HEIGHT=50 VALIGN=TOP BGCOLOR="#FF9900"><FONT
SIZE=2><BR><BR><FONT FACE="GENEVA, ARIAL, HELVETICA"><B>
```

```
<A HREF="item2.html">Menu Item 2</A></B></FONT><BR><BR>
</FONT></TD>
<TD WIDTH=25% HEIGHT=50 VALIGN=TOP BGCOLOR="#FF9900">
<FONT SIZE=2><BR><BR><FONT FACE="GENEVA, ARIAL,
HELVETICA"><B>
<A HREF="item3.html">Menu Item 3</A></B></FONT><BR><BR>
</FONT></TD>
<TD WIDTH=25% HEIGHT=50 VALIGN=TOP BGCOLOR="#FF9900">
<FONT SIZE=2><BR><BR><FONT FACE="GENEVA, ARIAL,
HELVETICA"><B>
<A HREF="item4.html">Menu Item 4</A></B></FONT><BR><BR>
</FONT></TD>
</TR>
</TABLE>
<!-- 실제 네비게이션 테이블 끝 -->
</TD>
</TR>
</TABLE>
<!-- 가장 바깥쪽의 테이블 끝. -->
```

이 마크업은 상당히 좋지 않은 모양을 가지고 있고 마크업의 미학에서 볼 때 완전히 뒤쳐져 있는데도, 아직도 선두기업들을 포함한 많은 커다란 규모의 상업용 사이트에서 사용하고 있다(8장과 10장에서 우리가 만들 마크업과 비교하고 대조해 보자). 많은 사람들이 자신들의 데이터베이스에 저장해둔 순수하게 표현만을 위한 마크업을 저장해 두고 문제를 만들어 낸다. 그래서 간결하고 깨끗하며 구조적인 개편을 실행하려고 해도 데이터베이스에 있던 오래된 마크업이 중간에서 망가뜨린다.

이러한 기술을 사용한 조직이 이런 구시대적인 습관에서 빠져 나오기 위해서는 엄청난 노력과 비용을 들여야 한다. 현재와 동급인 사이트를 계속해서 만들어 내면 희망은 없다. 조만간 이 조직은 고통을 감내해야 될 시간이 언젠가는 찾아올 것이다.

잘못 사용한 CSS의 등장

1997년 마이크로소프트 인터넷 익스플로러 3이 CSS 1을 부분적으로 지원하기 시작했을 때 비구조적이고 지나치게 긴 코드들을 이미지에서 자유로운 테이블 레이아웃에 아낌없이 사용하기 시작했다.

다음 절의 예제처럼("1997년으로 돌아가기") 방문자의 하드 드라이브에 캐시로 저장되는 스타일시트 파일 하나를 사용 하지 않고, 스타일을 직접 마크업에 사용해서 <font> 태그와 bgcolor 속성과 거의 맞먹을 만큼 전송량을 잡아먹는 방법을 사용했다. "CSS를 지원하지 않는 브라우저"를 지원하는 노력의 일환으로 우리는 font 태그와 함께 많은 허접한 것들을 사용하고 거의 두 배에 가까운 전송량을 낭비하는 결과를 가지게 된다. 또한 문서의 구조라고는 전혀 고려해본 적도 없다.

표현에서 구조를 분리하는 CSS의 진정한 힘은 브라우저에서 아직 사용할 수 없었고, 좀 더 중요하게는 대부분의 전문 웹 디자이너들의 생각 속에 있지를 않았다(그리고 아직도 많이 있지 않다). CSS가 아직 준비가 되지 않았기 때문에 디자이너들 역시 CSS로 전환하려는 생각을 하고 있지 않았던 것이다.

클래스남용과 div남용을 이야기하기 전에 이 둘보다 더 문제가 되는 것은 CSS 스타일을 마크업에 직접 사용하면 전송량을 줄이고 모든 사이트 전체에 적용되는 스타일을 구조적인 마크업에 추가한다는 CSS의 의의를 전혀 살리지 못한다는 것이다.

1997년을 그리워 하며...

최근에 이 장에서 다룬 안 좋은 습관을 전부 사용하고 새로운 것도 몇 가지 발명해서 사용한 웹 페이지를 우연히 발견했다. 이 사이트는 우리가 했던 잘못보다 좀 더 장황하다는 점만 제외하면 1997년에 우리가 사용한 온갖 잡동사니 태그들의 완벽한 혼합물이다.

페이지의 디자인이 완전히 단순하기는 하지만[7.7] 마크업은 전부 직접 사용했고 특정 브라우저에서만 사용 가능한 gradient filter를 사용해서 거의 수학 공식에 가깝게 복잡하다. 그리고 코드의 길이가 길다! 이 단순한 웹 페이지에 들어가 있는 마크업을 전부 이 책에 넣는다면 이 장는 아마도 길이가 두 배정도 늘어났을 것이다. 공간적인 문제와 정신건강을 위해서 일부분만을 여기 넣어보았다. 아래에 있는 마크업은 페이지의 상단에 아주 기본적인 머리 부분을 만드는데 사용했던 부분이다.

```
<table cellpadding="0" width="100%"><tr><td colspan="2"><table
cellpadding="0" width="100%" style="height: 22px"><tr>
<td width="50%" style="filter:progid:DXImageTransform.
Microsoft.Gradient(startColorStr='#4B92D9', endColorStr='
#CEDFF6', gradientType='1')"></td><td width="50%" style=
"filter:progid:DXImageTransform.Microsoft.Gradient
```

```
(startColorStr='#CEDFF6', endColorStr='#1E77D3',
gradientType='1')"></td></tr></table></td><td id=
"msviGlobalToolbar" height="22" nowrap align="left"><table
cellpadding="0"><tr><td class="gt0" nowrap onmouseover=
"this.className='gt1'" onmouseout="this.className='gt0'">
<p><a href="?60AB6D97&amp;http://www.microsoft.com/world
wide&amp;&amp;HL=Microsoft%2bWorldwide&amp;CM=Masthead&amp;
CE=geotargeting">Microsoft Worldwide</a></p></td><td class=
"gtsep">|</td><td class="gt0" nowrap onmouseover=
"this.className='gt1'" onmouseout="this.className=
'gt0'"><p><a href="?6E30816B&amp;http://www.microsoft.com/
library/toolbar/3.0/sitemap/en-us.mspx&amp;&amp;HL=
Site+Map&amp;CM=Masthead&amp;CE=h">Site Map</a></p></td>
</tr></table></td></tr></table>

<table cellpadding="0" width="100%" bgcolor="#FFFFFF">
<trvalign="top"><td><script type="text/javascript">rT()
</script><img alt="Microsoft" border="0" src="http://i2.
microsoft.com/h/all/i/ms_masthead_8x6a_ltr.jpg"><!— —>
<script type="text/javascript">wI("http://i.microsoft.com/
h/all/i/ms_masthead_10x7a_ltr.jpg","Microsoft","","")
</script></td>

<td id="msviDualGlobalSearch" bgcolor="#FFFFFF" nowrap><form
id="msviDualSearchForm" action="http://www.microsoft.com/
h/all/s/sr.aspx"><input type="hidden" name="Track" value=
"true"><input type="hidden" name="locale" value="en-us">
<div><input name="qu" id="msviDualSearchBox" maxlength=
"255"><input id="msviSearchButton" type="submit" name=
"msviGoButton" value="Search"></div><div id=
"msviRadioButtons"><input type="radio" id="mscomSearch"
checked name="searchTarget" value="microsoft"><label
for="mscomSearch">Microsoft.com</label><input type="radio"
id="msnSearch" name="searchTarget" value="msn"><label
for="msnSearch"><img onClick="msnSearch.checked=true"
src="http://i2.microsoft.com/h/en-us/i/msnlogo.gif"
alt="MSN"> Web Search</label></div></form></td></tr></table>
```

아마도 이대로라면 스무 페이지는 채우고 남을 분량이다. 아마도 엄청나 보이겠지만 1997년에 만든 디자인 포트폴리오에서 최악인 것을 보여준 것도 아니고 학생들이 만든 작업물도 아니고 작은 회사의 사이트도 아니다. 이 소스는 2006년 2월 28일에 마이크로소프트의 홈페이지에서[7.7] 가져온 것이다.

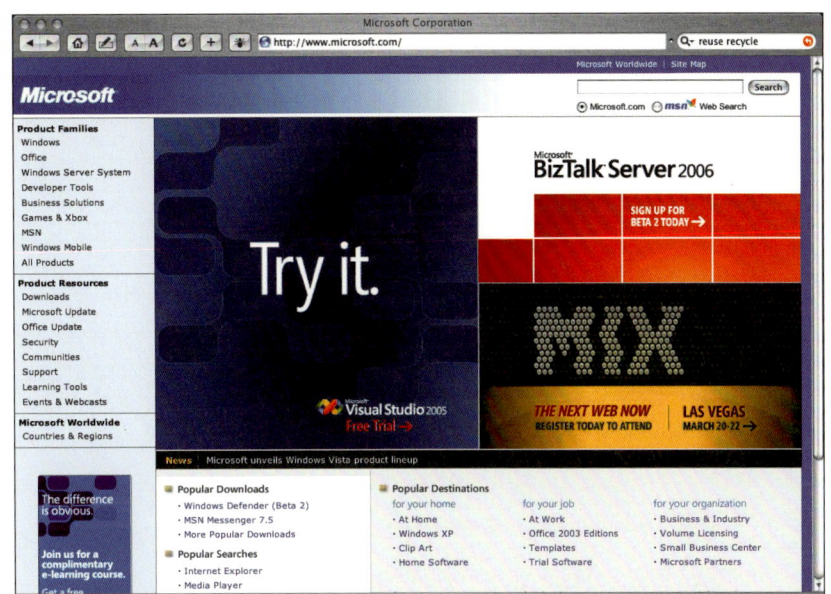

7.7
1997년으로 돌아가서 2006년 마이크로소프트의 홈페이지에 사용된 마크업과 CSS를 한번 평가해 보자(www.microsoft.com).

마이크로소프트는 W3C의 주요 멤버이고, CSS와 XHTML의 설명서를 만든 큰 공헌자이면서 이 페이지에서 사용한 망가진 HTML과 CSS의 취향을 계속해서 키워나가는 표준을 지원하는 브라우저를 만드는 업체이다. 4장의 '새로운 협조의 시대'를 다시 읽어보면 1990년대 중반의 잘못된 방법에 당황해 할 것이다. 다행히도 이 마크업은 W3C에서 유효성검사를 하면 유효하다-그리고 마이크로소프트의 웹 페이지로서는 상당히 커다란 발전이다(validator.w3.org/check?verbose=1&uri=http%3A%2F%2Fwww.microsoft.com%2F).

"그러면 Microsoft.com의 첫 머리 부분을 어떻게 고쳐서 마크업해야 할까?"라는 질문이 들린다. 나라면 아마도 이렇게 할 것이다.

```
<div id="masthead">
<div id="locator">
<ul>
<li><a href="/worldwide/">Microsoft Worldwide</a></li>
<li><a href="/sitemap/">Site Map</a></li>
</ul>
</div>
<div id="searchform">
<form method="post" action="/searchresults/"><label for="ms_search">Search:</label><input type="text"
```

```
        id="ms_search" name="ms_search" />
        <input type="submit" value="Go!" /></form>
    </div>
</div>
```

아마도 지금 만든 이 마크업에서 마이크로소프트의 로고 이미지가 어디에 있는지 궁금해 할 것이다. 로고에 사용된 이미지는 '없다'. 로고는 이미지 태그를 사용하지 않고 배경이미지로 CSS를 통해서 masthead에 들어가 있다. 이 대답이 어쩌면 만족스럽게 들리지 않을지도 모른다. 로고는 클릭이 가능해야 하지 않을까? 보통은 그렇지만 마이크로소프트의 사이트에서는 그렇지 않다. 그래서 클릭이 되도록 표면에 드러나는 요소를 사용하지 않았다. 사용자가 홈으로 가기 위해서 로고를 클릭하게 해서 사용성을 높이게 하고 싶었다면 아마도 이미지를 사용해서 다음과 같이 만들었을 것이다.

```
<div id="masthead">
<h1><a href="/"><img src="logo.gif" alt="Microsoft" /></a></h1>
```

이 마크업은 마이크로소프트 사의 사이트보다 더 잘 작동하고 훨씬 짧고 시멘틱하다.

사실 (이 장에서 다룰 수 있는 것보다 훨씬 더 복잡하기 때문에) 두 개의 radio 버튼을 다루는 form을 다시 쓰는 것을 무시했다. 그래도 요점을 파악하는 데는 문제가 없다. 이 장에서 배운 원리를 이용해서 길고 깔끔하지 않고 대부분 시멘틱하지 않은 마크업을 간결하고 마크업만으로 이해가 가능하며 구조적인 마크업으로 바꿀 수 있다. 이것이 바로 우리가 앞으로 써야 하는 것들이다.

다행히도 많은 현명한 디자이너와 개발자들이 복잡한 마크업이나 특정 브라우저를 위한 코드와 CSS를 직접 사용하는 방법을 버리고 있다.

지속적인 발전

테이블 레이아웃도 멋지고 가볍고 접근성이 있으면서 표준을 지키게 만들 수 있다. 그리고 CSS 레이아웃은 그보다 훨씬 잘 만들 수 있다. 작업량과 서버의 부하를 가볍게 하고, 사이트의 접근성과 사용성을 높이기 위해서 표현에서 구조를 분리하며 그래픽 디자이너의 창조성을 해방시키는 새로운 툴을 제공한다. 다음의 3개 장에서 우리는 지금까지 배운 것들을 통합해서 간결하고 표준을 준수하는(그리고 매우 심플한)혼합형 사이트를 만드는 CSS로의 여행을 시작할 것이다.

08장

XHTML 예제: 혼합형 레이아웃(1부)

이번 장과 이어지는 두 개의 장은 어느 정도 연관성을 가진다. 이번 장에서는 지금까지 배운 XHTML을 사용해서 실제로 간단한 웹사이트를 만들어 볼 것이다. 우리가 만들 마크업은 약간은 구조적으로, 또 약간은 전환형으로, 그러면서도 표준은 완벽하게 준수하도록 만들 것이다.

9장에서는 초급이나 중급 사용자를 위한 CSS의 기본을 배울 것이다. 마지막으로 10장에서는 프로젝트를 마무리 지으면서 약간 고급형 CSS를 배우게 될 것이다. 이 실습은 수영을 배울 때처럼 물속에 갑자기 집어 넣는 격한 정도는 아니지만 불어를 배우기 위해서는 파리에 가는 정도의 난이도는 될 것이다. 추가로 이 프로젝트를 만들 때 마크업에(그리고 사이트에) 접근성을 어떻게 접목시킬지를 같이 배우게 될 것이다.

전환형 방법의 장점

이번 장에서 과거에 사용했던 (여기서는 그보다는 좀 더 깔끔하게 만들어진) 테이블 레이아웃 기술과 구조적인 마크업을 접목시키고 접근성을 추가해서 혼합, 전환형 레이아웃을 만들기 시작할 것이다. 이 프로젝트에서 사용하고 여기 세 개의 장에서 설명한 기술들은 도서관이나 공공시설 또는 아래의 사항들과 연관이 있는 작은 회사나 조직에 적합하다.

- 적은 예산으로 많은 컨텐츠를 관리해야 한다.
- 다양한 브라우저와 기기를 지원해야 한다(정말 오래된 것들까지도 지원해야 한다).
- 사용자의 트래픽을 줄여야 한다(물론 업체 자신의 트래픽도 같이 줄여야 한다).
- 신뢰할 만하고 경제적이면서 쉽게 적용할 수 있는 제작 방법과 함께 웹표준으로 전환하기 시작해야 한다.

자바스크립트를 대신하는 스타일시트

이 세 개의 장을 마치고 나면 표준을 지원하는 i3Forum 사이트의 템플릿이 만들어져 있을 것이다[8.1]. 최종 작업된 템플릿은 i3.happycog.com의 Happy Cog 스테이징 서버에 올려져 있다.

이번 장에서는 마크업을 정하고, 10장에서는 색상과 크기 그리고 요소들의 상대적인 위치설정을 위한 CSS를 추가할 것이다(9장에서는 CSS의 기본을 먼저 배울 것이다). 그 중에서 이미지와 자바스크립트로 보통 만드는 롤오버 메뉴를 CSS로 만들어 볼 것이다. 이미지와 자바스크립트로 만드는 것이 잘못된 것은 아니지만 XHTML과 CSS를 대신 사용하면 부하를 줄일 수 있고, 거기다가 스크린리더와 텍스트 브라우저, 데스크탑용이 아닌 브라우저(PDA나 휴대전화용 브라우저들), CSS를 지원하지 않는 브라우저 등 여러 환경에 대한 접근성을 좀 더 높이게 된다.

기본 접근법(개요)

i3Forum 레이아웃은 최소한의 꾸밈으로 산뜻한 인상을 줄 수 있도록 디자인 되었으며 XHTML도 간단하다. 2개의 XHTML 테이블이 사용되었고, 둘 다 가운데 정렬이고 CSS로 제어한다. 첫 번째 테이블은 네비게이션 메뉴이고 두 번째는 내용을 제공하는 부분이다[8.2].

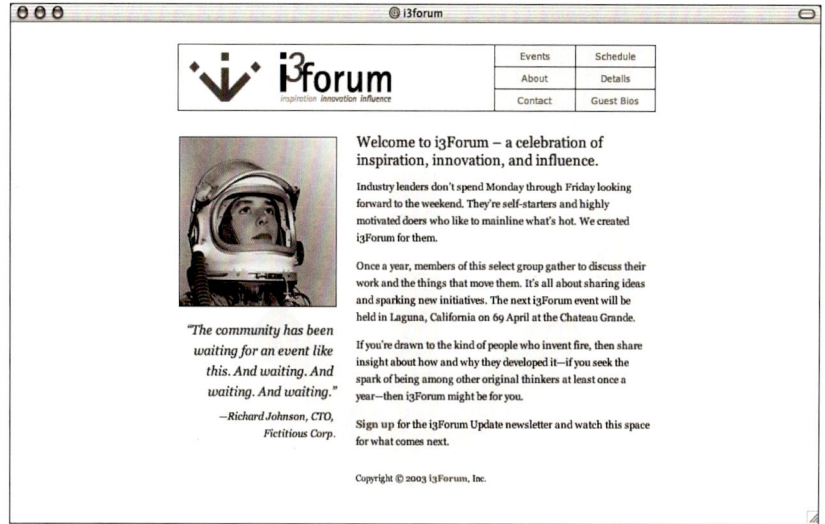

8.1

8장부터 10장까지에서 설명한 내용을 전부 다 완료한 뒤에 완성될 템플릿 (i3.happycog.com)

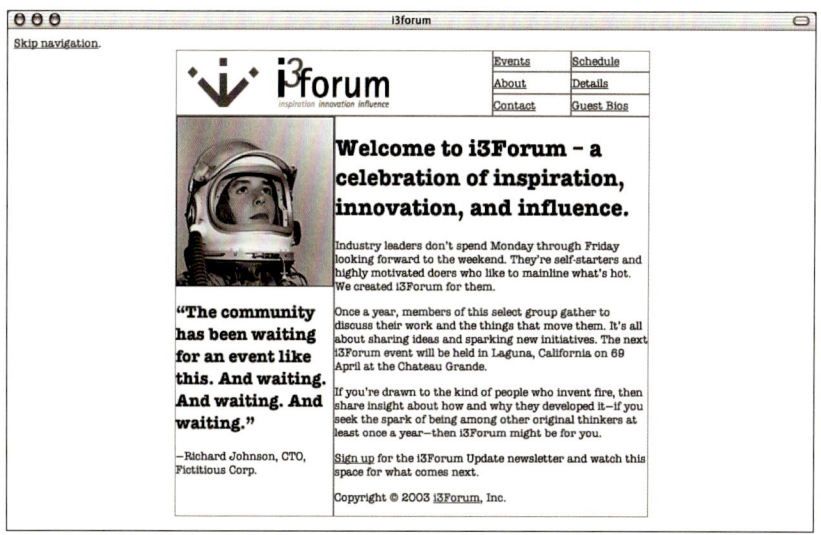

8.2

이번 장에서 만든 템플릿에서 CSS를 없애고, border를 넣은 모양. 두 개의 분리된 테이블이 만나는 메뉴와 컨텐츠 사이의 라인이 약간 두껍다.

이 테이블에 사용된 XHTML은 지금부터 보여질 것이다. 어쩌면 벌써 궁금한 것이 생겼을 것이다. 보통 이러한 레이아웃은 rowspan과 colspan을 이용해서 다양한 가로세로를 조절한 테이블 하나로 만든다. ImageReady를 이용해서 이미지를 자동으로 잘라서 사이트를 만들면 사이트 전체가 하나의 테이블로 만들어질 것이다. 그런데 우리는 어째서 테이블을 두 개로 만들었을까?

테이블 분리: CSS와 접근성 면에서의 장점

7장에서 다루었던 "div, id, 그리고 다른 요소들"을 그냥 넘겼다면 지금 슬쩍 다시 보는 것이 좋을 것이다. 레이아웃을 두 개의 테이블로 나누면 id 속성을 사용해서 다음과 같은 일을 할 수 있게 해준다.

- 10장에서 만들게 되는 CSS를 효율적이고 깔끔하게 만든다.
- 접근성 측면에서의 발전을 확실하게 제공한다.
- 각 테이블에 구조적으로 이름을 정해서, 언젠가 다시 사이트를 만들어 XHTML을 div와 CSS로 수정할 때 더 쉽게 할 수 있게 해준다.

테이블의 summary 요소

그리고 레이아웃을 두 개의 테이블로 분리하면 summary 속성을 각각 추가할 수 있다.

```
<table id="nav" summary="Navigation elements" ... etc. >
<table id="content" summary="Main content." ... etc. >
```

summary 속성은 인터넷 익스플로러, 파이어폭스, 사파리, 또는 오페라 같은 데스크탑 브라우저에서는 보이지 않는다. 하지만 시각장애인들이 사용하는 스크린리더 같은 소프트웨어는 summary 요소를 이해하고 그 내용을 읽어준다. 우리의 경우에 스크린리더는 "Navigation elements"과 "Main content."라고 읽어 줄 것이다. 좋은 스크린리더는 별로 관심 없는 테이블이라면 넘어갈 수 있게 해주는 기능도 제공한다. 테이블에 summary를 써주면 바로 아래에서 설명하는 '넘어가기 메뉴'를 그냥 지나쳐서 넘어가버린 사용자에게 좋은 부가적인 접근성 기능을 제공하게 되는 것이다.

페이지 구조와 id

네비게이션이나 컨텐츠로서의 구조적인 역할을 위해서 각각의 테이블에 id를 할당했다. 이렇게 해서 (7장에서 정의하고 다루었던) class남용과 div남용 없이 모든 테이블에 적용되는 축약된 CSS를 사용할 수 있다.

또 우리 마크업의 상단에 넘어가기 메뉴링크를 추가할 수 있게도 해준다.

넘어가기 메뉴 Skip Navigation 와 이를 사용하는 이유

이름에서 알 수 있듯이 넘어가기 메뉴는 방문자들이 네비게이션을 넘어서 컨텐츠 테이블로 직접 넘어갈 수 있도록 해주는 링크이다. id를 지정함으로써 이동 가능하게 해주는 것이다.

```
<div class="hide"><a href="#content" title="Skip navigation."
accesskey="2">Skip navigation</a>.</div>
```

웹 페이지의 원하는 부분을 그냥 간단하게 찾을 수 있고, 필요 없는 부분은 그냥 넘어갈 수 있는 일반 사용자들에게는 이 넘어가기 메뉴가 큰 의미가 없다.

하지만 스크린리더를 사용하는 시각 장애 방문자들은 웹의 링크들이 하나씩 일렬로 정렬되어 있는 느낌을 가진다. 이런 경우에 페이지를 로딩할 때마다 항상 같은 위치에 있는 같은 메뉴를 계속해서 읽어준다면, 상당히 괴로운 일이 될 것이다. 넘어가기 메뉴는 사용자들이 이런 문제를 겪지 않도록 해준다.

넘어가기 메뉴는 일반 사용자 중에서도 CSS를 지원하지 않는 PDA와 휴대전화기 사용자들이 페이지를 로딩할 때마다 수많은 링크들을 지나서 한참 동안 스크롤 하지 않아도 되게끔 도움을 준다. 마지막으로 넘어가기 메뉴는 방법이 완벽하지는 않지만 노약자에게도 도움이 된다('접근성: 좋은 소식, 나쁜 소식' 절을 참고).

넘어가기 메뉴 VS. 순서 조절

넘어가기 메뉴 대신에 그냥 컨텐츠 뒤에 메뉴를 붙이는 것이 좋을 때도 있다. CSS 레이아웃을 사용하면 마크업의 순서를 바꾸는 것으로 가능하다—CSS로 뒤에 있는 마크업을 앞쪽에 보이게 할 수 있다(던스탠 오차드 Dunstan Orchard가 만든 [1976design.com/blog/archive/2004/11/21/solving-css-problems-mozilla-europe]에서 CSS를 사용하여 어떤 방식으로 메뉴를 컨텐츠의 뒤에 두고, 보여지는 것은 앞에 보이도록 하는지 보여주었다).

테이블로 작업을 해서 같은 효과를 내기 위한 가장 간단한 방법은 컨텐츠가 네비게이션 다음으로 오는 형태 즉, 넓은 컨텐츠 테이블이 왼쪽에 오고 좁은 '사이드바' 테이블이 오른쪽에 네비게이션으로 있는 형태이다. 또 마크 필그림 Mark Philgrim이 만들고 조 클락 Joe Clark이 자신의 사이트 『Building Accessible Websites』(www.joeclark.org/book/sashay/serialization/Chapter08.html#h2-1655)에서 잘 설명해둔 테이블 핵을 사용할 수도 있다.

넘어가기 메뉴와 접근성

넘어가기 메뉴는 방문자들이 텍스트전용이나 CSS를 지원하지 않는 브라우저를 사용할 때 id가 "content"인 두 번째 테이블의 컨텐츠로 건너뛸 수 있게 해준다.

```
<table id="content" ...> etc.
```

텍스트전용 브라우저나 CSS를 지원하지 않는 브라우저에서 링크는 페이지의 상단에 위치한다[8.3, 8.4]. CSS를 지원하는 브라우저에서는 넘어가기 메뉴를 안 보이게 하는 CSS는 10장에서 만들 것이다(이 장에서도 언급되긴 하겠지만, 먼저 확인하고 싶다면, 10장을 먼저 보기를 권한다).

```
.hide {
    position: absolute;
    left: -9999px; }
```

이와 같은 CSS 설정으로 CSS를 지원하는 최신 브라우저를 사용하는 방문자들에게는 넘어가기 메뉴가 보이지 않겠지만, '넘어가기 메뉴와 이를 사용하는 이유'에서 설명한 것처럼, 넘어가기 메뉴 기능이 필요하지 않기 때문에 보이지 않는 것이다. CSS를 무시하는 스크린리더는 div 안의 컨텐츠를 읽고, 시각 장애가 있는 사용자들에게 지겨운 반복을 피할 수 있다는 사실을 알려준다. 비록 시각 장애 사용자가 CSS 레이아웃을 볼 수는 없을지라도, CSS 규칙을 잘 따르는 스크린리더 이외에서도 좋은 모습을 보여주고 있다.

물론 모든 경우에 예외는 있다. CSS를 지원하는 브라우저를 사용하는 사용자 중에서 신체에 장애가 있는 사람도 네비게이션 부분을 건너뛰고, 컨텐츠로 직접 이동하고 싶을 것이다. 시각과 신체 장애를 제외한, 다른 장애를 가진 웹 사용자들은 웹 페이지를 한 번에 볼 수 있다. 하지만 실제로 사용을 하기 위해서는 보통 키보드나 보조장비를 사용한다. 불필요한 네비게이션을 지나는데 tab 키를 수없이 사용해야 하는 것은 상당히 성가신 일이다.

이러한 사용자들은 넘어가기 메뉴를 볼 수가 없는데 어떻게 하면 될까? 우리는 넘어가기 메뉴가 안 보이더라도 작동하는 accesskey를 통해서 이러한 기능을 제공한다. 하지만 안타깝게도 아래에 설명이 있듯이 방법이 불완전하다.

accesskey: 좋은 점, 나쁜 점

HTML/XHTML의 accesskey는 사용자들이 웹사이트를 마우스 대신 키보드로 사용할 수 있게 해준다. 관련요소와 값들을 굵은 글씨로 강조한 아래의 XHTML처럼 그냥 단순히 선언하는 것만으로 accesskey를 설정할 수 있다.

```
<a href="#content" title="Skip navigation." accesskey="2">Skip navigation</a>.
```

8.3

CSS를 지원하지 않는 브라우저(또는 지원은 하지만 CSS를 없앤 경우)에서는 넘어가기 메뉴가 페이지의 상단에 보인다.

8.4

CSS를 꺼둔 정상적인 레이아웃에서 보이는 넘어가기 메뉴.

여기서는 넘어가기 메뉴를 accesskey를 2로 지정했다. 따라서 방문자가 윈도우 기반에서 alt+2를 누르면(맥에서는 Ctrl+2) 네비게이션을 그냥 넘길 수 있다. 접근성을 향상시키는 목적이기 때문에 당연히 사용되는 마크업은 사용하기 쉽고, 눈에 보이는 디자인은 없다. 이것은 실제로는 장점이면서 단점이기도 하다.

방문자가 키보드의 2를 누르면 어떤 작동을 한다는 것을 어떻게 알 수가 있을까? 주요 브라우저에서는 accesskey를 화면에 보여주지 않는다. 거의 대부분의 유명하지 않은 브라우저들도 마찬가지이다.

accesskey 와 iCab

이 글을 쓰고 있는 현재 유일하게 맥용 브라우저인 iCab[8.5]만 accesskey에 지정된 글자를 표시해준다. 대부분의 웹 사용자들은 맥Mac을 사용하지 않고, 대부분의 맥 사용자들은 iCab을 사용하지 않는다. 더 나쁜 것은 iCab에서도 넘어가기 메뉴가 CSS로 숨겨져 있으면 accesskey를 보여주지 못한다는 것이다. 그리고 iCab의 최신 버전에서는 기본으로 Show Shortcuts(Accesskey) 기능이 꺼져 있고, 메뉴 안에 숨겨져 있다. 이러한 상황이라면 확실히 iCab이 accesskey 문제를 해결할 가능성은 없을 것이다.

accesskey의 이상적인 두 가지 가능성

사용자의 대다수는 어느 글자나 숫자를 눌러야 accesskey를 사용할 수 있는지 알 방법이 없다. 따라서 사용을 할 수가 없다. 그 이유 때문에 마크업에 accesskey를 넣는 것은 어떤면에서는 이론적인 방법일 뿐이다.

하지만 만약 W3C가 표준 accesskey를 '넘어가기 메뉴'처럼 일반기능으로 지정하자는 제안을 한다면(그리고 디자이너와 개발자가 그 제안을 따른다면), 사용자는 어느 키를 눌러야 하는지를 알고 있게 될 것이며 그 때는 이것이 좋은 방법이 될 것이다.

또는 브라우저 제작사들이 accesskey를 사용하고 싶은 사용자들이 이 기능을 켤 수 있게 지원을 보강하는 방법도 있다. 윈도우용 인터넷 익스플로러는 사용자들이 어느 웹 사이트에 가든지 폰트 사이즈를 무시하는 기능을 제공한다. 여기에 항상 Accesskey 보이기 기능을 추가할 수 있다면 도움이 될 것이다.

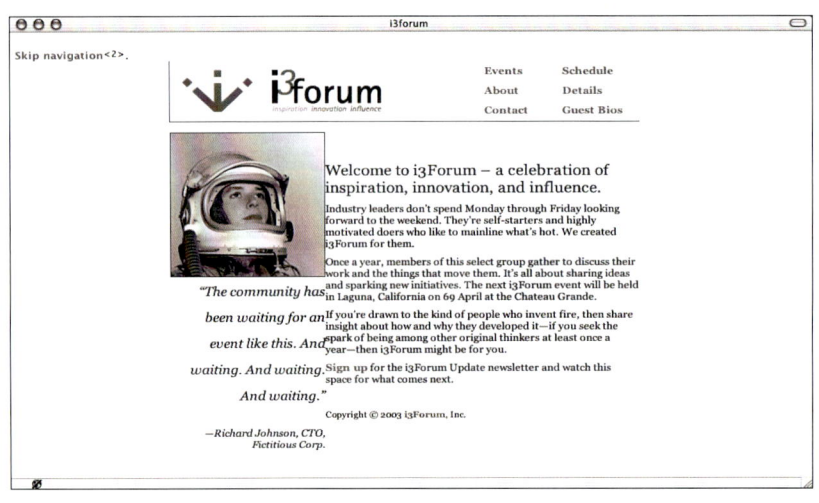

8.5

전세계의 모든 브라우저 중에서 맥용 iCab(www.icab.de)만 accesskey가 2임을 보여주어 사용자들이 키보드의 2를 누르면 네비게이션을 넘어갈 수 있다는 것을 알려준다.

W3C에서 accesskey 단축키를 가까운 시일 내에 표준화하기를 기대하는 것은 아마도 힘든 일이라는 것은 인정한다. 또한 전부는 당연히 불가능하겠고, 유명 브라우저 업체 중 하나도 개발자들의 시간과 노력을 들여서 항상 accesskey를 보이게 하는 기능을 만들기를 기대하는 것도 힘들 것이다. 표준화가 되지 못해서 사용자의 기존 키보드에 있는 단축키들과 충돌하는 문제들과(wats.ca/articles/accesskeys/19), 국제화에 얽힌 문제들 때문에 accesskey는 제대로 사용도 해보지 못하고 사라지는 특이한 경험을 하게 되었다.

일부 디자이너들은 이 문제를 스스로 해결을 했다. 캐나다 웹 디자이너 스튜어트 로버트슨[Stuart Robertson]은 어느 웹사이트에서든 accesskey 단축키를 보이게 추가할 수 있는 방법을 만들어 냈다(www.alistapart.com/articles/accesskeys). 더 많은 accesskey에 대한 좋은 방법들이 www.456bereastreet.com/archive/200601/giving_the_user_control_over_accesskeys에 자세하게 설명되어 있다.

추가 id

기본 id(nav와 content)에 추가해서 네비게이션 테이블에서 각각의 td에 유일한 id를 아래와 같이 지정해 주어야 한다.

```
<td width="100" height="25" id="events"><a href=
"events.html">Events</a></td>
<td width="100" height="25" id="schedule"><a href=
"schedule.html">Schedule</a></td>
```

그리고 sidebar(id="sidebar")와 주요 컨텐츠(id="primarycontent")에 유일한 id를 각각 두 개의 content 테이블에 지정한다. 다음 예제는 보기 쉽게 하기 위해서 많은 부분이 삭제된 content 테이블이다. id와 값들이 굵은 글씨로 강조되었다.

```
<table id="content" etc.>
<tr>
<td width="200" id="sidebar">
Sidebar의 내용은 여기 들어간다.
</td>
<td width="400" id="primarycontent">
주요 내용은 여기 들어간다.
</td>
```

여분으로 네비게이션바의 tr에도 id를 지정했다. 그래서 두 번째 줄의 '버튼'에도 아래의 id들을 가지게 된다.

```
<tr id="nav2">
```

마찬가지로 세 번째 줄의 '버튼'도 아래의 id를 가진다.

```
<tr id="nav3">
```

어느 정도가 적당할까?

이 두 개의 id들은("nav2"와 "nav3") 지금 만들려고 하는 레이아웃의 목적과는 상관없지만 추후에 개편을 한다든가 하는 경우에 쓸모가 있을 것이다. 그렇다면 지금 이렇게 만들어 두는 것이 좋을까? 아니면 빼고 만들어야 할까? 지금 만들어 둔다면, 몇 바이트 정도가 증가할 것이고 넣지 않아도 지금은 아무런 상관이 없다.

마지막 단계에서 이 네비게이션이 서버사이드에서 하나의 독립된 파일로 분리된다면(PHP, JSP, 루비, ColdFusion, ASP 등에서 따로 불러주게 되거나), 관리자가 나중에 쉽게 이 파일 하나만 수정해서 전체 사이트의 유지보수를 할 수 있을 것이다. 이렇게 서버사이드에서 파일을 나누어 주는 기술을 사용하면 "nav2"와 "nav3"를 추가하는 것은 낭비가 될 것이다. 이 말은 서버사이드에서 파일을 나누거나 불러주거나 하는 기술을 쓰지 않고 모든 페이지에서 메뉴를 불러서 사용한다면 "nav2"와 "nav3"를 추가하는 것이 나중에 개편을 하면서 생길 수도 있는 수고를 덜어줄 수 있다는 것이다. 선택은 사용하는 사람에게 달려있다.

■ 초기 마크업: 최종 마크업과 같다

이 페이지와 다음 페이지에서는 `<body>`에서 `</body>`까지의 초기 마크업을 보게 된다. 그리고 이것은 동시에 최종 마크업이다. 어떤 추후의 디자인 수정이든 CSS로 전부 가능하다. 이것이 디자인적인 부분을 최대한 스타일시트로 분리해낸 수고에 대한 보상이고 이러한 혼합형에서도 큰 장점을 발휘한다.

작업을 서버에서 하지 않고 데스크탑에서 하기 때문에, 마크업에서 이미지 파일을 절대 경로로(`img src="/images/logo.gif"`) 사용하지 않고 상대경로로(`img src="images/logo.gif"`) 사용했다. 최종파일은 절대경로로 사용하게 될 것이다. 절대경로가 상대경로보다 파일의 위치가 바뀔 때를 대비해서 좀 더 안전하다. 예를 들어, `/event.html`이 `/event/index.html`로 바뀌게 되도 절대경로 `/images/logo.gif`는 전혀 문제가 없다. 또한 절대

경로는 일부 구식 브라우저에서(넷스케이프 4에서) 상대경로 파일을 잘못 인식하는 CSS 버그를 피할 수 있다.

실제로 '최종' 마크업은 상대경로를 절대경로로 바꾸기 때문에 초기 마크업과 약간 달라진다. 보통은 신경 쓰지 않겠지만 항상 누군가는 이러한 소스의 차이에 의견을 제시하기 때문에 여기서 미리 밝혀둔다.

아마도 실제 소스를 보는 것이 더 편할 것이다. 이 장의 초반에 언급했듯이 이 프로젝트는 i3.happycog.com에 수록되어 있다.

네비게이션 마크업: 첫 번째 테이블

다음은 네비게이션 부분이다. 흥미를 위해서 미리 말해두자면 이 부분에는 표준에 적합하지만 '잘못'이 있다. 어느 부분인지 찾아보자.

```
<body bgcolor="#ffffff">
<div class="hide"><a href="#content" title="Skip navigation."
accesskey="2">Skip navigation</a>.</div>
<table id="nav" summary="Navigation elements" width="600"
border="0" align="center" cellpadding="0" cellspacing="0">
<tr>
<td rowspan="3" id="home" width="400"><a href="/" title=
"i3Forum home page."><img src="images/logo.gif" width="400"
height="75" border="0" alt="i3forum home" /></a></td>
<td width="100" height="25" id="events"><a href=
"events.html">Events</a></td>
<td width="100" height="25" id="schedule"><a href=
"schedule.html">Schedule</a></td>
</tr>
<tr id="nav2">
<td width="100" height="25" id="about"><a href=
"about.html">About</a></td>
<td width="100" height="25" id="details"><a href=
"details.html">Details</a></td>
</tr>
<tr id="nav3">
<td width="100" height="25" id="contact"><a href=
"contact.html">Contact</a></td>
<td width="100" height="25" id="guestbios"><a href=
"guestbios.html">Guest Bios</a></td>
</tr>
</table>
```

표현, 시멘틱, 순수성 그리고 잘못

여러분이 표준에 얼마나 관심이 있는지를 측정해 보자. 이 XHTML에서 가장 문제되는 부분을 찾았는가? 주요 문제는 첫 번째 라인에 있다-body에 배경색을 나타내기 위해서 구식요소인 bgcolor를 사용해서, CSS를 지원하지 않는 브라우저에서도 페이지의 배경색이 흰색(#ffffff)으로 보이게 될 것이다. 바로 이 부분이다.

```
<body bgcolor="#ffffff">
```

이런 구식 마크업을 사용하면 곧바로 순수 표준에서 벗어나게 된다. 그리고 CSS는 body의 배경색을 지정할 수 있고 W3C에서는 HTML이나 XHTML이 아닌 이 CSS를 사용하기를 권장한다. 표준을 지키려는 사람들 눈에 이런 bgcolor는 '잘못'이다.

전환되는 시기를 위한 전환형 책

매일같이 W3C에서 오는 메일에 들어가 있는 표현을 위한 마크업의 문제점에 대한 열띤 논쟁을 좋아하는 표준 매니아들에게 지금 만든 마크업은 잘못 작성된 것이고, 쓸모 없는 존재이다. 마찬가지로 테이블형식의 데이터가 아닌데도 테이블을 사용했고 테이블 셀에 width와 height를 지정하고 이미지의 여백을 0으로 마크업에 지정하는 잘못을 저질렀다. 사실 어떤 관점에서는 이 장이 전부 잘못으로 가득 차있다. 솔직히 말해서 일부 표준 매니아들은 별로 이 책에 신경 쓰지 않을 것이다. 그들의 생각에는 가끔은 레이아웃에 테이블을 사용해도 괜찮다고 하기보다는 시멘틱한 마크업을 쓰는 방법을 알려주는 것이 올바르다고 생각할 것이다.

하지만 실제로 가끔은 괜찮다. 예를 들어 웹표준이 처음이고, CSS를 사용하는 것이 처음인 사람에게는 괜찮다. 새로운 기법을 배우는 오래된 디자이너에게는 유효한 부분 테이블, 부분 CSS 레이아웃이 적당한 방법이다. 이 책은 전환되는 시기를 위한 전환형 책이다. "웹표준"은 변하지 않는 절대적인 법칙이 아니고 선택과 결정으로 이루어져 있다. 잘 알아채지 못할 수도 있지만, 웹표준을 적용하는데 문제가 될 수 있는 사람들은, 최신 브라우저와 표준 환경에서 완벽만을 추구하는 사람들, 혹은 표준에 대해 전혀 들어보지 못한 사람이거나 구조적인 마크업과 CSS를 싫어하는 사람들이다.

구식 브라우저를 위한 배려

잘못된 걸 알면서도 어째서 bgcolor를 사용했을까? 우리가 만드는 이 혼합형 사이트는 사용자들이 어떤 브라우저를 사용할지 전혀 알지 못한다. CSS를 지원하지 않는 오래된 브라우저에서 기본 배경색을 흰색이 아닌 다른 색으로 설정하면 이 사이트의 투명 GIF 로고 이미지는 테두리에 있는 픽셀들이 잘못 보여서 별로 매끄럽지 못한 후광을 보이게 될 것이다. 어떤 고객도 사이트의 다른 부분은 그냥 적당히 보인다고 해도, 로고가 브라우저에서 싸구려로 보이기를 원하지는 않을 것이다.

CSS를 지원하지 않은 어떤 구식 유명 브라우저는 약한 회색을 브라우저의 기본 배경색으로 사용했다. 우리가 사용하는 로고는 흰색에는 테두리가 정리되어 있지만 회색에는 되어 있지 않다. 우리가 배경색을 XHTML의 bgcolor 요소로 설정하지 않았다면 이런 환경의 브라우저에서는 로고가 제대로 보이진 않을 것이다.

실제로 2.0이나 3.0 브라우저에서 어떻게 보이든 상관하지 않을 수도 있다. 어쩌면 4.0 브라우저에도 별로 상관하지 않을 수도 있다-여러분의 상사나 고객들도 전혀 관심 없을 지도 모른다. 이 장에서 사용한 의미론적인 관점에서 옳지 않은 이 기법들은 모든 브라우저에서 똑같이 보이게 하려는 기법들이 아니다. 우리가 만든 레이아웃은 CSS를 지원하지 않는 브라우저에서 그림 8.3에서 보이는 것보다 별로 다를 것도 없고 그것이 큰 문제가 되지도 않는다.

이 사이트에 테이블을 사용하고 bgcolor를 넣은 것은 이러한 혼합형 방법이 XHTML 1.0 Transitional에서 사용 가능하며 유효하다는 것을 보여주기 위해서였다. 또한 작업에 표준을 적용하는 어떤 노력도-그것이 표현을 위한 마크업을 약간은 사용하는 혼합형이더라도-해볼 만한 가치가 있다는 것을 보여주기 위해서였다.

컨텐츠 마크업: 두 번째 테이블

네비게이션 테이블 바로 아래에 있는 "content" 테이블은 HTML이나 XHTML을 사용해본 사람은 설명이 필요 없는 부분이다. 여기서 마크업을 간결하게 해야 한다는 점과 id의 사용에 대한 부분 두 가지는 다시 말할 필요도 없다.

```
<table id="content" summary="Main content." width="600"
border="0" align="center" cellpadding="0" cellspacing="0">
<tr>
<td width="200" id="sidebar" valign="top">
<img src="images/astro.jpg" width="200" height="200"
border="0" alt="i3Forum. Breeding leadership."
title="i3Forum. Breeding leadership." />
<h2>Subhead</h2>
<p>Text</p>
</td>
```

```
<td width="400" id="primarycontent">
<h1>Headline</h1>
<p>Copy.</p>
<p>Copy.</p>
<p>Copy.</p>
<p>Copy.</p>
<div id="footer">
<p>Copyright &copy; <a href="/" title="i3forum home page.">i3Forum</a>, Inc.</p>
</div>
</td>
</tr>
</table>
</body>
```

9장에서는 CSS의 기본에 대해서 알아볼 것이다. 그리고 10장에서 추가로 비주얼 부분과 장식을 위한 CSS를 사용해 볼 것이다.

09장

CSS 기본

8장에서 우리는 혼합형이고 과도기적이면서 표준을 준수하는 사이트를 만들기 시작했다. 10장에서는 CSS로 이 사이트의 마무리를 할 것이다. 이에 앞서 우선 기본적인 CSS부터 먼저 짚어보고 넘어가겠다. 그것이 이번 장에서 해야 할 일이다. 이번 장에서 우선 CSS 문법의 기본을 먼저 간단하게 살펴보고, 몇 가지 꼭 알아야 할 사항들을 살펴본 뒤, 마지막으로 일반적인 책에서는 설명되지 않은 방법 이외의 것이나, 다른 디자이너들은 사용하지 않는 색다른 CSS 디자인 방법을 설명할 것이다. CSS에 익숙한 사람이라고 하더라도 천천히 살펴보는 것이 좋을 것이다.

CSS 요약

W3C는 CSS를 '웹 문서에 font, color, spacing 등과 같은 스타일을 추가하는 간단한 장치'라고 간결하게 정의한다(www.w3.org/Style/CSS). 이 요약에서 몇 가지 설명은 중요하지 않아서 제외시켰다.

- CSS는 웹을 위한-색상, 문자모양을 결정하며 요소와 이미지의 크기와 위치를 설정하는 표준 레이아웃 언어이다.
- CSS는 정확하고 강력하면서도, 이번 장에서 보여주듯이 수동으로 직접 사용하기 쉽다.
- CSS는 용량을 줄이는 데 효과적이다: 하나의 CSS 파일로 수천 페이지와 수백 메가바이트에 달하는 전체 사이트의 모양을 제어할 수 있다.
- CSS는 W3C에 의해서 HTML의 테이블 기반 레이아웃, 프레임 그리고 여러 핵[Hack]들을 대체하기 위해서 만들어졌지만, 다음 장에서 보듯이 혼합형이나 전환형[transitional]의 레이아웃에도 상당히 효과적이다.
- 다음 절에서 설명하는 것처럼 구조적인 XHTML과 연결된 순수 CSS 레이아웃은, 디자이너들이 구조에서 표현부분을 분리할 수 있게 하고, 사이트를 좀 더 접근성 있게 해준다. 또한 유지보수도 더 쉽게 할 수 있도록 해준다.

CSS의 장점

러시아 격언에 '모방은 배움의 어머니다'라는 말이 있다. 그러니 다른 웹표준처럼 CSS가 추상적인 목적을 위해서 만들어지거나 먼 미래를 위해서 만들어진 것이 아니다, 라는 것을 알려주기 위해서 약간의 모방을 사용한 점을 이해해 주기 바란다. 잘 사용된 CSS는 아래와 같은 (그리고 이외에도 더 많은) 현실적인 이익을 준다.

- 페이지의 부하를 줄여서, 특히 모뎀을 사용하는 환경에서 페이지의 로딩시간을 빠르게 한다.
- 서버비용과 트래픽비용을 줄인다 ('구식 마크업: 비용의 증가' 절 참조)
- 디자인과 개발에 들어가는 시간을 줄인다. 8장과 10장에서 만든 사이트는 겨우 두어 시간 남짓 걸렸고, 그나마 그 중 일부는 8장과 10장의 내용을 쓰는데 걸린 시간이지 사이트를 만드는 데 사용한 시간만이 아니다 (여기서의 시간은 물론 개발에 들어간 시간만을 말한 것이다. 내용과 디자인에 들어간 시간은 이전과 똑같이 들어간다).

- 업데이트와 유지관리에 들어가는 시간을 줄인다.
    - 컨텐츠를 만드는 사람들은 텍스트를 바꾸면 망가지는 복잡한 테이블이나 font 태그, 다른 구식의 테이블 방식 레이아웃에 대한 걱정은 더 이상 하지 않아도 된다. 여기에는 그런 요소들도 거의 없고, 망가질 만한 것 자체가 거의 없다.
    - 디자이너와 개발자, 에이전시는 더 이상 고객들이 만들어준 사이트를 망가뜨릴까 걱정하지 않아도 된다.
    - 전체적인 수정이 몇 분이면 가능하다. 예를 들어 글자가 너무 어두운 색이라면 CSS 파일에 있는 규칙 한두 개만 살짝 고치면 바로 전체 사이트에 수정된 사항이 반영된다.
- W3C의 권장사항(웹표준)에 충실함으로써 상호호환성을 증가시킨다.
- 마크업에서 표현을 위한 요소를 약간, 혹은 전부 없애서 접근성을 높인다.

CSS 관련 책들

『CSS Pocket Reference』(에릭 마이어-Eric Meyer: O'Reilly & Associates, Inc., 2001)는 이름이 말해 주듯이 손 안에 쏙 들어온다. 하지만 작은 사이즈라고 얕보면 곤란하다. 이 책은 내가 알고 있는 가장 깔끔하고 완벽한 CSS 1 가이드북이다. 또 최신 버전 CSS 2와 2.1을 다룬 『CSS: The Definitive Guide 3판』(에릭 마이어: O'Reilly & Associates, Inc., 위키북스, 2008)도 참고할 만하다.

디자인 예제를 따라서 해보기를 좋아한다면, 『Eric Meyer on CSS』와 『More Eric Meyer on CSS』라는 실무에 도움되는 디자인 프로젝트로 가득한 두 개의 책에서 도움을 받을 수 있을 것이다. 다른 추천할 만한 책으로는

- 웹 2.0을 이끄는 방탄웹(댄 씨더홈-Dan Cederholm, 박수만 옮김)
- 고급 웹표준 사이트 제작을 위한 CSS 마스터 전략(앤디 버드-Andy Budd, 박수만 옮김)
- Stylin' with CSS: A Designer's Guide (New Riders: 찰스 위커-스미스-Charles Wyke-Smith)
- The Zen of CSS Design (New Riders: 데이브 시어, 몰리 E 홀즈쉬랙)

스타일 분석

이번 절에서는 CSS의 세세한 부분을 들여다 볼 것이다. 이 책은 CSS 참고서로 쓴 것이 아니라서 그냥 들여다 보는 정도로만 설명할 것이다. 내가 가장 좋아하는 CSS 참고서가 포켓북이긴 하지만-위의 'CSS 관련 책들' 참조-CSS에 대한 더 자세한 참고사항을 넣자면 이 책의 분량이 너무 많아지게 될 것이다.

스타일에 대한 분석은 이제 시작된다. 10장에서 CSS를 적용하는 법을 좀 더 배우게 될 것이고 이 책의 뒷부분은 전부 CSS에 관한 이야기만 하게 될 것이다.

선택자, 선언, 속성 그리고 값

CSS는 대상이 보여져야 하는 방향으로 보이게 하기 위해서 선택된 방법을 다루는 하나 이상의 규칙으로 구성된다. CSS 규칙은 두 부분으로 나뉜다. 선택자부분과 선언부분이다.

```
p { color: red; }
```

여기서 p는 선택자이고 괄호로 묶인 부분에 들어가 있는 { color: red; } 부분이 선언이다. 선언은 속성과 값의 두 부분으로 이루어져 있다. 다시 선언 부분에서 color는 속성이고 red는 값이다.

선택과 옵션

영어로 "red"라고 쓰는 대신에 우리는 16진법에 의한 값으로(웹 컬러) #ff0000을 사용할 수도 있다.

```
p { color: #ff0000; }
```

또한 CSS 줄여쓰기를 사용하면 원래와 똑같은 효과에 몇 바이트를 더 절약할 수 있다.

```
p { color: #f00; }
```

또 이 두 가지 방법 외에도 RGB를 사용할 수도 있다.

```
p { color: rgb(255,0,0); }
p { color: rgb(100%,0%,0%); }
```

0에 단위를 써야 하는 경우도 있다

RGB 퍼센트를 사용할 때는 값이 0이라고 해도 %를 써줘야 한다. 다른 CSS에서는 그렇지 않다. 예를 들어 0픽셀을 나타낼 때는 0뒤에 px를 써주지 않아도 된다.

많은 사람들이 0px이나 0in, 0pt, 0cm처럼 쓰면 안 된다고 생각한다. 0은 아무것도 없는 것이기 때문에 여기에 어떤 단위가 오던지 아무런 의미가 없다. 하지만 RGB 퍼센트로 표현을 할 때는 0이라고 하더라도 퍼센트 표시를 써줘야 한다. 왜 그런지 물어보더라도 대답을 해줄 수는 없다. class나 id에 언더라인을 사용하지 말아야 한다는 규칙과 마찬가지로(7장 참조), RGB의 퍼센트 표시는 흐릿한 역사 속에서 그 이유는 사라져 버린 그냥 CSS가 가진 사실이다.

모순과 예외에 대한 불만을 얘기하면서 스타일 분석을 하고 싶지는 않았지만 이미 벌어진 일이고 이젠 이미 늦었으니 그냥 이대로 CSS의 기초 중에서 색상에 관한 부분을 열거해 나가도록 하자.

다중 선언

배경색을 지정하지 않으면서 글자의 색상을 지정하는 것이나 그 반대의 경우는 그리 좋지 않다.

    p { color: #f00; background-color: white; }

transparent를 사용하면 다른 선언의 배경색이 이 선언 위에 덮어쓰게 되는 것을 방지할 수도 있다.

    p { color: #f00; background-color: transparent; }

규칙은 한 개 이상의 선언을 포함할 수 있으며 세미콜론으로 구분한다.

투명 배경색과 넷스케이프 4

넷스케이프 4는 자주 transparent를 검정으로 인식한다. background: inherit;를 사용하면 원숭이가 토해 놓은 듯한 녹색으로 보이게 된다. 이것은 넷스케이프 4가 16진수가 아닌 읽을 수 없는 글자를 16진수로 인식하려고 해서 생기는 문제이다. (윈도우용 인터넷 익스플로러에서도 4.0 이전에는 같은 문제를 가지고 있었을지도 모르지만 별로 중요한 것은 아니다.)

중요한 것은 이것이다. 선언을 하든 하지 않든 기본 배경색이 투명이기 때문에, 넷스케이프 4 사용자가 상당히 많다면 전체 배경색을 선언해 주는 것은 피해야 할 것이다. W3C의 CSS 유효성 검사에서는 경고를 하지만 유효성 검사의 경고는 보통 웹사이트의 모양을 망치게 한다. 다시 한 번 말하지만 넷스케이프 4 사용자가 상당히 많으면 생각해볼 만한 문제이다. 다행스럽게도 대부분은 넷스케이프 4에 대해서는 관심도 없을 것이다.

세미콜론 사용

여기 또 하나의 모순과 예외가 있다. 선언의 마지막 규칙은 마지막에 세미콜론으로 끝낼 필요도 없고, 일부 디자이너들은 다중선언의 마지막에 세미콜론은 생략한다(영어의 세미콜론은 기능을 분류하는 목적이지 끝내는 용도가 아니기 때문이다).

하지만 대부분의 CSS 전문가들은 세미콜론을 모든 선언의 마지막에 넣는다. 모순이기는 하지만 거의 대부분은 나중에 기존의 규칙에 선언을 추가하거나 제거할 때 귀찮기 때문에 그냥 이렇게 사용한다. 모든 속성/값이 항상 세미콜론과 조합이 된다면 선언문을 이리저리 옮기는 데 귀찮음이 덜할 것이다.

여백과 대소문자의 구분

대부분의 스타일시트는 한 개 이상의 규칙을 가지고 있고 대부분의 규칙들은 한 개 이상의 선언을 가지고 있다. 다중선언은 기록하고 찾아내기에 쉽고, 공백을 사용해주면 수정에 편리하다.

```
body    {
        color: #000;
        background: #fff;
        margin: 0;
        padding: 0;
        font-family: Georgia, Palatino, serif;
    }
p       {
font-size: small;
    }
```

공백이 있건 없건 CSS가 브라우저에서 작동하는 데는 전혀 지장이 없고 XHTML과 달리 CSS는 대소문자를 구분하지 않는다. 당연히 예외는 있다. HTML에서 사용하는 class와 id는 대소문자를 구분해야 한다. 이런 경우에는 myText와 mytext는 같다고 인식하지 않는다. CSS 자체는 대소문자를 구분하지 않지만 문서에 사용된 언어에서는 구분할 수도 있다.

대체가능하고 포괄적인 값

웹 디자이너는 전체 사이트의 기본 폰트를 아래와 같이 설정한다.

```
body    {
        font-family: "Lucida Grande", Verdana, Lucida, Arial,
```

```
        Helvetica, sans-serif;
    }
```

폰트 중에 "Lucida Grande" 같이 띄어쓰기가 들어간 폰트이름은 ASCII 따옴표로 묶어둬야 하고 쉼표는 그 밖에만 사용해야 한다. 영문법에서는 쉼표를 따옴표 안에 사용하는 경우가 있지만 CSS는 그렇지 않다.

폰트는 순서대로 사용된다. 사용자의 컴퓨터에 Lucida Grande 폰트가 있다면 텍스트는 이 폰트를 사용할 것이다. 그렇지 않다면 다음에 있는 Verdana가 사용될 것이다. Verdana까지 없다면 Lucida가 사용되고 그 뒤로 이런 식으로 이어진다. 왜 이런 순서가 필요할까?

여러 가지의 플랫폼에 맞추기 위한 배열순서의 사용

순서는 중요한 요소이다. Lucida Grande는 Mac OS X에서 사용된다. Verdana는 모든 윈도우 시스템에 있으며 Mac OS X와 그보다 더 오래된 맥 시스템에서도 사용된다. 만약 Verdana를 첫 번째에 사용했다면 OS X를 사용하는 맥에서는 Lucida Grande를 사용하지 않고 Verdana로 폰트를 나타낼 것이다.

순서상으로 처음에 있는 두 폰트-Lucida Grande와 Verdana-로 디자이너는 거의 모든 사용자들(맥과 윈도우)의 환경에 맞출 수 있다. Lucida는 유닉스에서 사용되고 Arial은 오래된 윈도우 시스템에서 사용된다. Helvetica는 구식 유닉스 시스템에서 사용된다. 만약 이 모든 폰트 중에 아무것도 맞는 것이 없다면 마지막으로 sans-serif를 사용하려고 해보고 그것마저도 없다면 브라우저의 기본 폰트가 사용될 것이다.

불완전성

아무도 Lucida, Verdana, Arial 또는 Helvetica가 스크린에서 똑같이 멋지고, 우아하고 크기도 같다고 생각한 것은 아니다. 우리의 목적이 모든 사용자들의 눈에 보이는 사이트의 모양을 똑같이 만들려는 것은 아니다. 플랫폼, 브라우저, 모니터 크기, 해상도, 모니터의 품질, 감마 그리고 OS의 이미지 anti-aliasing 문제들 덕분에 거의 불가능에 가깝다. 그래서 모든 방문자들이 여건이 허락하는 한도에서 모든 경험을 해볼 수 있게 하고, 그 경험이 다른 사용자들과 적절한 수준으로 비슷하게 하자는 의미였다.

선택자들의 묶음

여러 개의 요소들이 같은 스타일을 쓸 때는 하나의 선언에 여러 개의 설정자를 할당할 수 있도록 쉼표를 이용해서 선택자들을 구분해 두었다.

```
p, td, ul, ol, ul, li, dl, dt, dd {
    font-size: small;
}
```

이런 기능은 CSS 상속에 대한 이해가 없는 구식 브라우저에서 상당히 유용하다.

상속과 불만

CSS에 따라서 특성은 부모에서 자식 요소로 상속된다. 하지만 항상 그런 것은 아니다. 다음의 규칙을 살펴보자.

```
body    {
    font-family: Verdana, sans-serif;
}
```

9장을 보면서 이젠 이 선언이 무엇을 의미하는지 알 것이다. 이 사이트의 body는 Verdana가 있는 환경에서는 Verdana를 기본 폰트로 설정하고 없는 경우에는 sans-serif를 사용할 것이다.

모든 자식 요소

CSS 상속에 따라 최상위 요소(여기서는 body)의 속성은 그 자식들(p, td, ul, ol, li, dt 나 dd 같은)의 속성에 상속된다. 다른 규칙을 추가하지 않더라도 모든 body 내의 자식요소들은 Verdana나 sans-serif를 사용한다. 그리고 실제로 거의 모든 최신 브라우저에서는 그렇게 작동한다.

하지만 브라우저 전쟁이 한창이고 표준을 지원하는 것에 대한 생각을 뒤로 접어두고 있던 시절에 만들어진 브라우저들은 그렇지 않다. 예를 들어 넷스케이프 4에서는 상속이라는 개념을 무시하고 body에 설정되는 규칙들도 무시한다(윈도우용 인터넷 익스플로러들도 인터넷 익스플로러 6까지는 테이블에서의 폰트 스타일은 무시되는 문제가 있었다).

"넷스케이프 4에 맞추기"

다행히도 이 구식 브라우저들이 상속을 이해하지 못하는 것은 여분을 설정하는 "넷스케이프 4에 맞추기"를 이용해서 피해갈 수 있다.

```
body    {
        font-family: Verdana, sans-serif;
    }
p, td, ul, ol, li, dl, dt, dd {
        font-family: Verdana, sans-serif;
    }
```

4.0 브라우저는 상속은 이해하지 못하지만 선택자들의 묶음은 이해한다. 그리고 Verdana는 모든 사용자들이 가지고 있다. 이 단순한 복사(여분의 규칙)가 사용자의 부하를 증가시킬까? 당연히 그렇다. 하지만 그래도 넷스케이프 4 사용자들을 고려해야 하는 상황이라면 어쩔 수 없이 사용해야 할 것이다.

상속은 저주인가?

"Verdana, sans-serif"가 모든 자식 요소에 상속되지 않게 하고 싶다면 어떻게 할까? 예를 들어 문단태그(p)에서만 Times 폰트로 보고 싶다면 어떻게 할까? 전혀 문제될 게 없다. p에 다시 규칙을 설정하면(아래 예제에서 굵은 글씨로 강조된 부분) 부모의 설정을 덮어쓰게 되는 것이다.

```
body    {
        font-family: Verdana, sans-serif;
    }
td, ul, ol, ul, li, dl, dt, dd {
        font-family: Verdana, sans-serif;
    }
p       {
        font-family: Times, "Times New Roman", serif;
    }
```

자손 선택자

요소가 자리잡고 있는 위치를 기준으로 스타일을 만들면 class남용을 피하고 요소의 스타일 마크업을 말끔하고 깔끔하게 유지할 수 있다. 이런 식으로 규칙을 설정하는 선택자를 CSS 1에서는 '연관 선택자'라고 불렀다. 그 이유는 규칙을 적용하거나 제거하는 데 상호연관이 있어야 하기 때문이다. CSS 2는 '자손 선택자'라고 부른다. 하지만 어떻게 부르든 간에 하는 일은 똑같다.

<strong>으로 마크업이 되어있는 텍스트를 두꺼운 글씨체를 없애고 이탤릭으로 만들고자 한다면 이렇게 하면 된다.

```css
li strong    {
     font-style: italic;
     font-weight: normal;
     }
```

이렇게 되어있는 규칙은 어떻게 작동할까?

```html
<p><strong> 여기는 li 안에 있는 글이 아니기 때문에 굵은 글씨로 보이게 된다.
이 안에는 규칙이 적용되지 않는다.</strong></p>
<ol>
<li><strong>여기는 li 안에 있기 때문에 이탤릭체이고 굵기는
기본이다.</strong></li>
<li>여기는 기본으로 보인다.</li>
</ol>
```

만약 아래의 CSS를 사용하면:

```css
strong    {
     color: red;
     }
h2    {
     color: red;
     }
h2 strong {
     color: blue;
     }
```

이렇게 작용하게 된다.

```html
<p>이 문단에서 강조해야 하는 단어는
<strong>빨간글씨</strong>로 보여지고</p>
<h2>이 제목도 빨간색으로 보인다.</h2>
<h2>제목 안에서 강조를 하는 경우에는
<strong>파란글씨</strong>로 보인다.</h2>
```

이러한 자손 선택자를 그냥 일반 굵은 글씨를 기본 글씨로 바꾸거나 이탤릭으로 바꾸기 위해서 사용하지는 않는다. 보통은 이 선택자를 이미지에 텍스트가 겹쳐서 들어가지 않게 충분한 여백을 주고 이와 함께 일반 XHTML 요소에 배경 이미지를 넣는다든가 하는 좀 더 세련된 디자인을 만드는 데 사용한다.

id 선택자와 자손 선택자

현대적인 레이아웃에서 id 선택자는 자손 선택자를 설정하는데 사용된다.

```
#sidebar p {
    font-style: italic;
    text-align: right;
    margin-top: 0.5em;
    }
```

앞의 스타일은 id가 sidebar인 요소에 있는 <p> 태그 문단에만 적용이 된다. 이 요소는 보통 div나 테이블 셀에 사용되지만 테이블이나 다른 block 단위(행을 넘기는-옮긴이주) 요소에 사용될 수도 있다. <em></em>이나 <span></span> 같은 inline 요소에도 유효하지는 않지만-<p>(block 요소)를 <span>(inline 요소) 안에 사용할 수 없기 때문에-가능은 하다. 어떤 요소를 쓰든 간에 절대적으로 sidebar의 id는 반드시 그 페이지에서 유일해야 한다. 그 이유를 모른다면 7장을 다시 읽어보자.

선택자의 다중사용

sidebar라는 id로 정해진 요소 자체는 페이지에 한 번만 나오지만 id 선택자는 필요한 횟수만큼 연계/자손 선택자로 사용이 가능하다.

```
#sidebar p    {
    font-style: italic;
    text-align: right;
    margin-top: 0.5em;
    }
#sidebar h2   {
    font-size: 1em;
    font-weight: normal;
    font-style: italic;
    margin: 0;
    line-height: 1.5;
    text-align: right;
    }
```

이 sidebar의 p 요소는 페이지 내의 다른 p 요소와는 다른 특별한 취급을 받고, sidebar의 h2 요소도 페이지의 다른 h2들과는 다른, 특별한 취급을 받게 된다.

선택자는 독립적이다

id 선택자는 자손 선택자를 만드는 데 사용될 필요는 없다. 독립적으로도 사용이 가능하다.

```
#sidebar    {
    border: 1px dotted #000;
    padding: 10px;
}
```

이 규칙에 따라서 페이지 안에서 id가 sidebar인 요소는 검은(#000) 1px 점선의 dotted 외곽선을 가지고 주변으로 전부 10px의 padding을 가진다. 윈도우용 인터넷 익스플로러의 오래된 버전에서는 이 요소가 포함된 요소를 확실하게 선언해 주지 않으면 간혹 적용이 되지 않기도 한다.

```
div#sidebar    {
    border: 1px dotted #000;
    padding: 10px;
}
```

이렇게 하면 #sidebar를 인식하지 못하는 인터넷 익스플로러의 구 버전에서도 사용이 가능하다(사실 인터넷 익스플로러 7 이전의 브라우저에서는 외곽선이 dotted가 아니고 dashed로 보이겠지만 큰 문제는 아니다).

class 선택자

CSS에서 class 선택자는 점으로 표시한다.

```
.fancy    {
    color: #f60;
    background: #666;
}
```

페이지 안에 있는 모든 요소 중에서 class가 fancy인 요소는 전부 회색바탕에(#666) 텍스트는 오렌지색(#f60)으로 보이게 된다. 따라서 <h1 class="fancy">안녕하세요!<h1>와 <p class="fancy">야호!</p>는 같은 스타일을 가지게 된다.

id처럼 class도 연계 선택자로 사용이 가능하다.

```
.fancy td   {
    color: #f60;
    background: #666;
    }
```

앞의 예에서 fancy라는 class를 가진 요소 안에 있는 테이블 셀의 텍스트는 오렌지색이 될 것이며 회색 배경을 가지게 된다(더 넓은 요소는 table이 될 수도 있고 div가 될 수도 있다).

요소들은 또한 class에 의해서도 선택이 가능하다.

```
td.fancy   {
    color: #f60;
    background: #666;
    }
```

앞의 예에서 class가 fancy인 테이블 셀이 회색 바탕에 오렌지색상이었다

```
<td class="fancy">
```

fancy라는 class는 하나의 테이블 셀에만 지정할 수도 있지만 원하는 만큼 많이 지정할 수도 있다. 지정이 되면 회색 배경에 오렌지색 텍스트를 가지게 된다. fancy로 지정되지 않은 테이블 셀은 이 규칙에 적용을 받지 않는다. 당연히 p 태그에서 fancy로 class를 지정한다고 해도 이 규칙에는 적용을 받지 않고 p뿐만 아니라 테이블 셀이 아닌 다른 어떤 요소도 이 규칙을 적용받지 않는다. 이 효과는 규칙에 의해서(테이블 셀을 fancy라는 class의 선택자로 사용했기 때문에) class를 fancy로 지정한 테이블 셀로만 한정이 된다.

선택자들을 결합하여 세련된 디자인 효과 만들기

class와 id 그리고 자손 선택자는 혼합되어 미세한 시각적 효과나 강력한 시각적 효과를 만드는 데 사용된다. Happy Cog가 디자인한 Marine Center 사이트에서 li의 평범한 점모양을 잘 만들어진 물고기 모양의 이미지(lister2.gif)로 교체했다[9.1].

9.1

자손, class 그리고 id 선택자는 혼합해서 디자인 효과를 만드는 데 사용된다. Marine Center는 희귀 열대 물고기를 판매한다. 그래서 이 사이트에서(www.marinecenter.com or marine.happycog.com) 평범한 li의 점 모양을 브랜드 성향을 나타낼 수 있는 물고기 이미지로 교체했다.

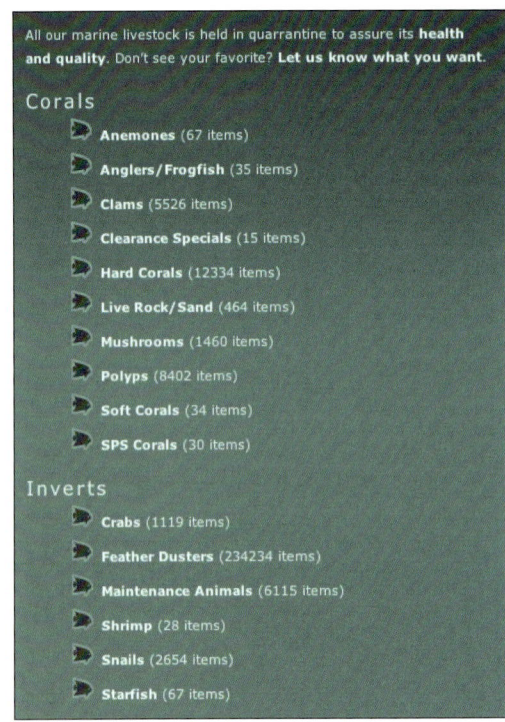

다음은 CSS로 li에서 평범한 점 모양 대신 이미지를 보여주는(이미지를 보여주지 못하는 오래된 브라우저에서는 기본인 disc형으로 보여주는) 예제이다.

```
ul.inventory    {
     list-style: disc url(/images/common/lister2.gif) inside;
    }
```

그리고 다음은 이 페이지에 맞춰서 보여주는 간단한 마크업이다.

```
<ul class="inventory">
<li><a href="/angelfish">Angelfish</a> (67 items)</li>
<li><a href="/anglers">Anglers/Frogfish</a> (35 items)</li>
<li><a href="/anthias">Anthias</a> (5526 items)</li>
<li><a href="/basslets">Basslets</a> (15 items)</li>
</ul>
```

윈도우용 인터넷 익스플로러와 윈도우용 오페라 사용자들은 의도하지 않은 추가 효과를 얻는다. 사이트는 일반 점 모양을 먼저 보여주고 물고기 이미지로 덮어 씌운다. 효과는 플래시나 자바스크립트 같지만 순수하게 윈도우용 인터넷 익스플로러와 오페라에서 웹페이지 요소를 로딩하고 보여주는 순서에서 오는 우연의 산물이다. 다른 브라우저에서는 그냥 단순한 물고기 모양만 보인다.

지금까지 잘 따라오고 있다면, 이제 다른 class로 지정된 li는 물고기 모양 이미지를 보여주지 않으며 li가 아닌 다른 요소에 class를 지정해도 물고기 이미지는 나타나지 않는다는 정도는 이해하고 있을 것이다.

물고기 상표 이미지는 사이트의 "impulse buy"에서도 cartier라는 class를 가진 span 요소에 나타난다[9.2].

```
.cartier    {
    padding-left: 5px;
    background: transparent url(/images/common/cartfish.gif) no-repeat top left;
    }
```

9.2
물고기 상표는 사이트의 "buy now" 요소에도 있다. 이 효과를 위해서 〈img〉 태그는 사용되지 않았다. 어떻게 만들어진 것인지는 내용을 살펴보자.

이 사이트의 원본 소스가 들어있는 marine.happycog.com의 시범 서버에서 소스를 보면 이 외의 여러 가지 기술에 대해서 알아볼 수 있다[9.3].

9.3
물고기 사진과 CSS로 만든 물고기 이미지로 누가 보든지 이 사이트가 무슨 사이트인지 알아볼 수 있다.

발전

다음 장에서 고급 CSS 문법을 배우게 될 것이지만 지금은 하나의 의혹을 먼저 해결해야 한다. CSS를 어디에 둘 것인가? XHTML 안의 어딘가에 집어 넣어야 하는 건가? 파일로 분리를 해서 보관해야 하는 것인가? (힌트: 계속 읽어보자.)

외부, 내부, inline 스타일

스타일시트는 세 가지 방식으로 웹 페이지에 사용할 수 있다. 즉 페이지의 외부와 내부, 그리고 inline 속성으로 사용하는 방법이다. 가장 좋은 방법부터 시작해보자.

외부 스타일시트

외부 스타일시트(CSS 파일)는 다루게 되는 XHTML 페이지에서 독립되어 존재하는 텍스트문 서이다. XHMTL 페이지는 이 CSS 파일을 문서의 상단에 있는 링크를 통해서 참조하거나 스타일 요소 중에 import를 사용해서(역시 문서의 상단에서) 사용하게 된다. 스타일시트 링크는 아래와 같다.

```
<link rel="StyleSheet" href="/styles/mystylesheet.css"
type="text/css" media="screen" />
```

@import는 스타일시트를 추가하는데 사용되며 다음과 같다.

```
<style type="text/css" media="screen">
@import "/styles/mystylesheet.css";
</style>
```

또는 이렇게도 사용한다.

```
<style type="text/css" media="screen">
@import url("/styles/mystylesheet.css");
</style>
```

최저 비용으로 최고의 효과

링크를 해서 사용하거나 import를 사용하거나 외부 스타일시트는 최저비용으로 최고의 효과를 보여준다. 한번 사용자의 캐시에 불려지면 외부 스타일시트는 다시 다운로드를 받을 필요 없이 그곳에 자리를 잡고 사이트의 수백, 수천 페이지를 다룬다. 굉장히 편리하다.

브라우저 선택자

실제로 CSS의 지원이 좋지 않은 구식 브라우저든 CSS를 지원하는 브라우저든 링크를 걸어주는 방법을 지원한다. 이에 반해 @import 방식은 5.0 이상의 브라우저에서만 지원이 된다. 그래서 디자이너가 4.0 브라우저에서 스타일시트를 감추고 싶을 때 사용하기도 한다.

이것은 2장과 4장에서 얘기한 것처럼 구식 브라우저에서 CSS를 전부 감춘다는 의미는 아니다. 사실은 오히려 그 반대이다. 일부 브라우저에는 @import를 사용하고 다른 브라우저에서는 사용하지 않는다. 어떻게 가능할까?

하나 이상의 스타일시트가 사이트에 사용이 가능하기 때문에 디자이너는 기본 스타일을 링크로 걸어주고 좀 더 자세한 스타일을 import한다. CSS를 제대로 지원하지 않는 브라우저를 포함한 모든 브라우저에서 보이는 링크된 기본 스타일시트는 폰트종류나 텍스트, 배경, 링크의 색상 같은 기본 디자인 요소들을 결정한다. 어느 정도 표준을 지원하는 브라우저에서만 보이게 되는 import한 스타일시트는 최신 브라우저는 인식하지만 구식 브라우저에서는 작동하지 않는 CSS를 포함하고 있다.

이제 XHTML은 이런 모양이 될 것이다.

```
<!DOCTYPE html PUBLIC "-//W3C//DTD XHTML 1.0 Transitional//EN"
    "http://www.w3.org/TR/xhtml1/DTD/xhtml1-transitional.dtd">
<html xmlns="http://www.w3.org/1999/xhtml">
  <head>
<title>Your Title Here</title>
<link rel="StyleSheet" href="/css/basic.css" type=
"text/css" media="all" />
<style type="text/css" media="all">
@import "/css/sophisto.css";
</style>
<meta http-equiv="Content-Type" content=
"text/html; charset=ISO-8859-1" />
</head>
```

이렇게 여러 개로 나누어서 나열하는 방법을 택하면 모든 사용자가 컨텐츠를 사용할 수 있고 브라우저를 따로 구분하는 고생을 하지 않아도 된다(추후에 '내부 스타일에서 외부 스타일까지: 이중 스타일시트 방식'에서 좀 더 자세히 이 기술에 관해서 다루게 될 것이다).

이렇게 사용자와 서버의 부하를 급격하게 줄이고, 여러 형태의 브라우저를 지원하여 얻는 이점은 외부 스타일시트를 사용할 때만 가능하다. 10장에서 i3Forum 사이트의 디자인을 끝내고 외부 스타일시트를 사용하면 이러한 이점들을 얻을 수 있을 것이다.

내부 스타일시트

스타일시트 파일을 링크를 걸어 불러오거나 import를 사용하는 대신 스타일시트의 규칙들을 XHTML 1.0 페이지의 head 부분에 아래에서 굵은 글씨로 보이는 부분처럼 삽입해서 사용할 수도 있다.

```
<!DOCTYPE html PUBLIC "-//W3C//DTD XHTML 1.0 Transitional//EN"
    "http://www.w3.org/TR/xhtml1/DTD/xhtml1-transitional.dtd">
<html xmlns="http://www.w3.org/1999/xhtml">
  <head>
<title>i3forum</title>
<style type="text/css">
<!-
```

```
    body   {
        background: white;
        color: black;
        }
</style>
<meta http-equiv="Content-type" content="text/html; charset=
iso-8859-1" />
</head>
```

링크를 걸거나 import를 사용해서 스타일을 부르는 경우와 달리 내부 스타일은 페이지를 열 때마다 스타일시트를 다시 읽어야 하기 때문에 부하를 줄여주지는 않는다. 내부 스타일이 페이지마다 전부 똑같다고 해도 사용자의 컴퓨터에서는 항상 다시 다운로드를 해야만 한다. 그렇다면 어째서 디자이너가 내부 스타일시트를 사용할까 하는 의문을 가지게 될 것이다. 여기 몇 가지 이유가 있다.

- 사이트가 하나의 페이지만으로 만들어진 경우-이러한 경우가 많다는 얘기는 아니고 이러한 경우가 있을 수도 있다는 것이다.

- 사용자가 시대에 뒤떨어져서 인터넷 익스플로러 3를 사용하는 경우. 인터넷 익스플로리 3는 아주 약간이나마 CSS를 지원하기 시작한 최초의 브라우저였고, 외부 스타일시트를 지원하지 않았었다. 하지만 이것도 역시 별로 큰 이유가 되지는 못한다.

- 디자이너가 전체 사이트를 다루기 위해서 외부 스타일시트를 사용하고 있지만 단 하나의 페이지에만 사용되는 약간의 스타일이 필요할 경우. 이것이 내부 스타일시트를 사용하게 되는 좋은 이유이다. 사실 이럴 때는 유일한 방법이기도 하다. 우리가 다음 장에서 i3Forum 스타일시트를 만들 때, 사용자가 클릭해서 연결된 '현재위치'를 나타내는 메뉴에 강조를 할 때 각각의 페이지에 내부 스타일을 사용할 것이다.

- 디자이너가 계속해서 변경하고 적용하고 있는 스타일시트를 만들고 있는 경우. 이것 또한 내부 스타일시트를 사용하는 좋은 이유이다.

사이트를 (혼합형이나 순수 CSS로) 디자인할 때 내부 스타일시트는 작업하고 있는 페이지의 <head> 부분에 넣는 것이 좋다. 그리고 나서 디자인이 마무리가 되어 정리가 끝나면 그 부분을 복사해서 외부 CSS 파일에 옮겨놓고, 기존의 페이지에 있는 스타일시트를 삭제하면 된다.

다음 장에서 윤곽을 그려나가는 동안 빠르고 쉽게 일을 할 수 있게 도와주기 때문에 나는 내부 스타일시트를 사용했다(스타일을 수정하고 페이지를 새로고침 하고 수정이 잘 되었나 확인한다). 만든 CSS가 원하는 대로 작동이 되면 <head>에서 잘라내서 서버의 서브디렉토리인 /css/ 안에 외부 CSS 파일에 넣고 링크를 걸면 사이트를 완성했을 때 부하를 상당히 줄일 수 있을 것이다.

inline 스타일

아래의 예제와 같이 요소의 스타일 속성을 사용하면 각각의 요소에 CSS를 적용할 수 있다.

```
<h1 style="font-family: verdana, arial, sans-serif; ">
Headline</h1>
<img style="margin-top: 25px;">
```

예상하겠지만 inline 스타일은 페이지의 부하를 줄여주지 않고 당연히 사용하는 페이지마다 부하를 늘리는 역할을 하고 거의 <font> 태그만큼 낭비가 많다. 보통 직접 사용은 7장에서 나왔던 '1997년의 영광'에서 보여주는 쓸모 없고, 어리석고, 속수무책에 생각 없는 그런 경우에만 주로 사용된다.

웹 페이지에서는 절대로 inline CSS를 사용하는 것을 기본으로 선택하지 말아야 한다. 집을 흰색으로 도배하는 것과 같은 어리석은 짓이다. 하지만 주의와 신중을 기해서 CSS를 직접 사용하면 상당한 도움이 될 수 있다. inline 스타일은 CSS로 사이트에 여기저기 수정을 해서 많은 고장 난 부분을 고치게 해준다.

■ '최고 브라우저 테스트' 방식

예전에 레이아웃을 만들 때는 거의 표현을 위한 마크업으로 만들고 가장 오래되고 안 좋은 브라우저에 테스트를 했다. 오래된 브라우저에서 제대로 보이도록 만들기 위해서 중첩된 테이블로 감싸고 비구조적인 div를 구조적인 요소인 h1, h2, li나 p 안에 사용하는 등 우리가 이제는 더 이상 하지 않는 방법을 사용했었다.

오래된 구식 브라우저에서 사이트가 제대로 보이면 그 다음에 새로운 브라우저에서 테스트를 하는데, 보통 이런 경우에는 잘 보이긴 하지만 엄청난 트래픽 비용이 들게 된다. 많은 디자이너들이 가장 안 좋은 브라우저를 기본으로 디자인하는 방법을 사용한다. 하지만 비용이 너무 높아서 이 방법은 생산적이지 못하다.

대신 CSS를 내부 스타일시트에 쓰고, 예를 들면 모질라 파이어폭스, 오페라 8, 또는 사파리 같은 믿을 만한 브라우저에서 테스트를 해본다. 이 방법을 사용하면 접근성 있고 부하도 적으면서,

마크업이 제 역할을 하면서도 CSS를 제대로 사용하는 호환성 있는 페이지를 만들 수 있다.

디자인한 결과가 마음에 든다면 다른 표준 브라우저에서 테스트한다. 모든 브라우저에서 똑같아 보여야 한다. 그렇지 않다면 그때부터 일거리가 생기게 되는 것이다. 입이 가득 찬 상태로 말을 하면 친구들이 잘 알아듣지 못하듯이 CSS 중에 하나가 틀리게 쓰여지면 좋은 브라우저라도 이해를 잘 못하는 경우도 있다.

내부 스타일에서 외부 스타일까지: 이중 스타일시트 방식

사이트가 모든 표준지원 브라우저에서 원하는 대로 잘 보이고 잘 작동해도 아직 최악의 구식 브라우저에서 확인해서는 안 된다. CSS를 복사해서 `basic.css`라는 새로운 파일을 만들어 넣고 그 파일을 서버의 `/css/` 디렉토리에 업로드 한 뒤에 내부 스타일을 페이지에서 지우고 문서의 head 부분에 링크를 건다.

```
<link rel="StyleSheet" href="/css/basic.css" type="text/css" media="all" />
```

사용하는 컴퓨터의 캐시를 지우고 브라우저를 끄고 다시 켠 뒤에, 혹시 내부 스타일을 외부 스타일로 옮기면서 혹시 빼먹고 지우지 않은 스타일이 있는지 확인해 보는 것이 좋다. 작업을 맥킨토시 플랫폼에서 하고 있다면 캐시를 지우는 것은 특히 더 중요하다. 어떤 이유에서인지 맥에서 사파리와 가끔은 파이어폭스도 캐시를 사용하지 않도록 설정을 해도 캐시를 사용하는 경우가 있다. 이에 비해 윈도우용 인터넷 익스플로러는 파일이 바뀌면 잘 알아채고 맥 브라우저보다는 캐시된 이미지를 보여주는 경우가 적다.

비호환 브라우저에서의 테스트와 지원

만족할 만한 결과가 나왔다면 이제는 지원하고자 하는 비호환 브라우저를 열어볼 때이다. 최악의 브라우저에서도 괜찮게 보이게 될 확률도 약간은 있긴 하지만, 그렇지 않게 된다면 새로운 빈 페이지를 열어서 `sophisto.css`라고 이름을 짓고 이 구식 브라우저에서 문제가 될법한 부분의 CSS를 들어내서 이쪽으로 옮겨둔다. 의심스러운 부분들을 `sophisto.css`에 옮기면서 `basic.css`에서는(우리가 위에서 기본으로 사용하려고 만든 css 파일) 삭제를 한다.

`sophisto.css`를 `/css/`폴더에 업로드하고 `@import`를 사용해서 링크를 걸어준다.

```
<style type="text/css" media="all">@import "/css/sophisto.css";</style>
```

구식 브라우저의 캐시를 지우고 페이지를 '새로고침' 한 다음 어떻게 보이는지 확인한다. 적당한 정도의 수준이 되겠지만, 그렇지 않은 경우에는 basic.css에서 좀 더 빼내서 sophisto.css로 옮겨야 할 것이다. 결국에는 호환 브라우저에서 제대로 보이게 될 것이고 구식 브라우저에서도 적정 수준으로는 보이게 된다.

예를 들어, Happy Cog와 공동으로 Hillman Curtis Inc.에서 디자인한 Fox Searchlight 사이트(www.foxsearchlight.com)는 사이트의 대부분을 모든 브라우저에서 보이게 하기 위해서 4.0 브라우저에서 인식하지 못하는 미묘한 스타일을 숨기는 이중 스타일시트 방식을 사용했다[9.4]. 4.0 브라우저에서는 사이트가 약간 느슨하기는 하지만 괜찮아 보이고 사용도 가능하다[9.5]. '최고 브라우저 테스트' 방식이 최소의 공통점만으로 코딩하는 어려움을 없애주고, 이중 스타일시트 방식은 우리가 최소의 공통점을 없애나가는 어려움에서 구해준다(foxsearchlight.com을 여러 종류의 브라우저에서 살펴보라).

상대 경로, 절대 경로

서버가 아닌 각자의 데스크탑에서 작업을 하기 때문에 기본 CSS를 만들 때 우선은 로컬 서비스 내에서 이미지를 상대경로로 두게 된다. 그리고 10장에서 만드는 마지막 스타일시트에서는 CSS의 상대경로를 잘못 읽는 구식 브라우저의 버그를 피하기 위해서 경로를 절대경로로 사용한다.

구식 브라우저에서 상대경로를 잘못 인식하는 문제는 오히려 작업방식을 좋은 방향으로 가게 해주는 좋은 버그이다. 오래된 방법('구식 브라우저부터 테스트하기')을 사용하면서 페이지를 자신의 데스크탑에서 상대경로로 작업하면 브라우저는 이 경로를 이해하지 못하고 이미지는 없는 것처럼 나타나게 될 것이며, 덕분에 한동안은 전혀 문제가 없어서 무슨 문제인지 찾지 못하고 시간을 허비하기도 한다.

최고 브라우저 테스트 방식과 이중 스타일시트 방식의 이점

최고 브라우저 테스트 방식은 최소의 공통점만으로 코딩하는 어려움을 없애준다. 많은 양의 쓰레기 마크업을 사용하지 않고도 상업적이고 잘 상품화된 혼합형 레이아웃을 만들어 낼 수 있다.

이중 스타일시트 방식은 우리가 최소의 공통점을 없애나가는 어려움이나 볼품없는 브라우저를 사용하는 사용자들에게 큰 도움이 된다. 이 사용자들에게 이 브라우저들의 한정된 조건하에서 최고의 시각효과를 보여줄 수 있고, 이 엉성하기 짝이 없는 브라우저들을 비난하지 않아도 되고, 또한 우리 CSS나 XHTML을 망가뜨리게 한 데 대해서 비난하지도 않는다(실제로 테이블

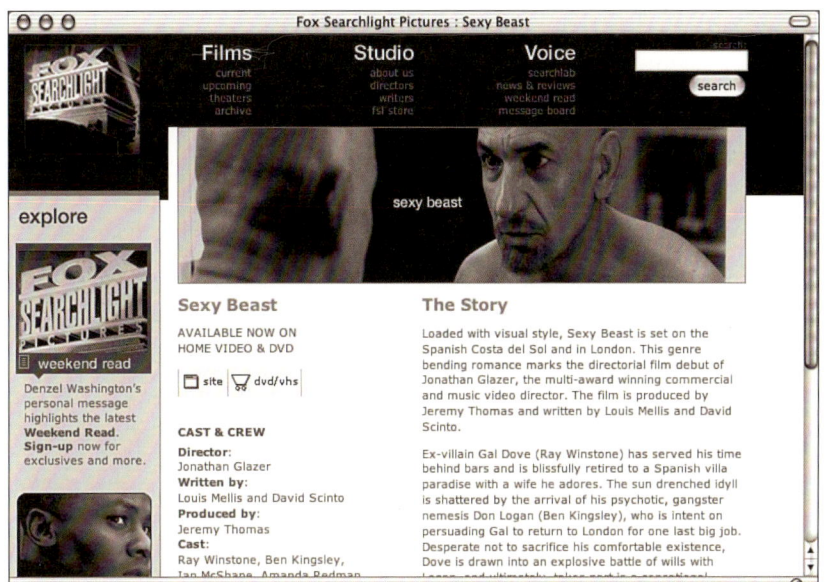

9.4
최신 웹 브라우저에서 본 Fox Searchlight (foxsearchlight.com). 웹에 보이는 우아한 폰트를 볼 수 있다. 상단과 왼쪽 sidebar의 오른쪽 테두리를 살펴보자.

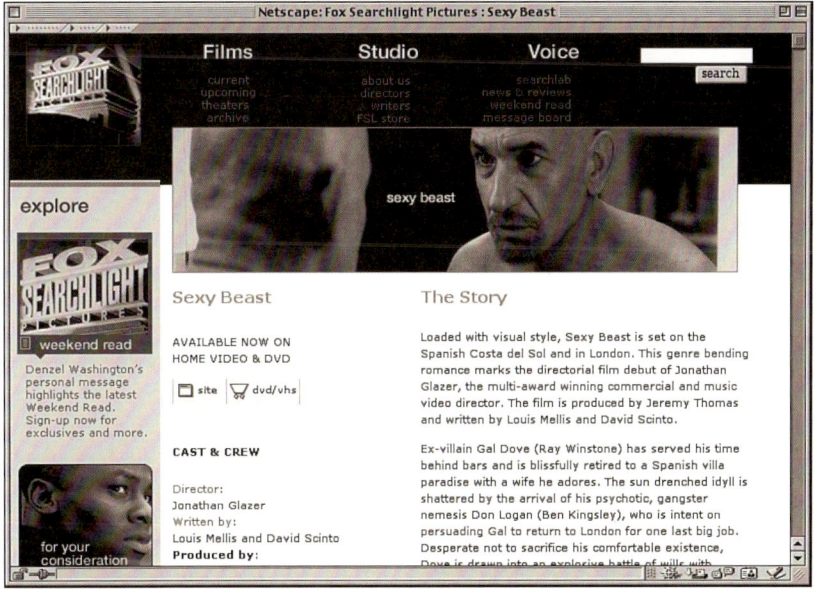

9.5
넷스케이프 4에서는 정확성이 약간 부족하다. 웹에 사용된 폰트도 약간 통제가 흐트러져 있다. sidebar가 느슨해 보이고 외곽선이 사라졌다. 하지만 약간 또렷하지 않은 것만 제외하면 전체적인 디자인 효과는 상당히 멋지다.

로 레이아웃을 만들어 보려고 생각하고 있지 않는 한 그럴 필요도 없다).

이 방식은 시멘틱한 마크업도 아니고 순수 CSS 레이아웃도 아니고 웹표준의 선봉도 아니며 최신 사이트를 디자인하는 최고의 방법이나 유일한 방법도 아니다.

하지만 이 방식은 표준화의 이점을 변화하는 시장에 도입하는 데 좋은 방법이 될 것이다(그 때문에 2002년에 Fox Searchlight를 만들 때 사용하였다). 그리고 이 방법은 이제 막 CSS를 배우기 시작한 사람을 위해서 적절한 방법이기도 하다. 클라투^{Klaatu}가 말했듯이 "완벽하지는 않을지 모르지만 이것이 시스템이고 효과는 있다."

이중 스타일시트 방식은 혼합형 디자인에만 제한된 것은 아니다. 다양한 브라우저에 맞게 순수 CSS 레이아웃을 전달하는 효과적인 방법일 뿐이다. 어느 경우에나 목적은 같다. 사용자가 브라우저나 기기에 상관없이 즐길 수 있고 잘 상품화된 경험을 하게 하는 것. 이제 우리는 8장에서 시작한 사이트에 사용한 레이아웃을 완성하기 위해서 배운 CSS를 사용할 준비가 되었다. 10장에서는 배운 대로 전부 사용해보게 될 것이다.

10장

CSS 활용: 혼합형 레이아웃(2부)

8장에서 i3Forum 사이트에 <h1>, <h2>나 <p> 같은 구조적인 요소에 시멘틱하지 않은 구성요소(기본 배열을 맞추기 위해서 XHTML 테이블이 사용되었다)를 연결하는 혼합형 마크업을 만들었고, 일반 브라우저가 아닌 환경에서 사이트의 접근성을 높이기 위해서 table summary, accesskey 그리고 넘어가기 메뉴를 사용했다.

이번 장에서 우리는 CSS를 사용하여 브랜드를 나타내는 디자인을 표현하고, GIF 텍스트나 자바스크립트로 만든 롤오버 효과, GIF 공백 이미지, 복잡한 테이블 구조 그리고 다른 여러 가지 오래된 웹디자인 요소들을 사용하지 않고도 사이트를 좀 더 멋지게 만들어 볼 것이다.

우리가 작업을 마치면 홈페이지는 그림 10.1과 같은 모양일 것이다.

10.1
CSS와 테이블 레이아웃을 같이 사용한 i3forum의 혼합형 사이트(i3.happycog.com).

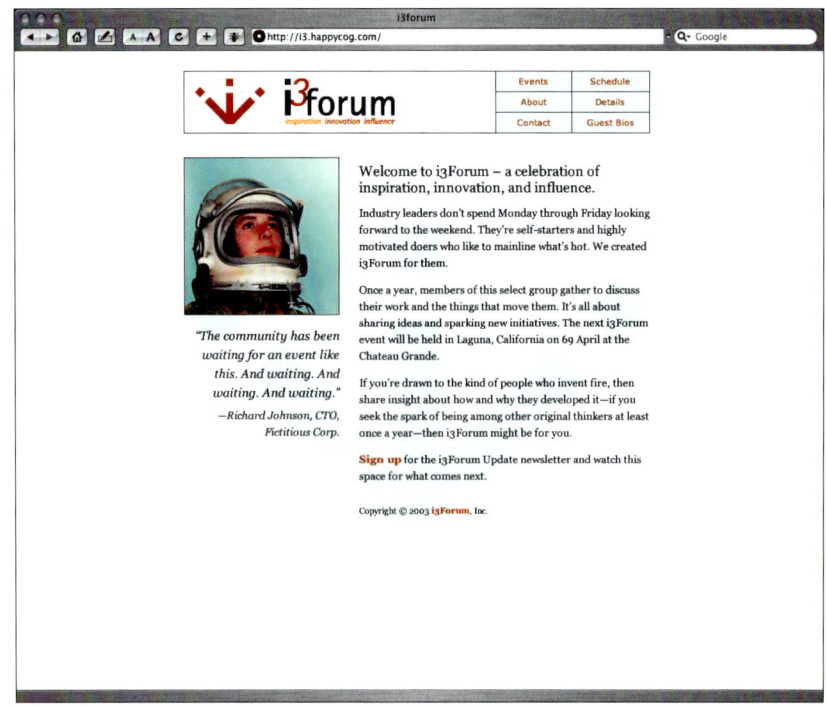

■ 이미지 준비

사이트는 포토샵으로 디자인했지만, 이번에는 항상 해오던 방식으로 이미지를 자르지 않는다. 그림 10.2에 있는 6개의 이미지가 전체 사이트에 사용된 이미지의 전부이다. 이 중 세 개는 전면에 보여지는 이미지이다. 우주비행사, 'best of breed' 개 사진 그리고 메뉴바의 상단 왼쪽에 사용될 배경을 투명하게 만든 로고 GIF.

나머지 세 개는 배경으로 사용된다. `arrow.gif`는 로고에서 따온 것으로 투명한 무늬로 배경으로 사용될 것이다. 한 가지 색의 픽셀과 투명 픽셀이 격자무늬로 되어 있는 `bgpat.gif`[10.3]는 메뉴바의 색상효과를 위해서 사용될 것이다. 흰색 배경색으로 되어 있는 `nopat.gif`는 메뉴바에서 `bgpat.gif`의 롤오버 효과에 사용되고, 또 이 프로젝트의 끝에서 추가되는 스타일에 의해서 사이트의 등급에 맞추어서 방문자의 지위를 나타내는 데에도 사용될 것이다.

필요 없는 이미지

엄밀하게 말해서 이 여섯 개의 이미지 중에서 하나는 여기서 필요가 없다. 단순한 흰색 배경이미지인 nopat.gif[10.2]가 바로 불필요한 이미지이다. CSS 중에서 `background:white`를 사용하면 같은 효과가 나온다(이번 장에서 nopat.gif 대신 CSS를 사용할 것이다).

10.2
이 사이트에는 여섯 개의 이미지만 사용되었고, 그 중 세 개는 배경이다. 포토샵이나 ImageReady에서 해왔듯이 이리저리 잘라서 쓰는 작업은 필요 없다.

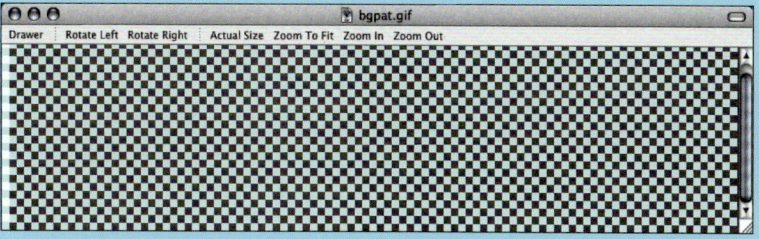

10.3
투명한 이미지에 대한 반복 GIF 배경이미지를 800%로 확대하고 책에서 잘 보이도록 검은색 배경을 사용했다.

하지만 네비게이션바에서 이 배경을 이미 사용했었고, 그래서 어떻게 CSS 배경 이미지 교체가 이루어졌는지를 알 수 있다. 투명하게 만든 배경이나 패턴으로 된 배경이 포함된 경우에는 두 개의 이미지가 필요하다. 따라서 이번에 다루게 될 CSS가 필요할 것이다.

기본 요소 설정하기

이미지는 준비되었고, 기본 디자인 요소들을 설정하기 위해서 CSS의 사용을 시작할 수 있다. 사이트의 배경은 흰색이 될 것이고, 텍스트는 여러 사이즈의 Georgia 폰트(없을 경우 serif 폰트)를 사용할 것이며, 로고에서 따온 투명한 이미지가 컨텐츠 부분의 하단을 감싸게 될 것이고, 공백용 GIF 이미지나 테이블 대신에 공백 태그를 사용할 것이다.

전체쓰기와 줄여쓰기, 그리고 margin

첫 번째로 기본 페이지의 색상과 상하 margin을 정한다.

```
body    {
        color: #000;
        background: #fff;
        margin: 25px 0;
        padding: 0;
        }
```

이 규칙에 의해서 모든 텍스트는 검은색(#000)이고, 배경은 흰색(#fff)이 된다. 색은 9장 'CSS 기본'에서 설명한 바와 같이 'CSS 코드줄임'으로 정의되어 있다(#000은 #000000의 줄임 표현이다). 색상코드 줄임은 색상 값이 짝수로 반복될 때만 사용할 수 있다. #fc0은 #ffcc00이다. 색상코드 줄임은 짝이 안 되면 사용할 수 없다. #f93C7a처럼 웹에서 사용하는 컬러가 아니면 줄임을 사용할 수 없다. 또 3개의 짝이 다 있지 않으면 사용할 수 없다. 예를 들면 #ffcc09는 #fc09로 사용할 수 없다.

줄임과 시계방향 규칙

이 첫 번째 규칙에는 상하로 margin을 25px을 지정하고 좌우로 0을 지정했다. 원래는 이렇다.

```
margin: 25px 0 25px 0;
```

이것은 또 아래의 줄임 버전이다.

```
margin-top: 25px;
margin-right: 0;
margin-bottom: 25px;
margin-left: 0;
```

CSS에서는 값들이 시계방향으로 지정된다. 12시(top margin), 3시(right margin), 6시(bottom margin) 그리고 마지막으로 9시(left margin)이다. 상단에 25px의 margin과 우측으로 5px, 하단으로 10px 그리고 좌측으로 전체넓이의 30%의 margin을 주고 싶다면 이렇게 될 것이다.

```
margin: 25px 5px 10px 30%;
```

세로로 상하의 margin이 같은 값일 경우(위의 예에서 25px)와 가로로 좌우의 margin이 같은 값일 경우(위의 예에서 0)에 우리는 아래와 같이 간단하게 사용하여 부하를 줄일 수 있다.

```
margin: 25px 0;
```

9장에서 나왔던 것처럼 0은 단위를 적을 필요가 없다. 0px든 0cm이나 0in, 또는 0천만킬로미터든 전부 같다(CSS는 천만킬로미터 같은 단위는 없지만, 0이라면 어쨌건 사용할 필요가 없다).

마지막으로 오페라에서는 페이지의 테두리에 margin보다 padding을 사용하기 때문에 padding을 0으로 지정했다.

숨김과 블록지정

그 다음으로 두 개의 간단한 규칙으로 몇 가지 유용한 것들을 만들 수 있다.

```
.hide {
    text-indent: -9999px;
    }
img {
    display: block;
    border: 0;
    }
```

첫 번째 규칙으로 'hide'라고 지정한 class를 만들어 CSS를 지원하는 브라우저에서 요소나 객체를 안보이게 할 수 있다. 8장에서 설명한 것처럼 우리는 이 CSS를 최신 브라우저에서 '넘어가기 메뉴'링크를 숨기는 데 사용해서 CSS를 지원하지 않는 텍스트 브라우저나 스크린리더, 그리고 PDA와 휴대전화에서 상당히 유용하게 사용할 수 있다(현재 일부 PDA기반의 브라우저는 CSS를 일부 지원하지만 거의 3.0이나 4.0 정도의 취약한 지원만이 가능하다. 이 책을 읽고 있을 즈음에는 발전이 좀 되어 있기를 바란다).

런들과 파너의 접근법

text-indent: -9999px이 좀 이상하게 보인다. 그렇게 보이는 이유는 의도적으로 이상하게 만들었기 때문이다. 이것이 접근성 회피법이다. phark.com의 마이크 런들[Mike Rundle]이 만든 이 규칙은 브라우저가 요소를 브라우저 윈도우에서 9999px 왼쪽으로 옮기게 한다(즉, 화면 밖으로 나가게 되는 것이다). 그러면 CSS를 지원하는 브라우저에서는 안보이지만 시각장애인들이 사용하는 스크린리더에서는 읽을 수 있게 되는 것이다.

런들의 "Phark" 방식은 이 책의 초판 16장에서 제시했던 Fahrner Image Replacement[FIR] 방식보다 더 유용하다(파너는 접근성을 위해서 만들어졌지만 유명 스크린리더에서 작동이 약간 불안했다). 숨기고 보여주는 기능과 접근성에 대한 것은 조 클락[Joe Clark]의 "Facts and Opinion About Fahrner Image Replacement(FIR에 관한 진실과 의견)"(www.alistapart. com/articles/fir)과 데이브 시어[Dave Shea]의 "Revising Image Replacement"(www. mezzoblue.com/tests/revisedimage-replacement)을 참조하라.

그리고 9999란 숫자에 큰 의미는 없다. 그냥 뭔가를 브라우저 밖으로 사라지게 하는데 미래의 고해상도 모니터에서도 다시 나타나지 않을 정도로 안전한 숫자라고 생각된 것뿐이다. 다른 사람들은 5000px이나 12000px 등 다른 숫자를 사용한다.

이미지 규칙

두 번째 규칙은 더 유용하고 문제도 적다. 먼저, display: block;은 페이지에 있는 모든 이미지를 inline 요소가 아닌 block 요소로 만들어 준다. block이라는 개념이 익숙하지 않다면 두 개의 간단한 예가 있다. <p>는 block 요소이고 <i>(italic)은 inline 요소이다. block 요소는 개별적으로 '박스'를 가지고 있고 기본적으로 줄을 바꾸게 된다. inline 요소는 어딘가에 소속이 되어 있어서 줄을 바꾸거나 확실한 '박스'도 없다(실제로는 inline요소도 'inline box'를 가지고 있다. www.w3.org/TR/CSS21/visuren.html#q7에서 W3C가 말하는 'inline box'의 의미를 확인할 수 있다).

브라우저에 이미지를 block 요소로 인식시켜서
이나 <br clear="all"> 같은 쓸데없는 것들을 이미지의 앞이나 뒤에 사용하지 않아도 되고, 또 레이아웃에 맞추기 위해서 이미지를 테이블에 넣지 않아도 된다.

상당히 간단해 보이는 이것을 별로 중요하게 생각하지 않는 사람들이 많지만, 요소에 명확하게 block이나 inline을 정의해 주는 것은 매우 강력한 도구이다. 예를 들면 CSS로 block 요소가 된 일반 링크는 버튼으로 사용할 수 있다. 추가적인 선택요소를 이용하는 최근에 생긴 규칙으로 특정한 장소에 있는 이미지에 세로로 공백을 추가할 수가 있어서 기존에 자르고 붙이고 테이블에 넣어서 쓰거나 공백용 GIF 이미지 대신에 몇 줄의 CSS로 이것들을 전부 처리할 수 있다.

50개의 테이블 셀과 십여 개로 잘려진 이미지로 만들던 레이아웃을 이제는 몇 줄의 마크업과 약간의 CSS 규칙으로 해결할 수 있다. 이것이 요점이다.

다음으로 border: 0;은 이미지의 테두리를 없애도록 정의해서 모든 이미지에 border="0"이라는 마크업을 사용하지 않아도 되게 한다(CSS를 지원하지 않는 브라우저에서의 모양까지 신경을 쓴다면 이미지에 border="0"을 그냥 추가해야 한다. 8장에서 이렇게 사용했고 그 이유도 설명했다).

링크에 색상 주기(가상 클래스)

표현을 위한 HTML에서는 vlink="#CC3300" 같은 범용요소로 링크 색상을 다루었다. 최신 웹 디자인에서는 body를 그냥 두고 CSS를 사용한다. 여기에 더해서 CSS는 1990년대에 한참 유행했던 link, visited 그리고 active에 더해서 'hover'라는 옵션을 추가시킨다. CSS는 단순히 색상만 바꾸는 것 말고도 더 많은 것을 할 수 있게 해준다.

CSS는 링크를 가상 클래스라고 부른다. CSS에서는 클래스 = 요소라고 명확하게 정리할 수 있는 것을 '실제' 클래스라고 한다. 가상 클래스는 사용자의 행동이나 브라우저의 상태에 따라서 변하는 클래스이다(:hover, :visited). 가상 요소라는 것도 있다(:before 와 :after). 아래의 4가지 규칙에 의해서 링크의 색상과 그 이상의 것들을 수정할 수 있다[10.4, 10.5].

```
a:link   {
        font-weight : bold;
        text-decoration : none;
        color: #c30;
        background: transparent;
        }

a:visited {
        font-weight : bold;
        text-decoration : none;
        color: #c30;
        background: transparent;
        }
```

```
a:hover {
    font-weight : bold;
    text-decoration : underline;
    color: #f60;
    background: transparent;
}

a:active {
    font-weight : bold;
    text-decoration : none;
    color: #f90;
    background: transparent;
}
```

10.4
CSS 규칙 중에 a:link에 의해서 만들어진 링크 색상이 dark red이고 bold이며 underline은 없다.

Sign up for the i3Forum Update newsletter and watch this space for what comes next.

10.5
CSS 규칙 중에 a:hover에 의해서 만들어진 링크 위에 방문자의 마우스가 올라갈 때 글자의 색상이 orange로 밝아지고, underline이 생긴다.

Sign up for the i3Forum Update newsletter and watch this space for what comes next.

링크에 관한 다른 것들과 가상 클래스 선택자

앞의 네 가지 규칙에서 새로운 것은 아마도 `text-decoration`일 것이다. 값이 없을 때는 underline이 없다. 값으로 underline을 주게 되면-당연하겠지만-예전 1990년대의 링크들이 그랬던 것처럼 링크에 밑줄이 생기게 된다. 값에 overline을 사용하면 밑줄은 텍스트의 상단에 자리한다. 그리고 이 두 개를 같이 사용해서 `text-decoration: underline overline;` 처럼 사용할 수 있다.

이렇게 사용하면 양쪽 라인이 없는 상자에 들어가 있는 텍스트처럼 보이게 될 것이다. 이 효과는 자주는 아니지만 가끔 쓰인다. 링크에 관한 부분을 마치면서 두 가지 중요한 점을 명심해야 할 것이다.

LVHA를 기억하자

하지만 일부 브라우저에서는 앞에서 보여준 link, visited, hover, active(LVHA)의 순서대로 사용하지 않으면 링크요소의 가상 클래스 중에서 한두 가지 정도는 작동하지 않을 수도 있다. 이 순서를 기억하는 유명한 방법은 "LoVe—HA!"이다. 이 순서가 왜 문제가 되는지가 궁금하다면 www.meyerweb.com/eric/css/link-specificity.html에서 확인할 수 있다.

윈도우용 인터넷 익스플로러 속임수

7.0 이전의 윈도우용 인터넷 익스플로러에서는 hover와 active 가상 클래스가 제대로 작동하지 않았다. 윈도우용 인터넷 익스플로러에서 뒤로 가기 버튼을 누르면 보통 방금 클릭한 링크가 마우스가 올라가 있는 상태로 남아있는 경우를 볼 수 있다. 또한 방금 클릭한 링크가 아직도 active 상태인 경우도 많다.

이러한 점이 문제가 되는 것은 a:active 가상 클래스에 배경으로 이미지를 사용하면 링크에 active상태의 색이 그대로 남아 있기 때문이다. 방문자 중에 윈도우용 인터넷 익스플로러 사용자가 있다면(있기만 한 정도가 아니고 엄청나게 많겠지만) a:active를 쓰지 않아야 할 것이다. 아니면 그냥 내가 선택한 방법처럼 이런 새로운 창조적인 방법을 사용하지 않는 것이다.

이 링크 멈춤 현상이 버그인지 유용한 특징인지는 보는 관점에 따라 다르다. 2억 이상의 윈도우용 인터넷 익스플로러 사용자들은 지금쯤은 익숙해져 있을 것이고 대다수는 웹이 원래 그렇게 되는 거라고 생각할 것이다.

기타 요소 설정

아래의 코드에서 9장에서 보았던 모든 사이트의 폰트에 Georgia나 serif를 사용하라는 '넷스케이프 4에 친절하자' 규칙이 사용되고 있는 것을 볼 수 있다[10.6].

```
p, td, li, ul, ol, h1, h2, h3, h4, h5, h6 {
            font-family: Georgia, "New Century Schoolbook",
 Times, serif;
            }
```

TDC^{Type Directors Club} Medal의 수상자인 매튜 카터^{Matthew Carter}가 디자인한, 작은 사이즈에서도 읽기 쉬운 마이크로소프트 사의 폰트, Georgia는 거의 모든 윈도우나 맥킨토시에서 볼 수 있다. New Century Schoolbook은 거의 모든 유닉스 시스템에서 사용되고, 아름답기는 하지만 유명하지 않은 1930년대 스타일의 Times는 Paleolithic 시스템에서 사용된다. 그리고 만약에 이 세 가지 중 아무것도 없다면 마지막으로 최후의 선택인 generic serif가 있다.

10.6

폰트는 하나의 규칙으로 여러 개의 인자에 사용된다. 사이즈와 여백은 추가로 들어가는 규칙과 인자에서 정해질 것이다.

> **Welcome to i3Forum – a celebration of inspiration, innovation, and influence.**
>
> Industry leaders don't spend Monday through Friday looking forward to the weekend. They're self-starters and highly motivated doers who like to mainline what's hot. We created i3Forum for them.
>
> Once a year, members of this select group gather to discuss their work and the things that move them. It's all about sharing ideas and sparking new initiatives. The next i3Forum event will be held in Laguna, California on 69 April at the Chateau Grande.
>
> If you're drawn to the kind of people who invent fire, then share insight about how and why they developed it—if you seek the spark of being among other original thinkers at least once a year—then i3Forum might be for you.
>
> Sign up for the i3Forum Update newsletter and watch this space for what comes next.

아래의 규칙은 브라우저에게 제목을 기본 폰트 사이즈보다 약간 크게 보이도록 정해준다. 기본 폰트사이즈가 정해져 있지 않다면 브라우저는 기본 폰트를 1em으로 생각하게 된다(사용자의 기본 폰트사이즈가 12px이든 48px이든 상관없이 기본은 1em이 된다. 이 1em을 기준으로 다른 폰트들의 상대적인 크기가 결정된다). 제목을 기본 폰트 사이즈보다 약간 크게 만들기 위해서 제목을 1.15em으로 지정했다. 또한 제목이 bold가 아닌 normal이라는 것도 지정했다.

```
h1      {
        font-size: 1.15em;
        font-weight: normal;
        }
```

앞에서 이미 지정을 했기 때문에 h1에 Georgia를 다시 지정할 필요는 없다.

이제 `html`을 이용해서 p에 자세한 설정을 추가해야 한다. 페이지에 있는 `html`을 제외한 모든 요소들은 `html`의 하위에 속해 있다. 보통 `html p` 대신 p만을 사용하는 경우가 많은데 이 책을 읽어야 하는 이유 중에 하나가 여기에 있다. 아래에 규칙과 함께 설명이 추가되어 있다.

```
html p    {
          margin-top: 0;
          margin-bottom: 1em;
          text-align: left;
          font-size: 0.85em;
          line-height: 1.5;
          }
```

앞의 규칙에서는 p의 상단에는 여백이 없고(상단의 제목이나 부제목들에 가까이 붙을 수 있도록), 하단에는 1em의 여백을 주었으며(그래서 서로 구분이 되도록), 기본 폰트 사이즈보다 약간 작게(0.85em) 설정했다(거꾸로이기는 하지만 h1을 설정한 이유와 같은 이유이다).

폰트사이즈에 관한 그 외의 것들

방금 우리가 만든 규칙처럼 상대적인 폰트 사이즈를 지정하는 것은 약간 까다롭다. 특히 기본 폰트 사이즈보다 약간 작게 폰트를 지정하는 것은 더 까다로운데 그것은 사용자가 작은 폰트를 기본으로 사용할 수도 있기 때문이다. 작은 폰트를 기본으로 사용한다면 약간 작게 설정한 폰트가 지나치게 작을 수도 있다.

예를 들어 사용자가 11px Verdana를 기본으로 사용한다면 작은 글자는 긴 문장을 읽기에는 너무 힘든 9px이나 10px의 높이를 가지게 된다. 일부 사용자는 브라우저의 폰트 사이즈 기능을 이용해서 쉽게 조절할 수도 있지만 일부 사용자는 상당히 귀찮게 여기거나 어쩌면 사용자가 그런 기능을 알지도 못할 수도 있다.

사용자는 폰트사이즈를 알지 못한다.

에릭 마이어와 나는 거의 대부분의 사용자들이 기본 폰트사이즈(96ppi에서 16px)를 바꾸지 않거나 바꾸는 것 자체를 알지도 못한다는 사실을 발견했다. 윈도우 사용자들은 아마도 그럴 것이다. 이런 책을 읽는 독자들에게는 충격일 수도 있지만 우리에게는 특별한 경우이다. 다행인 점은 우리가 보통 폰트보다 약간 작은 폰트를 지정하는 상대적인 방법(em, %)을 사용하면 사용자들은 좋아할 것이라는 점이다. 문제는 일반인들과 접촉을 거의 하지 않는 컴퓨터 매니아들이 여러분에게 불만의 메일을 보낼 것이라는 점이다.

거의 모든 시스템이 처음에 만들어져서 나오는 기본 폰트는 너무 커서 0.85em처럼 작은 사이즈는 상당히 좋아 보인다. 사용자가 시력이 좋지 않아 기본 폰트보다 더 크게 사용하고 있더라도 그리 나쁘지 않고 그저 약간 작아 보이는 정도의 느낌일 것이다. 하지만 윈도우에서 기본 텍스트 크기를 '작게' 사용하거나 맥에서 기본을 12px/72ppi로 사용한다면 폰트는 너무 작아서 눈에 피로를 느끼고 사이트를 떠나게 만들 것이다.

그래서 그 대신에 pixel 값으로 폰트 사이즈를 주기도 한다.

```
font-size: 13px;
```

역시 CSS 코드줄임을 사용하여 이렇게 쓸 수 있다.

```
font: 13px/1.5 Georgia,"New Century Schoolbook", Times, serif;
```

단위로 em을 사용하는 상대적인 방식과 달리 pixel을 사용하는 사이즈 방식은 모든 브라우저와 플랫폼에서 일정하다. 그리고 pixel 기반의 사이즈가 사용자에게 너무 작으면 사용자는 하나를 제외한 모든 최신 브라우저에 있는 텍스트 줌(글자 확대)이나 페이지 줌 기능을 사용할 수 있다. 문제는 그 제외하는 하나의 브라우저가 윈도우용 인터넷 익스플로러라는 것이고 가장 많이 사용되는 브라우저라는 것이다.

아이러니하게도 텍스트 줌은 2000년에 마이크로 소프트 브라우저(맥용 인터넷 익스프로러 5)에서 처음 사용되었다. 이 기능은 윈도우에서는 사용하지 않지만 굉장히 유용한 특징이다. (인터넷 익스플로러 7에서는 이러한 확대 기능을 다시 추가했다.)

인터넷 익스플로러 7이 출시되어 많이 사용되기 전까지는 pixel을 사용하면 윈도우용 인터넷 익스플로러를 사용하는 사용자 중에 시력이 좋지 않은 사용자들에게는 어느 정도 문제가 있다는 것을 감안해야 했다. 하지만 지금 만드는 사이트에서처럼 em을 사용하여 이러한 문제를 극복하려고 한다면 기본 폰트가 너무 커서 작게 설정한 사용자들을 곤란하게 만들 것이다.

간단히 말하면 어떻게 하든지 누군가는 곤란하게 만들게 된다는 것이다. 한번은 폰트 사이즈를 전혀 설정하지 않고 사이트를 만든 적이 있다. 그러면 모든 사용자들에게 좋을 것이라고 생각을 했다. 하지만 이 사이트에 수백 명이 텍스트 사이즈가 '너무 크다'는 불만의 편지가 쇄도했다. 폰트 사이즈에 관한 더 많은 얘기는 13장, '브라우저 연구 Part III: 타이포그래피'에서 다룰 것이다.

62.5% 방법

리치 루터[Rich Rutter]가 만든 방법은 body의 크기를 62.5%로 설정하고 텍스트 사이즈에 em을 이용한다(www.clagnut.com/blog/348). 리치 루터의 방법을 사용하면 pixel을 이용하는 방법과 거의 비슷하게 만들 수 있다. 하지만 사용자가 기본 폰트 사이즈를 줄이면 이 방법도 의미가 없어진다.

line-height이용

앞에서 보여준 규칙에서 line-height 설정 부분을 다시 보자.

```
line-height: 1.5;
```

line-height는 CSS의 주요 요소이다. line-height를 1.5로 한다는 것은 150%를 의미한다. CSS 이전에는 <pre>를 사용하거나 GIF 이미지로 모든 줄 사이에 공백을 사용하고 테이블에 가로 사이즈를 주고 공백 이미지가 제대로 작동하기를 바라는 비구조적인 p 태그의 사용 밖에는 방법이 없었다. 공백이미지가 제대로 작동하지 못한다면 방문자는 빨간엑스가 그려진 상자를 보게될 것이다.

단위를 사용하지 않은 Line-Height

그런데 line-height:1.5는 단위가 없는 경우이다. 그에 반해 line-height:1.5em은 em이라는 단위가 있다. 이 책에서 언급한 W3C 유효성 검사기는 단위가 없는 line-height를 에러로 잘못 표시한다. 그럼 어째서 단위가 없는 line-height를 사용하는 것일까? 그리고 이렇게 하면 뭐가 다를까? 에릭 마이어가 여기에 큰 차이를 설명해 두었다(www.meyerweb.com/eric/thoughts/2006/02/08/unitless-line-heights).

Left-align 버그

마지막으로 다시 규칙을 돌아보면 아마도 text-align:left를 왜 지정해 주었는지 궁금할 것이다. 이유는 간단하다. 그렇게 하지 않으면 윈도우용 인터넷 익스플로러 6에서 텍스트를 center로 정렬하는 버그가 있기 때문이다. 윈도우용 인터넷 익스플로러 5나 다른 브라우저에서는 이러한 문제가 없었다. 이러한 문제는 무작위로 나타나는 듯이 보인다. CSS에서 명확하게 왼쪽으로 정렬시키지 않은 많은 요소들은 기본적으로 윈도우용 인터넷 익스플로러 6에서 왼쪽에 정렬되어 보인다. 하지만 일부는 그렇지 않다. 그리고 어느 것이 그 일부에 포함이 될지를 모른다. 그래서 text-align:left를 만약을 위해서 써주는 것이다.

Footer 설정

이제 CSS에 대해서 어느 정도 이해를 하고 있고 아래의 간단한 규칙들을 이해할 수 있을 것이다.

```
#footer p  {
     font-size: 11px;
     margin-top: 25px;
     }
```

다시 설명할 필요 없이 footer에는 id를 사용하여 설정을 하고, 그 안에 있는 모든 글자의 크기는 11px이고 상단에 25px의 여백을 주었다.

그리고 앞에서 이미 설명했듯이 그 전의 규칙에서 설정된 폰트 설정이 여기에서도 적용될 것이다.

페이지에 div 배열하기

다음 규칙들은 페이지의 기본 div 요소들을 만든다. 수정이나 개편에 용이하게 하기 위해서 CSS 파일 내에서 각각을 서로 가까이 두고, 주석을 달아서 나중에 알아보기 쉽게- 또는 나중에 이 스타일시트를 수정해야 하는 동료를 위해서-이 부분이 무슨 일을 하는지 설명을 해둔다. HTML에서 주석을 다는 것에 익숙하다면 여기서도 거의 비슷하지만 모양은 C 프로그램의 주석 규칙에 가깝다.

주석 다음으로 주요 컨텐츠 영역의 왼쪽과 위쪽으로 25px의 공백이 있다는 것을 지정한 규칙이 있고[10.7], 반복하지 않는 배경 이미지(arrow.gif)가 content라는 id를 가진 테이블의 아래쪽과 가운데에 있다는 것을[10.8] 알려준다.

10.7

navigation 영역과 content 영역 사이의 세로 공백과 sidebar의 photo 영역과 text 영역 사이의 가로 공백은 primarycontent 선택자에서 한 번에 조절된다. 공백용 GIF 이미지나 테이블 셀을 사용할 필요가 없다.

10.8

바닥에 깔린 logo에서 만들어진 화살표 이미지는 content에 정의된 배경 설정에 따라 투명 이미지처럼 자리를 잡았다. 이 선택자가 전체 테이블을 포함하고 있기 때문에 화살표 이미지는 양쪽에(sidebar와 primarycontent) 모두 보여지게 된다. 간단해 보이지만 구식 방법을 사용하면 만드는 것이 불가능한 정도는 아니겠지만 상당히 어려울 것이다.

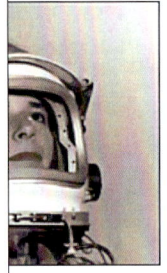

테이블 셀 태그 안에 배경 이미지 요소를 사용해서 이러한 결과를 만들기는 거의 불가능에 가깝다. 첫째로 이 배경이미지는 두 개의 td에 걸쳐서 보여져야 한다. 따라서 우리는 배경이미지를 잘라야 하고 그 이미지들을 다른 테이블 셀에 넣고 하나처럼 보이게 맞춰야 한다.

그리고 이 골치 아픈 배경이미지가 기본 HTML에서는 반복하게 되어 있는데, 이 반복을 중지시킬 방법은 없다. 아마도 두 개의 배경을 투명하게 만든 이미지를 테이블 셀의 높이에 맞게 크게 잘라서 넣을 수는 있지만 사용자가 텍스트 크기를 변경해서 테이블 셀의 높이가 달라지게 되면 역시 방법이 없다.

또 다른 방법으로 모든 페이지를 같은 높이로 만들어서 텍스트를 넣거나 빼는데 제한을 둘 수는 있다. 하지만 고객들이 좋아하지는 않을 것이다.

CSS를 사용하면 이런 쓸데없는 고민은 하지 않아도 된다. 지금 위에서 설명한 부분을 읽고 이해하는 시간보다 CSS를 사용해서 만드는 데 훨씬 적은 시간이 걸릴 것이다.

```css
/* 기본 페이지 분할 */
#primarycontent {
    padding-left: 25px;
    padding-top: 25px;
    }
#content {
    background: transparent url(images/arrow.gif) no-repeat
    ↪  center bottom;
    }
```

그리고 sidebar를 위한 규칙을 설정한다.

```css
/* Sidebar 요소 */
#sidebar p {
    font-style: italic;
    text-align: right;
    margin-top: 0.5em;
    }
#sidebar img {
    margin: 30px 0 15px 0;
    }
#sidebar h2 {
    font-size: 1em;
    font-weight: normal;
    font-style: italic;
```

```
        margin: 0;
        line-height: 1.5;
        text-align: right;
        }
```

첫 번째 규칙은 id가 sidebar인 요소 안에 있는 문단은 오른쪽 정렬에 이탤릭체이고, 상단 여백은 기본 폰트 사이즈의 절반(0.5em)이라는 것을 알려준다. 이전에 9장에서 CSS의 id를 설명할 때 사용한 적이 있기 때문에 이 부분이 눈에 익을 것이다.

두 번째는 id가 sidebar인 요소 안에 있는 이미지들은 상단 여백으로 30px을 가지고 하단으로 15px을 가지게 되면 좌우로는 여백이 없다는 의미이다[10.9]. 이 부분은 '이미지 규칙'이라는 절에서 언급한 적이 있다.

이런 CSS들이 여백을 주기 위해서 여러 개의 빈 테이블 셀을 중첩해서 사용하거나 공백 GIF 이미지를 사용하지 않아도 되어 우리의 작업을 더 편하게 해준다(어떤 종류의 미디어매체에서도 디자이너들에게 단순히 여백 하나를 주기 위해서 이렇게 심하게 고생시키지는 않는다. 웹에서만 이랬던 것이다. 하지만 이제는 그러지 않아도 된다).

이번 절의 세 번째는 h2가 HTML 제목처럼 보이지 않고 잡지에서 인용한 문구처럼 보이게 한다(윈도우 Cleartype과 Mac OS X Quartz 같은 부드러운 텍스트 환경에서는 더욱 두드러진다)[10.10]. sidebar 안에 있는 h2는 적당한 사이즈에(1em), 기본 굵기, 이탤릭, 우측 정렬되고 페이지의 다른 텍스트들과 같은 1.5의 line-height를 가지게 된다.

10.9
#sidebar img에 상하 margin 값을 설정하여 sidebar에 있는 사진의 상하 여백을 결정한다. id가 sidebar인 div 안에 있는 이미지는 전부 이 여백의 규칙에 적용될 것이다. 다른 곳에 있는 이미지들은 상관없다.

네비게이션 요소 : 첫 번째 단계

지금까지 잘해오고 있다. 표준에 맞는 최신 브라우저에서 우리가 써온 모든 규칙들도 예상대로 잘 적용된다. 네비게이션을 제대로 표현하는 부분은 약간 더 까다롭다. 다음에 보일 첫 번째 단계에서 필요한 부분만 다루고 나머지는 그냥 넘어갈 것이다.

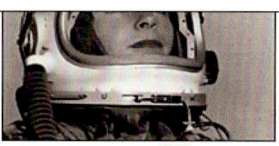

10.10
sidebar의 인용문은 HTML 제목처럼 보이지 않고 잡지에서나 볼 수 있는 모양으로 보이지만 마크업은 〈h2〉를 사용했다.

```
/* 네비게이션바 요소 */
table#nav {
        border bottom: 1px solid #000;
        border-left: 1px solid #000;
        }
```

이 규칙은 id가 nav인 테이블의 좌측과 하단에(상단과 우측에는 주지 않고) 1px solid border를 준다.

```
table#nav td {
        font: 11px verdana, arial, sans-serif;
        text-align: center;
        vertical-align: middle;
        border-right: 1px solid #000;
        border-top: 1px solid #000;
        }
```

이 규칙에서는 11px Verdana 폰트가 우선적으로 사용될 것이고, 앞에서 비워둔 부분(즉, 우측과 상단)의 border를 마저 정의한다. 여기서 혹시 4방향 모두 border를 주도록 정의하면 이 테이블의 상단과 우측에 border 한 줄이 덧대어져서 원치 않는 모양을 가지게 된다. border-collapse:collapse로 테이블 요소에 기본적으로 들어가는 border를 없애준다. 자세한 사항은 www.mywebstuff.com/02_css/css_04.html를 참조하자.

앞의 규칙에서는 또한 텍스트가 가로로 가운데 정렬을 하도록 설정을 했고 구식 방법으로 우리가 상당히 좋아하고 자주 사용하던 td에 valign="middle"로 주던 세로로 가운데 정렬을 선언해 두었다(지금은 이러한 CSS가 올바르게 보이지만 두 번째 단계에서 다 지우게 될 것이다).

```
table#nav td a {
    font-weight: normal;
    text-decoration: none;
    display: block;
    margin: 0;
    padding: 0;
    }
```

앞의 규칙에서는 선택자들을 연결해서 매우 복잡하게 링크를 정의했다. 이 복잡한 선택자들은 "id가 nav인 테이블 안에 있는 테이블 셀에만 다음의 규칙에 따르라"는 의미를 지닌다.

'이미지 규칙'에서 미리 언급을 했듯이 여기서 CSS 정의 중 하나인 display:block을 사용해서 XHTML 링크를 block 요소로 만들어서 공백 버그를 없애고 테이블 셀을 빈틈없이 깔끔하게 채워준다.

```
#nav td a:link, #nav td a:visited {
    background: transparent url(images/bgpat.gif) repeat;
    display: block;
    margin: 0;
    }

#nav td a:hover {
    color: #000;
    background: white url(images/nopat.gif) repeat;
    }
```

마지막 두 개의 규칙은 자손 선택자와 id 선택자를 사용해서 link, visited, hover 가상 클래스들을 다룬다. 처음 두 개의 클래스는 격자무늬 배경 이미지로[10.3 참조] 채우고 hover/rollover인 경우에는 흰색 배경 이미지를 사용했다(다음에 나오는 사이드바 참조).

불필요한 이미지II: 개인적인 취향

sidebar에 대해서 다룰 때 '불필요한 이미지'라고 불렀던 실제로 그냥 흰색용 배경이미지는 필요 없는 요소라고 했었던 적이 있다. 실제로 필요가 없는 요소라는 말이 맞다.

```
#nav td a:hover {
    color: #000;
    background: white url(images/nopat.gif) repeat;
    }
```

이런 코드 대신에 아래와 같이 사용할 수 있다.

```
#nav td a:hover {
    color: #000;
    background-image: none;
    }
```

링크에서 hover된 상태의 이미지를 없애면(`background-image:none`) 그냥 흰색의 배경을 주는 것과 같은 효과를 가지고 이미지를 하나 줄여서 약간의 전송량도 줄일 수 있다. 이 장의 바로 뒤쪽에서 개별 페이지에 '현재위치' 효과를 만들 때 단순 흰색 배경이미지를 사용하지 않는 작업을 할 것이다.

하지만 CSS 배경이미지를 교체하는 방법이 멋있어서 자신의 프로젝트에 사용하고 싶어 하지 않을까 해서 이번 장에서는 네비게이션바의 롤오버 효과에 이 방법을 사용해봤다.

어떤 부분은 맞고 어떤 부분을 틀리기도 하다. 네비게이션바를 제외하고는 만들려고 했던 것들을 거의 다 만들었다. 로고도 괜찮고, 배경색도 완벽하게 채워졌고[10.11], 롤오버 효과도[10.12] 생각대로 잘 만들어졌다.

10.11
id가 nav인 테이블 안의 모든 셀들은 link, visited, hover 가상 클래스들로 만들어진 CSS 롤오버 효과. 메뉴에서 기본 상태를 여기서 볼 수 있다.

10.12
CSS 효과 그 두 번째: 방문자의 커서가 이 메뉴에 hover되면 배경색은 흰색이 된다. 자바스크립트를 사용하지 않았다!(자바스크립트를 사용하는 것이 잘못된 것이라는 말은 아니다).

하지만 기본(link, visited)배경 패턴은[10.13] 원래는 전체를 다 채워야 하지만 오른쪽 메뉴의 일부분에만 채워져 있다. 불충분하고 취약하고 약간은 보기 흉하다. '최종' CSS를 만드는 첫 번째 시도에서 새로 하나를 만들어서 이 문제를 해결할 것이다.

■ 네비게이션바 CSS: 두 번째 단계의 첫 번째 시도

두 번째 단계의 첫 번째 시도에서 우리는 링크에 적절한 사이즈를 부여한다.

```
#nav td a:link, #nav td a:visited {
    background: transparent url(images/bgpat.gif)repeat;
    display: block;
    margin: 0;
    width: 100px;
    height: 25px;
    }
```

이렇게 하면 오른쪽 부분의 버튼들을 완전하게 채워주지만 100 × 25px로 바뀐 로고가 사라진다[10.13]. 100 × 25는 작은 버튼에는 맞는 사이즈이지만 로고에는 맞지 않다(로고는 400 × 75이다).

어찌된 일인지 방금 수정한 부분 때문에 이전에 만들어 둔 vertical-align이 영향을 받았다. 요소들은 테이블 셀에서 세로로 정렬이 되어 있지만 내용은 그렇지 않다. 그림 10.14에서 보면 명백하게 보이듯이 "button"이라는 글씨는 각 테이블 셀의 중간에 정렬되어 있지 않고 상단에 올라가 있다. 이렇게 올라가는 현상은 CSS를 지원하는 모든 브라우저에서 일어난다. 이것은 버그가 아니긴 하지만 CSS 레이아웃 모델에서 생겨난 예상치 못한 현상이다.

다행히, 8장에서 마크업을 만들 때 테이블과 각 테이블 셀에 id를 부여했었다. home은 logo가 들어가 있는 테이블 셀이다. home이라는 id를 사용해서 지금 사용된 100 × 25 버튼을 채우는 규칙을 덮어 씌워서 새로운 규칙을 만들 수 있을까? 당연히 할 수 있다.

```
td#home a:link, td#home a:visited {
    background: transparent url(images/bgpat.gif) repeat;
    width: 400px;
    height: 75px;
    }
td#home a:hover {
    background: white url(images/nopat.gif) repeat;
    width: 400px;
    height: 75px;
    }
```

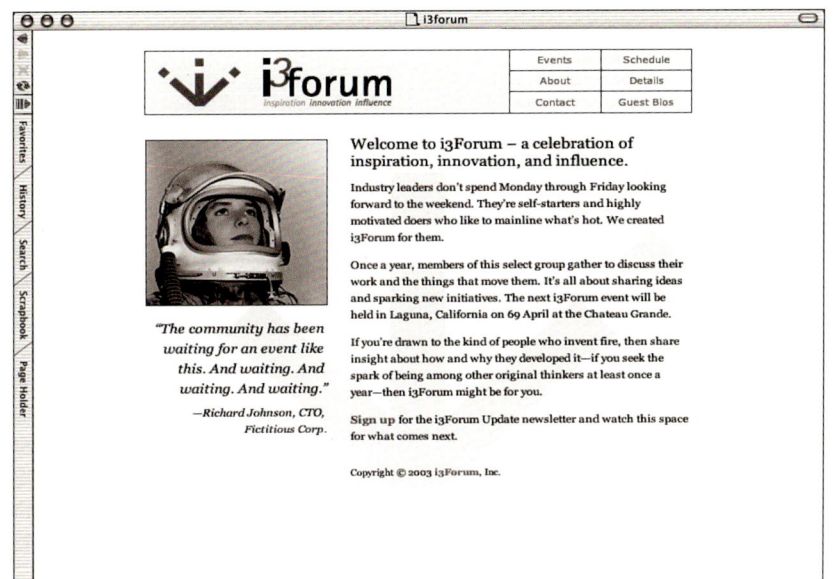

10.13
혼합형 레이아웃에서도 CSS를 사용하는 학습 곡선이 있다. 첫 번째 과정에서 거의 원하는 것을 만들 수 있지만 네비게이션바는 아직이다.

10.14
한 걸음 전진, 두 걸음 후퇴: nav의 가상 클래스로 배경을 완벽하게 채우게 하는 사이즈를 설정하면 logo의 배경은 없어지게 된다. 또한 이전에 설정한 세로 정렬에 대한 값도 또한 지우게 되어 텍스트가 각 테이블 셀의 상단에 위치하고 있다.

새로운 이 규칙은 logo를 다시 돌려두고 사이트를 거의 완벽하게 만든다. 하지만 `vertical-align:middle`에서 설정한 값은 여전히 사라져 있다. 이것은 마지막 단계에서 고칠 것이다.

■ 네비게이션바 CSS: 마지막 단계

마지막 단계에서 우리는 원하던 모든 것을 만든다.

```
body    {
        color: #000;
        background: #fff;
        margin: 25px 0;
        padding: 0;
        }
```

```css
.hide   {
        text-indent: -9999px;
        }
img     {
        display: block;
        border: 0;
        }
a:link {
        font-weight : bold;
        text-decoration : none;
        color: #c30;
        background: transparent;
        }
a:visited {
        font-weight : bold;
        text-decoration : none;
        color: #c30;
        background: transparent;
        }
a:hover {
        font-weight : bold;
        text-decoration : underline;
        color: #f60;
        background: transparent;
        }
a:active {
        font-weight : bold;
        text-decoration : none;
        color: #f90;
        background: transparent;
        }
p, td, li, ul, ol, h1, h2, h3, h4, h5, h6 {
        font-family: Georgia, "New Century Schoolbook", Times, serif;
        }
h1      {
        font-size: 1.15em;
        font-weight: normal;
        }
h2      {
        font-size: 1em;
        font-weight: normal;
```

```css
        margin-bottom: 0.25em;
        margin-top: 0.5em;
        }
html p {
        margin-top: 0;
        margin-bottom: 1em;
        text-align: left;
        font-size: 0.85em;
        line-height: 1.5;
        }
#footer p {
        font-size: 11px;
        margin-top: 25px;
        }
/* Basic page divisions */

#primarycontent {
        padding-left: 25px;
        padding-top: 25px;
        }
#content {
        background: transparent url(/images/arrow.gif) center
        bottom no-repeat;
        }
/* Sidebar display attributes */

#sidebar p {
        font-style: italic;
        text-align: right;
        margin-top: 0.5em;
        }
#sidebar img {
        margin: 30px 0 15px 0;
        }
#sidebar h2 {
        font-size: 1em;
        font-weight: normal;
        font-style: italic;
        margin: 0;
        line-height: 1.5;
        text-align: right;
        }
```

```css
/* Navigation bar components */

table#nav {
    border-bottom: 1px solid #000;
    border-left: 1px solid #000;
    }

table#nav td {
    font: 11px verdana, arial, sans-serif;
    text-align: center;
    border-right: 1px solid #000;
    border-top: 1px solid #000;
    }

table#nav td a {
    font-weight: normal;
    text-decoration: none;
    display: block;
    margin: 0;
    padding: 0;
    }

    #nav td a:link, #nav td a:visited {
    background: transparent url(/images/bgpat.gif) repeat;
    display: block;
    margin: 0;
    width: 100%;
    line-height: 25px;
    }

#nav td a:hover {
    color: #f60;
    background: white url(/images/nopat.gif) repeat;
    }

td#home a:link img, td#home a:visited img {
    color: #c30;
    background: transparent url(/images/bgpat.gif) repeat;
    width: 100%;
    height: 75px;
    }

td#home a:hover img {
    color: #f60;
    background: white url(/images/nopat.gif) repeat;
    width: 100%;
    height: 75px;
    }
```

무엇이 변경되었을까? vertical-align:middle을 전부 없앴다. 그리고 버튼 높이를 25px로 지정한 부분을 없애고 대신 이걸로 대체했다.

```
line-height: 25px;
```

높이로 지정했던 것을 line-height가 25px만큼 똑같이 채워주고 텍스트도 중간으로 정확하게 자리잡아 준다. 이 방법이 어떻게 이전에 쓴 방법보다 더 좋은지는 설명하기 어렵다. 중요한 것은 된다는 것이다. 마지막으로 브라우저 버그를 피하기 위해서 다음에 설명하는 것처럼 pixel 단위의 가로 사이즈를 퍼센트로 변경했다.

브라우저 버그

i3Forum 스타일시트 앞의 단계에서는 네비게이션바 테이블 셀의 hover에 pixel 단위로 가로 사이즈를 지정했다. 로고가 있는 "home" 테이블 셀에는 **400px**을 지정하고 각 네비게이션 버튼에는 **100px**을 지정했다.

```
#nav td a:link, #nav td a:visited {
        background: transparent url(/images/bgpat.gif) repeat;
        display: block;
        margin: 0;
        width: 100px;
        line-height: 25px;
        }
#nav td a:hover {
        color: #f60;
        background: white url(/images/nopat.gif) repeat;
        }
td#home a:link img, td#home a:visited img {
        color: #c30;
        background: transparent url(/images/bgpat.gif) repeat;
        width: 400px;
        height: 75px;
        }
td#home a:hover img {
        color: #f60;
        background: white url(/images/nopat.gif) repeat;
        width: 400px;
        height: 75px;
        border-right: 1px solid #000;
        }
```

인터넷 익스플로러 6.0이나 그 이전 버전에서는(맥용 인터넷 익스플로러 5 포함) 아주 멋지게 잘 보였지만 표준에 더 가까운 모질라 파이어폭스와 애플 사파리에서는 그렇지 않고 배경이 border에 겹쳐져서 모양을 망가뜨렸다. 두 번째 버전에서는 가로사이즈를 지정하지 않고 그냥 **자동**으로 늘어날 수 있게 해두었다. 그러나 모질라와 사파리에서는 잘 보이지만 인터넷 익스플로러에서는 그렇지 않다. 결국 마지막에 가로 사이즈를 100%로 지정하고 모든 브라우저에서 제대로 보이게 되었다. 자동으로 늘어나게 하는 방법은 어째서 잘 보이지 않았을까? 그것은 브라우저의 완성도가 불완전하기 때문이다.

■ 마지막 단계: 외부 스타일과 '현재위치' 나타내기

사이트를 완성하고 고객에게 보내기 위해서 두 가지 단계가 더 남아 있다. 첫 번째는 9장에서 설명한 것처럼 내부스타일을 외부 CSS 파일로 옮기고 내부 스타일을 지우는 것이다. 그리고 나서 방문자가 현재 어느 페이지에 있는지를 계속 알고 있게 하기 위한 '현재위치'를 만든다 [10.15, 10.16]. 중요: 마크업을 변경하는 일은 없어야 한다. 이러한 효과를 네비게이션바에 추가로 class를 지정하는 일 없이 CSS를 이용해서 만들 것이다.

'현재위치'를 나타내기는 상당히 쉽다. 이제 내부 스타일시트가 사라졌으니 모든 템플릿 페이지는 외부 CSS에서 데이터를 가져다가 쓰게 된다.

```
<!DOCTYPE html PUBLIC "-//W3C//DTD XHTML 1.0 Transitional//EN"
    "http://www.w3.org/TR/xhtml1/DTD/xhtml1-transitional.dtd">
<html xmlns="http://www.w3.org/1999/xhtml">
    <head>
  <title>i3forum</title>
<link rel="StyleSheet" href="/css/i3.css" type="text/css"
media="all" />
```

이제 남은 일은 스타일 요소를 사용하여 내부 스타일시트를 각 페이지에 추가하는 것이다. 이 내부 스타일시트는 한 가지 규칙만 가지게 된다. 일반 '메뉴버튼'을 바꿔주는 규칙이다. 설명보다 일단 보여주는 것이 더 빠를 것이다.

Events 페이지를 예로 들어 내부 스타일은 다음과 같고 중요한 선택자는 강조되어 있다.

```
<style type="text/css" media="screen">
td#events a:link, td#events a:visited {
      color: #c30;
      background: #fff;
      }
</style>
```

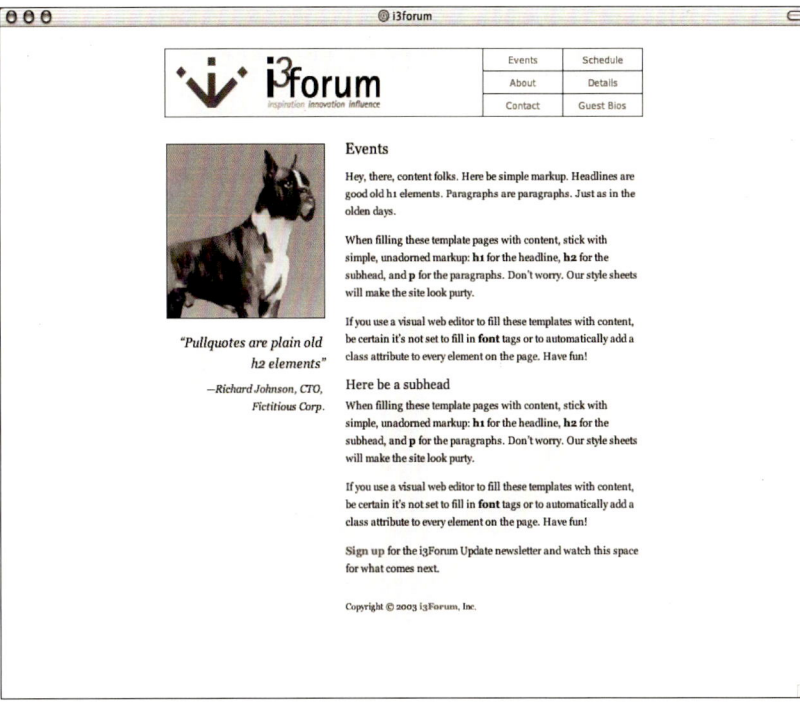

10.15

Events 페이지 템플릿에서의 현재위치 표시.

10.16

About 페이지 템플릿에서의 현재위치 표시.

"불필요한 이미지II: 개인적인 취향"에서 말했던 대로 이번에는 배경을 흰색으로 하는 nopat.gif 대신에 background:#fff를 사용했다.

```
<style type="text/css" media="screen">
td#about a:link, td#about a:visited {
        color: #c30;
        background: #fff;
            }
</style>
```

사이트의 각 페이지들에는 이러한 스타일들이 들어가 있다; 그래서 모든 페이지에서 마크업을 변경하지 않고도 방문자에게 '현재위치'를 알려줄 수 있다. 아마도 "그냥 페이지에서 마크업을 바꾸면 되지 않나? 그냥 '현재위치'용 class를 하나 만들어서 메뉴스타일에 겹쳐서 사용하면 되지 않나?" 하는 의문을 가질 수도 있다. 물론 가능한 일이고 자주 사용하는 방법이기도 하다.

하지만 네비게이션 마크업을 건드리지 않고 같은 데이터를 서버쪽에서 계속해서 사용할 수 있다면 우리가 지금 만들고 있는 중소규모의 사이트에서는 상당히 편리하다.

더 좋은 방법은(www.zeldman.com에서 실제 사용한 방법이기도 하다) 사이트마다 각각의 class나 id를 페이지의 body에 할당하고 CSS의 "active" 스타일을 각 섹션에 맞게 써주는 것이다. 예를 들어 contact 페이지에서 body id="contat_page"라고 설정하고 home 페이지에서는 body id="home_page"라고 설정하는 방법이다. 하지만 이것은 또 다른 방법이고 다른 장에서 다루게 될 것이다.

다음 장에서는 새로운 CSS의 깊이를 체험하고 브라우저 버그와 그것을 피할 수 있는 방법을 배우고, 브라우저가 제대로 작동하는(하지만 별로 원하지는 않는) 것들을 찾아내고, 웹표준을 준수하기 위해서 아무리 애를 써도 통하지 않는 완강한 요소들에 대해서 알아볼 것이다.

11장

브라우저 다루기
1부: DOCTYPE 전환과 표준 모드

웹 페이지가 상위호환이 되도록 만들어져 있다는 것을 브라우저들은 어떻게 '아는' 것일까? 구식 방법으로 제작된 옛날 사이트들까지도 정상적으로 보이도록 해야 하는 브라우저들이 어떻게 여러분이 제작한 표준기반의 사이트도 정확하게 표현하는 것일까?

대부분의 최신 브라우저들이 6장에서 잠깐 이야기했던, 표준모드(W3C 항목에 따라 작동되는 모드)와 하위호환 유연모드(오래된 사이트들이 표준을 지원하지 않는 다양한 오래된 브라우저들과의 호환성을 우선시해서 만드는 모드)로 전환이 가능한 DOCTYPE이라는 기능을 사용하기 때문이다. 만약 사이트가 보여지고 작동하는 모습을 컨트롤하고 싶다면, 이번 장이 도움이 될 것이다.

흥미로운 사실은, 모질라의 파이어폭스와 넷스케이프와 같은 Gecko 기반 브라우저에서의 표준모드는 인터넷 익스플로러에서의 표준모드와 약간 다르게 작동하는데, 이러한 작은 차이는 사이트 레이아웃에 예상하지 못한 심각한 영향을 끼칠 수 있다. 그러한 잠재적인 문제들을 위해, 모질라 1.01+와 넷스케이프 7과 같은 Gecko 기반 브라우저들은 인터넷 익스플로러의 표준 모드와 좀 더 비슷하게 작동하는 새로운 모드를 추가하였다(오페라 7도 DOCTYPE 전환 모드를 제공한다).

Gecko 기반 브라우저에서는 인터넷 익스플로러처럼 표현되는 이 세 번째 모드를 '거의 표준 모드'라고 표현한다. 이 이름은 인터넷 익스플로러의 표준모드를 모욕하려는 의도가 아닌- 적어도 개인적으로 생각할 때는 아닌 것 같다- Gecko의 표준 전문가가 보기에는 브라우저의 시각적인 작동모습이 CSS 표준에 따르지 않은 다른 방식이라는 것을 표현하기 위해서이다.

이번 장에서는 어떤 방법으로 다양한 모드가 작동하는가를 설명하고 좋은 브라우저들이 CSS와 여러 다른 사항들을 해석하여 적용하는 것에 차이가 있더라도 여러분이 제작한 사이트가 원하는 모습 그대로 보여질 수 있게 해주는 간단한 방법을 설명하고 있다. 만약 테이블과 CSS가 함께 사용된 전환형 사이트를 XHTML로 변환하고 나서, 일부 브라우저들이 사이트의 레이아웃을 다르게 표현해내는 것을 발견했다면, 그리고 브라우저들이 왜 레이아웃을 다르게 보여주는지, 다시 되돌릴 수 있는 방법이 무엇인지 궁금했다면, 이번 장에서 궁금증을 해결할 수 있을 것이다.

다음에 나오는 'DOCTYPE 전환의 전설'에서는 왜 대부분의 브라우저들이 표준 모드와 호환 모드를 전환하는 기능이 필요한지, 왜 그들이 DOCTYPE을 선택해서 사이트를 제작할 수 있도록 만들었는지 설명하고 있다. 만약 이 모든 것이 어디에서 왔으며 왜 그것들이 존재하는지에 대해 알고 싶은 사람이라면, 다음 단락을 계속 읽어야 한다. 만약 기초적인 지식보다는 곧바로 팁과 활용할 수 있는 기술을 습득하는 것을 선호한다면, 이 장은 건너뛰고 '브라우저 성능 제어하기: DOCTYPE전환' 단락으로 넘어가도록 하자.

DOCTYPE 전환의 전설

1990년대 후반, 주류 브라우저 제작자들이 웹표준을 완벽하고 정확하게 지원하는 것이 웹 사이트를 만들고 디자인하는 일을 하는 그들의 고객에게 중요하다는 것을 깨닫게 되면서, 그들은 어떻게 하면 웹표준을 준수하지 않는 옛날 사이트들의 레이아웃을 망치지 않으면서도, 웹표준을 정확히 지원하는 새로운 브라우저를 만들 수 있을지를 고민하게 되었다.

결국, 넷스케이프와 익스플로러는 자신들의 입맛에 맞춘 HTML 확장, 불완전하고 틀린 CSS, 특정 스크립트 언어와 같은 브라우저 마다의 비호환 모드를 전 세계 디자이너들이 배워야 하게끔 만들었다. 마이크로소프트와 넷스케이프는 표준을 준수하기 위해서 그들에게 엄청난 가치를 주는 기존 사이트들의 레이아웃을 망가뜨리게 된다면 표준을 준수하는 브라우저를 만들 이유가 없다. 브라우저 제작자들에게 그것은 자살과 다름없기 때문이다.

다음의 예를 보면, 브라우저 제작자들의 딜레마가 이해가 될 것이다.

1990년대 중반, 초기 버전의 인터넷 익스플로러가 부분적으로 CSS1을 지원하기 시작했을 때, 그들은 예상했던 대로 (12장에서 설명할) box model과 같은 몇 가지의 실수를 저질렀다.

첫 발을 내딛는 것은 언제나 힘든 법, 그렇기 때문에 마이크로소프트가 1997년 초에 CSS 지원을 시작했던 일은 칭찬받을 만한 일이었다. 그러나 칭찬을 받아야 했든 아니든, 마이크로소프트 사의 CSS box model에 대한 섣부른 오해는 문제를 불러일으켰다. 수만 명의 디자이너들이 이미 인터넷 익스플로러 4.x과 5.x에서 지원하는 정확하지 않은 box model을 '배웠고' 잘못된 CSS를 상당히 많이 이용하여 사이트를 제작해왔다. 그런데 만약 인터넷 익스플로러의 추후 버전이 box model을 좀 더 정확하게 지원하고 나서 기존의 사이트 디자인들이 망가져 고객들과 제작자들 사용자 모두에게 낭패함을 주게 된다면, 어떻게 해야 할까?

표준/비표준 모드 전환 스위치

넷스케이프와 마이크로소프트가 웹표준을 좀 더 정확하고 완벽하게 지원하는 브라우저를 만들기로 결정하기 전에, 세상에 알려지지 않았던 영웅이 나타나 웹표준을 지키지 않고 제작된 사이트를 부드럽게 제어하여 문제를 해결했다. 그 영웅은 바로 W3C의 CSS와 HTML 운영 그룹들을 만드는 데 기여했으며, 웹표준화 프로젝트의 공동 창시자이기도 한 UI 기술자 토드 파너Todd Fahrner였다. 이 책 곳곳에서 토드 파너라는 이름을 볼 수 있으며, 그리고 이 책의 index를 만드는 사람들이 제대로 일을 했다면 그 곳에서도 그의 이름을 볼 수 있을 것이다.

1998년 초, 애매모호한 W3C 메일링 리스트(관심 주제에 따라서 전자우편 주소를 등록해 놓으면, 자동으로 그 주소로 배달이 되는 시스템-옮긴이주)를 통해(물론, 모든 W3C 메일링 리스트는 애매모호하다), 토드 파너는 표준지원 모드를 켰다 껐다 하는 스위치 기술에 브라우저의 제작사들도 동참할 것을 제안했다. 그는 DOCTYPE의 선언 부분이 있는가 없는가의 존재 자체를 스위치로 사용하자는 제안을 했다.

토드 파너는 만약 웹 페이지 마크업의 시작이 DOCTYPE이였다면, 웹 페이지의 제작자가 이러한 DOCTYPE의 역할이나 기능에 대한 의도를 파악하고 표준을 따르려는 시도를 할 가능성은 높을 것이라고 설명했다. 브라우저는 W3C 항목에 따라 웹 페이지를 분석해야 한다. 그래서 DOCTYPE을 사용하지 않는 페이지는 W3C의 승인 테스트(validator.w3.org)를 통과하지 못할 것이고, 확신하건대 구식 방법으로 제작되었을 것이다. 그렇기 때문에 이 웹 페이지는 오래된 옛날 브라우저가 표현하는 것과 같은 방식으로 이 웹 페이지를 표현하도록 해야 한다.

한 가지, 그 당시에는 표준을 지원하는 브라우저가 없었다는 문제가 남았다. 전 세계 사람들은 DOCTYPE 변환 방식이 미래와 과거 버전의 호환을 좌지우지할 열쇠가 될 것인지를 알기 위해 2년을 기다려야 했다(이 책을 읽는 여러분은 2분을 기다릴 여유도 없을 테니, 바로 다음 단락으로 넘어가도록 한다).

스위치 연결 – 전환 기능의 시초

2000년 3월, 마이크로소프트는 자사 엔지니어이면서 W3C의 표준 정책을 지지하는 탄텍 셀릭이 만든 CSS1, XHTML, DOM 등의 웹표준을 거의 정확하고 완벽하게 지원하는 Tasman 렌더링 엔진의 인터넷 익스플로러 5 맥킨토시 에디션을 발표했다. 인터넷 익스플로러 5 맥킨토시 에디션은 접근성을 강화한 텍스트 줌 기능을 포함하고 있었고, 이 브라우저는 DOCTYPE 전환을 이용하여 표준과 호환 모드를 번갈아 사용할 수 있게 한 사실상 첫 번째 브라우저였다.

독자적으로 새 기준을 세우고 표준 지원 브라우저들을 준비하면서, Gecko 계열 브라우저를 만드는 엔지니어들은 2가지 장점(DOCTYPE 전환과 텍스트 줌)을 알게 되었다. 맥용 인터넷 익스플로러 5가 발표되자 마자 Gecko 기반의 모질라 렌더링 엔진의 정밀하고 디테일한 표준 지원 기술과 DOCTYPE 스위치, 텍스트 줌 기능을 가진 Gecko 계열 브라우저들(넷스케이프 6+, 모질라, 키메라)이 공개되었다. 그 후 모질라는 파이어폭스로, 키메라는 카미노로 바뀌었다.

윈도우용 인터넷 익스플로러 6가 표준 지원 브라우저들 사이에 합류했을 때, 인터넷 익스플로러 6도 DOCTYPE 전환을 지원했고, 표준 모드가 켜져 있는지 아닌지를 보여주는 DOM 기능까지도 더해져 공개되었다(msdn.microsoft.com/workshop/author/dhtml/reference/properties/compatmode.asp).

브라우저 성능 제어하기: DOCTYPE 전환

좀 전에 설명했듯이, 대부분의 최신 브라우저들은 특정한 DOCTYPE을 사용하여 표준 지원 모드와 호환모드를 전환 할 수 있도록 한다. 브라우저 별로 기능과 디테일은 서로 다르지만, DOCTYPE 전환의 핵심은 표준을 준수하는 브라우저가 개발자들의 눈에 겨우 들기 시작했던 1998년에 토드 파너가 세운 원칙을 따르고 있다. 간단하게 정리한 요점을 보자.

- 완전한 URI주소를 포함하고 있는 정확한 XHTML DOCTYPE은 익스플로러와 Gecko 기반 브라우저들, 사파리, 컨커러 3.2+, 오페라 7+에서는 W3C 항목에 맞게 CSS와 XHTML의 웹 페이지를 표준 모드로 처리하도록 한다. 또한 몇 페이지 전에 논의했던 것과 같이 몇몇 완전한 HTML 4 DOCTYPE도 브라우저가 자동으로 표준 모드를 실행하게 한다. 표준 모드에서 브라우저는 여러분이 제대로 알고 작업하고 있다고 생각한다.

- 불완전하거나 구식의 DOCTYPE (또는 DOCTYPE선언 부분이 아예 없다면)이 선언되어 있으면 위에서 말한 브라우저들은 여러분이 구식의 잘못된 마크업과 특정 브라우저를 위한 비표준 코드를 사용했다고 생각하여 호환 모드를 실행하도록 한다. 이러한 환경에서는, 브라우저는 여러분이 제작한 페이지를 하위 버전으로 호환하는 것으로 해석해서 CSS를 인터넷 익스플로러 4/5에서 표현하는 것처럼 처리하고, 특정 브라우저에 맞는 DOM을 적용하게 된다.

브라우저가 어떤 모드를 채택할 것인지를 제어하려면, 정확한 DOCTYPE을 집어 넣거나 또는 아예 빼버리면 된다. 사용법은 아주 쉽고 간단하다.

3가지 모드로의 전환가능

그 이유는 이번 장의 뒷부분에서 설명하겠지만, 파이어폭스 1.5와 넷스케이프 7+ 같은 최근 Gecko 기반 브라우저들은 3가지 모드로의 전환 기능을 제공한다. 호환 모드, 거의 표준 모드 (인터넷 익스플로러의 표준 모드와 거의 동일한), 표준 모드(1~2가지 중요한 차이점으로 인터넷 익스플로러의 표준 모드와는 조금 다른)이다. 또한 하위 버전의 Gecko 기반 브라우저에서는 표준 모드를 작동시켰던 일부 DOCTYPE은 최근 버전의 Gecko 기반 브라우저에서는 거의 표준 모드를 작동시킨다. hsivonen.iki.fi/doctype에서 브라우저와 DOCTYPE과 실행모드에 따른 152가지의 조합을 보여주는데, 조금 오래된 것이기는 하지만 유용한 정보가 될 것이다.

브라우저에서 발생할 수 있는 여러 가지 복잡한 상황들이 초보자에게는 과도하게 혼동을 줄 것이다. 그리고 몇 페이지를 더 읽다 보면, 혼란스러움은 가중될 것이다. 하지만 거기에는 논리적인 이유가 있다. 그리고 다양한 방식의 DOCTYPE을 사용하는 브라우저에서뿐만 아니라, DOCTYPE을 전혀 사용하시 않지만 표준을 지원하는 오페라 5/6과 같은 구식 브라우저에서도 올바른 표현방법을 보증해 주는 차선책들이 있다. 조금만 노력하면 혼동을 극복해 낼 수 있을 것이다.

브라우저들 사이의 미세한 차이를 찾아보기 전에 먼저 공통점을 찾아보자.

완전한 DOCTYPE과 불완전한 DOCTYPE

DOCTYPE 전환을 지원하는 브라우저는 완전한 DOCTYPE을 찾는다. 다시 말하면, http://www.w3.org/TR/xhtml1/DTD/xhtml1-strict.dtd와 같은 완전한 웹 주소가 포함된 DOCTYPE을 찾는다는 뜻이다. 다음 제시되는 DOCTYPE은 DOCTYPE 스위치를 사용하는 모든 최신 브라우저에서 표준 모드를 실행시킨다.

```
<!DOCTYPE html PUBLIC "-//W3C//DTD XHTML 1.0 Strict//EN"
    "http://www.w3.org/TR/xhtml1/DTD/xhtml1-strict.dtd">
```

나는 지금까지 XHTML 1.0 Transitional의 사용을 권장해 왔는데, 앞에 설명한 것은 XHTML 1.0 Strict의 완전한 DOCTYPE이다. 여기서 XHTML 1.0 Strict를 사용하여 예를 든 이유는, 앞으로 우리를 괴롭히게 될 핵심을 바로 짚어주기 때문이다. 여기서의 핵심은 바로 위에서 설명한 것과 같은 완전한 DOCTYPE이 표준 모드를 실행시킨다는 점이다.

많은 사람들은 표준 모드 대신에 하위 호환 모드를 실행시키는 불완전한 DOCTYPE을 쓴다- 그리고 많은 일반 웹 제작 프로그램에서도 기본으로 만들어 준다. 다음처럼, 많은 제작 프로그램들은 W3C 사이트에서 끌어온 다음과 같은 DOCTYPE을 사용한다.

```
<!DOCTYPE html PUBLIC "-//W3C//DTD XHTML 1.0 Strict//EN"
    "DTD/xhtml1-strict.dtd">
```

이 예문은 먼저 이야기했던 DOCTYPE 과는 어떻게 다를까?

바로 위 DOCTYPE의 마지막 부분("DTD/xhtml1-strict.dtd")을 잘 살펴보면, 완전한 URI경로가 아닌 상대 경로인 것을 알 수 있다. 사실 이것은 W3C 웹사이트에서 연결되는 DTD 문서로의 상대 경로 이기 때문에 여러분이 W3C의 DTD문서를 가져와서 여러분의 서버에 명시된 경로에 가져다 두지 않는 이상(이런 일을 하는 사람도 없겠지만), 이 DOCTYPE의 상대 경로는 아무런 의미가 없는 것이다. 위 DOCTYPE에서 가리키는 DTD 는 여러분의 서버가 아니라 W3C 사이트에 있기 때문에 저 URI는 불완전한 것으로 인식되어 브라우저는 여러분이 제작한 사이트를 하위 호환 모드로 실행하게 된다.

(브라우저들이 DTD를 찾아내서 실행을 하려고 할까? 정답은 '아니다'이다. 브라우저들은 그저 불완전한 DOCTYPE을 인식하고 바로 호환 모드를 실행시킬 뿐이다. 그렇다면 이런 상대 URI DOCTYPE을 사용한 w3.org의 사이트도 호환 모드로 실행이 된다는 의미인가? 아마도 그럴 것 같다. 이런 아이러니가 곱씹어 생각해 보기에 맛난 주제이기 하지만, 확실히 잘 모르겠다. 어쨌든 그건 내 문제도, 이 책을 읽는 여러분들의 문제도 아니다).

자 이제 다시 정확한 표준 모드를 실행시키는 DOCTYPE을 다시 살펴보자.

```
<!DOCTYPE html PUBLIC "-//W3C//DTD XHTML 1.0 Strict//EN"
    "http://www.w3.org/TR/xhtml1/DTD/xhtml1-strict.dtd">
```

태그의 마지막에 완전한 URI가 포함되어 있는 것을 눈여겨 보자. 저 URI를 복사해서 브라우저의 주소 입력 창에 넣어보면 완전하고 완벽한 XHTML 1.0 Strict DTD를 읽을 수 있을 것이다. 이 DOCTYPE의 끝에 붙은 URI가 웹 상에서 정확한 위치를 가리키고 있기 때문에, DOCTYPE 스위치가 되는 브라우저들은 이 DOCTYPE을 완전하고 완벽한 것으로 해석하여 여러분의 웹 페이지를 표준 모드로 실행하게 된다.

사실, 인터넷 익스플로러는 DOCTYPE에 완전한 URI가 들어있는지 여부에 상관없이 XHTML DOCTYPE이 존재하기만 한다면 표준 모드를 실행시킨다. 그러나 완전한 URI가 들어있지 않는 XHTML DOCTYPE은 정확히 말하면 잘못된 DOCTYPE이다. 따라서, 앞으로는 완전한 URI를 사용할 것을 권유한다(유효하지도 않는 페이지를 만들면서 애초에 표준 모드를 실행시키려고 할 이유가 없다).

> **윈도우용 익스플로러 6 에서의 프롤로그Prolog 호환**
>
> 모든 규칙에는 예외가 있다. 여러분의 사이트에 완전한 XHTML DOCTYPE이 포함되어 있다 하더라도 만약 XML prolog가 일부 포함되어 있다면 윈도우용 인터넷 익스플로러에서는 호환모드가 실행될 것이다. 정말이다. 오페라 7도 같은 버그가 발견되었다. 말도 안 된다고 생각 하겠지만 이런 이유 때문에 6장에서 프롤로그를 건너뛰라고 한 것이었다.

완전한 XHTML DOCTYPE의 전체 목록

DOCTYPE 스위치가 되는 브라우저에서 표준 모드 또는 거의 표준 모드를 실행시키는 완전한 XHTML DOCTYPE의 리스트를 2003년 이 책의 초판이 인쇄될 때에도 그랬고 이번에도 여전히 무척 정확하게 설명하도록 하겠다. 그런데 거의 표준 모드는 도대체 무엇인가? 조금만 기다리면 곧 알게 될 것이다.

XHTML 1.0 DTD

XHTML 1.0 Strict— DOCTYPE 스위치를 지원하는 모든 브라우저에서 완전하게 표준 모드를 실행시킨다. 오페라 7.0보다 오래된 버전과 윈도우용 인터넷 익스플로러 6.0보다 오래된 버전에서는 적용되지 않는다.

```
<!DOCTYPE html PUBLIC "-//W3C//DTD XHTML 1.0 Strict//EN"
      "http://www.w3.org/TR/xhtml1/DTD/xhtml1-strict.dtd">
```

XHTML 1.0 Transitional—인터넷 익스플로러 브라우저에서 표준 모드를 실행시킨다(윈도우용 인터넷 익스플로러 6+, 맥용 인터넷 익스플로러 5+). 1세대 Gecko 계열 브라우저들(모질라 1.0, 넷스케이프 6)에서 완전한 표준 모드로 실행되며, 그 이후의 Gecko 계열 브라우저들(모질라 1.01+, 넷스케이프 7+, 파이어폭스 1.0+, 카미노)에서는 거의 표준 모드를 실행시킨다. 오페라 7.0보다 오래된 버전과 윈도우용 인터넷 익스플로러 6.0보다 오래된 버전에서는 적용되지 않는다.

```
<!DOCTYPE html PUBLIC "-//W3C//DTD XHTML 1.0 Transitional//EN"
      -"http://www.w3.org/TR/xhtml1/DTD/xhtml1-transitional.dtd">
```

XHTML1.0 Frameset— 최근의 IE 브라우저(윈도우용 인터넷 익스플로러 6, 맥용 인터넷 익스플로러 5)에서 표준 모드를 실행시킨다. 1세대 Gecko 계열 브라우저들(모질라 1.0, 넷스케이프 6)에서 완전한 표준 모드로 실행되며, 그 이후의 Gecko 계열 브라우저들(모질라

1.01+, 넷스케이프 7+, 파이어폭스 1.0+, 카미노)에서는 거의 표준 모드를 실행시킨다. 오페라 7.0보다 오래된 버전과 윈도우용 인터넷 익스플로러 6.0보다 오래된 버전에서는 적용되지 않는다. DOCTYPE 스위치가 frame이 표현되는 모습에 영향을 끼칠 수도 있다. 그렇다 하더라도, 어떤 브라우저 제작사들도 이러한 변형들을 기록해 둔 것 같지는 않다.

```
<!DOCTYPE html PUBLIC "-//W3C//DTD XHTML 1.0 Frameset//EN"
    "http://www.w3.org/TR/xhtml1/DTD/xhtml1-frameset.dtd">
```

XHTML 1.1 DTD

XHTML1.1 (Strict by definition)— DOCTYPE 전환을 지원하는 모든 브라우저에서 완전하게 표준 모드를 실행시킨다. 오페라 7.0보다 오래된 버전과 윈도우용 인터넷 익스플로러 6.0보다 오래된 버전에서는 적용되지 않는다.

```
<!DOCTYPE html PUBLIC "-//W3C//DTD XHTML 1.1//EN"
    "http://www.w3.org/TR/xhtml11/DTD/xhtml11.dtd">
```

> **손보다 머리를 쓰자!**
>
> 책에서 본 내용을 키보드에서 따라 치는 것을 싫어한다면(좋아한다고 뭐라고 할 사람은 없지만) A List Apart's 에서 "Fix Your Site with the Right DOCTYPE"(www.alistapart.com/articles/doctype) 내용을 복사하여 간편하게 사용하도록 하자.

완벽요약: 인터넷 익스플로러와 Gecko에서의 XHTML DOCTYPE 실행

지금까지 배운 것을 우선 정리해보자.

- 완전한 XHTML 1.0 혹은 1.1 DOCTYPE은 최근 인터넷 익스플로러(맥용 인터넷 익스플로러 5, 윈도우용 인터넷 익스플로러 6)와 초기 Gecko 계열 브라우저들(넷스케이프 6, 모질라 1.0)에서 표준모드를 실행시킨다.

- 완전하고 정확한 XHTML DOCTYPE은 위에서 말한 모든 브라우저들과 최근의 Gecko 계열 브라우저들(모질라 1.01+, 넷스케이프 7+, 파이어폭스 1.0+, 카미노)에서 동일한 효과를 보여준다.

- 완전한 XHTML 1.0 Transitional 또는 Frameset DOCTYPE은 최근 Gecko 기반 브라우저들에서 거의 표준 모드를 실행시킨다.

- 상대 URI나 완벽하지 않은 URI를 쓰는 불완전한 DOCTYPE은 DOCTYPE 전환 지원

이 되는 모든 브라우저에서 호환 모드를 실행시킨다. 또 CSS 확인 에러도 발생시키지만 XHTML 확인 에러는 발생시키지 않는다. 왜냐하면 W3C의 XHTML 확인 서비스의 버그 내지는 XHTML과 CSS 확인 서비스 간의 차이점 때문이다. 자, 불완전한 DOCTYPE이 호환 모드와 CSS 확인 에러를 실행시킨다는 것을 제외하고는 다른 내용은 잊어라.

- 많은 제작 프로그램들은 불완전한 DOCTYPE을 기본으로 삽입하고 있다. 그렇기 때문에 호환 모드의 실행과 CSS 확인 에러가 발생하는 것이다.

저자를 포함한 웹표준화 프로젝트의 개별 멤버들은 사이트 제작 프로그램을 만드는 유명 회사들에게 연락하여 기본 설정으로 완전한 DOCTYPE을 삽입할 필요가 있다는 사실을 알렸다. 현재는 드림위버, BBEdit, PageSpinner 같은 사이트 제작 프로그램들은 완전한 DOCTYPE을 삽입하고 있다. 우리는 또한 W3C에 요청하여 그들의 웹사이트인 www.w3.org에서 완전한 DOCTYPE의 목록을 쉽게 찾을 수 있도록 요청했다. W3C의 품질 보증 그룹에서 우리가 요청한 대로 작업을 해주었다. www.w3.org/QA/2002/04/valid-dtd-list.html에서 공식 버전을 확인할 수 있다. 만약 여러분이 사용하는 사이트 제작 툴이 XHTML 페이지를 작성할 때 올바른 DOCTYPE을 생성하지 못한다면, 여러분이 직접 수동으로 DOCTYPE을 수정하여 표준 모드를 실행시킬 수 있도록 해야 할 것이다

DOCTYPE 전환: 작은 차이가 큰 차이를 낳는다

DOCTYPE 전환은 XHTML에 한정돼 있지 않다. 앞서 말했듯이. 일부 완전한 HTML DOCTYPE도 표준 모드를 실행시킨다. 예를 들어 완전한 HTML 4.01의 표준 DOCTYPE이 존재한다면 익스플로러는 '표준 모드'를, 21세기 Gecko 기반의 브라우저들은 '거의 표준 모드'를 실행한다.

```
<!DOCTYPE HTML PUBLIC "-//W3C//DTD HTML 4.01//EN"
        "http://www.w3.org/TR/html4/strict.dtd">
```

그러나 익스플로러와 Gecko 기반 브라우저들은 HTML 4.0 DOCTYPE이 존재한다면 표준 모드 대신 하위 호환모드를 실행한다. 0.01의 버전 차이는 이토록 크다. 바로 이런 모순점들 때문에 사이트 제작 시 HTML보다는 XHTML을 사용할 것을 권장하는 것이다. 지금까지 계속 이야기해왔던 것처럼 말이다.

계속될 논의들이 이런 문제들을 명확하게 짚어줄 것이기 때문에, 우리는 그저 XHTML 1.0 Transitional 또는 Strict를 쓰면서 부분적으로 간단한 CSS 작업을 해준다면 이런 복잡한 문제에 대해 신경 쓸 이유가 없다.

▰▰▰ 브라우저 다양성에 축배를!

Gecko 기반 브라우저의 표준 모드는 인터넷 익스플로러의 표준 모드와 약간의 차이점이 있다. 그리고 이러한 차이점은 여러분이 기대하는 바와 다르기 때문에 마음에 들지 않을 수도 있다. 그리고 그 차이는 특히 명백하게 잘 보이는 것이고, 특히 1세대 Gecko 기반 브라우저에서 CSS와 table로 표현된 레이아웃을 보게 될 때 실망스럽게 느껴질 것이다.

HTML 4.01 Transitional을 XHTML 1.0 Transitional 형식으로 변환하더라도, '6장. XHTML로의 전환: 간단한 규칙, 손쉬운 가이드라인' 에서 설명했던 경우를 제외하고는 마크업에 아무런 변화가 없기 때문에, 디자이너들은 레이아웃도 아무런 변화가 없이 그대로 유지되기를 기대한다. 결국 디자이너들은 몇 개의 마크업 태그를 바꾸게 된다(그렇게 많이 개조하지는 않는다). 그럼에도 불구하고, 레이아웃은 넷스케이프 6.0, 모질라 1.0.과 같은 옛 Gecko 기반 브라우저들에서 예상하지 못한 형태로 다르게 보일 수 있다. 만약 디자이너들이 XHTML Strict로 변환했다면 레이아웃은 옛날 버전이든 최신 버전이든 모든 Gecko 기반 브라우저에서 다르게 보였을 것이다. 이러한 변환을 할 때는 표준에 근거한 방법이 있고, 또한 쉽게 되돌릴 수 있는 방법도 있다.

Gecko 기반 브라우저에서의 이미지 문제

그림 11.1을 보면 CSS와 table로 이뤄졌던 www.zeldman.com의 'The Daily Report' 페이지의 몇 년 전 모습을 볼 수 있다.

HTML 4.01 Transitional을 XHTML 1.0 Transitional로 변환하고 난 후(HTML 4.01 DOCTYPE을 완전한 XHTML 1.0 Transitional DOCTYPE으로 바꾸고 난 후), 윈도와 맥킨토시의 인터넷 익스플로러에서는 변환 전의 모습과 똑같은 모습으로 보여졌다. 그러나 Gecko 기반 브라우저들에서는 이상하게도 사이트의 네비게이션 메뉴를 구성하고 있는 table과 이미지 사이에 틈이 발생하게 되었다[11.2, 11.3].

이 모두를 엮어주는 1가지(또는 2가지) 규칙: 틈을 메우기 위해 CSS 사용하기

이런 예상치 못한 반응(283쪽 'Gecko 표준모드에서의 Baselines과 공백' 추가 설명 참조)에 대한 완벽히 타당한 설명은 존재한다. 하지만 이 이론에 얽매이기 전에, 어떻게 인터넷 익스플로러 브라우저에서와 마찬가지로 Gecko 기반 브라우저에서도 네비게이션 바를 원래의 모습[11.4]으로 복원했는지 설명을 하도록 하겠다. 단지 2줄의 CSS만으로 가능한 일이었다.

```
img {display: block;}
.inline {display: inline;}
```

11.1

Table/CSS 레이아웃을 사용한 www.zeldman.com 이 페이지는 완전한 DOCTYPE 을 사용하여 브라우저에서 표준 모드를 실행시켰다. HTML을 XHTML로 변환한 후, 인터넷 익스플로러에서는 변환 이전과 같은 모습으로 보여졌다(www.zeldman.com/daily/1002a.html).

11.2

CSS를 추가하는 해결법을 적용하기 전까지, 초기 Gecko 기반 브라우저들에서는 사이트의 네비게이션 테이블에 예상치 못한 틈이 발생했다.

11.3

확대된 이미지에서는 그 틈이 좀 더 확실히 보인다. 초기 Gecko 기반 브라우저들의 잘못이 아니라, 다만 표현을 하는 방법이 예상치 못한 방향으로 흘러갔을 뿐이다.

11.4

짧고 간단한 두 가지 CSS 규칙을 적용하니 Gecko 기반 브라우저에서 발생했던 이미지와 table 사이의 틈이 사라졌다. 이제 모든 것이 완벽해졌다. 최근 Gecko 기반 브라우저의 거의 표준 모드에서는 별도의 CSS 작업이 없어도 이미지의 틈은 발생하지 않는다. 하지만 필자는 다음에 설명하는 이유를 들어, 어쨌든 CSS 작업을 할 것을 권장한다.

첫 번째 규칙은 모든 브라우저에서 이미지들을 inline 요소가 아닌 block-level 요소로 처리하도록 하여 발생했던 틈을 닫아버렸다(block-level 요소와 inline 요소의 차이에 대해 잊었다면 10장의 '숨김과 보이기'를 다시 살펴보도록). 하지만 만약에 이미지를 inline으로 처리하여 보여주고 싶다면 어떻게 해야 할까? 두 번째 규칙(.inline)이 우리가 원하는 모습을 표현할 수 있도록 class를 만들어 준다. inline으로 표현되어야 하는 이미지는 다음과 같은 마크업으로 표현되어야 한다.

```
<img class="inline" ... etc. />
```

위와 같은 결과를 주는 다른 방법도 있다. 예를 들어, 어떤 디자이너는 테이블 셀이 단 한 개의 이미지만을 포함하고 있을 때, '이미지를 block-level 요소로 표현하라' 라는 구체적인 규칙rule을 사용하는 것을 선호할 수도 있다.

```
td img {display: block;}
```

이 간단하고 짧은 규칙을 쓰면, 사이트에 있는 다른 이미지들은 inline으로 표현되는 데에 반해, 테이블 셀당 한 개의 이미지를 가지고 있는 네비게이션 메뉴에서 이미지가 block-level 요소로 표현되고 틈이 벌어질 염려도 없을 것이다(테이블 셀에 두 개 이상의 이미지가 있는 경우에는 약간의 기교가 좀 더 필요하다). 이러한 방법의 장점은 두 가지 규칙 대신 한 가지 규칙을 사용할 수 있다는 것, bandwidth를 조금 줄일 수 있다는 것, 다른 이미지 때문에 추가적인 CSS를 사용하지 않아도 된다는 것이다.

레이아웃에 따라 어떤 것이 효과적인 방법인지 결정된다. 여러분이 어떤 방법을 선택할지는 제작할 사이트 디자인에 따라 달라진다. CSS 초보자에게 힌트를 준다면, 한 가지 방법을 골라 적용해 보라. 그것이 실패한다면 다른 방법을 적용하면 된다. 어쩌면 여러분만의 새로운 규칙을 생각해 낼 수도 있을 것이다. 이 책의 초판이 판매가 된 후로, 수천 명의 디자이너들이 모든 종류의 브라우저에 맞추기 위한 수천 개의 방법을 생각해냈다. 몇 개의 방법들은 그것을 고안해낸 디자이너들을 유명하게 만들었다. 여러분도 유명해질 수 있다!

거의 표준 모드의 탄생

앞에서 이야기했던 것과 같은 간단한 CSS 규칙을 만들어 내는 것은 아주 쉽고 간단하다. 여러분이 제작하는 디자인에 적용하면 다양한 브라우저에 대한 걱정을 덜어줄 것이다. 그런데도, HTML에서 XHTML로 변환한 후에 이미지의 틈이 벌어지는 문제가 처음 발생하게 되면 일부 디자이너들은 그 XHTML이 실패한 것이라고 결과를 비약하게 되고, 나머지 디자이너들은 모질라와 다른 Gecko 기반 브라우저들에 문제가 있거나 버그가 있다고 잘못된 결론을 내리게 된다. 사실, 스타일 정의가 되지 않은 이미지에 추가적인 빈 공간을 주는 것은 버그가 아닌 Gecko 기반 브라우저의 특징이다 ('Gecko 표준모드에서의 Baselines과 공백' 추가 설명 참조). 그러나 이 부분은 디자이너들이 인식하지 못한 특징이며, 또한 디자이너들이 원한 것도 아니었다.

이러한 과도기의 디자이너들을 위해, Gecko와 넷스케이프의 엔지니어들은 인터넷 익스플로러의 표준 모드와 비슷하게 작동하는 '거의 표준 모드'를 만들었다. 즉, 거의 표준 모드를 사용하면 예상치 못한 틈이 벌어지는 일은 발생하지 않는다. 왜냐하면 이런 예상치 못한 문제들은 과도기적 레이아웃에서 발생하기 때문에, 엔지니어들은 XHTML Transitional DOCTYPE 으로는 거의 표준모드를 실행시키고, Strict DOCTYPE이 있으면 Gecko 식의 정확한 표준 모드를 실행시키도록 만들었다(사실, Strict 마크업을 사용하는 사람이 테이블 셀에 이미지를 넣어서 마크업을 만들지는 않을 것이다).

Gecko 표준모드에서의 Baselines과 공백

"Gecko 기반 브라우저에서의 이미지 문제" 단락에서 설명했듯이, 인터넷 익스플로러와 Gecko 기반 브라우저는 웹 페이지의 grid에 대한 이미지를 표준 모드로 다루는 방식에 차이가 있다. 진정한 표준 모드에서는, Gecko 기반 브라우저는 여러분이 특정 이미지에 대해 block level 요소 스타일을 지정하지 않는다면 모든 이미지를 inline으로 인식하여 처리한다. 텍스트와 같은 모든 inline 요소는, y와 g, j 등 소문자이면서 아래쪽으로 길게 늘어지는 문자를 위한 공간을 만들기 위해 baseline 위에 존재한다. 그 baseline의 크기와 위치는 요소element를 포함하는 font 종류와 크기에 따라 결정된다.

inline 이미지를 포함하는 단락 속에 위치한 텍스트의 사이즈와 종류에 대한 예를 들어 보면, 그림 11.5에서 텍스트와 이미지가 baseline에 걸쳐 있는 것을 확인할 수 있다. Gecko 기반 브라우저의 표준모드에서는 block 속에 텍스트가 존재하건 말건, 공간을 마련하기 위해 inline 이미지 아래에는 언제나 빈 공간이 발생하게 될 것이다. 좀 더 자세한 설명을 듣기 원하면, 거의 표준 모드라는 것이 나오기 이전에 쓰여진 에릭 마이어의 "Images, Tables, and Mysterious Gaps," 을 읽어보길 바란다. (developer.mozilla.org/en/docs/Images,_Tables,_and_Mysterious_Gaps).

11.5
밑으로 내려오는 꼬리가 달린 텍스트의 공간을 만들기 위해 모든 텍스트는 baseline 위에 존재한다. Gecko의 표준 모드에서는, 이미지를 포함한 모든 inline 요소들은 같은 baseline 위에 올라가게 된다.

거의 표준 모드의 한계

만약 모든 Gecko 사용자들이 최신 버전으로 업그레이드를 한다면, 거의 표준 모드가 과도기적인 레이아웃에서 발생하는 이미지 사이의 틈 발생 문제를 해결해 줄 것이다. 많은 Gecko 사용자들은 실제로 브라우저를 업그레이드 하였으나, 일부의 사용자(예를 들어, 게으른 IT 부서가 있는 회사에서 일하는 사람들)는 업그레이드를 하지 못하였다. 그런 이유로, '이 모두를 엮어주는 1가지(또는 2가지) 규칙: 틈을 메우기 위해 CSS 사용하기'에서 설명했던 것처럼 항상 CSS 규칙을 써주는 편이 좋다. 그렇게 하면 Gecko 기반 브라우저의 표준 모드에서처럼 이미지와 그 외 inline 요소들을 다루는데 엄격한 편인 미래의 인터넷 익스플로러, 오페라, 애플 브라우저에서 발생할지 모르는 우리가 예상하지 못한 결과들을 억제할 수도 있을 것이다. 게다가, 그렇게 하면 비표준 마크업에서 벗어날 수도 있고, 표준 지향 브라우저들이 그런 비표준 마크업과 만나면서 여러분이 좀 더 'CSS적으로 생각하는 것'을 도와주게 된다.

"Vive la Différence"에서 "@#$! This $#@$."까지

여러분이 예상치 못한 것이었다 하더라도, 브라우저에서의 잘못된 행동을 바로 잡는 것은 버그와 에러와는 또 다른 문제이다. 12장에서는, 브라우저에서의 공통된 버그를 알아보고 그것을 처리하는 대안방법을 배울 것이다. 또 CSS 레이아웃에 대해 꼭 알아야 할 문제에 대해서도 배우게 될 것이다.

12장

브라우저 다루기
2부: Box Model, 버그, 차선책

"한 번 만들어서, 모든 곳에 활용하라(Create once, Publish everywhere)"는 말은 표준 기반 디자인과 개발의 궁극적인 목표이다. 우리는 1등을 하기 위해 정확한 XHTML을 배우는 것이 아니다. 우리는 오늘, 내일, 그리고 10년 후에도 데스크탑 브라우저, 텍스트 브라우저, 스크린리더 등에서 우리가 제작한 사이트가 제대로 작동하도록 하기 위해 XHTML을 배우는 것이다. 또한, 우리는 한 달 정도 서버 비용을 아끼는 것과 같은 짧은 성과를 위해 CSS를 사용하지 않는다. 무엇보다도 지금 제작한 사이트가 미래의 인터넷 익스플로러 14.0에서도 오늘과 똑같은 모습으로 보여지기를 원하고, 불필요하고 관념적인 마크업이 CSS를 지원하지 않는 환경에서 사용자 경험(user experience, UX)을 방해하지 않도록 하기 위해서 CSS를 사용한다. 시간과 노력을 아끼기 위해, 이러한 표준 기반 디자인에 대한 개념을 '상위 호환'이라고 이름 붙였다.

표준을 선호하는 사용자들이 미래 버전과의 호환성을 가능한 일로 만들었다. 만약 아직까지도 많은 사람들이 넷스케이프와 마이크로소프트 4.0 브라우저로만 웹에 접속했다면, 거의 모든 기본적인 사이트들에서 미래 버전과의 호환성을 달성할 수 없었을 것이다. 만약 다른 사용자를 이끄는 주요 사용자 그룹이 4.0 브라우저를 지지하면서 표준의 손실을 가져오는 독자적인 기술을 계속해서 발전시켰다면, 오픈 플랫폼으로서의 웹의 미래는 지금처럼 밝지 못했을 것이다. 다행스럽게도, 지난 몇 년간 발표된 거의 모든 브라우저들이 '표준 지원'에 충실하다고 말할 수 있다는 것이다. 특히 일부 브라우저들은 다른 것들에 비해 좀 더 적극적으로 표준을 지원한다. 이번 장은 표준 지원에서 발생하는 문제에 대처하는 것에 대한 내용이다.

Box Model과 이에 대한 불만들

1996년 CSS 1이 발표되면서, W3C는 웹 페이지의 어떠한 객체라도 디자이너가 규칙을 만들어서 제어할 수 있는 box를 가질 수 있다는 점을 설명했다. 그 객체가 문단이든, 리스트, 제목, 이미지이든, <div id="navigation">와 같은 일반적인 block-level 요소든지 상관은 없다. 만약 그 객체가 마크업을 통해서 웹 페이지에 들어간다면, 아마도 box 안에 들어가야 할 것이다.

그림 12.1을 보면 CSS box로 된 content, padding, border, margin의 4가지 영역을 볼 수 있다. Content(짙은 회색부분) 영역은 가장 안 쪽에 자리잡고 있고, 그 바깥쪽을 padding 영역(밝은 회색), border(검은색), margin(흰색) 영역이 둘러싸고 있다. 아마 친숙하게 느껴질 것이다. 10장에서, i3Forum 사이트의 혼합형 레이아웃을 만드는 동안, 다양한 페이지 속 구성요소들에 대한 border, padding, margin의 가치에 대한 설명을 했었다. 또 다음과 같은 규칙을 작성할 때 content 영역에 대한 값을 지정해 주기도 했다(값은 굵은 글씨로 처리했다).

```
td#home a:link img, td#home a:visited img {
    color: #c30;
    background: transparent url(/images/bgpat.gif) repeat;
    width: 400px;
    height: 75px;
    }
```

위의 규칙에서 content 영역의 width는 400픽셀, height는 75픽셀이다. 특히 다음과 같은 형식으로 쓰지 않았다는 사실에 주목하자.

```
content: 400px;
```

물론 다음과 같이 작성하지도 않았다.

```
content-width: 400px;
content-height: 75px;
```

12.1
일반적인 CSS box의 4가지 영역: content, padding, border, margin(margin의 바깥쪽 모서리가 부자연스럽게 어두운 색으로 표현되었다).

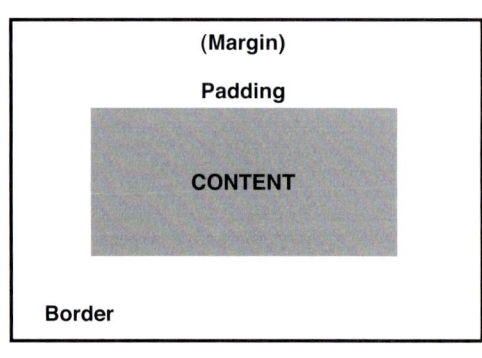

사실 CSS에는 규칙이란 것이 존재하지 않는다. border, margin, padding 은 단지 이름에 따라 그 기능을 부여 받는 것뿐이다(content 영역은 예외이다). CSS를 처음 배우고 사용하게 될 때, 당연한 것처럼 400픽셀이라는 가로 사이즈가 (margin을 포함한) 전체 박스에 적용된다고 생각할 것이다. 결국, 그것이 페이지 레이아웃 프로그램이 작동하는 방식이고, 디자이너가 생각하는 방식이고, 사용자가 레이아웃을 이해하는 방식인 것이다. 만약 양쪽으로 2개의 div를 포함하는 CSS 레이아웃을 만들고 방문자의 브라우저 창에서 50%씩의 가로 사이즈를 지정한다면, padding과 border를 더해도 일정 비율을 유지하기 바랄 것이다. 그러나 그건 CSS가 작동하는 방식이 아니다

마찬가지로, 웹표준 초기 때부터 CSS를 제공하던 브라우저 제작자라면, CSS 명세서에서 제시한 대로 content 영역으로 가로 사이즈를 제한하지 않고, (margin을 포함한) 전체 box에 width: 400px을 잘못 적용했을지도 모른다. 특히 CSS조항이 나온 지 얼마 되지 않은 시기에 CSS 1을 사용했다면, 쉽게 이러한 실수를 저지를 수 있다. 이 이야기는 잠시 후 몇 단락 뒤에 다시 하도록 하겠다.

사실, CSS box model은 일반적으로나 그래픽 디자인적인 면에서 또는 초기의(부정확한) 브라우저의 실행에서 예상했던 것보다 더 정교하다(어떤 면에서는 좀 더 다루기 힘들고 힘들 수도 있다).

Box Model은 어떻게 작동하는가

CSS에 따르면, 각각의 4영역(content, padding, border, and margin)은 값을 부여받을 수 있고, 이 값은 더해진다. Box의 전체적인 가로 사이즈를 결정하기 전에, content, padding, border의 값을 모두 합산해야 한다[12.2]. content의 가로 사이즈가 400px이고 양쪽 padding이 각각 50px, border는 모서리 별로 2px이라고 하면, 전체적인 가로 길이는 504px이 되는 것이다(400 content + 2 왼쪽 border + 50 왼쪽 padding + 50 오른쪽 padding + 2 오른쪽 border = 총 504).

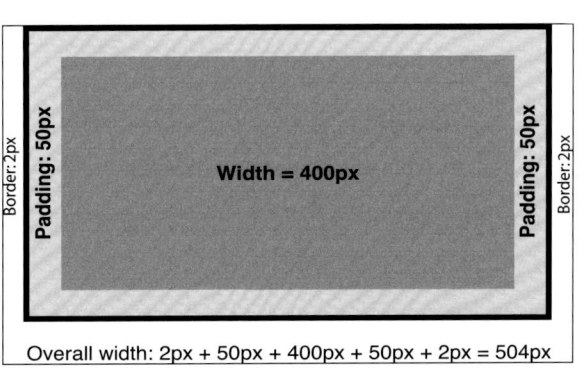

12.2
실전 box model. Box 의 전체 폭을 구하기 위해 content, padding, border의 각 가로 길이를 더해야 한다.

CSS는 여러분이 어떤 방법을 선택했는지, 어떤 값을 선택해서 사용하는지 상관하지 않는다. 예를 들어, 페이지를 방문한 사용자의 브라우저 창의 67%의 길이로 content의 가로 사이즈를, padding은 5em으로, border는 1px로 구체적으로 지정할지도 모른다. 그렇다면 전체적인 사이즈는 아마도… 음, 계산하기가 아주 어렵다. 왜냐하면 이 경우 전체적인 가로 사이즈는 방문한 사용자의 브라우저 창 사이즈와 텍스트의 기본 크기(1em)에 영향을 받기 때문이다.

Box model에는 지금까지 설명해왔던 것보다 좀 더 많은 내용들이 있다. 한 가지를 예를 들면, 구성 요소 중에서 상하로 접해 있는 두 개의 요소가 있을 때, 상단 요소의 아래쪽 margin과 하단 요소의 위쪽 margin은 서로 맞물려서 영향을 받아 겹쳐질 수 있다(아주 독한 커피를 여러 잔 마시고 나서 www.w3.org/TR/CSS21/box.html#collapsing-margins를 정독하자. 읽다가 눈이 핑핑 돌 지경이 되면 www.andybudd.com/archives/2003/11/no_margin_for_error를 대신 읽어보자). 겹쳐진 margin은 둘 중에서 큰 쪽이 적용된다.

또 한 가지, box가 비어 있는 상태라면 사이즈의 값을 정하는 것은 무의미하다. 만약 비어 있는 box를 특정 페이지의 가로와 세로 사이즈의 100%가 되도록 명시하였다면, 사실상 그 box는 비어 있기 때문에 0%의 공간만을 차지하게 되는 것이다. 이런 방법은 HTML frame이 작동하는 방식과 4.0 브라우저에서 테이블 레이아웃이 보여지는 방식과도 다르다. 만약 두 개의 서로 근접한 block-level 요소를 실제 데이터가 아닌 배경색을 칠하는 방식으로 컬러 효과를 주려고 한다면, 이 방식은 frame과 4.0 브라우저에서 보이는 테이블 레이아웃에는 통할 지 몰라도, CSS에서는 작동하지 않는 방식이다. 이런 경우에는, 역설적으로 표현에서 구조를 분리해 낼 수 없다. 내용이 없다면 표현도 없기 때문이다.

Box Model은 어떻게 망가지는가

지금까지 잘 집중했다면, 인터넷 익스플로러 4와 인터넷 익스플로러 5.5 같은 초기의 CSS 지원 브라우저에서 어떻게 box model이 망가지는지 약간의 힌트는 눈치챘을 것이다. 이러한 브라우저와 맥용 인터넷 익스플로러 5.0이전 버전에서는, content 영역에 대해 지정해 둔 가로와 세로 사이즈의 값이 content 영역이 아닌 전체 box에 적용된다(margin 포함).

그림 12.3은 잘못된 box model을 보여준다. 좀 전에 살펴봤던 box를 예로 들면, 윈도우용 인터넷 익스플로러 4.0~5.5에서, content의 가로 사이즈가 400px이고 padding이 양쪽으로 각각 50px, border가 2px이라면 전체 가로 사이즈는 504px이 되어야 하지만 400px이 되는 것이다. 이렇게 되면 content 영역은 안쪽으로 밀려들어가서 296px로 줄어들게 된다(전체 400px에서 padding과 border의 50px+50px+2px+2px을 빼면 296px이 된다).

padding과 border의 값이 클수록, content 영역이 줄어들면서 여러분이 의도하고자 했던 레이아웃과는 멀어지게 된다.

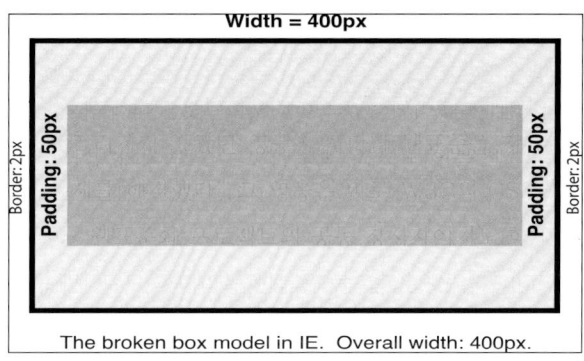

12.3
윈도우용 인터넷 익스플로러 4.0~5.5에서의 망가진 box model: 400 + 2 + 50 + 50 + 2 = 400. 이상한 계산법–아이디어 만으로는 좋은 생각일수도 있다.

내가 이 책의 초판을 썼을 때 수억 명의 사람들은 여전히 윈도우 환경에서 인터넷 익스플로러 5.x를 사용하고 있었고, 수만 명의 디자이너들은 부정확한 윈도우용 익스플로러 5.x box model을 배웠다. 그 중 일부는 윈도우용 인터넷 익스플로러 6, 맥킨토시용 인터넷 익스플로러 5, 넷스케이프 6+, 모질라, 파이어폭스, 카미노, K-멜론, 사파리, 오페라 5+ 와 같이 정확한 box model을 써야 하는 브라우저들에서 부정확한 box model을 사용하여 레이아웃을 망치는 결과를 낳고 있다. 거꾸로 말하면 box model을 이해하고 정확하게 사용하는 디자이너들은 조금 전에 나열했던 브라우저들에서 정확하고 의도한 레이아웃을 뽑아내게 되지만, 그 정확한 box model로 작업하면 인터넷 익스플로러 5.5와 그 이전 버전에서는 이상하고 잘못된 레이아웃 결과가 나오게 되는 것이다.

해결책은 있다. 하나도 아니고 몇 가지가 있다. 가장 많이 쓰이는 해결책은 여러 사람 중에서도 마이크로소프트 사의 엔지니어들에게서 나온 것들이다. 하지만 망가진 box model을 보정하기 전에 장점에 대해 먼저 알아보도록 하자.

망가진 Box Model에 대한 변론

윈도우용 인터넷 익스플로러 4/5.x 브라우저와 맥용 인터넷 익스플로러 5.0 이전의 모든 브라우저들에서의 box model은 확실하게 망가지게 되고, CSS 조항에 비춰봐도 잘못되어 있지만, 이 방식이 그렇게 잘못되기만 한 것은 아니다. 어떤 식으로 보면, 이 box model은 사용하기에도 쉽고, CSS에 명시된 방법보다도 실용적이다. CSS box model은 고정된 픽셀 값으로 레이아웃이 구성되었을 때 잘 작동한다. 하지만 CSS box model의 복잡성은 레이아웃을 다소 어색하거나 직관적이지 못하게 하고, 사용자의 모니터에 맞춰서 사이즈가 변하는 퍼센트 기반의 레이아웃flexible layout을 만들 때 적용하게 되면 역효과를 낳기도 한다.

왼쪽과 오른쪽 칼럼의 가로길이가 사용자의 모니터 가로 사이즈에 맞춰서 100%로 늘어난 두 개의 상자로 된 디자인을 생각해보라. HTML table로 된 레이아웃을 만드는 것은 시시할 수 있지만 CSS를 함께 쓰면 다루기 힘들 수 있다. CSS로 2개의 칼럼으로 된 유동적인 레이아웃을 만들기 위해서, 우리는 별다른 고민 없이 2개의 div를 만들고 CSS의 float 속성으로 div를 서로 붙이는 방식을 이용할 것이다.

```
#nav       {
    width: 35%;
    height: 100%;
    background: #666;
    color: #fff;
    margin: 0;
    padding: 0;
    }

#maintext    {
    width: 65%;
    height: 100%;
    color: #000;
    background: #fff;
    margin: 0;
    padding: 0;
    float: right;
    }
```

자, 여기 페이지의 두 영역이 있다. 한 가지는 네비게이션 영역이고, 한 가지는 메인 텍스트 영역이다. 이름으로 두 개의 영역이 서로 명확하게 구분됨에 따라, float:right을 보면 메인 텍스트 칼럼이 네비게이션 칼럼 오른쪽에서 유동적으로 움직인다는 것을 알 수 있다. 네비게이션 칼럼은 방문자의 브라우저의 가로 길이 중에서 35%를 차지하도록 지정되었다. 메인 텍스트 영역은 남은 65%를 할당받았다. 이 두 영역을 합치면 윈도우의 가로 사이즈의 100%를 차지해야 한다(35 + 65 = 100). 배경 색상을 페이지의 크기만큼 채워지도록 하고 두 칼럼을 생성하면서, 효과는 없지만 세로 길이는 100%로 지정하였다.

그림 12.4는 이러한 접근 방법이 padding과 border가 없다면 제대로 작동한다는 것을 보여준다. border는 디자인에 따라 선택적으로 사용하는 것이지만, padding은 이 그림에서 보여지듯이 텍스트가 양쪽 벽까지 붙어서 보여지는 이상하면서도 읽기 힘든 상태가 되는 것을 예방하기 위해서는 반드시 필요한 요소이다. 만약 디자이너가 이렇게 나란히 있는 레이아웃에서

padding과 border를 더하려고 하면, 이 페이지는 깨져 보일 것이다. 일부 브라우저에서는, 구성요소들이 겹치기도 한대[12.5]. 또 다른 브라우저들에서는, 전체 비율을 다 더하면 100%가 넘기 때문에 레이아웃이 모니터로 보기에 너무 넓게 적용되어 사용자가 페이지를 모두 보려면 반드시 가로 스크롤을 움직여야 한다. 모니터가 아무리 크더라도 레이아웃은 언제나 모니터보다 크게 보일 것이다.

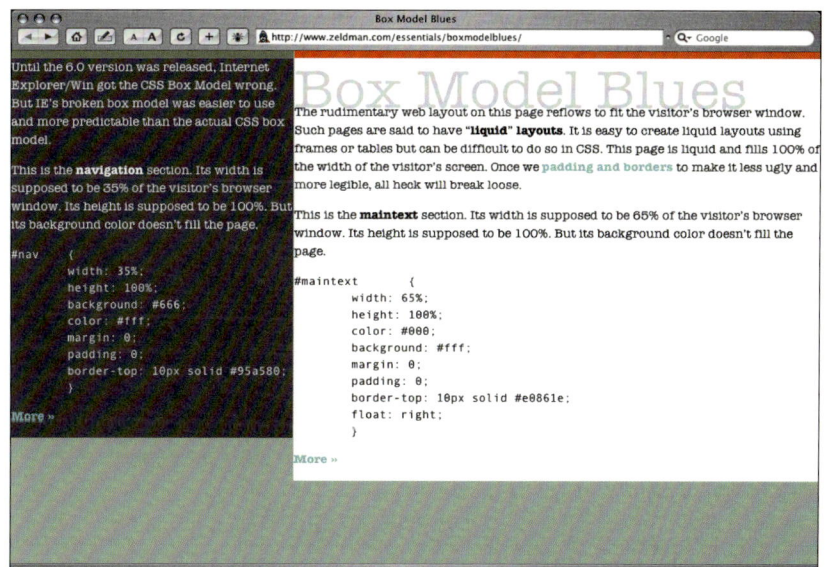

12.4

CSS는 퍼센트 기반의 레이아웃이 사용자의 모니터 크기에 맞춰 유동적으로 작동하는 것을 달성하기 힘들게 만들었다. 이 레이아웃은 두 개의 유동적인 div가 나란히 자리잡고 있다(www.zeldman.com/essentials/boxmodelblues).

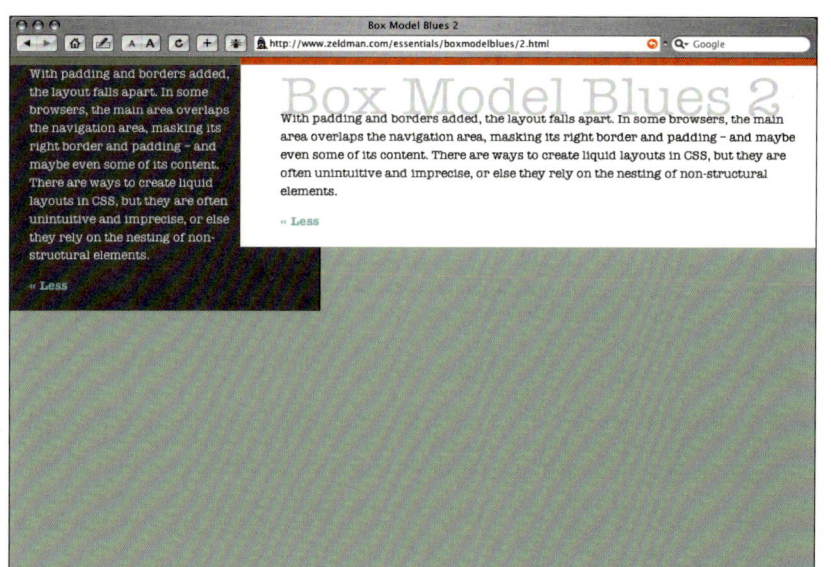

12.5

padding과 border를 더하려고 하면 레이아웃은 망가져 버릴 것이다. 이 그림에서 볼 수 있듯이, 일부 브라우저에서는 구성요소가 겹치게 된다. 다른 브라우저에서는 모니터에 비해 넓게 출력할 것이다.

padding과 가로 사이즈를 퍼센트로 지정하면 일은 쉬워진다. 이 경우 방문자의 브라우저 윈도우 사이즈에 맞춰서 페이지가 보여지게 된다. 하지만 한 페이지에서 퍼센트 기반과 절대 길이로 지정된 padding이 정확하게 섞어서 사용되는 것은 근본적으로 불가능하다. 이 문제를 해결하기 위해서 CSS3에서는 디자이너가 요소에 어느 종류의 크기모델을 사용할 것인가를 정할 수 있게 "box-sizing" 속성을 추가했다. CSS Box Model이 구식 버전 윈도우용 인터넷 익스플로러에서처럼 제대로 작동하지 못한다면, box-sizing 속성은 전혀 필요 없어진다. 그리고 당연하게도 아직 우리는 이 속성을 사용할 수 없다.

box-sizing 속성이 없기 때문에 디자이너들은 div에 padding을 없애고, 서브 요소를 그 div 안에 넣고, 그 서브 요소에 margin을 넣어서 "padding"처럼 보이게 하는 속임수를 자주 사용한다. 이 방법의 문제는 구조적이지 않은 여분의 마크업이 생성된다는 것이다. 단지 레이아웃 문제를 해결하기 위해서 존재하는 것뿐이다. 이 방법을 너무 많이 사용하면 깨끗했던 마크업에 7장 '더 빈틈없고 견고한 페이지를 보장한다: 엄격하고 혼합된 마크업에서의 구조와 메타구조'에서 언급했던 div남용을 만들기 시작하는 것이 된다.

물론 이러한 생각들은 이론적인 것에 가깝다. 몇 바이트 정도 늘어나는 파일 용량의 문제를 제외하면 레이아웃을 만들기 위해서 비구조적인 요소 좀 추가하는 것이 무슨 큰 문제가 되겠는가? 사실대로 말하자면 그렇게 큰 문제는 없다. 하지만 잘했다고 하기도 힘들고, 처음에 언급되었던 문제점이기도 하다("디자인이 깨져? 그럼 코드를 좀 더 쓰면 되지!"). 표준에 따르면 이런 방법은 점점 퇴화의 길을 걷게 된다. 하지만 복잡하기도 하고 CSS 1/2 레이아웃의 한계는 종종 이렇게 우리가 하지 말아야 할 일을 하게 만들기도 한다(잠시 후에 나오는 'Hack을 사용하지 않는 모델로 고치기' 참조).

제대로 작동하지 않는 윈도우용 인터넷 익스플로러 4/5 Box Model에서도 불필요한 div를 사용하지 않고, 골치 아파질 일도 없이 길이와 비율을 혼합해서 유연한 레이아웃을 만들 수 있다. 윈도우용 인터넷 익스플로러 4/5가 표준을 대표한다는 의미로 예를 들어 본 것은 아니다. 그리고 실제로 전혀 그렇지도 않다. 단지 잘못된 Box Model에서도 가능하다는 하나의 예로 윈도우용 인터넷 익스플로러 4/5를 들어본 것이다.

div남용을 하지 않고 길이와 비율을 같이 사용해서 유연한 혼합형 레이아웃을 CSS로 만드는 방법이 있기는 하지만, 일반적으로 하고 싶은 작업이 아니기도 하고, 과학적인 방법도 아니다. 비결은 딱 하나의 div만 만들어서 페이지 자체로 사용하고 float들을 통해서 조율하는 역할을 하게 하는 것이다. 정확한 치수를 계산하는 것이 불가능하기 때문에 그 수치는 대략적으로 추측해야 하고 전부를 합해도 정확하게 100%가 될 수는 없다는 단점이 있다.

2001년 2월 A List Apart를 처음으로 HTML 테이블에서 CSS 레이아웃으로 변경할 때 그 방법들을 고민했는데, 저자를 포함한 세 명의 디자이너가 참여했다. 다른 두 명은 전문가인 파너 (CSS개발 참여자)와 셀릭 (CSS의 개발 참여자이면서 맥용 인터넷 익스플로러의 Tasma 렌더링 엔진을 만들었다)이었다. 테이블 기반의 원래 디자인은[12.6] 내용이 정해져 있지 않아서 그 길이가 항상 변하는 컨텐츠 영역과 고정된 내용과 크기를 가진 오른쪽의 사이드바, 두 개의 레이아웃으로 이루어져 있다. 우리 셋은 앞에서 설명한 방법을 사용해서 CSS로 거의 비슷한 형태를 만들어 보았다[12.7]. 전체적인 가로 사이즈는 100%로 맞추는 것이 거의 불가능 했다. 가변적인 요소와 고정된 요소를 결합하는 레이아웃을 만드는 것이 이렇게 어려우면 해결책이 되지 않는다.

CSS로 여러 개의 유연한 레이아웃 만들기

고정사이즈와 유연사이즈를 사용해서 다중 레이아웃을 만드는 최신 기법은 알렉스 로빈슨 Alex Robinson의 "In Search of the One True Layout"(positioniseverything.net/articles/onetruelayout)과 매튜 레빈 Matthew Levine의 "In Search of The Holy Grail" (www.alistapart.com/articles/holygrail)을 참조하자. 특별히 로빈슨의 글에는 눈을 반짝이면서 무언가를 찾아다니는 개발자나 디자이너 집단들을 괴롭히기 위한 테스트도 있다. "One True Layout" 디자인에서는 어떤 특정 링크를 클릭하면 페이지가 날아간다. 농담이라고 생각하겠지만 정말이다. 유전자 복제를 하고 원자폭탄을 만들고 우주로 여행을 가는 인간의 기술로도 CSS를 사용한 유연한 레이아웃을 만드는 것은 아직도 쉽지 않다.

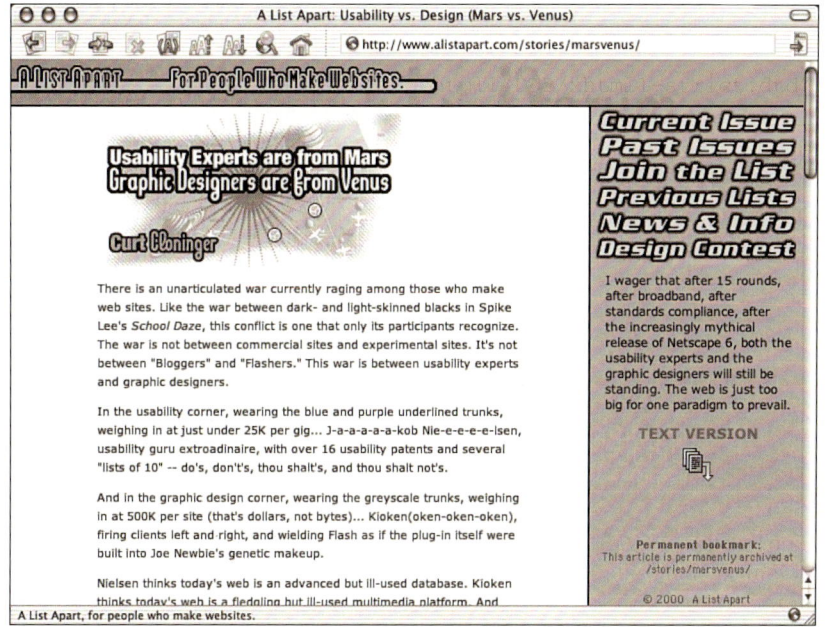

12.6
A List Apart(www.alistapart.com)는 원래 방문자의 모니터에 맞춰서 유동적인 테이블로 이루어져 있었다. '유연한 레이아웃'이라고 부르는 구조이다.

12.7
2001년 2월 이 사이트를 CSS로 다시 디자인하면서 기존과 같은 구조와 모양을 만드는 데 세 명의 CSS디자이너(이중 두 명은 전문가)가 참여했다.

확실히 A List Apart와 (이제 더 많아진) 다른 CSS 사이트들이 모델로 나와 있어서 복사하고 수정해서 사용할 수 있기 때문에 훨씬 쉬워졌다. CSS 2.1이 이런 문제들을 어느 정도는 해결해 줄 수 있을 것이고, CSS 3은 더 많은 문제를 해결해 줄 것이다. 그리고 브라우저들은 현재 CSS 1을 주로 지원하고, CSS 2는 일부만 지원을 한다(파이어폭스와 오페라, 사파리는 CSS 3도 약간은 지원하지만, 아직 완벽하게 지원하지는 못한다). CSS 1 Box Model의 복잡성은 보통 특정한 종류의 유연한 레이아웃을 만들려고 하는 사람에게는 문제점을 안겨주고 디자이너들이 생각하는 방식과 많은 차이를 보인다.

2002년 인터뷰에서 DOM전문가 피터 폴 코흐 Peter-Paul Koch는 이렇게 말했다.

> 논리적으로 박스는 border에서 border까지 치수를 잰다. 어떤 것이든지 실제 박스를 선택한다. 그리고 그 안에 박스보다 작은 것을 넣고 아무에게나 그 박스의 가로 사이즈를 재보라고 한다. 그러면 그 사람은 그 박스의 양쪽의 거리를 잰다(양쪽 "border"). 아무도 그 상자 안에 들어있는 내용물의 크기를 잴 생각은 하지 않을 것이다. 웹 디자이너가 컨텐츠를 담고 있는 상자를 만들면서 그 상자의 보이는 width만 신경 쓰고, border에서 border 사이의 거리에만 관심을 가진다. 컨텐츠가 아니라 border가 사

이트의 사용에게는 눈에 보이는 신호이다. 아무도 컨텐츠의 width에는 관심이 없다.
(www.netdiver.net/interviews/peterpaulkoch.php)

복잡하든 그렇지 않든 우리가 가지고 있는 조건이 우리가 사용해야 되는 조건이다. 브라우저를 만드는 업체가 개선해주기를 바라는 것 보다는 정확하고 완전하게 적용하는 것에 중점을 두는 것이 더 좋은 방법이고, 모든 대표적인 브라우저들이 이미 그렇게 하고 있다. 그러면 Box Model을 완벽하게 이해하지 못하는 브라우저에서도 정확히 나타나게 하려면 어떻게 해야 할까?

Box Model Hack: CSS의 사용을 안전하게 해준다

이번 장에서 이미 나왔던 탄텍 셀릭은 잘못된 Box Model의 활용으로 생긴 문제를 해결하는 상당히 널리 쓰이는 방법을 만들었다. 이 Box Model 핵^{hack}은 윈도우용 인터넷 익스플로러 5.x의 CSS 버그를 활용하여 윈도우용 인터넷 익스플로러 5.x에 적용되는 가짜 width를 적용하고 그 다음에 실제 값으로 덮어 씌운다[12.8]. www.tantek.com/CSS/Examples/boxmodelhack.html에서 발췌한 다음의 예제에서 컨텐츠 영역의 원래 크기는 300px이지만 윈도우용 인터넷 익스플로러는 padding과 border에서 100px을 빼기 때문에 잘못 측정한다.

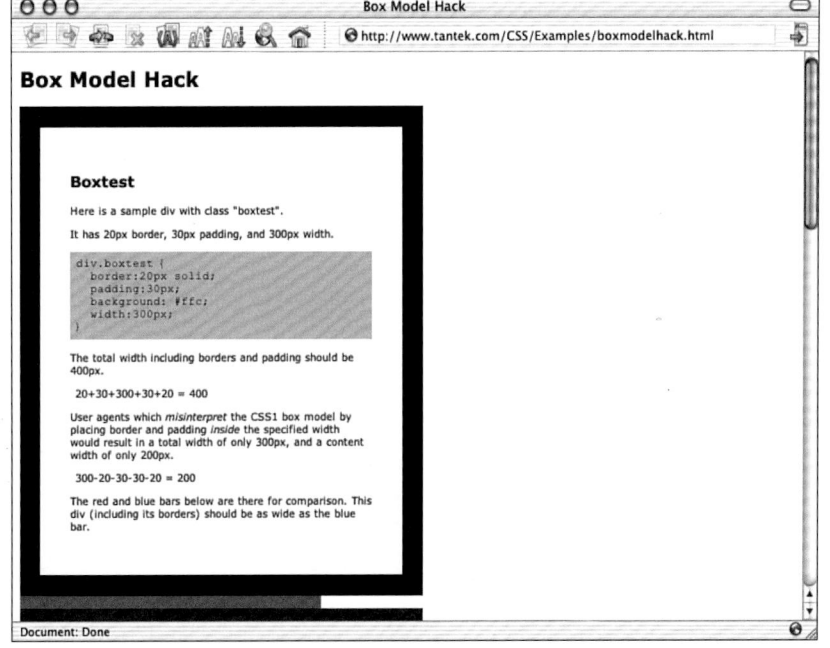

12.8
탄텍 셀릭의 Box Model 핵은 Box Model 문제를 해결하고 다른 브라우저 문제도 같이 해결해 준다 (http://www.tantek.com/CSS/Examples/boxmodelhack.html).

첫째로, 이것이 모든 표준호환 브라우저에 사용하는 틀린 CSS 규칙이다.

```
div.boxtest {
    border:20px solid;
    padding:30px;
    background: #ffc;
    width:300px;
}
```

CSS를 정확하게 이해하는 브라우저는 전체 width가 400px(10+30+300+30+20 = 400)인 박스를 만든다. 하지만 구식 버전 윈도우용 인터넷 익스플로러에서는 padding과 border를 제외하고 상자의 가로를 300px, 컨텐츠 영역을 200px로 만든다(300 - 20 - 30 - 30 - 20 = 200). 그래서 우리는 가짜 값으로 400px을(원래 원하던 전체 사이즈) 넣어 주고 윈도우용 인터넷 익스플로러 4/5에서 이해하지 못하는 CSS 선택자가 있는 두 줄을 추가한다(인터넷 익스플로러에서 이해하지 못하는 두 줄은 굵은 글씨로 표시했다).

```
div.content {
    width:400px;
    voice-family: "\"}\"";
    voice-family:inherit;
    width:300px;
}
```

실제 값인 300px을 마지막에 넣어서 마무리한다. 윈도우용 인터넷 익스플로러 5.x는 voice-family 부분에 도달하면 이해를 못하고 해석을 멈춘다. 표준브라우저는 그 뒤로도 해석을 하고 올바른 값을 적용시킨다.

오페라 브라우저(적어도 오페라 7 이전의 브라우저)에서는 또 다른 문제가 생기는데 그것은 오페라에서 CSS 2 선택자도 인식하고, Box Model도 이해하면서 윈도우용 인터넷 익스플로러에서의 버그와 같은 버그도 가지고 있다는 것이다. 그래서 오페라 브라우저에서도 가짜 값을 사용하게 되는데 그러면 잘못된 결과가 나오게 된다. 탄텍 셀릭은 이 문제는 '오페라를 위한 방법'을 추가해서 해결했다.

```
html>body .content {
    width:300px;
}
```

이전의 규칙에서 오페라는 올바른 값을 찾지 못하지만 추가되는 규칙이 좀 더 명확하고 CSS에서는 명확한 규칙이 항상 최종적으로 덮어써서 적용되기 때문에(#menu p라는 규칙이 우선순위가 높아 p라고만 사용된 규칙을 덮어 씌우는 것과 같다) 오페라에서는 이 규칙에 따라 올바른 값을 적용하게 된다.

2000년 후반에 등장한 Box Model Hack은 잘못된 Box Model에 올바른 값을 구식 브라우저에도 인식시키고, 제대로 된 브라우저에도 정확한 값을 주어, CSS 레이아웃을 쉽게 만들게 해주기 위해서 수만 개의 사이트에 사용되고 있다. 사실은 이렇게 설명하는 것이(그리고 이렇게 읽는 것이) 실제로 사용하는 것보다 더 귀찮은 일이다. 실제로 우리는 이 모델이나 단순화된 Box Model Hack(css-discuss.incutio.com/?page=BoxModelHack)이라고 부르는 개선된 버전을 작업에 사용한다.

HACK을 사용하지 않는 모델로 고치기

Box Model은 width가 지정된 요소에는 padding이나 border를 전혀 사용하지 않으면 피할 수 있다. 대신 그 요소의 상위요소에 padding을 넣거나(상위요소에 width가 지정되지 않은 경우) 그 요소의 하위요소에 margin을 넣는다. 하지만 div남용의 발생 우려가 있으니 조심해야 한다.

Box Model Hack은 padding이나 border가 없으면 필요가 없다. 프로젝트에서 디자인이 민감하거나 정확성을 요구하지 않는 '느슨한' 경우나 브라우저 간의 몇 픽셀차이는 큰 문제가 되지 않는다면 padding이 큰 문제가 되지 않아서 Box Model Hack은 필요하지 않을 수도 있다(일부 디자인에서는 일부러 값들의 총합이 100%가 되지 않게 값을 넣어주는 방법도 있다).

브라우저별로 다루기

Box Model Hack(탄텍Tantek 방식이라고도 부른다)은 구식 버전 윈도우용 인터넷 익스플로러가 정확하게 Box Model을 지원하게 하기 위해서 버그를 사용한다. 9장의 '외부 스타일시트' 절에서 언급한 것처럼 @import 방법으로 스타일시트에 링크된 'CSS Basics'는 4.00이나 이전 브라우저가 그 스타일시트를 무시하도록 속인다. 이 방법 외에도 다른 여러 방법에서 표준을 지원하기 위해서 표준을 사용한다. 약간 이상하게 들리겠지만 중요한 점은 문제가 되는 브라우저가 이해하지 못하는 부분은 부드럽게 무시하고 넘어가게 해준다는 것이다. 그리고 이런 경우에 브라우저를 체크해서 코드를 각각 적용하는 낡은 방법을 사용하지 않고 기본적인 표준을 사용한다는 것이다. 여러 브라우저에 맞게 다양한 요소들을 숨기는 방법은 w3development.de/css/hide_css_from_browsers/summary에서 더 찾을 수 있다.

윈도우용 인터넷 익스플로러의 공백 버그

지나치게 많은 이론적인 내용 때문에 지치지 않기 위해서 이쯤에서 윈도우용 인터넷 익스플로러의 공백 버그라고 부르는 좀 쉽고 덜 복잡한 문제를 다루어 보자. 그림 12.9는 공백 버그가 혼합형 레이아웃을 망가뜨리는 경우를 보여주지만(11장의 그림 11.4와 비교해보자), 순수 CSS 레이아웃에서도 망가지는 것은 마찬가지이다.

12.9
윈도우용 인터넷 익스플로러의 공백 버그. 자세하게 보여 주기 위해서 확대된 이미지이다. 그림 11.4의 원래 모양과 비교해보자.

두 개로 나뉘어진 마크업은 기능적으로는 똑같다. 그러나 둘 중 하나는 공백을 사용하고 있기 때문에 XHTML에서 공백까지 인식하는 브라우저에서는 다른 모양으로 보이게 된다.

```
<td><img src="foo.gif" /></td>
```

따라서, 이 소스와 다음의 소스는 다르게 보인다.

```
<td>
  <img src="foo.gif" />
</td>
```

ALT 생략

유효성과 접근성에 관심이 있는 사람은 이 예제에서 alt를 빼먹었다는 것을 알 것이다. 예제들은 주제에 관심을 집중시키기 위해서(여기서는 공백버그에 집중하기 위해서) 일부러 잡다한 부분은 제외한 것이다. 이 예제들을 유효하고 접근성 있게 만들기 위해서는 당연히 <img src="foo.gif" alt=" The friendly foo loves you!" />처럼 적절한 alt를 넣어주어야 한다.

두 번째 예제-마크업에 공백이 있는 예제-는 그림 12.9에서처럼 웹 페이지에서 의도하지 않은 공백을 보여줄 것이다. 다음의 예제에서도 마찬가지이다.

```
<td><a href="#foo"><img src="foo.gif" /></a></td>
```

이 마크업(공백이 없는)은 기능적으로 똑같지만 페이지에서는 약간 다르게 보일 것이다.

```
<td>
  <a href="#foo">
    <img src="foo.gif" />
  </a>
</td>
```

왜 이런 현상이 일어나는 것일까? 공백버그는 넷스케이프 네비케이터 3.0부터 알려져 있던 문제이다. 마이크로소프트가 경쟁 브라우저를 만들기로 결정했을 때, 엔지니어들은 넷스케이프의 방식을 많이 모방했다―이때 불행하게도 일부 버그까지 같이 모방되었다. 2003년 당시 이 책의 초판을 쓰고 있을 때 윈도우용 인터넷 익스플로러 브라우저는 인터넷 익스플로러 6까지 전부다 이 바보 같은 넷스케이프의 버그를 유지하고 있었다. 2006년에 두 번째 책을 다듬고 있는 지금도 여전히 그렇다(그 이후 버전인 인터넷 익스플로러 7에서는 이 버그가 수정될 것이다). 해결방법? 마크업에서 그냥 공백을 지워서 없애는 것이다.

> **Holly Hack**
>
> 이 책의 초판이 출판되고 나서 만들어진 'Holly Hack'(www.communitymx.com/content/article.cfm?page=2&cid=C37E0)은 공백버그를 다른 방법으로 해결한다. 인터넷 익스플로러에서만 적용되는 CSS 규칙에(또는 별도 파일에) "height: 1%"을 넣어준다. 이렇게 하면서 문제가 되는 점은 없을까? 인터넷 익스플로러 7.0 이전 버전에서만 사용하는 의미 없는 CSS가 추가된다는 점이다. 좋은 점은? HTML 마크업을 읽기 편하게 둘 수 있다는 점이다. 세 번째 방법은 모든 공백을 다음과 같이 주석으로 처리해서 공백을 없애주고 CSS에는 손을 대지 않는 방법이다.
>
> ```
> <ul><!-
>   -><li>I like big blocks,</li><!-
>   -><li>and I cannot lie,</li><!-
>   -><li>you other coders can't deny.</li><!-
> -></ul>
> ```
>
> 이 방법은 당연히 미치지 않고서는 하기 힘든 방법이다. 하지만 유효하기도 하고 작동에도 문제가 없다. 그냥 이런 방법이 있다는 것만 얘기해 주는 것뿐이다.

공백버그는 혼합형 CSS/table 레이아웃에서처럼 CSS 레이아웃에서도 골치 아프다. 2003년 1월 개편된 zeldman.com에서 가져온 다음 리스트를 보자.

```
<div id="secondarynav">
<ul>
<li id="secondarytop"><a href="/about/" title="History, FAQ,
bio, etc.">about</a></li>
```

```
<li id="contact"><a href="/contact/" title="Write to us."
>contact</a></li>
<li id="essentials"><a href="/essentials/" title="Vital info."
>essentials</a></li>
<li id="pubs"><a href="/pubs/" title="Books and articles."
>pubs</a></li>
<li id="tour"><a href="/tour/" title="Personal appearances."
>tour</a></li>
</ul>
    ...</div>
```

CSS(몇 단락 후에 나오는)는 이 리스트를 그림 12.10에서 보이는 것처럼 사용자가 클릭할 수 있는 '버튼'으로 만든다. 하지만 윈도우용 인터넷 익스플로러에서는 마크업에 있는 공백이 버튼 사이에 공간을 만들어서 디자인을 엉망으로 만든다. 윈도우용 인터넷 익스플로러 버그를 피하려면 공백을 다음과 같이 없애야 한다.

```
<div id="secondarynav"><ul><li id="secondarytop"><a
href="/about/" title="History, FAQ, bio, etc.">about
</a></li><li id="contact"><a href="/contact/" title="Write to
us.">contact</a></li><li id="essentials"><a href="/essentials/"
title="Vital info.">essentials</a></li><li id="pubs"><a
href="/pubs/" title="Books and articles.">pubs</a></li><li
id="tour"><a href="/tour/" title="Personal
appearances.">tour</a></li></ul> ...</div>
```

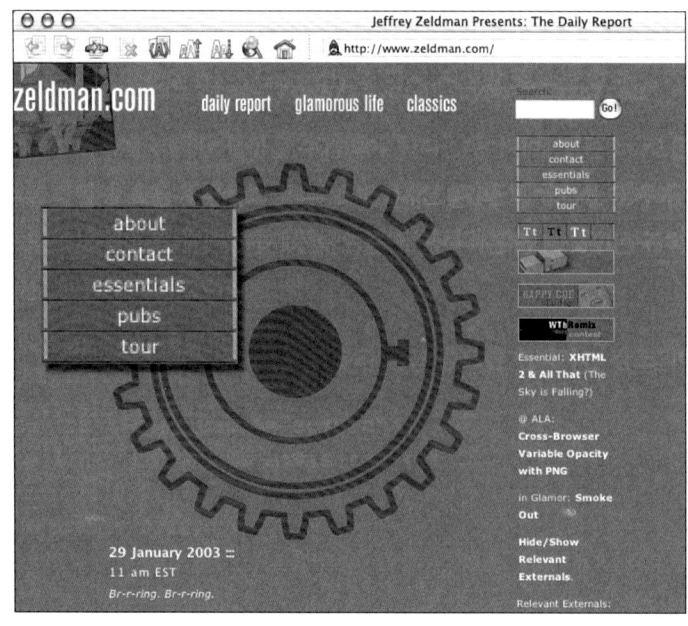

12.10
CSS를 리스트에 적용시키면 네비게이션 '버튼'이 생긴다(확대부분). 윈도우용 인터넷 익스플로러 공백버그를 피하기 위해서 리스트의 마크업은 수정이 되어야 한다(www.zeldman.com).

이 마크업은 공백을 사용한 마크업보다 읽고 수정하기가 훨씬 힘들지만 가장 유명한 브라우저에서 제대로 보이게 하기 위해서는 선택의 여지가 없다. 약간 위안이 되는 것은 공백을 없애면 파일 사이즈도 몇 바이트 정도는 줄어드는 장점도 있다는 것이다. 메뉴버튼 효과를 만들어 주는 CSS는 www.zeldman.com/c/sophisto.css에서 더 자세히 볼 수 있다.

```
#secondarynav ul {
    list-style: none;
    padding: 0;
    margin: 0;
    border: 0;
    }

#secondarynav li {
    text-align: center;
    border-bottom: 1px solid #066;
    width: 100px;
    margin: 0;
    padding: 0 1px 1px 1px;
    font: 10px/12px verdana, arial, sans-serif;
    color: #cff;
    background: #399;
    }

#secondarytop    {
    border-top: 1px solid #066;
    }

#secondarynav li a {
    display: block;
    width: 96px;
    font-weight: normal;
    padding: 1px;
    border-left: 2px solid #6cc;
    border-right: 2px solid #6cc;
    background-color: #399;
    color: #cff;
    text-decoration: none;
    }

#secondarynav li a:hover {
    font-weight: normal;
    border-left: 2px solid #9cc;
    border-right: 2px solid #9cc;
    background-color: #5aa;
    color: #fff;
```

```
        text-decoration: none;
    }
```

마크 뉴하우스Mark Newhouse의 "CSS Design: Taming Lists"(www.alistapart.com/articles/taminglists)에서 CSS로 구조적인 리스트를 네비게이션 요소로 만들어주는 방법을 더 찾아볼 수 있다.

▰ 윈도우용 인터넷 익스플로러 'Float' 버그

이 장의 초반에 CSS의 "float" 속성으로 요소들을 어떻게 나란히 정렬하는지에 대해서 다루었다. 예를 들어 다음에 나오는 CSS는 "maintext"라는 id를 가진 특정 div를 sidebar나 다른 오른쪽에 있는 요소들의 왼쪽으로 띄워준다.

```
#maintext  {
    float: left;
    }
```

이 "maintext" 안에 있는 내용은 짧게 들어가는 것이 좋다. 윈도우용 인터넷 익스플로러에서는 float을 사용해서 띄워둔 div 안에 있는 텍스트가 길어지는 경우에 끝이 잘리는 버그가 있어서 스크롤바도 사라지고 사용자가 내용을 끝까지 읽지 못하게 되기 때문이다. 잘린 부분을 제대로 보이게 하고 스크롤바도 나타나게 하기 위해서는 사용자가(제작자가 아닌 사용자가 해야 한다) 페이지를 리로드하거나 F11 버튼을 빠르게 두 번 눌러줘야 한다. 보통 사이트를 방문하는 사람이 페이지를 새로 열 때마다 F11을 두 번씩 눌러가면서 사용할까? 절대 그럴리가 없다.

FLOAT 버그와 GUILLOTINE 버그

A List Apart 2.0 CSS를 개편할 때 알아낸 float 버그는 사용자가 링크에 커서를 올렸을 때 float 요소의 아래쪽이 잘려지는 Guillotine 버그와(www.positioniseverything.net/explorer/guillotine.html) 비슷하지만 혼동하면 안 된다.

인터넷 익스플로러 6 사용자 중에서 이 문제를 겪은 사용자의 비율은 아직 알 수가 없다(그 비율이 작기를 바랄 뿐이다). 이 버그는 2001년에 윈도우용 인터넷 익스플로러 6 베타 테스트를 하고 있을 때 처음 발견되었고 마이크로소프트의 기술자들은 아직도 고치지를 못했다. 어쩌면 이 버그를 아직도 어떻게 만들어내고 원인이 무엇인지도 알아내지 못했을 수도 있지만 디자인 커뮤니티에서는 이 문제의 원인을 어느 정도는 알아낸 것 같다. 그리고 물론 이 버그를 피해가는 방법도 알아냈다.

이전 값의 저장

실제로 인터넷 익스플로러 6는 block 레벨요소의 높이를 계산하는데 문제가 있다. dhtmlnirvana.com의 에디 트라버사Eddie Traversa는 윈도우용 인터넷 익스플로러 6가 사이트의 한 페이지에서 값을 계산한 뒤에 캐시에 저장해서 다른 페이지에 적용한다는 것을 발견했다. 예를 들어 'maintext' div의 높이가 첫 번째 페이지에서 300px이고, 다음 페이지에서는 1400px이라면 인터넷 익스플로러 6는 처음의 300px로만 보여준다는 것이다. 직접 각각의 페이지를 갱신시키면 고정된 값이 들어가 있는 캐시를 지워서 이 버그를 '수정'한다-사용자가 새로운 페이지를 클릭해서 다시 이 캐시를 갱신하는 이벤트가 발생하기 전까지는 이렇게 해준다.

스크립트 수정법

첫 번째 단계는 문제가 있다는 것을 인지하는 것이다. 두 번째는 문제를 정확히 진단하는 것이다. 세 번째로 Youngpup.net의 프로그래머 애런 부드맨Aaron Boodman이 아주 간단한 자바스크립트 함수를 써서 윈도우용 인터넷 익스플로러를 사용하는 경우 float을 사용한 요소의 기존 속성을 반복하게 만들어 페이지가 다시 읽혀지고 제대로 보여주게 만들었다. 애런의 소스를 보자.

```
if (document.all && window.attachEvent)
➥window.attachEvent("onload", fixWinIE);
function fixWinIE() {
        if -(document.body.scrollHeight
        ➥< document.all.content.offsetHeight) {
                document.all.content.style.display = 'block';
        }
}
```

이 소스로 float을 사용해서 CSS 레이아웃을 두려움 없이 사용할 수 있게 될 것이다. 소스에서 자신의 사이트에 맞게 .content 대신에 자신의 마크업에 사용된 div의 이름인 maintext를 지정하면 다음과 같다.

```
if (document.all && window.attachEvent) window.attachEvent
➥("onload", fixWinIE);
function fixWinIE() {
        if -(document.body.scrollHeight <
        ➥document.all.maintext.offsetHeight) {
                document.all.maintext.style.display='block';
        }
}
```

이 방법 외에 이 장의 초반에 얘기했던 "height: 1%" 방법을 사용하면 보통 문제들은 거의 해결되고, 이 방법이 스크립트를 사용하는 것보다 더 깔끔하고 간결하다. 다른 방법은 CSS의 absolute를 사용해서 위치를 지정해서 float 대신에 사용하는 것이다. 인터넷 익스플로러 7.0 이전의 브라우저들에서 왜 float에 문제가 있는지를 알고 싶다면 www.satzansatz.de/cssd/onhavinglayout.html을 참조하자.

Float, Peek-a-Boo 그리고 다른 버그들

인터넷 익스플로러 7.0 이전에는 새로 CSS 디자인을 시작한 모든 사람이 금방 친숙해지는 double float-margin 버그(www.positioniseverything.net/explorer/doubled-margin.html)와 이름만 들어서는 귀엽기 그지없는 Peek-a-boo 버그(www.positioniseverything.net/explorer/peekaboo.html) 같은 버그들의 대잔치였다. 이번 장에서 다루는 버그 말고도 CSS 버그는 수없이 많고, 자랑스럽지는 않겠지만, 그들 중 거의 대부분은 마이크로소프트의 인터넷 익스플로러에서 발생한다.

다행스러운 것은 대부분의 인터넷 익스플로러 버그는 인터넷 익스플로러 7에서 정리되었다. 하지만 모든 인터넷 익스플로러 사용자들이 인터넷 익스플로러 7이 나오는 시점에 업그레이드를 하지는 않을 것이기 때문에 이 장에서 다룬 버그들이나 다루지 않은 버그들을 전부 알고 있어야 한다. 여기 예비지식도 얻을 수 있고, 사이트의 CSS를 안전하게 만들어 줄 사이트들을 정리했다.

- Browser Bugs at CSS-Discuss(css-discuss.incutio.com/?page=BrowserBugs): 원조격인 사이트. 모든 주요 브라우저에서 사용 가능한 CSS가 전부 모여있다.

- CSS Bugs in IE5/Mac(macedition.com/cb/ie5macbugs): 여러분의 사이트에 방문하는 사용자가 맥용 인터넷 익스플로러 5 사용자들처럼 정말 별나지 않다면 그리 크게 도움이 되지는 않을 것이다.

- Position is Everything(www.positioniseverything.net): '자세하게 설명되어 있는 최신 브라우저의 버그들' 정말 이름 그대로이다. 무조건 즐겨찾기를 해두고 사용하자.

- WordPress CSS Codex—Fixing Browser Bugs(codex.wordpress.org/CSS_Fixing_Browser_Bugs): 유용한 방법들과 참고 링크들이 있다.

그 외

인터넷 익스플로러 블로그(blogs.msdn.com/ie/default.aspx): 과묵하기로 유명한 애플 사에서 사파리 브라우저의 수석 엔지니어 하얏트[Hyatt]가 사파리의 버그와 수정을 블로그에 올려서 맥킨토시 사용자들이 사파리를 사용할 수 있도록 만들었다. 마이크로소프트에서도 같은 일을 여기서 한다. '버그 블로그'는 아니지만 인터넷 익스플로러 7에 대해서 알려주고 실제 제작자들과 소통할 수 있다.

■ 플래시와 퀵타임: 고객의 요구에 의한 Object?

많은 사람들이 플래시나 퀵타임 같은 멀티미디어 객체를 사이트에 사용한다. 여기에는 여러 브라우저나 플랫폼에 제대로 적용되는 적당한 표준이 없다. 이 부분에 대한 이해를 위해서는 셰익스피어나 오페라에서나 등장하는 장미빛 멜로드라마 같은 오만과 복수에 관한 전설을 들어야 한다. 사실 멜로드라마까지는 아니지만, 여하튼 거의 비슷한 수준의 스토리가 있다.

Embed가 가능한 객체: 오만과 복수에 관한 전설

오리지널 모자익과 넷스케이프 브라우저를 만든 사람들이 웹 페이지에 디자이너들이 이미지를 넣을 수 있게 하는 멋진 생각을 해냈을 때, <img> 태그를 각 브라우저에 도입시켜서 HTML을 '발전'시켰다. 하지만 W3C에서는 허가를 해주지 않는다. 대신 웹 제작자들에게 object 요소를 사용할 것을 권고했다. 하지만 수백 만의 웹사이트에서 <img> 태그가 사용되었고 W3C가 권고했던 <object>는 사장되었다.

그리고 나서 리얼 플레이어나 퀵타임과 같은 다른 멀티미디어 요소들과 함께 FutureSplash 플러그인이(나중에 플래시로 수정되었다) 나타났다. 그리고 다시 W3C에서는 웹 페이지에 이 컨텐츠들을 <object> 태그를 사용해서 넣도록 제안했다. 하지만 넷스케이프에서 <embed> 태그를 대신 만들어냈다-그리고 다른 경쟁 브라우저에서도 넷스케이프의 <embed> 태그를 지원했다.

넷스케이프와 마이크로소프트의 관점에서 고객들은 웹이 풍부한 멀티미디어 공간을 제공하기를 기대하고, 브라우저업체들은 당연히 이 욕구를 충족시키기 위해서 개혁을 해야 했다-그저 우연히 시장점유율이 높아지는 것이 아니다.

W3C의 관점에서는 브라우저업체들이 완벽하고 좋은(표준) 조항들은 무시하고 각자의 태그를 만들어 사용하고 있었다. 그리고 W3C 멤버인 기업들이 신경도 쓰지도 않는데 이 조항들을 만들 이유는 전혀 없다. 몇 년이 지나서 W3C는 이 아름다운 표준을 무시한 기업들에게 무시무시한 복수를 감행했다 (사실 그렇게 무시무시한 복수를 감행한 것은 아니다. 선언서에 쓰여진 그대로 시행했을 뿐이다. 다시 말해서 적절한 마크업 표준을 만든 것이다. 어쨌든 이렇게 얘기를 이끌어 가는 것이 훨씬 지루하지 않고 재미가 있어 보인다).

W3C의 무시무시한 복수

W3C의 첫 번째 복수는 수많은 디자이너들이 수백 만개의 사이트에서 사용하고 있는 <embed> 태그를 모든 공적인 HTML 조항에서 제외한 것이다. <embed>는 HTML 3.2에도 없다. HTML 4에서도 추가되지 않았고 HTML 4에서 빠진 태그들을 추가하는 목적으로 만들어진 HTML 4.01에도 추가되지 않았다. 그리고 XHTML 1.0이 HTML 4.01을 기반으로 하기 때문에 <embed>는 XHTML에도 없다. 그래서 <embed>를 사용하는 모든 사이트는 HTML이나 XHTML로 유효성검사를 통과할 수 없다.

그렇다. 지금 여러분이 생각하고 있는 것이 맞다. W3C에서는 <embed> 요소라는 것이 존재하지도 않기 때문에 멀티미디어 요소를 가지고 있는 수백 만의 사이트들이 W3C 조항에 따르면 유효하지 않다는 말이다.

배신의 상처가 아직도 낫지 않았는지 W3C는 <img> 요소를 XHTML 2.0의 초안에서도 없애버렸다(5장의 '어느 XHTML이 더 우리에게 맞을까?' 참조). 그림을 사용하고 싶다? 그럼 <object>를 사용해야 한다. 플래시를 사용하고 싶다? 역시 <object>를 사용해야 한다. 퀵타임을 사용하고 싶다? <object>를 사용해야 한다. W3C에서 주장하는 것이 바로 이것이다.

화려한 귀환

이런! 이 책을 집필하고 있는 동안 사라졌던 <img> 요소가 XHTML 2.0에 다시 적용 됐다(w3.org/TR/xhtml2/mod-image.html#s_imagemodule). 제대로 흥미진진하네!

문제는 <object>를 지원하는 것이 일부 최신 브라우저에서는 불완전하고 오래된 브라우저에서는 존재조차도 하지 않는다는 것이다. 그리고 디자이너들은 W3C에서 태그사용을 반대한다고 해서 플래시나 다른 멀티미디어 컨텐츠 사용을 자제하지 않을 것이라는 사실이다. 자 그러면 만약에 디자이너가 웹표준을 사용하고 싶어하지만 멀티미디어 컨텐츠도 사용하고 싶어한다면 어떻게 해야 할까?

이중방식: 멀티미디어 파일의 표준 지원

2002년 11월, Dreamweaverfever.com의 드류 맥레란(Drew McLellan)과 표준화 프로젝트에서 실험을 진행했다. A List Apart의 한 글에서 드류는 플래시 컨텐츠를 웹 페이지에 넣는 데 사용되던 쓸모 없고 유효하지 않는 마크업을 전체적으로 없애버리고 간결한 표준 XHTML(www.alistapart.com/articles/flashsatay)로 교체했다. 유효하지 않은 <embed> 요소를

전부 없애고 다음과 같은 방해되는 인터넷 익스플로러 스타일의

```
classid="clsid:D27CDB6E-AE6D-11cf-96B8-444553540000"
```

이런 마크업을,

```
type="application/x-shockwave-flash"
```

이와 같은 표준 마크업으로 전부 교체했다.

동영상을 만들 때 플래시에서 만드는 전형적인 HTML은 다음과 같다.

```
<object classid="clsid:D27CDB6E-AE6D-11cf-96B8-444553540000"
    codebase=http://download.macromedia.com
    /pub/shockwave/cabs/flash/swflash.cab#version=6,0,0,0
        width="400" height="300" id="movie" align="">
        <param name="movie" value="movie.swf">
    <embed src="movie.swf" quality="high" width="400"
        height="300" name="movie" align=""
        ➥type="application/x-shockwave-flash"
    pluginspage="http://www.macromedia.com/go/getflashplayer">
</object>
```

이 HTML은 지나치게 장황하기만 하고 유효하지는 않지만 플래시 플러그인이 설치된 모든 브라우저에서 잘 작동한다.

```
<object type="application/x-shockwave-flash" data="movie.swf"
    width="400" height="300">
        <param name="movie" value="movie.swf" />
</object>
```

드류의 소스는 간결하고 깔끔하며 유효하기만 한 것이 아니라 최신 브라우저에서 플래시 동영상도 제대로 보여준다. 그런데 무슨 이유에서인지 윈도우용 인터넷 익스플로러에서는 동영상이 스트리밍 되지 않는다. 스트리밍이 되지 않는 문제는 플래시 컨텐츠가 작으면 상관이 없지만 플래시 파일이 크다면 문제도 크다.

드류는 윈도우용 인터넷 익스플로러 문제를 더 큰 동영상을 로딩해주는 작은 플래시 동영상을 사용해서 해결했다. 표준 방식으로 멀티미디어 파일을 추가하는 방법이 드디어 개발된 것이다. 드류의 Flash Satay 방식을 모든 브라우저와 플랫폼에서 테스트한 뒤에 A List Apart는 이 방식에 대한 글을 개제했다.

추가 문제: Object 로딩 실패 현상

애석하게도 이 글이 게재된 뒤에 새로운 문제가 발견되었다. 일부 사용자가 추가된 플래시 컨텐츠 대신에 텅 빈 텍스트 공간을 보게 된 것이다. 이 문제가 발생하는 환경은 윈도우용 인터넷 익스플로러 브라우저가 대부분 인데, 그렇게 많지는 않아서 대다수의 인터넷 익스플로러 사용자들에게는 이러한 문제가 일어나지 않고 정상적으로 보인다. 비슷한 문제가 리눅스에서의 모질라와 컨커러Konqueror에서도 보고되었다. 이번 장의 초반에 다루었던 인터넷 익스플로러 6의 `float` 버그처럼 이 object 버그도 알 수 없는 숫자의 사용자들에게 문제가 발생하는 것이다.

브라우저 간의 object 실행에 관한 비교에서(`www.student.oulu.fi/~sairwas/object-test/results`) 윈도우용 인터넷 익스플로러와 가끔 플래시 동영상을 보여주지 못하는 다른 제품들이 `<object>` 요소를 이해하고 정확하게 다루게 되어 있다는 것을 발견했다 (또 넷스케이프 4.x가 모든 브라우저보다 `<object>`를 가장 잘 지원한다는 것도 발견했다). 아직은 XHTML2에서 권장하는 방법인 이미지를 불러올 때, `<object>`를 사용하면 윈도우용 인터넷 익스플로러에서 같은 문제가 생긴다.

자바스크립트 방법

플래시 컨텐츠도 넣고 XHTML의 유효성도 지키기 위한 노력으로 어떤 디자이너들은 W3C의 유효성 검사를 통과하기 위해서 자바스크립트를 사용해서 브라우저를 판별하고 `document.write`로 유효하지 않은 `<embed>` 태그를 넣는다.

```
<!— —embed 태그를 사용하면서 유효한 XHTML을 만들기 위해 사용 — —>
<script type="text/javascript">
//<![CDATA[
if (navigator.mimeTypes && navigator.mimeTypes["application/
➥x-shockwave-flash"]){
document.write('<embed src="/media/yourflashmovie.swf" ...
```

이 방법도 효과가 있다. 모든 자바스크립트를 지원하는 브라우저에서는 플래시가 제대로 보여지고(사용자가 "자바스크립트가 보안에 위협을 가한다"는 경고를 믿고 자바스크립트를 끄고 사용하지 않는 한), W3C 유효성검사 서비스도 이 마크업이 유효하다고 속는다. 하지만 이 장의 초반에서 역설했듯이 우리가 XHTML의 유효성을 지키는 것은 명예를 바라고 하는 것이 아니다. 유효성검사를 속이는 것은 표준을 지키는 것이 아니다.

커뮤니티에서는 표준을 지키면서 제대로 작동하는 방법을 조금씩 발전시켜 나가고 있다. 이 방법들은 보통 드류의 방식에 절제된 자바스크립트 (`www.onlinetools.org/articles/`

unobtrusivejavascript)나 계속되는 발전(hesketh.com/publications/progressive_enhancement_paving_way_for_future.html)과 같은 표준 기반의 좋은 방법들을 결합해서 만든다.

대표적인 예는 2006년 1월에 발표된 플랑드르 디자이너 바비 밴 데 슬루이Bobby van der Sluis의 3.0 버전 Unobtrusive Flash Objects 또는 UFO(www.bobbyvandersluis.com/ufo)로 알려진 코드로, 무료이고, CCL Creative Commons license(크리에이티브 커먼즈 라이선스, 자신이 만든 글이나 사진등의 저작물을 저작자가 표시해 놓은 조건만 지킨다면 자유롭게 사용해도 된다는 허락의 뜻을 표시하는 표준약관-옮긴이주)에 의한 오픈 소스코드이며 계속 업데이트 되고 있다. "UFO는 플래시 플러그인과 플래시 객체를 찾아내는 표준 기반의 DOM스크립트이다." Happy Cog에서도 상당수의 프로젝트에 이 코드를 사용했고, 그 효과나 신뢰도를 보증할 수 있다. 브라우저가 <object>를 W3C에서 추천하는 방법으로 지원하기 전까지는 이러한 방법을 사용하는 수밖에 없다.

회피법

어떤 브라우저도 완벽할 수 없고, 일부는 다른 브라우저들보다 좀 더 부족하기는 하지만 UFO나 Box Model Hack같은 회피법이 표준에서 내건 약속("한번 만들어서 모두 사용한다") 을 지킬 수 있게 해준다. 이 회피법들은 사이트의 컨텐츠, 디자인 그리고 사용성을 발전시키게 해주면서 독자적인 기술들을 반복해서 만들어 내는데 걸리는 시간을 절약하게 해준다.

하지만 얼마나 현실적이고 이익이 있는가를 떠나서 모든 사람들이 이 회피법을 인정하는 것은 아니다. 어떤 관점에서는 브라우저가 W3C의 조항들을 완벽하게 또는 정확하게 지원하지 않으면 브라우저의 사용자만 손해를 보게 된다-아니면 그냥 그 표준을 무시해버려야 한다. 이런 관점에 관한 문제는 다음과 같이 상당히 많다.

- 모든 브라우저에서 완벽하고 정확하게 지원되는 조항만을 사용한다면 어떻게 될까? 웹 페이지를 만들 수가 없다. 가장 단순한 버전에 속하는 HTML 3.2조차도 완벽하게 지원하지 못한다.

- 표준을 제대로 지키는 데는 시간이 걸린다-그리고 시간은 경쟁하는 시장에서는 항상 부족하게 마련이다. 영리에 관한 압박은 엔지니어가 특정 조항에 관한 미묘한 차이를 미처 처리하기도 전에 제품을 출시하게 한다. 종종 어딘가에 하자가 있다는 것을 알면서도 내보내는 경우가 있다(넷스케이프 6.0과 인터넷 익스플로러 6.0 둘 다 인터넷 익스플로러 6 float 버그 같은 엔지니어들이 이미 알고 있는 버그를 그대로 가지고

있다). 혹시 우리가 지나치게 마음에 걸려서 회피책을 쓰지 않는다면, 방문자들이 아무런 이유 없이 고생을 하게 되는 것이다.

- 조항들은 종종 상황에 따라 모호하기도 하고, 어떤 조항들은 발표가 된 후에 바뀌기도 한다. CSS 2도 그랬다. 몇 페이지쯤 앞에서 언급했지만 CSS 2는 일부 명확하지 않은 부분과 실행하기 어려운 부분을 가지고 있어서 2002년에 CSS 2.1로 수정되었다. 기둥이 흔들리면 전체가 흔들리게 마련이다. 원래 CSS 1에서 폰트 사이즈의 이전과 이후의 차이는 1.5배의 비율이었다. 넷스케이프 4에서는 W3C에서 말한 그대로 정확한 비율을 적용시켰다. 그리고 나서 무슨 일이 벌어졌을까? 작은 크기는 너무 작고 큰 크기는 너무 컸다. 그리고 조항이 변경되었다.

- 우리는 구식 소프트웨어에 나타난 잘못도 수정해야 한다. 이 잘못된 소프트웨어가 널리 이용되는 경우는 당연히 더욱 그렇다.

혹시 여기서 제안하는 회피법들이 도덕적으로 뭔가 올바르지 않은 방향으로 이끌어 간다고 생각하는 사람이 있다면, 이 사실을 명심해야 한다. 이 장에서 다룬 모든 회피법들은 전부 표준을 준수한다는 것이다. 브라우저의 문제를 피하기 위해서 독자적인 코드를 사용하는 것도 아니고 잘못된 마크업을 사용하는 것도 아니다. 표준을 지원하기 위해서 표준을 사용하는 것뿐이다. 예를 들어 Box Model Hack에서는 CSS 2의 선택자를 사용해서 잘못된 Box Model을 사용하는 브라우저에서 CSS 1 레이아웃의 조건을 정확하게 인식하게 한다. 마크업에서 쓸모 없는 공백을 없애고, 읽기 쉽고 모두에게 접근성 있는 텍스트를 만들기 위해서 노력한다.

이 방법들에게는 아무런 잘못된 점이 없고 오히려 올바른 점이 많다. 더 좋은 브라우저로 멀리 눈을 돌리려고 하는 대신에 표준을 사용할 수 있게 해준다. 브라우저가 발전하면 구식 브라우저들은 점점 쇠퇴하게 될 것이고 점점 회피책의 사용도 줄어들 것이다. 물론 사이트가 상위지원만이 아니라 하위지원도 가능하게 하기 위해서 우리는 계속해서 이 회피책들을 사용할 것이기는 하다. 다음 장에서는 디자인의 가장 기본적인 형태중의 하나인 타이포그래피를 다루는 법을 알아보면서 브라우저의 기쁨과 슬픔에 대한 조사를 마무리 지을 것이다.

13장

브라우저 다루기
3부: 타이포그래피

위치를 잡거나 색을 정하는 것과 같이 타이포그래피는 디자인의 필수 도구이다. 디자이너들은 글자체의 역사와 용도에 대한 연구에 몇 년을 소비한다. Arial과 Helverica처럼 초보자에게는 겉보기에 거의 똑같은 글자체를 구분하는 방법을 배운다. 이렇게 전통적인 방법으로 교육을 받은 디자이너들이 웹으로 오게 되면, 험난한 여정을 헤쳐나가는 와중에 더 제한적이고 모순되며 열악한 타이포그래피 툴셋을 사용해야 한다.

■ 크기 문제

윈도우와 유닉스, 맥킨토시 시스템에는 각각 다른 폰트와 다른 기본 해상도에서 기본 폰트의 모양도 다르게-맥 OS 9에서와 같이 픽셀 단위에서 약간 부드러운 안티알리아스(AntiAlias, 부드러운 외곽선 처리)에서부터 Mac OS X의 기본 폰트와 윈도우 XP에서 사용자가 Cleartype을 선택했을 경우에만 해당하기는 하지만 포토샵 텍스트처럼 아주 부드러운 스타일까지 다양하게 설치되어 있다. 그래서 이전에 사용되던 `<font size=3>`은 운영체제마다 각각 다른 모양으로 보여지게 되는데 단순히 크기만이 아니라 모양까지도 다르게 보인다.

사용자가 조절한다

플랫폼과 오래전 방식들 그리고 CSS를 표현하는 방법들의 차이점에 덧붙여서 웹은 사용자가 보고 조절할 수 있는 화면과는 다른 인쇄물을 만들어 낸다. 이 장에서 다루는 문제들 때문에 이러한 여러 가지 다른 환경의 사용자들을 만족시키기 위해서 표준을 사용하는데 약간의 기술이 필요하다. 그리고 전통적인 방법으로 교육을 받아온 디자이너들에게는 사용자 조절에 대한 개념을 받아들이는데 약간의 어려움이 있다. 이번 장에서 우리는 웹 타이포그래피의 변천사와 문제들을 다루어보고 웹표준을 통해서 텍스트의 스타일을 설정하는 방법을 연구해 볼 것이다.

구시대 사람들의 공포

웹을 발명한 사람이자 W3C를 설립한 팀 버너스 리Tim Berners-Lee는 웹을 텍스트 문서의 간편한 교환을 위한 수단으로 생각했다. 그래서 구조적인 언어인 HTML에 폰트를 다루는 것에 대한 것은 아무것도 넣지 않았다. 2장의 '시키는 대로하기' 절에서 보여준 것처럼, 처음에 폰트의 종류를 바꾸기 위해서 <tt>, <pre>, <blockquote>나 태그가 가지는 원래 의미로 사용하지 않고 그냥 <p> 태그들을 사용한 웹 디자이너들은 적용하는데 성공했고 앞서가는 것처럼 보였다. 그러고 나서 텍스트를 그냥 텍스트 그대로 사용하지 않고 GIF나 플래시로 만들어서 사용하기 시작했고, CSS와 XHTML의 한계를 받아들이거나 사용자와 디자이너의 요구 사이에서 균형을 유지하는 데 어려움을 겪는 디자이너들은 지금까지도 이 방식들을 사용하고 있다[13.1, 13.2].

13.1
2002년쯤의 Evilnation. be(www.evilnation.be). 이 페이지의 모든 '단어'는 진짜 텍스트가 아닌 플래시이다.

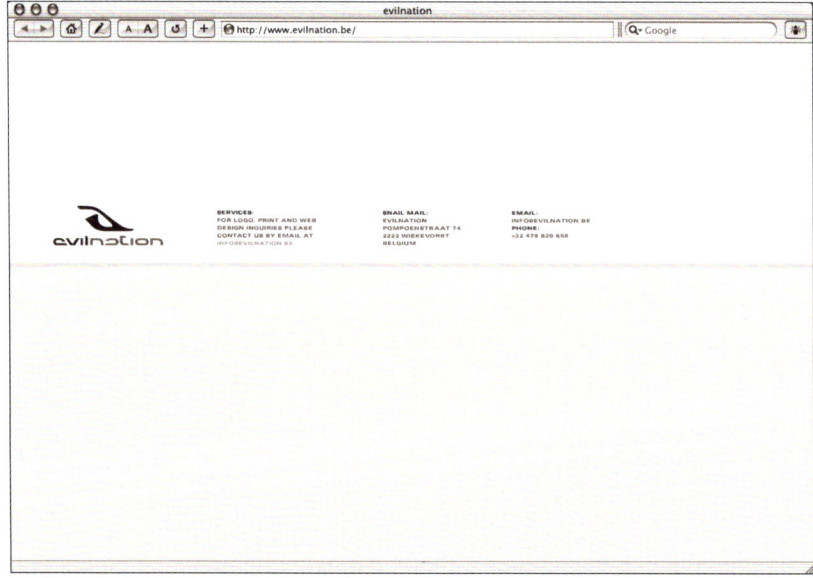

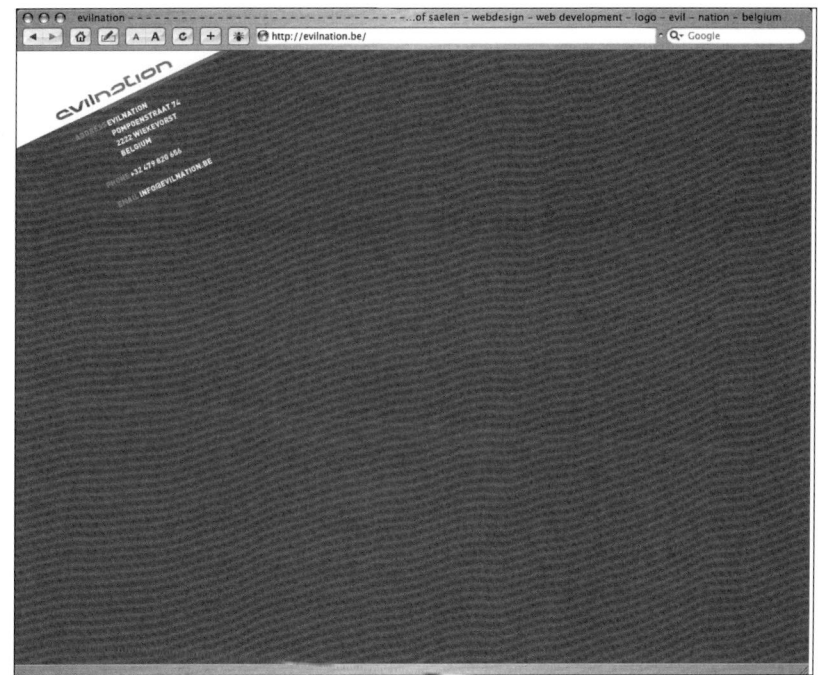

13.2
몇 년이 지난 2006년에도 여전히 플래시를 사용하고 있다 (www.evilnation.be). 타이포그래피에 민감한 숙련된 디자이너는 XHTML과 CSS의 한계점을 받아들이는데 어려움을 느끼고, 사용자가 마음대로 폰트 스타일을 조절하도록 만들어 주는 것에 대해서도 어려움을 느낀다.

1995년에 상업적인 사이트가 여기저기서 수없이 많이 생겨나고 증가하면서 디자이너들이 HTML을 이리저리 변형시키기 시작하자 이제 디자이너들을 위해서 최소한의 기본 타이포그래피를 다루는 도구가 필요해졌다. 넷스케이프에서 <font> 태그를 만들어서 속성에 size를 넣어두었다. 여기에 숫자를 넣거나(<font size="2">) 사용자의 기본 폰트에 상대적인 숫자를 넣어서(<font size="+1">) 사용한다. 디자이너들은 금방 <p> 태그나 다른 구조적인 요소들은 버리고 <font size...>와
 태그를 이용해서 레이아웃을 만들어내기 시작했다. 잘 한 것은 아니지만 마이크로소프트에서는 <font face...>를 만들었다.

이 책을 읽는 대부분의 사람들은 이 시절을 기억할 것이고, 이에 따른 문제점도 알 것이다-주로 플랫폼들의 차이점이 문제가 되었다. 윈도우에서는 기본 폰트 사이즈가 99ppi(pixels per inch)에서 16px이었다. 인쇄 디자인에 적합한 맥 OS에서는 포스트스크립트 표준을 기반으로 72ppi에서 12px을 기본으로 했다. 한 플랫폼에서는 멋지게 보이는 폰트 사이즈가 다른 플랫폼에서는 너무 크거나 너무 작아 보였다.

맥을 사용하는 디자이너들은 '멍청한 윈도우'라고 부르고, 윈도우를 사용하는 디자이너들은 '멍청한 맥킨토시'라고 불렀다.

단위의 차이

CSS가 인터넷 익스플로러 3과 같은 시기에 등장해서 플랫폼들 간의 차이를 극복하는데 더 큰 어려움을 남겼다. 포인트(pts)는 스크린에서 사용되는 단위가 아니고 인쇄용 단위이기는 하지만 디자이너들은 포인트에 더 익숙해서 많은 사람들이 웹의 텍스트에서 사이즈를 지정하는데 포인트를 사용했다. 윈도우에서는 7pt가 9px 높이로 읽을 수 있는 가장 작은 단위이다. 맥에서는 7pt가 7px 높이로 거의 읽기가 힘들어서 전혀 사용할 수 없다.

1997년 Microsoft.com은 윈도우와 맥킨토시에서 사용하는 브라우저인 인터넷 익스플로러 3에서 CSS를 적용했다는 것을 대대적으로 광고하는데 7pt를 사용했다. 마치 영화 개봉 시사회에 관객을 초청해두고 영상의 포커스를 흐리게 맞춰서 상영하는 것과 같았다. 맥킨토시에서는 인터넷 익스플로러 4에서나 넷스케이프 4에서나 둘 다 읽을 수가 없었는데, 이것은 브라우저의 문제가 아니라 플랫폼의 문제였다. DOCTYPE 전환의 창시자인 토드 파너(11장 참조)는 자신의 개인 사이트에 그림 13.3을 올리고 주석으로 스크린에 나타나는 디자인에서는 포인트라는 단위가 전혀 쓸모가 없다는 것을 보여줬다(인쇄를 하는 데는 전혀 문제가 없다).

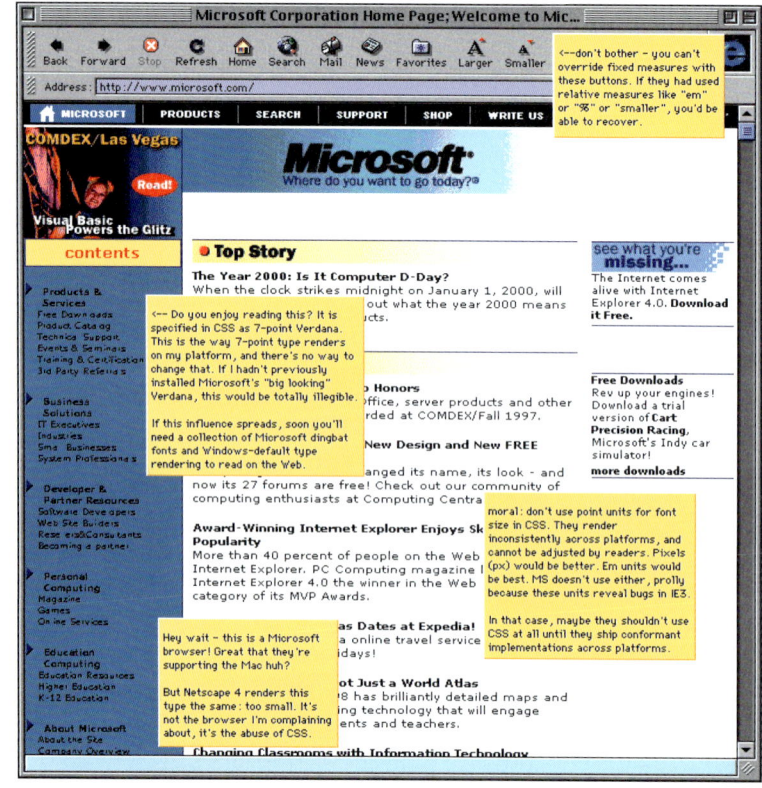

13.3

1990년대 중반의 이 스크린샷에 토드 파너는 CSS의 잘못된 사용에 대한 문제점을 포인트를 지정한 타입을 사용해서 보여준다 (style.cleverchimp.com/font_size/points/font_wars.GIF).

파너는 또한 포인트나 픽셀로 텍스트의 사이즈를 지정해두면 브라우저에 내장된 폰트 사이즈 조절기능으로 크기를 조절할 수 없다는 점도 지적했다. 이 문제는 CSS 1이 포인트나 픽셀을 고정 단위로 만들었기 때문에 생긴 것이 아니다. (CSS 1에서 사이즈의 조절을 막지 않았다.) 단순히 맨 처음 CSS를 지원하는 브라우저를 만든 제작사에서 결정한 것이다. 사용자는 em이나 비율(%)로 타입을 재설정할 수 있지만 인터넷 익스플로러 3, 인터넷 익스플로러 4와 넷스케이프 4에서 이렇게 em이나 비율을 도입하려고 하면서 엄청난 버그 때문에 고생을 많이 했다. 파너는 곧바로 이 문제들 중의 일부라도 해결할 수 있는 방법을 제안했다.

그림 13.3에서 보여준 스크린샷이 공개되었을 때 브라우저나 플랫폼에서 공통으로 사용이 가능한 유일한 단위는 리사이즈가 불가능한 픽셀이었다. 10년이 지난 지금도 완전히 믿고 사용이 가능한 단위는 여전히 픽셀이고 여전히 윈도우용 인터넷 익스플로러에서는(인터넷 익스플로러 7에서는 드디어 확대축소가 가능해 졌다) 사용자가 사이즈를 바꾸는 것은 불가능하다.

드디어 등장한 표준 사이즈

플랫폼의 차이를 초월하려는 노력으로 넷스케이프와 마이크로소프트의 브라우저 그리고 모질라는 1999년 후반에 모여서 기본 폰트의 사이즈를 16px/96dpi로 모든 플랫폼에서 표준화하기로 결정했다. 모든 플랫폼을 한자리에 모아 두면서 브라우저의 제작사들과 사용자들은 플랫폼 간의 차이와 정말 쓸모 없고 읽기 힘든 글자문제를 피할 수 있게 되었다.

16px/96ppi 폰트 사이즈 표준

1998년 W3C의 메일 리스트에서 토드 파너는 16px을 기본으로 하자는 제안을 했다. 그의 제안은 2000년 모든 주요 브라우저 제작사에 의해서 받아들여졌다. 파너의 걱정은 현실적이었고(그 크기가 온라인에서 읽기에 불편하지 않기를 원했다) 다음에 나오는 인용구에서 어쩌면 특이하다고 생각할 수도 있는 예를 들었다.

CSS 1을 만든 사람은 웹 사용자들의 팔의 '평균'길이가 기본 픽셀을 결정하는 데 중요한 요소라고 생각했다. 정말 그랬다. 어쨌건 폰트 사이즈를 표준화 하자는 진보된 아이디어로 파너는 사용성 같은 다른 평범한 문제들과 함께 팔의 길이에 관한 문제에 상당히 주의를 기울였다. 그가 쓴 글이다.

> 모자이익이 나오기 전부터 모든 주요 브라우저의 기본 폰트사이즈의 값은 12pt였다. 이 기본 폰트를 16px로 재조정하기를 제안한다. 현재의 기본 12pt는 플랫폼에 따라서 매우 다르게 보여진다. 맥에서는 12px(72ppi에서의 논리적인 해상도)로 보인다. 윈텔 PC에서는 16px(96ppi에서의 논리적인 해상도)로 보인다. 모든 확대축소가 가능한 폰트 사이

⟨계속⟩

즈의 값은 이 일정하지 않은 플랫폼의 표현방식에 따라 다르게 작동한다. 디자이너는 [모든 플랫폼에서 일정한] 폰트 사이즈를 만드는 유일한 방법은, 사용자가 확대축소를 하지 못하게 하고 따라서 사용자에게 그리 친절하지도 않고 이식성도 좋지 않은 CSS의 픽셀(px)을 사용하는 것이라는 결론을 내리게 된다.

적절한 교정 방법은 맥 브라우저가 전통을 버리고 기본 값 '중간' 텍스트를 12pt 대신 16px로 수정해서 탑재하는 것이다. 물론 이 방법은 사용자가 적절하게 맞추어야 한다는 문제를 남기고 있기는 하지만, 적어도 초기값을 하나로 통일하면 확대축소가 가능한 폰트 사이즈가 되어 디자이너에게 더 적은 문제를 안겨줄 것이다. 기본값과 다른 곳에서 생기는 차이는 변덕스러운 OS때문에 생기는 차이보다는 사용자의 설정에 의한 차이가 더 많을 것이다.

디자이너들은 16px이 기본으로 하기에는 너무 크다고 생각하는데 어째서 이 값을 기본으로 정했을까?

한 가지 이유는 편리성 때문이다. 맥은 웹 디자인 영역에서는 아주 강한 영향력을 가지고 있지만 사용은 좀 적은 플랫폼이다(나도 맥을 사용하고 있네!). 윈도우용 X11 브라우저가 맥의 특이한 72ppi의 해상도로 기본을 맞춰주기를 바라는 것은 좀 비현실적이다.

1996년 CSS 1 표준에서는 팔의 길이에 따라 0.0227도의 시야 각에서 추정된 '기준 픽셀'의 값으로 1/90 인치를 추천한다. 물리적 해상도가 상당히 변화가 크다는 것을 생각한다면 [사용자의 기기]에서 픽셀도 적절하게 확대축소가 가능해야 한다. 1/90 인치의 기준 픽셀은 12pt를 16px이 아닌 15px에 가깝게 표현하기는 하지만 물론 12보다는 16에 훨씬 더 가깝다. 어떤 OS/UA도 현재 90ppi 해상도를 사용하지 않기 때문에(픽셀의 확대축소도 되지 않기 때문에) 기준 픽셀 값은 1/96"로 수정되어야 한다.

0.0227도의 시야 각을 유지하는 것 자체는 간단하다. 단순히 기준 사용자를 더 긴 팔 길이로 설정해주면 된다. 정확하게 숫자를 지키는 것은 중요한 것이 아니다.

디자이너는 맥에서 기본 사이즈인 12px에 익숙해졌기 때문에 16px이 너무 크다고 생각한다. 읽기 편하다는 의미는 모든 사람에게 그렇다는 의미가 아니고 십중팔구의 대다수가 익숙하게 느낀다는 의미일 뿐이다(`lists.w3.org/Archives/Public/www-style/1998Dec/0030.html`).

2년 후, 파너의 제안을 수용한-상당히 표준을 지원하는-브라우저의 첫 번째 세대가 시작되었다. 윈도우와 맥킨토시 양쪽에서 인터넷 익스플로러와 넷스케이프, 모질라의 기본 사이즈가 16px/96ppi로 변경되었고(이전 사이즈로 다시 변경한 일부 사용자를 제외하고) 전 세계에서 더 읽기 편해진 브라우저를 사용할 수 있게 되었다.

W3C는 파너의 노력 덕분에 마침내 CSS 2.1의 초안에서 표준 기준 픽셀 사이즈를 16px/96ppi 개념에 맞추게 되었다. 다음의 발췌를 보면 W3C가 사용자의 평균 팔 길이에 상당히 관심을 가지고 있는 것을 알 수 있다. 팔 길이만 언급하는 것에 감사할 따름이다.

> 96dpi의 해상도와 사용자의 팔의 길이에 해당하는 거리에서 해당 기기의 기준 pixel은 한 픽셀의 시야 각이어야 한다. 28인치의 팔 길이를 기준으로 시야 각은 대략 0.0212도이다(`CSS 2.1 Working Draft, w3.org/TR/CSS21/syndata.html#length-units`).

표준 기준 픽셀이 W3C의 표준 기본 사이즈를 상당히 깔끔하게 지키게 해주는 것처럼 보이지만 사실 둘은 전혀 상관이 없다. W3C에는 표준 기준픽셀에 관한 기준은 있지만 사용자 기본 사이즈에 관한 내용은 없다.

넷스케이프 6+와 모질라, 맥용 인터넷 익스플로러 5+, 윈도우용 인터넷 익스플로러 는 모든 사용자에게 같은 기본 폰트 사이즈를 제공했다. 사용자가 설정을 변경하지 않는 한 포인트나 em, 퍼센트, 폰트 사이즈 키워드는 모든 플랫폼에서 동일하고, 디자이너나 개발자의 플랫폼 간의 차이에 대한 무지에 의해서 어떤 사용자도 고통 받지 않게 되었다. 일부 브라우저에서는 여전히 비율이나 em의 도입에 버그와 상속문제가(잠시 후에 이 문제들에 관한 내용이 나온다) 남아 있지만 적어도 가장 큰 문제는 우선 해결 되었다.

그런데, 브라우저 제작사들은 뭔가를 하고 나서 그 이유를 설명하지 않고, 웹 사용자들은 디자인에 대한 사항을 알아내려고 하지 않는다(우선 그럴 이유도 없다). 그래서, 일부 사용자들(그리고 많은 디자이너들)이 이러한 변경의 요점을 이해하지 못해서 표준 사이즈의 장점이 잠시 사라졌었다.

클릭 한번으로 되돌려지다

일부 맥킨토시 사용자가 크고 못생겨 보인다는 이유로 곧바로 브라우저를 다시 12px/72ppi로 되돌려서 사용하면서, 표준화의 시도를 바로 거부하고 많은 사이트에 읽기 힘든 작은 텍스트를 다시 사용하기 시작했다. 웹에서는 사용자가 주인이 되어야 하고 사용자가 그 사실을 인식하지 못하더라도 그래야 한다.

디자이너들이 '12px로 돌리기'를 시작했을 때 맥킨토시에서는 멋지게 보이지만, 강력한 힘을 구사하는 윈도우 환경에서는 고생을 하는 사이트를 만들었을 것이다. 맥킨토시를 기준으로 작업한 많은 디자이너들은 12px/72ppi를 잘못 사용하고 있었고 그 디자인 결과물(그리고 그 사용자)이 고생을 하는 결과를 만들었다. 어느 정도는 이 책의 초판이 널리 사실을 알린 덕분에 맥에서 작업하는 디자이너들 중에서 이런 실수를 하는 사람들이 지금은 점점 줄어들고 있어서 다행이다.

물론 일부 윈도우 사용자들도 기본 16px이 너무 크다고 생각하고 결국에는 기본 사이즈보다 작은 사이즈로 보이게 브라우저를 재설정하기도 한다. 맥과 윈도우 사용자들이 이렇게 반응을 보이면 픽셀로 사이즈를 지정하는 것은 전혀 효과가 없고, 게다가 em이나 비율, (좀 더 작은) CSS 폰트 사이즈를 사용하는 사이트에서 문제가 생긴다. 이 난관은 잠시 후에 알아보기로 하자.

브라우저 판별: 변화에 대한 브라우저의 잘못된 반응

표준 크기보다 작은 사이즈로 변경하는 사용자들은 그냥 단순하게 더 편한 방법을 찾은 것이다. 이 사람들은 표준 사이즈에 대한 개념을 이해하지 못한 것도 아니고, 표준을 이해하기를 바라는 것도 잘못된 생각이다. 넷스케이프와 마이크로 소프트에서 이 부분에 대한 공표를 하지 않았기 때문에 웹 전문가 중에서 상당수도 이 부분을 알지 못한다.

특히 브라우저들은 항상 모양이나 작동방식이 엄청나게 다르다고 생각하고, 이 문제를 해결하는 유일한 길은 브라우저를 판별해서 각각에 맞도록 코드를 분리해서 태그로 도배를 하는 방법이라고 믿는 상당수의 개발자들(브라우저 괴짜 여단 Browser Quirks Brigade이라고 부른다)은 곧바로 항상 해오던 방식대로 작업을 진행했다.

이 개발자들은 2000년 이전에는 어떤 브라우저나 어떤 플랫폼에서든지 같은 사이즈로 보이게 하기 위해서 픽셀을 사용하지 않고 포인트를 사용했다. 그 이유는 포인트가 (1)스크린에서는 의미를 전혀 가지지 않고 (2)두 개의 지배적인 플랫폼에서 완전히 다른 방법으로 적용되었기 때문이고 이 개발자들은 이미 자바스크립트를 이용해서 플랫폼을 구분한 뒤에 포인트를 기반으로 한 스타일시트를 여러 개 만들어 두고 하나는 윈도우 사용자에게 또 다른 하나는 맥킨토시 사용자에게 제공한다. 종종 이보다 훨씬 더 복잡하게 나뉘기도 하지만 지면이 부족하니 그 부분은 생략하겠다.

자기 꼬리를 문 뱀: 조건적인 CSS

2000년 표준을 지원하는 브라우저가 출시되고, 이 브라우저가 모든 플랫폼에서 같은 기본 폰트 사이즈와 해상도를 지원하고, 웹 디자이너는 브라우저 판별과 포인트 기반의 조건적인 CSS를 버릴 수 있는 기회를 가지게 되었다. 대신 브라우저 괴짜 여단은 스크립트를 새로 고치고 추가로 조건적인 CSS 파일을 추가했다. '추가로 조건적인'이라는 말이 참 웃기게 들린다. 하지만 그 결과는 전혀 웃기지 않다.

다시 만들어진 이 스크립트와 조건적인 파일들은 원래 의도대로 작동하지 않고, 종종 원래의 목적을 잊고 읽기 힘들고 기괴하게 된 페이지를 만들어냈다. 이 스크립트와 잘못 만들어진 스타일시트는 종종 오작동하는 로봇 웨이터처럼 동작한다.

브라우저: 우리 모두 저녁을 닭 요리로 하겠습니다.

웨이터: 알겠습니다. 햄버거 둘과 샐러드 한 분.

브라우저:	아니, 닭이요. 닭으로 한다고요.
웨이터:	잠시만 기다려 주십시오 [한 브라우저에게 말한다], 원하시는 것이 무엇인지 알겠습니다. 햄버거에 아이스크림을 추가하시고 싶으시군요!
브라우저:	닭이요, 닭, 닭으로 하겠다고요.
웨이터:	아이스크림을 좋아하시는군요? 그렇죠. 아이스크림 안 좋아하는 사람이 어디에 있겠습니까?
브라우저:	[울기 시작한다] 닭.
웨이터:	거기에 크림 추가! 자 알겠습니다. 좋은 하루 보내시고 나가실 때 계산하시면 됩니다.

사용성이 떨어지는 이 악몽을 만들어낸 대부분의 개발자들은 바보가 아니다. 보통은 기술도 좋고, 경험도 풍부하고 그리고 (좀 솔직해지자!) 돈도 많이 받는 전문가들이다. 그들의 고객은 전혀 필요도 없이 복잡하기만 하고 전혀 작동도 잘되지 않으면서 점점 증가하는 비용으로 점점 더 복잡해지고, 지속적으로 에러를 만들어내며 유지보수에 고정적으로 높은 비용이 들어가는 사이트에 많은 비용을 지불한다. 그냥 들어보자면 정상적인 사고방식으로는 절대 원하지 않을 것 같지만 이전에는(그리고 큰 회사에서는 아직도) 이것이 일반적이었다.

마침내 재정은 바닥나고 예산은 사라지고 1장에서 얘기했던 것처럼 사이트 관리자와 방문자가 망가진 사이트에 빠져서 헤어나오지를 못하게 되었다. 이 막막한 어둠 속에서 운명을 거스르려는 노력으로 일부 개발자들은 "이 웹사이트는 …에서 최적으로 보입니다."같은 문구를 첫 페이지에 달아둘 것이다. 이건 거의 담배상자에 경고문구를 써두고 그렇게만 하면 담배가 몸에 전혀 해롭지 않아질 것이라고 생각하는 것과 같다.

브라우저가 공통 표준을 지원하고, 최고의 방법은 가장 단순한 방법이라는 것을 이해할 때 이런 혼돈을 방지할 수 있다(모든 브라우저에 같은 스타일시트를 보내고 프린트용 외에는 pt를 사용하지 않는 것이다). 이 책을 읽는 여러분은 참 운이 좋다. 아직도 모든 브라우저가 다르게 작동한다고 믿는 사람들은 참 불행한 사람들이다. 많은 예산과 쓸모 없는 박사학위 따위, 복잡하게 꼬여서 꼬리에 꼬리를 물고 문제를 끊임없이 발생시키는 방법으로는 이 플랫폼의 차이를 '해결'할 수 없다.

표준 사이즈와 최선의 방법

이 책 초판의 13장에서 많은 부분을 표준이 아닌 사이즈들과 확대축소가 불가능한 픽셀 간의 악마 같은 상호관계에 대해서 충분히 하소연을 했다.

그때 알려지지 않은(애플 같은) 몇몇 브라우저 제작사들은 새로운 16px/96ppi 표준 사이즈가 너무 크고 꼴사납게 못생겼다는 이유 때문에 표준을 따르지 않았다. 일반 사용자들은 보통 기본 사이즈를 바꾸지 않고 사용하고 따라서 텍스트의 크기에 em이나 퍼센트를 사용하면 사용자들은 각각 다른 사이즈를 보게 되어 까다로운 사용자나 디자이너들을 자극하게 될 것이다. 거기다가 굳이 이름을 들어줄 필요도 없는 일부 구식 브라우저들은(넷스케이프 4와 인터넷 익스플로러 5, 오페라 6 같은) 퍼센트와 em을 제대로 표현도 못하는 경우가 더 많았다.

이러한 문제들 때문에 픽셀이 em이나 퍼센트보다 더 각광을 받았다. 하지만 모든 사용자들이 화면의 해상도에 맞춰서 같은 사이즈의 텍스트를 보게 하기 위해서 픽셀을 사용하면 그 텍스트는 윈도우용 인터넷 익스플로러에서는 확대축소가 불가능하면 수백만의 사용자에게는 읽기 힘들어지고 당연히 접근성이 떨어지는 문제를 만들게 된다.

나는 모든 브라우저 제작사에 표준 사이즈를 지원해달라는 부탁을 했다-그리고 지금은 지원하고 있다. 나는 또(이 책에서 그리고 다른 여러 자리에서 몇 년간) 윈도우용 인터넷 익스플로러에서 픽셀을 확대축소 할 수 있게 해달라고 요청해왔다. 둘 중에 하나를 성공했으니 그리 나쁜 편은 아니다.

하지만 두 번째 판을 쓰고 있는 지금, 인터넷 익스플로러 6와 그 이전 버전들은 아직도 사용자가 픽셀 단위의 텍스트의 크기를 확대축소 하지 못하지만 인터넷 익스플로러 7에서는 가능하다. 덕분에 13장이 더 짧고 분위기가 좋아졌다.

em 단위의 사용: 웃음과 눈물

접근성 지지자와 CSS 개발자는 모두 오래 전부터 em이 올바른 길이라는 데 동의해왔다. 슬프게도 이 길은 어떤 경우에는 지옥으로 가는 길이 되기도 한다. 많지 않은 경우이기는 하지만 구식 브라우저에서 약간의 문제가 있다. 넷스케이프 4는 텍스트에 사용된 em과 px 단위는 무시하지만 특이하게 line-height에 사용하면 잘 적용된다. 인터넷 익스플로러 3는 em을 픽셀처럼 인식한다. 그래서 2em을 2px로 잘못 해석한다. 인터넷 익스플로러 3를 쓰는 사람은 거의 없기는 하지만 여전히 문제는 잠재되어 있다.

마찬가지로 최초의 'CSS지원' 브라우저는 em으로 사이즈를 지정한 요소에서 종종 상속에 관한 문제를 일으킨다. 넷스케이프 4를 사용하는 사람이 점점 줄어들고 있기 때문에 넷스케이프에서 문제가 되는 상대적인 사이즈를 사용하는 방법을 제대로 표현하지 못하는 문제는 자세히 설명하지 않겠다. 정말 오래된 브라우저를 지원해야 하고, em 단위를 사용한다면 여러분과 여러분의 사용자는 이제 고통의 세계로 들어가게 된다.

사용자 선택과 em 단위

좀 더 일반적인 em 문제는 이번 장의 초반에 언급했던 것처럼 사용자가 가끔 기본 폰트사이즈를 한 단계 줄여서 사용한다는 것이다. 이렇게 사이즈가 바뀌면 1em 이하의 텍스트 사이즈를 원래의 사이즈보다 너무 작게 만들어서 읽을 수가 없게 된다. 2002년 개발자 오웬 브릭스^{Owen Briggs}는 모든 브라우저와 플랫폼에서 가능한 모든 텍스트 사이즈 방법 중에서 어떤 방법이 사용 가능하고 불가능한지를 테스트했다. em이 모든 조건에서 사용이 가능할 것이라는 기대에도 불구하고 모든 264개의 스크린샷을 찍고 나서 확인한 결과 정확히 반대의 결과를 얻었다[13.4].

13.4
em에는 어떤 특성이 있을까? 사이즈가 일정하지 않다는 것이다(www.thenoodleincident.com/tutorials/box_lesson/font).

10장에서 설명한 '62.5%방법'은 마이크로소프트 사의 인터넷 익스플로러 7 이전의 윈도우용 인터넷 익스플로러들에서, 픽셀의 확대축소가 불가능한 문제 때문에 생기는 난독성 문제나 접근성 문제를 피하면서 픽셀을 이용하는 것에 거의 가까운 사이즈 조절을 가능하게 한다. 이 방법은 브라우저를 표준에 맞게 지원하기 때문에 가능한 것이다. 하지만 만약에 사용자가 브라우저나 플랫폼의 기본 사이즈를 작게 조절하면-또는 윈도우용 인터넷 익스플로러 사용자가 브라우저의 기능 중에서 보기: 텍스트크기 메뉴에서 크기를 '보통'이 아닌 '작게'로 설정하면 오히려 더 심각한 문제가 생긴다.

사용자가 기본 폰트의 사이즈보다 작게 설정하지 않으면 em은 전혀 문제없이 멋지게 작동한다. em은 설정을 바꾸지 않으면 잘 작동한다. 하지만 대부분의 디자이너와 많은 고객들은 작은 사이즈를 선호하고 많은 디자인에서 필요로 한다. 많은 사용자들이 16px 기본 사이즈를 그냥 읽기에 불편하다고 생각하고 그 중 상당수는 적절하게 설정을 바꾸는 정도의 지식을 가지고 있다. em 단위가 디자인에서 익숙해지면 디자이너와 사용자의 작은 작품들은 하나씩 사라져갈 것이고 점점 읽기 힘들어지거나 거의 읽지 못하게 될 것이다.

그렇지만 윈도우용 인터넷 익스플로러가 거의 독점을 하고 있기 때문에 현재는 많은 표준 애호가들은 확대축소나 크기조절을 하는데 '62.5% 방법' 같은 em 기반의 방법들을 사용한다. 그리고 대부분의 경우에 거의 모든 사용자들에게 가능하기 때문에 기본사이즈가 표준보다 작은 경우에 em을 사용하는 것이 가장 좋은 방법이 되었다.

픽셀에 대한 열정

모든 CSS 값들 중에서 앞으로 다룰 약간의 예외를 제외하고는 오래되건 새롭건, 표준이건 아니건, 그리고 플랫폼에 상관 없이 픽셀 단위는 유일하게 어디서든 사용이 가능하다. 13px은 윈도우나 맥 OS, 리눅스/유닉스 어디에서건 13px이다. 픽셀로 폰트를 설정하면 모든 브라우저와 플랫폼에서 똑같이 보인다.

이러한 장점은 폰트에서만 적용되는 것이 아니다. 이미지도 픽셀로 만들어진다. 만약에 제품의 사진을 200px × 200px로 만들고 CSS로 왼쪽에 margin을 100px로 설정하면 이제 그 사진과 margin은 2:1의 비율로 보이게 되고 당연히 모든 사용자가 이 비율로 보게 될 것이다. 사이즈는 간격과 규칙이 기본이 되는 디자인에서 가장 중요한 요소이다.

깔끔한 레이아웃을 만들기 위해서는 픽셀이 가장 자연스럽다. 제목의 텍스트가 25px 높이이고 left margin이 100px 그리고 body에 들어가는 기본 텍스트가 11px이라면 실제로 보는 사이즈는 PC의 해상도와 모니터의 크기에 따라서 다르겠지만 모든 사용자는 똑같은 모양을 보게 된다.

최소 단위: 절대적으로 상대적인 단위

1200×870의 해상도에서 22인치 모니터에서 보는 1 픽셀은 뚱뚱해 보이고 17인치의 모니터에서는 날씬해 보인다. 모니터와 해상도의 변화에 따라서 CSS는 픽셀을 상대적인 단위로 인식한다. 이것이 사실이다. 또한 스크린의 어느 부분에서나 어떤 스크린에서도 10px은 10px이라는 것도 사실이다. 픽셀은 항상 스크린에서 가장 작은 단위라서 뉴미디어 디자인의 기본이 되었다. 대부분의 디자이너와 사용자들은 픽셀을 절대적인 단위로 생각한다. 대부분의 다른 단위와 달리 픽셀은 지식이나 배경과 상관없이 모든 사용자들에게 익숙한 단위이다. TV를 보면서 픽셀이라는 단위를 오래 전부터 알아왔기 때문이다.

CSS 표준이 픽셀을 추상적인 어려운 관점으로 보지만('웹 사용자의 평균 팔 길이에 관한 연구'를 기억하자) 대부분의 브라우저 제작사들은 그렇지 않다. 그들은 픽셀 단위를 우리가 생각하는 관점으로 바라본다. 스크린에서 가장 작은 단위의 점. 그래서 실제로 모든 브라우저는 전부 다 픽셀을 같은 방법으로 지원하고 px로 폰트 사이즈를 지정하면 여러분(과 여러분 사이트의 사용자)은 모든 브라우저와 플랫폼에서 거의 똑같은 모양대로 볼 수 있다. 어떤 경우에도 예외는 있다. 하나는 세련되면서 애매한 문제이고, 다른 하나는 둔하면서 무시할 만한 문제이다.

오페라에서 픽셀이 작동하지 않을 때

오페라 브라우저의 일부 버전에서는 지정된 사이즈보다 작은 사이즈로 보여준다. 예를 들어 11px로 텍스트를 지정하면 맥용 오페라 5에서는 거의 10px에 가까운 사이즈로 보여준다.

어떤 사람들은 맥용 오페라 5에서 사이즈를 줄이는 것이 '평균 팔 길이' 개념에 기반을 두었기 때문이라는 의견을 내기도 한다. 하지만 사실은 그냥 버그였을 뿐이다.

넷스케이프 4의 일부 버전에서의 문제점

넷스케이프 4의 일부 버전에서도 픽셀이 잘못 표현된다. 한두 개의 플랫폼에서 한두 번의 업그레이드 이후에 이 백전노장이 가끔은 할아버지가 손자들 이름을 잊어버리듯이 픽셀 단위를 해석하는 법을 잊어버렸다. 넷스케이프 4의 어떤 버전이 픽셀을 잘못 표현하는지는 잘 모른다. 리눅스/유닉스의 4.73 버전이었던가? 아니면 윈도우 98의 4.79이었던가? 큰 상관은 없다. 대부분의 넷스케이프 4 버전에서는 다른 것들은 전부다 잘못 나와도 픽셀은 잘 표현된다.

이 희귀한 넷스케이프 4의 픽셀 버그는 이론적인 이유는 전혀 없이 그냥 단순한 버그이다-간단하게 사용자가 브라우저의 버전을 다음 버전으로 업그레이드하거나 이왕이면 최신 버전으로 업그레이드하면 해결된다. 어떤 사용자는 이 단순한 일도 하지 않을 것이다. 혹시 사장이나 고객이 그럴 수도 있다. 그냥 근처에서 찾을 수 있는 가장 단단한 물건으로 머리를 한대 쳐서 해결을 할 수 없다면 그냥 다른 회사를 알아보는 것도 좋은 방법이다(사장이나 고객 머리를 그렇게 때리고도 회사를 그냥 다니려고 생각한 건 아니겠지?).

픽셀의 문제점

픽셀의 문제점은 앞부분에서 계속 다루고 왔고 이제 이렇게 정리할 수 있다: 윈도우용 인터넷 익스플로러에서는 사용자가 픽셀로 설정된 텍스트의 크기를 조절할 수 없다. 9px을 body에 있는 모든 텍스트에 사용했다면 사이트의 방문자는 들어오자마자 순식간에 뒤로 가기 버튼으로 사이트를 떠날 것이다. 11px도 폰트의 종류에 따라서나(11px Verdana와 Georgia는 그나마 11px Times보다는 좀 낫다) 모니터의 크기, 해상도, 방문자의 시력, 배경색이나 주변 색과의 대비 그리고 주변에 어떤 지저분한 요소가 있느냐에 따라 너무 작게 느껴질 수 있다. 시력이 좋지 않은 편인 사람에게는 장애가 될 수 있고 눈이 심하게 나쁜 경우에는 큰 문제가 될 수 있다.

어떤 경우에는 32인치 4000×3000 해상도 모니터에서 웹 서핑을 하는 CAD 기술자가 파리똥만한 텍스트에 화가 나서 메일을 보내는 경우도 있다. 사실 그 사람이 너무 작은 폰트의 문제를 해결하고 싶다면 그냥 텍스트 줌이나 페이지 줌을 지원하는 브라우저를 사용하면 된다. 윈도우용 인터넷 익스플로러를 계속 사용하고 싶다면 폰트 사이즈를 무시하는 옵션을 사용하면 된다. 또는 다음과 같은 사용자 스타일시트를 만들 수도 있다.

```
html, body {font-size: 1em !important;}
```

하지만 이 사람은 자기가 다른 방법으로 바꿔보기 보다는 그냥 불평을 하는 방법을 유지할 것이다. 그 이유는 그냥 그것이 삶의 방식이기 때문이다(이런 사람은 구독하는 잡지가 연예인과 전쟁 문제로만 가득한 것도 불만이고 땅콩도 싫어하면서 들어있으면 그냥 먹는다). 디자이너로서 사용자들이 겪게 되는 이러한 문제를 해결해야 할 의무가 있다-이런 골치 아픈 사람들 문제도 마찬가지이다.

픽셀이 디자인을 항상 고정되게 유지해 주기는 하지만, 윈도우용 인터넷 익스플로러에서 텍스트를 확대 혹은 축소하지 못하는 특징은 많은 사용자에게 너무 많은 문제를 일으킨다. 그래서 우리는 픽셀로 텍스트의 사이즈를 지정하는 것을 그만두었다. 인터넷 익스플로러 7에서 오페라에 있는 페이지 줌을 지원하게 되었으니 이제 몇 년이 지나면 표준을 지키는 디자이너는 픽셀 기반의 사이즈를 다시 사용할 수 있을 것이다. 그때까지 혹시 픽셀을 사용해야 한다면 15장에서 윈도우용 인터넷 익스플로러 사용자에게 문제가 생기는 것을 피하는 방법을 참조하자.

또 다른 사이즈 방법은 em이나 퍼센트, 픽셀과 관련된 대부분의 문제를 해결해 준다.

■ 폰트 사이즈 키워드 방법

거의 알려지지 않고 전혀 사용되지 않지만 CSS 1(그리고 이후에 CSS 2)에서는 픽셀의 독재나 em과 퍼센트의 상속문제와 플랫폼 간의 차이 문제 그리고 사용자 옵션 문제 없이 텍스트의 사이즈를 조절하기 위해서 일곱 개의 폰트사이즈 키워드를 제공했다. 다음에 나오는 이 일곱 개의 키워드는 옷을 사본 사람이라면 누구든지 쉽게 이해할 수 있다(w3.org/TR/CSS21/fonts.html#valuedef-absolute-size).

```
xx-small
x-small
small
medium
large
x-large
xx-large
```

키워드가 em이나 퍼센트보다 좋은 이유

앞에서 언급한 것처럼 em이나 퍼센트를 사용할 때 그 값이 커지면서 배가돼서 텍스트가 너무 작거나 커지게 되는 위험이 있다. 반대로 키워드는 요소가 다른 요소에 속했을 때도 변하지 않는다. `<body>`가 small이고 `<div>`가 small이고 `<p>`가 small이고 body 안에 div가 있고 그 안에 p가 있는 경우에 세 개의 small들은 (em이나 퍼센트처럼) 서로 섞여서 변질되지 않고 읽는데 지장이 없다. 게다가 그 결과는 변화 없이 small(x-small이나 xx-small이 아니고)이다. em이나 퍼센트는 서로 영향을 주고 섞이지만 키워드 값은 섞이지 않는다.

적어도 Gecko 기반의 브라우저와 최신 인터넷 익스플로러 브라우저에서는 xx-small이 9px보다는 절대 작지 않아서 읽기 힘들게 되지는 않는다. 물론 9px 텍스트는 일부 사용자에게는 읽기 힘들 수도 있지만 그것은 난독성과는 다르다.

em처럼 키워드는 사용자의 기본 폰트사이즈에 기준을 둔다. em과는 달리 키워드는 절대 충분한 해상도의 경계 아래로 내려가지 않는다. 혹시 사용자의 기본 사이즈가 10px이라면(흔치는 않지만 가능은 하다) x-small은 9px이고 xx-small도 9px이 된다. 분명히 이런 경우에 x-small과 xx-small 사이에는 크기의 차이가 없다. 하지만 사용자의 불편도 같이 없어진다.

완벽해 보이지 않는가? 윈도우용 인터넷 익스플로러의 픽셀 리사이즈 문제와 부딪힐 일도 없고 사용자에게 읽기 힘든 작은 텍스트를 주지도 않으면서 사이즈를 지정할 수 있다. 폰트사이즈 키워드는 접근성과 디자이너가 원하는 것들 사이에서 조절을 해준다. 자 그럼 남은 문제는 무엇일까? 하나뿐이다. 브라우저.

키워드를 적용했던 초기의 문제들

일곱 개의 폰트사이즈 키워드는 정확하고 일정하게 적용될 수도 있었지만 그렇게 되지 않았다. 아쉽게도 키워드를 지원하는 초기의 브라우저에서 키워드가 서투르고 부정확하게 적용되었다. 그 중에서 단 한번 제대로 적용을 한적이 있기는 했었지만 CSS자체의 결함 때문에 그 결과가 안 좋아서 다음 버전의 CSS 표준이 수정되었다. (넷스케이프 4.5는 xx-small을 6px로 표현하는데-이것은 읽을 수 있는 한계를 3px이나 넘어서는 크기이다-그 이유는 넷스케이프의 엔지니어들이 W3C에서 각각의 사이즈는 바로 아래 사이즈보다 1.5배 커야 한다는 규칙에 따라서 제대로 만들었기 때문이다 W3C에서는 이 규칙을 넷스케이프에서 발생한 이 문제 이후에 1.2배로 바꾸었다).

윈도우용 인터넷 익스플로러에서의 키워드 실패

그때까지 윈도우용 인터넷 익스플로러 4와 5, 심지어 윈도우용 인터넷 익스플로러 5.5에도 키워드가 각기 다른 방식으로 잘못 적용되어 있었다. 이 브라우저들에서는 각 키워드들 간의 관계나 표현되는 방식에서 논리적으로 연결이 되어 있지 않았다. Small이 medium이고 medium이 일반 크기보다 크다거나 하는 식이다. 이런 이상한 현상이 어떻게 일어나게 되었을까?

윈도우용 인터넷 익스플로러를 개발한 엔지니어는 뭔가 올바르게 해보려고 했다. 이번 장의 초반에 얘기했던 넷스케이프의 일곱 단계 <font size> 태그를 생각해보자. <font size=1>, <font size=4> 등. 인터넷 익스플로러 개발자들은 일곱 개의 CSS 키워드를 넷스케이프의 일곱 개의 폰트사이즈에 직접 적용시켰다. 여러 가지 면에서 이 방법은 논리적인 방법이다. 이 작업에서는 우선 넷스케이프에서 폰트사이즈 핵을 배운 디자이너가 이해하기 쉬운 방법으로 키워드를 지원하려고 한 노력에 대해서 칭찬을 받을 만하다.

여기서의 문제점은 사이즈가 키워드에 맞지 않는다는 것이다. 구식 브라우저에서 <font size=3>은 기본이거나 사용자가 설정에서 지정한 중간크기이다. 넷스케이프의 확장된 HTML 마크업에서 다른 사이즈를 지정하지 않는다면 <font size=3>이다. 논리적으로 기본 사이즈는 중간 CSS 키워드와 같아야 한다. 그런데 원래의 윈도우용 인터넷 익스플로러에서는 <font size=3>가 medium에 맞는 것이 아니라 small이 아래에서 세 번째 순서에 있기 때문에 small에 대응된 것이다.

나아지고 있지만 사용은 하지 않는다

마침내 맥용 인터넷 익스플로러 5와 넷스케이프 6+, 모질라, 인터넷 익스플로러 6에서 font-size 키워드를 제대로 적용시켰다. 하지만 이 즈음에서는 수백만이 키워드를 잘못 적용시킨 인터넷 익스플로러 5와 넷스케이프 4를 사용하고 있었다. 디자이너가 CSS 키워드를 원래 정해진 크기대로 사용하면 인터넷 익스플로러 4-5에서는(그리고 별로 큰 문제는 아니지만 넷스케이프 4에서도) 문제가 된다. 반면에 디자이너가 의도적으로 키워드를 틀리게 사용해서 윈도우용 인터넷 익스플로러 4-5에서 제대로 보이게 만들면 다른 모든 브라우저와 윈도우용 인터넷 익스플로러의 이후 버전들에서는 문제가 된다. 어떻게 됐을까? 대부분의 디자이너들은 그냥 CSS 폰트사이즈 키워드를 제대로 되지 않는 옵션 정도로 생각해버리고 말았다.

키워드의 시대 도래: 파너(Fahrner) 방법

토드 파너(이 사람이 만든 수많은 방법들에 모든 웹 디자이너는 감사의 표시를 해야 한다)가 다시 한번 해법을 만들어 냈다. 그리고 이 해법은 12장에서 설명했던 탄텍 셀릭이 만든 Box Model Hack 덕분에 가능하다. 이 토드 방식의 발달과 설명은 A List Apart의 "사이즈 문제 Size Matters"(www.alistapart.com/articles/sizematters)에서 확인할 수 있다. 작동은 이런 식으로 된다.

- @import 지시어를 사용해서(9장 참조) 4.0 브라우저에서 스타일을 감춘다. 4.0 브라우저가 @import를 인식하지 못하기 때문에 잘 처리하지 못하는 CSS 규칙을 가지고 있는 스타일시트를 무시한다. 4.0 브라우저를 사용하는 사람들은 기본으로 설정해둔 폰트사이즈로 텍스트를 읽거나 혹시 필요하면 외부에서 링크한 스타일시트에 픽셀값을 사용한다.

- Box Model Hack을 사용하여 우리가 12장에서 가짜와 진짜 margin과 padding, 컨텐츠 영역의 크기를 브라우저에 다르게 적용시킨 것처럼 틀린 폰트사이즈 키워드를 윈도우용 인터넷 익스플로러 5.x에 지시하고 올바른 값을 표준에 맞는 브라우저에 적용시킨다.

- 더 큰 값으로 CSS 규칙을 추가해서 오페라의 버그를 예방한다(12장의 '오페라를 위한 방법'의 Box Model Hack 부분 참조).

실제 활용

아래는 간단한 예제를 보여준다. <p>에 속한 텍스트를 small로(medium보다 한 단계 작은) 설정하고 싶다. 표준 브라우저는 그냥 적기만 하면 된다. 윈도우용 인터넷 익스플로러 5 에는 약간의 조치가 필요하다. 인터넷 익스플로러에 x-small을 설정하면 표준 브라우저에서는 small 사이즈 정도의 크기로 보여지는 사이즈로 나타낸다. 규칙은 다음과 같다.

```
p    {
font-size:   x-small;
          /* 윈도우용 인터넷 익스플로러 4-5용 가짜 값 */
      voice-family: "\"}\"";
          /* 윈도우용 인터넷 익스플로러 4-5가 규칙이 끝났다고 인식하게 한다. */
      voice-family: inherit;
          /* 규칙을 다시 시작하게 한다. */
      font-size: small;
          /* 원래 보여주고 싶었던 사이즈를 설정 */
     }
```

12장에서 했던 것처럼 '오페라를 위한 방법'을 추가한다. 이 규칙에서 사용된 선택자들이 이전에 선언된 규칙들보다 더 명확하기 때문에 오페라는 이 규칙을 따르게 되고 윈도우용 인터넷 익스플로러 4-5에만 적용되어야 하는 가짜 값을 무시하게 해준다.

```
html>p    {
      font-size: small;
          /* 오페라를 위한 방법 */
      }
```

이 방법을 스타일시트를 import해서 사용하는 한 넷스케이프 4는 전혀 읽지도 못하고 당연히 혼동하지도 않는다.

만약 여러분의 사이트에 방문하는 사람들 중에 윈도우용 인터넷 익스플로러 5.x를 사용하는 사람이 매우 적다면(또는 레이아웃에서 사이즈에 크게 상관하지 않거나 그냥 단순하게 만들고 싶다면) Box Model Hack이나 '오페라를 위한 방법'을 사용하지 않아도 된다. 그냥 원하는 사이즈로 설정하고 몇 개 되지도 않는 구식 브라우저에서 잘못되더라도 크게 신경 쓰지 않아도 된다.

그 외 문제

파너의 방법은 상당히 좋은 방법이기는 하지만 em 단위를 다루면서 이미 언급했었던 문제로 인해서 폰트사이즈 키워드도 여전히 문제점을 가진다. 그 문제점은 사용자의 기본 폰트사이즈 보다 작은 사이즈는 너무 작아서 일반적으로 읽을 수가 없다는 점이다.. 이 문제는 특히 아래의 두 가지 경우에 더 두드러진다.

- 윈도우 사용자가 브라우저를 보기: 텍스트 크기에서 보통이 아니고 작게 설정한 경우.
- 맥 사용자가 12px/72ppi(또는 16px보다 작은 사이즈)로 되돌려서 사용하는 경우.

@import와 탄텍Tantek방식을 사용해서 폰트사이즈 키워드는 em이 만들어낼 수 있는 최악의 상황을 방지해서 어떤 폰트든지 9px보다 작아지지 않도록 보호할 수 있다. 물론 사용자가 기본 사이즈를 정말 작게 해둔다면 보통크기도 작을 것이고 그 아래의 사이즈도 다 작아진다. 다시 말하지만 이런 문제는 매우 적은 사용자에게만 해당되는 사항이다.

기본 폰트가 아닌 특별한 폰트들의 사용

margin이나 폰트의 사이즈는 이제 어떻게든 관리가 가능하다고 하지만 그럼 기본적인 폰트에 대한 문제는 어떻게 할 것인가? 정말로 사람들은 보통 Times, Verdana, Arial 그리고 윈도우나 맥에 기본적으로 포함되어 있는 폰트들만 사용하게 될까? 실제 body에 들어가는 일반적인 텍스트들만 생각하자면 그 말도 어느 정도는 가능하다. 하지만 제목에 들어가는 폰트는 좀 다르다.

물론 제목은 보통 포토샵에서 멋지게 만들어서 웹 페이지에 이미지로 넣게 된다. 이 유서 깊은 방법은 상당히 효과적이지만(alt 텍스트만 제대로 넣어주면 아주 좋다) 좀 밋밋하다.

2004년, 디자이너가 XHTML 텍스트 제목을 자바스크립트와 플래시, CSS를 이용해서 선택한 폰트로 교체해주는 인맨의 플래시 교체법Inman Flash Replacement이라고 부르는 방법을 디자이너/코더인 숀 인맨Shaun Inman이 고안해냈다(www.shauninman.com/plete/inman-flash-replacement). 디자이너인 마이크 데이비드슨Mike Davidson이 나중에 이 방법을 발전시켜서 폰트를 확대축소가 가능하고 접근성있게 만들었다. "확대축소가 가능한 인맨의 플래시 교체법scalable Inman Flash Replacement"을 의미하는 sIFR(www.mikeindustries.com/sifr)은 풍부하고 접근성 있는 타이포그래피를 수천 개의 사이트에 제공했다. 이 방법은 무료이고 멋지며 접근성 전문가인 맷 매이Matt May와 조 클락도 칭찬을 아끼지 않았던 방법이다.

최고의 시기

16년 동안 웹은 성숙해가고 있지만 아직도 디자이너의 요구와 자유로운 사용자의 요구에 모두 만족하게 사이즈를 주는 완벽한 방법은 없다. 하지만 모든 브라우저와 플랫폼에 맞는 표준 기본 폰트 사이즈의 설립과 em과 키워드를 기반으로 한 최고의 방법의 출현, 그리고 드디어 사용자가 확대축소를 할 수 있게 해주는 윈도우용 인터넷 익스플로러의 최신 브라우저가 출시되면서 상황은 점점 더 좋아지고 있다.

14장

접근성의 기본

접근성은 CSS 레이아웃이나 시멘틱 XHTML과 많은 공통점을 가지고 있다. 이들 모두 최대한 많은 수의 독자나 방문자나 고객이 우리의 사이트를 사용가능하고 유용하게 만들기 위해서 노력한다. 접근성은 이 책에서 다루었던 다른 표준과 상당히 밀접하게 연관돼 있어서 1990년대에 W3C에서 웹 제작자들이 접근성을 높이는 데 도움을 주기 위해서 Web Accessibility Initiative(WAI, www.w3.org/WAI/GL)를 만들었다.

WAI의 가장 큰 목적은 장애가 있는 사람들에게 좀 더 접근성 있게 만드는 웹 컨텐츠 가이드라인을 제공하는 것이다. 이 가이드라인을 Web Content Accessibility Guidelines[WCAG]라고 부른다. 1999년에 발표된 WCAG 1.0(www.w3.org/TR/WCAG10)은 접근성 높은 디자인의 기본 원칙으로 14개의 가이드라인을 제안했다.

유럽 연합을 비롯한 여러 나라에서는 사이트의 접근성을 판별하고, 향상시키게 하는 법적인 표준으로 WCAG 1.0을 사용한다. 하나의 표준으로 전 세계의 모든 작업이 이루어진다는 것은 상당히 멋진 일이다. (전 세계가 전부 같은 기준으로 시행하지는 않는다. 예를 들어 미국에서는 단독으로 사용하는 Section 508을 대신 사용하는데 아마도 그 이유는 프랑스에서 사용하는 것을 따라서 사용한다는 점이 마음에 안 들어서 일 것이다.)

WCAG 1 과 2

WCAG 1.0이 대단한 성과이기는 하지만, 오래되기도 했고 표준이라고 부르기에는 약간 명확함이나 상세함에서 떨어지는 면이 있다. 모호한 부분을 명확하게 하고 WCAG 1.0가 처음 등장했을 무렵부터 생겨난 웹의 변화를 재정의 하기 위해서 WAI에서 WCAG 2.0을 발표했다(www.w3.org/TR/UNDERSTANDING-WCAG20).

모든 사람이 그 결과에 만족하지는 않았다. WCAG 2.0의 초안에서부터 완성본에 이르기까지의 모든 가이드라인을 가지고 있는 접근성 전문가인 조 클락은 "WCAG 2.0의 기본이 표준화 개발자가 이해하기에 거의 불가능하다"고 주장하며, 차라리 WCAG 1.0을 수정해서 사용할 것을 제안했다(www.alistapart.com/articles/tohellwithwcag2). 클락의 이러한 제안이 WCAG 2.x 작업에 반영되어 만들어질지는 아직 모른다. 마찬가지로 WCAG 2.0이 디자이너나 개발자, 그리고 WCAG 1.0을 사용하는 사람들에게 받아들여질지에 대한 것도 아직은 모른다. 이번 장에서는 접근성의 기본 원리와 WCAG 1.0, 그리고 U.S. Section 508(그리고 약간의 WCAG 2.0의 초안)에 관해서 다룰 것이다.

WCAG 1.0에는 세 개의 표준화 레벨이 있다. 쉽게 할 수 있는 레벨(1단계), 약간의 작업이 더 필요한 레벨(2단계), 그리고 마스터 레벨(3단계)이다. WCAG 2.0도 세 가지 레벨이 있다. 이 세 가지 레벨의 요점은 이 책에서 다룬 표준지원의 형태와 마찬가지로 접근성도 '다 되거나 아예 안되거나'하는 것이 아니라 연속적이라는 것이다. 여러분이 만든 첫 번째 CSS 사이트는 아마도 불완전한 시멘틱이었을 것이고, 레이아웃에 테이블도 몇 개쯤은 사용했을 것이지만 적어도 접근성을 높이려는 시도는 해본 것이다. 마찬가지로 약간의 적절한 노력으로 누구든지-접근성을 처음으로 접하는 사람까지도-1단계 정도는 달성할 수 있다. 이렇게 하면서 사이트를 기존에 사용하지 못하던 사람들에게 점점 더 많이 접근할 수 있게 차근차근 만들어 가는 것이다.

이번 장에서는 몇 가지 혼동되는 점을 정리하면서 많은 다른 웹 전문가들을 어리둥절하게 하는 근거 없는 이야기들을 알아보고 접근성에 적용되는 일반상식의 실질적인 개요를 알려줄 것이다. 그리고 접근성을 집어넣을 수 있도록 도와주는 툴에 대해서 얘기해보고 이 툴들의 한계점을 지적해볼 것이다.

어떤 장에서도 웹의 접근성을 전부 다 다룰 수는 없다. 물론 어떤 책은 접근성이 책의 기본 주제이기도 하고, 정확히 중점적으로 다루기도 한다. 어떤 책에서는 디자이너들의 접근성에 관한 혼란이나 적대심에 주제를 두기도 한다. 하지만 지금 소개하려고 하는 이 두 개의 책에서는 접근성을 디자이너에게 상당히 친숙한 방법으로 다루고 있다. 잠시 후에 이 두 책에 대해서 알아보자.

책에서의 접근

수많은 접근성 서적에서는 보통 접근성 규칙을 따르지 않으면 유황불 지옥에 떨어지는 것처럼 살벌하게 설명한다. 그러나 이런 강압적인 방법으로는 디자이너들을 설득할 수 없다. 이 책들은 전혀 멋지게 보이지 않는 디자인의 사이트를 지나치게 자주 접근성의 예제로 사용하고 '절대 폰트의 사이즈를 지정하지 말라' 같은 전혀 현실적이지 못한 충고를 한다. 일부 저자들은 디자인에 적대적이다. 또 어떤 사람들은 상업적인 사이트를 개발한 경험이 전혀 없다. 이 부분을 접하는 디자이너들은 접근성이 실제로 사용하기에는 부적절하다고 생각하고 이 책들을 멀리하게 된다.

어떤 책들은 열정적인 통찰력으로 잘 조사하고 채워서 만들어졌다. 이 책들이야말로 애호가들이 시간을 투자할만한 가치가 있는 것들이다. 하지만 일반 웹 전문가들에게는 추천하지 않는다. 그 이유는 이 책들이 신체적인 장애를 가진 독자들에게 너무 맞추어져 있기 때문이다. 이러한 독자층에 맞추기 위해서 이 책들은 대체방안을 넣어주는 방법들과 대체기기들의 장점과 단점에 대해서 평가하는데 지나치게 많은 시간을 할애했다. 장애가 없는 디자이너들은 자신들도 모르는 사이에 이 장애로 고통을 받는 느낌을 가지게 된다. 접근성에 대한 개념보다는 시각장애나 마비, 그리고 다른 장애에 대한 두려움이 일부 디자이너의 불안감을 증식 시켜서 이 책들은 디자이너들의 편견을 없애는데 전혀 도움이 되지 않는다.

그래서 다음과 같은 책들을 추천한다.

- **Building Accessible Web Sites (New Riders: 2002)**

    조 클락이 쓴 『Building Accessible Web Sites』는 최고이자 가장 완벽하게 웹 접근성을 다룬 책일 뿐만 아니라 가장 존경 받을 만한 웹 디자인 책이다. 다시 말해 재치 있고 완고하며 진실된 책이다. 내 직업에 연관되어서 나는 가장 최신의 디자인 책들과 많은 새로운 컴퓨터 책을 접하게 된다. 이중에서 완벽한 책이 제법 있고, 그 중에 완전히 명쾌한 책도 약간 있으며, 매우 드물게 최고의 책을 만났다는 느낌을 받는 경우가 있다. 나는 클락의 책을 해리포터의 최신판을 읽듯이 정신을 놓고 읽었다. 그리고 다시 한 번 읽었다. 이 책에서 여러분은 여러분이 알아야 할 모든 것을 배우기만 하는 것이 아니라 읽으면서 재미까지 느낄 수 있을 것이다.

    『Building Accessible Web Sites』는 alt 속성에서부터 미디어에 자막을 넣는 것에 이르기까지 모든 것을 다룬다. 『월간 애틀란틱 Atlantic Monthly』(1857년 보스턴에서 창간된 미국의 일류 문예잡지-옮긴이주)에서 '자막의 황제'라고 표현한 조 클락은 20년을 미디어의 접근성 분야에서 보냈다. 그는 커다란 사진에서부터 작은 설명에 이르기까지 독특한 방법으로 사용자를 명확하고 자신 있게 안내한다. 어떤 예산이나 시간적인 제약에도 잘 맞게 조정된 접근성 전략을 제공하고, 규칙을 명확하게 하고, 근거 없는 소문을 다 들춰낸다. 게다가 클락은 접근성뿐만 아니라 디자인의 미적인 부분까지 신경을 써서 이 두 부분을 잘 조화시키는 방법을 보여준다. 『Eric Meyer on CSS』(9장 참조)와 함께 이 책을 무조건 추천한다.

- **Constructing Accessible Web Sites, 공저(Peer Information, Inc.—이전의 Glasshaus: 2002)**

  짐 태처Jim Thatcher와 숀 로우톤 헨리Shawn Lawton Henry(WAI 멤버이자 WCAG의 기여자), 폴 보우맨Paul Bohman, 마이클 벅스Michael Burks를 포함한 여러 분야의 전문가들이 같이 만든 이 책은 최상의 전문가들을 모아둔 잡지 같이 환상적인 개론서라고 볼 수 있다. 이 책에 들어간 각각의 글들은 완벽하게 조사된 글들이고 접근성에 관한 다양한 관점에서의 현실적인 설명이 함께 들어가 있다. 『Constructing Accessible Web Sites』에는 여러 주제들과 함께 버튼에 관한 접근성 테스트를 해주는 소프트웨어의 한계에 대한 중대한 사항과 함께, 대기업에서 접근성을 접목시킬 수 있는 실행 가능한 방법을 다루며, 접근성 있는 플래시를 제작하는 자세한 설명도 담고 있다. 클락이 쓴 책이 가지는 일관적인 내용에 대한 장점은 없지만 『Constructing Accessible Web Sites』는 여러 작가들의 조화로운 내용들과 잘 어울린다는 것이 나름의 장점이라고 할 수 있다. 두 개의 책이 모두 웹사이트를 디자인하거나 만들고, 가지고, 관리하는 사람에게는 중요한 책이다. 다른 장점들도 많지만 이 책들이 이제부터 다루게 될 많은 실수와 잘못된 생각들을 수정하는 데 많은 도움이 될 것이다.

일반적인 혼란

접근성에 대한 개념을 얘기하려고 하면 많은 디자이너, 개발자, 사이트 소유자들은 고객을 상대하는데 대한 한탄들을 쏟아내는 경향이 있다. 장애인 재활법Rehabilitation Act의 U.S. Section 508 같은 접근성 규정을 전달받게 되면, 이 사람들은 정신적인 공황 상태로 주저앉는다.

천재들도 실수를 한다

전문가들을 상대로 몇 번쯤 강의를 하면서 상당히 존경 받는 웹 디자이너가 접근성에 관한 질문에 다음과 같은 말도 안 되는 대답을 하는 것을 들은 적이 있다. "우리는 우리의 고객들이 목표로 하는 엘리트 소비자들을 위해서 최첨단의 기술을 사용해서 작업을 합니다. 솔직히 이 접근성에 관한 문제는 우리 시장에서 아주 작은 문제일 뿐입니다. 그리고 우리 고객은 이 몇 명의 사람들을 잃는 것에 대한 걱정은 크게 하지 않습니다. 자 봅시다. 우리 고객들은 와이드 HDTV를 만드는 사람들 입니다. 시각 장애인들이 그런 걸 사지는 않을 겁니다(허허허)."

하지만 실제로 HDTV를 판매하는 이 사이트에서 설명을 읽거나 온라인으로 주문하는 것이 가능하기만 하다면 시각 장애인들도 배우자나 가족을 위해서 이런 TV를 살 수도 있다. 게다가 시력에 문제가 있는 사람 중에서 압도적인 대다수가 완전히 보이지 않는 것은 아니고 거의 시각 장애에 가까운 사람들이다. 접근성이 높아지기를 바라는 대다수의 시력이 안 좋은 사람이나, 색약인 사람들, 또는 근시인 사람들은 더 좋고 커다란 TV를 사고 싶어할 것이다.

시각장애 억만장자들

게다가, 사실상 웹을 사용하는 게으른 사용자들은 시각 장애인이나 마찬가지이다. 최근 참석했던 컨퍼런스에서 한 발표자가 실제로 구글 검색 엔진이 가장 큰 시각장애인이라고 얘기한 적이 있다. 이 앞을 보지 못하는 '기계 사용자'는 매일 수천만 명의 이 게으른 사람들에게 검색 결과를 추천한다.

구글의 엄청난 독자층을 다 합해서 생각해보면 그리고 이 독자들이 소비자가 된다고 생각해보면 이 검색엔진은 시각장애를 가진 억만장자나 마찬가지가 된다. 어떤 사이트가 몇 억 달러를 쓰고 싶어 하는 잠재적인 소비자들을 거부하려고 할까? 또 다른 방향으로 생각해서 실제 미국에 있는 모든 장애인들을 세어보면 LA와 뉴욕의 다운타운의 인구를 전부 합한 숫자와 비슷할 것이다. 여러분의 사이트에서 이만한 숫자의 고객을 제외시키고 시작하는 것이 현명한 행동일까?

접근성은 시각적인 부분에만 국한된 것이 아니다

또한, 접근성은 시각적인 문제에만 국한된 것이 아니다. 신체적인 장애(부분 또는 전신마비)를 가진 사용자들도 멋진 TV를 사고 싶어하고 아마도 밖에 나가는 것보다는 온라인으로 사는 것을 더 좋아할 것이다. 많은 접근성 향상은 지팡이 짚고 깡통 들고 다니는 사람에 맞추기 보다는 이런 그룹들에 초점을 맞추고 있다. 접근성의 향상은 또한 장애가 없는 사용자들이 PDA나 휴대폰으로 웹사이트를 보다가 멋진 TV를 사게 만드는 데도 도움이 된다.

간추리자면 디자이너나 개발자 또는 사이트의 소유자들이 "시각 장애인들은 우리 제품을 사지 않는다"고 말하면 잘못된 것이다 이 사이트에서 접근성 가이드의 아주 기본적인 사항들만 맞추는 작은 노력만 기울였다면, 장애인이 아니더라도 검색엔진을 통해서 이 사이트에 들어왔을 수백 만이 될 수도 있는 방문자들을 확보할 수 있었을 것이다. 슬프게도 접근성과 관련되어 잘못 알고 있는 것이 단지 이것뿐만이 아니다.

모호한 개념의 구름

몇 년에 걸쳐서 정통한 전문가들의 입에서 다음과 같은 수많은 잘못된 말들이 흘러 나오는 것을 들었다.

"이봐요, 내가 디자이너인데요. 디자이너들은 눈에 멋지게 보이는 것들을 만들어요. 이 시각 장애인들한테는 어떻게 멋지게 보이는 걸 만들어 줍니까?"(대답: 접근성의 향상에는 전혀 시각적인 디자인이 필요 없습니다. 접근성은 멋지게 빛나고 있는 부분의 아래에 숨겨져 있는 마크업에 자리잡고 있으니까, 당연히 멋지게도 보이면서 접근성도 높일 수 있습니다[14.1, 14.2, 14.3]).

14.1

이 사이트(www.spazowham.com)는 U.S. Section 508 접근성 가이드를 따른다. 겉으로 보면 알 수 있을까? 알 수 있을 리가 없다. 그게 바로 중요한 점이다.

14.2
말라키(www.malarkey.co.uk) 사이트는 WAI 1단계와 2단계를 따르고 있으며 디자인도 훌륭하다.

14.3
말라키 사이트는 또한 사용자들이 화면에서 직접 색상을 조절하고 글자의 사이즈를 조정해서 특정한 요구에 맞출 수도 있다(www.malarkey.co.uk/Customise_this_site.html).

"그건 고객들의 문제입니다. 고객들이 RFP^request for proposal(제안서)에 쓰지도 않는데 우리가 걱정할 필요가 있습니까?" 전 세계에서 가장 크고 유명한 거대 다국적 웹 에이전시 중에 하나가 파산해서 중앙아시아의 작은 회사가 나머지를 인수하기 바로 전에 그 회사의 한 수석 개발자가 한 말이다. 접근성이 고객의 문제라는 그 말은 당연히 틀린 말이다.

"Section 508? 그건 정부에서 하는 일입니다. 우리는 정부에서 돈을 받는 것이 아닙니다." 어느 디자인 에이전시에서 들은 말이다. 나중에 이 에이전시의 고객은 접근성을 따르도록 정부에서 명령을 받았다.

"우리 위원회에서 그 부분을 논의하고 있습니다. 조만간 관련된 문서가 나올 겁니다." Section 508이 법으로 정해진 일 년 뒤에 미국정부의 선임 프로젝트 매니저가 나에게 해준 말이다.

한 디자이너가 알려주길 "사실, 우리는 드림위버를 사용합니다. 아마도 이 접근성 관련된 부분은 전부 다음 업그레이드에서 처리되지 않을까요?" 그럴 수도 있고 아닐 수도 있다. 드림위버 8과 드림위버 MX는 많은 접근성의 증대를 제공하고 있지만 어떻게 사용하는지를 알아야 한다. 니콘 카메라를 사용한다고 해서 기가 막힌 사진을 찍는다는 보장이 없는 것처럼 단순히 드림위버를 실행하기만 해서는 접근성 있는 사이트를 만들 수 없다.

규정과 레이아웃

U.S. Rehabilitation Act의 Section 508이 11개로 늘었을 때 이미 혼란의 부피는 상당했었다(중요: 나는 미국인의 관점에서 이 글을 쓰고 있고 이번 장에서 미국의 예제를 사용하고 있지만 지금 어디에 있는지 어느 지역에 있는지에 상관없이 원칙은 같다. 대부분의 경우와 대부분의 지역에서 그 규정은 WCAG 1.0에서 나온 것이다).

Section 508은 많은 사이트들이 부분적인 마비에서부터 시각적인 장애까지 광대한 범위의 장애를 가진 사람들에게 맞추도록 요구하고, 접근성의 의미가 무엇인지를 설명해주고 있다 (힌트: alt 속성을 이미지에 넣어주는 것만으로 끝나는 것이 아니다). 이러한 과제를 직면하고 많은 웹 전문가들이 접근성을 가진다는 것은 글자위주의 사이트를 만들거나 부실한 디자인을 가진 저급 사이트를 만든다는 의미라고 생각한다. 사실은 그렇지 않다.

이미지, CSS, 테이블 레이아웃, 자바스크립트나 그 외 비슷한 웹 디자인의 요소들은 Section 508에 적합하게 만들어져 있다. 다만 약간의 조절이 필요할 뿐이다. 이 장이 진행되면서 접근성과 Section 508의 준수가 명확하게 어떤 것을 수반하는지 알아보고, 어떻게 현명한 판단과 유용한 툴을 사용해서 여러분의 사이트를 멋지게 만들 수 있는지 알아볼 것이다.

Section 508 설명

Section 508[14.4]은 1973년 장애를 가진 사람들의 차별을 없애려는 장애인 재활법의 일부분이다. 1998년 8월 7일 미국 국회에서 제정된 공법 105-220(1998년 장애인 재활법 개정)은 Section 508의 기술적인 접근성 제한을 월등히 높였다. 이 규정은 컴퓨터, 팩스, 복사기, 전화, 거래기기 그리고 무인안내시스템과 다른 여러 정보를 전달하고 받고 저장하는 모든 장비에 적용된다. 또한 많은 웹사이트에도 적용이 된다.

2001년 6월 21일 Section 508이 미국의 법안이 되었다. 이렇게 해서 연방 부서와 기관에 직접 영향을 주었고, 여기에 연관된 웹 디자이너에게도 영향을 주었다. 이 법규는 정부에서 지원하는 프로젝트와 508 법안을 채택한 모든 주에서도 적용되었으며 많은 주정부에서 채택을 했다.

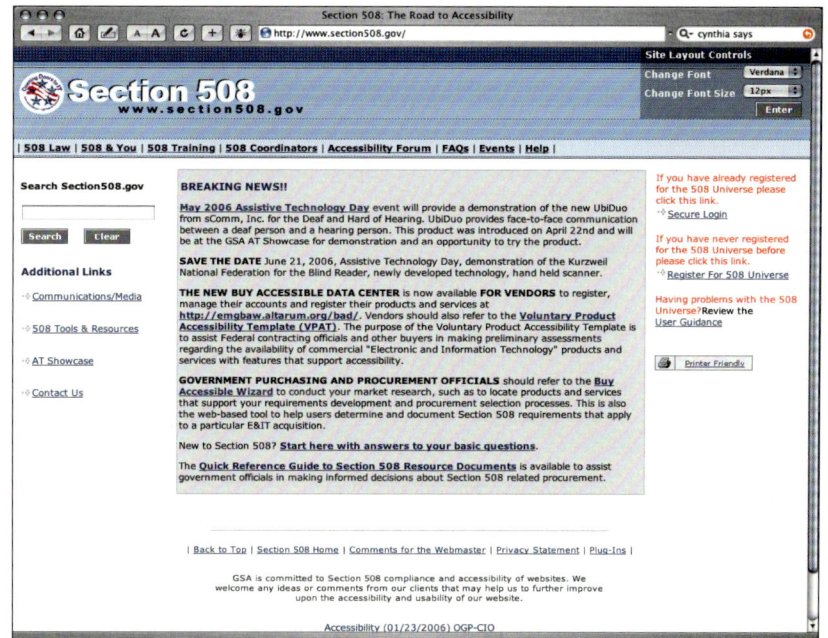

14.4

Section 508의 공식 사이트에서는 스스로 가이드라인을 지켜서 만들어졌다(www.section508.gov). 정부 사이트가 전부 이렇지는 않고 원래의 section508.gov에서도 그렇지 않았다. 사이트의 오른쪽 상단에 A List Apart에서 사용했던 사이즈 변경기능을 추가해서 텍스트의 크기를 바꾸는 기능을 제공하지 않는 브라우저에서도 사용자가 텍스트의 크기를 바꾸는 것이 가능하게 되어 있다. 스타일 변경에 대해서는 15장의 'DOM 기반의 스크립트'를 참조하라.

간략하게 Section 508은 다음에 적용된다.

- 연방 부서와 기관(U.S. 우편 서비스 포함)
- 이들과 계약한 계약자들에서 나오는 작업물
- 연방 정부의 협찬이나 지원을 받는 활동
- 이 법규를 채택한 주정부의 지원을 받는 활동

'모든 사람들에게 같거나 상응하는 접근성'

Section 508은 관할하는 모든 웹사이트가 시각장애를 가진 사람이나 청각장애를 가진 사람과 신체적인 장애를 가진 사람, 그리고 감광성 간질을 가진 사람에 이르기까지 '모든 사람에게 같거나 상응하는 접근성'을 요구한다.

이러한 웹 사용자들이 직면하는 문제는 여러분의 예상을 벗어난다. 예를 들면, 작고 사이즈를 변경할 수 없는 글자는 시각적 장애가 있는 사람이 여러분이 만든 컨텐츠를 읽을 수 없게 만든다(13장의 윈도우용 인터넷 익스플로러에서의 픽셀 문제에 관한 부분 참조). 네비게이션에 붙은 작은 'hit' 버튼은 움직임에 장애가 있는 사람들이 클릭하는 것이 불가능하다. 깜빡이거나 번쩍이는 페이지는 간질이 있는 사람들에게는 치명적인 문제를 일으킬 수 있다. 이외에 다른 예들도 많다. 이 법규는 많은 일반적인 접근성 문제를 설명하고 알려주기는 하지만 해결책을 제시하지는 않는다.

Section 508은 CSS, 자바스크립트, 이미지, 심지어는 테이블 레이아웃을 사용하는 것을 금지하는 것은 아니다. 또 플래시나 퀵타임 같은 미디어를 접목시키는 것을 막는 것도 아니다. 이 장에서 나중에 다루게 되는 특정한 가이드라인만 지킨다면 문제가 없다. 당연히 Section 508을 준수하는(그리고 대부분의 표준을 준수하는) 대부분의 사이트는 오래된 브라우저보다는 새로운 브라우저에서 더 깔끔하게 보인다. 이 점은 법규상 문제가 없는데 그 이유는 웹 사용자들이 단순히 최신 버전의 브라우저를 다운로드해서 브라우저를 업그레이드할 수 있고 대부분의 유명 브라우저들은 무료로 사용가능하기 때문이다.

파인더빌러티, 이것이 바로 접근성

접근성 가이드라인과 웹표준을 지키는 것은 장애를 가진 수많은 사람들이 사이트에 더 쉽게 다가가게 할 수 있을 뿐만 아니라 PDA나 인터넷이 가능한 휴대폰이나 '비주류' 브라우저 그리고 무인안내시스템을 사용하는 사용자들을 포함한 수많은 사람들에게 더 다가갈 수 있다-그리고 검색엔진을 통해서 더 많은 사람들에게 보여질 수도 있다.

접근성이 높은 사이트, 특히 사용자에게 잘 맞추어져 있고, 은어를 사용하지 않으며, 키워드를 많이 포함하고 있는 사이트는 컨텐츠를 검색하기가 쉽다. 시멘틱한 마크업을 추가하면 사이트는 여러분이 찾는 좀 더 많은 사람들을 끌어들일 것이다. 좀 더 많은 방문자와 좀 더 많은 독자와 좀 더 많은 사용자, 그리고 더 많은 회원과 더 많은 고객들. 멋진 일이 아닐 수 없다. 그럼 디자이너, 개발자 그리고 사이트의 소유자들은 어째서 Section 508과 이와 비슷한 다른 접근성에 관련된 규범들을 혼동하고 적대시할까? 아마도 접근성에 관한 잘못된 소문들이 오랫동안 자리를 잡고 있어서 그럴 것이다. 이 잘못된 부분을 어느 정도 없애보자.

접근성에 관한 소문들의 진상

다음의 소문들은 수많은 소문들 중에 일부일 뿐이지만 다른 웹 전문가들의 머리를 어지럽힌다. 여기에 넣어둔 반박은 페이지의 제약 때문에 그리 길지는 않다.

소문: 접근성을 지키기 위해서는 사이트를 두 개의 버전으로 만들어야 한다

거짓이다. 웹표준으로 디자인을 하고 가이드라인을 따르면 사이트는 당연히 스크린리더, Lynx, PDA 그리고 다른 구식 브라우저에서도 최신의 표준을 지원하는 브라우저에서처럼 접근성을 가지게 된다. 표준과 접근성은 하나의 웹 문서로 모든 독자와 사용자에게 서비스한다는 것에서 공통점을 가진다.

매크로미디어 디렉터/쇽웨이브를 사용해서 디자인을 했다면 그렇다. WAI의 1단계나 Section 508의 가이드라인을 준수하기 위해서는 다른 버전을 만들어야 한다. 접근성이 중요하다면 표준으로 디자인하고 쇽웨이브는 다른 좀 더 적합한 곳에 사용하자(플래시나 PDF도 이제 상당히 높은 접근성으로 가지게 만들 수 있다. 하지만 그것에 관한 설명은 다른 사람이 책으로 쓰게 놔두어야겠다).

소문: 동일하거나 상응하는 접근성을 지키기 위해서는 텍스트만으로 만들어진 버전이 필요하다

거짓이다. 도입 가능한 기술은 상당한 발전을 해왔고, 대부분의 전형적인 웹 페이지들은 레이아웃의 디자인에 전혀 변경 없이 완벽하게 또는 적어도 어느 정도 접근성 있게 만들 수 있다(메모: 접근성에 관련된 부분은 마크업 내부의 보이지 않는 곳에서 생겨난다). 장애인 방문자를 텍스트로만 만들어진 사이트로 이동시키는 것은 색맹인 사람들이 아무것도 볼 수 없다고 추측하는 것이거나 혹은 행동에 제약이 있는 사람들은 전혀 이미지를 사용하지 않는다는 태도이다. 또한 이 사용자들이 상업적인 사이트에서 쇼핑을 절대 하고 싶어 하지 않는다거나 온라인 토의 포럼에 전혀 참여를 하고 싶어하지 않는다는 생각을 가지고 있는 것이기도 하다. 간단히 말해서 이전에 사용하던 텍스트전용 방식은 전혀 도움이 되지 않는다. 게다가 텍스트전용 페이지를 만들고 유지하는 것은 접근성이 있는 태그와 속성을 추가하는 것보다 훨씬 많은 비용이 든다.

소문: 접근성에는 비용이 너무 많이 든다

사실이 아니다. 8장에서 만들어 보았던 넘어가기 메뉴 링크나 테이블의 summary를 만드는 데 어떤 비용이 들었는가? 페이지의 각 이미지에 요약된 alt 문구를 넣어 주는 데 드는 비용은 얼마였는가? 이러한 작업들은 몇 분 안에 처리가 가능하다. 시간당 비용을 엄청나게 책정하지 않는 한 WAI 1단계나 U.S. Section 508에서 요구하는 접근성을 충족하는데 사용하는 대부분의 요소들을 추가하는 비용은 무시해도 좋을 정도이다—특히 차별에 관한 소송에서 안전하게 벗어나고 싶어서라도 해두는 것이 좋다. 그 비용은 엄청날 것이다.

높은 레벨의 준수를 필요로 하는 특수한 작업은, 물론 이러한 단순한 작업보다는 많은 비용이 든다. 하지만 절대적인 것은 아니다. 예를 들어 리얼 플레이어나 퀵타임 또는 윈도우 미디어 플레이어에 자막을 삽입하거나 실시간으로 제공되는 동영상 서비스에 직접 자막을 넣는 것은 상당한 작업량이 필요하다. 하지만 엄청난 작업량이거나 어마어마한 비용이 들어가는 것은 아니다. An Event Apart[14.5]에 가면 Event Apart Philadelphia 2005 컨퍼런스에서 엄청난 길이의 SMIL synchronized multimedia integration language(동기식 멀티미디어 통합 언어-옮긴이주)로 들어간 자막을 확인할 수 있다. 사실 길이는 그렇게 엄청나지 않다. 중요한 점은 앤드류 커크패트릭 Andrew Kirkpatrick과 저자 둘이서 이안 코레이 Ian Corey의 영상에 자막을 넣는데 단지 몇 분이 걸렸을 뿐이고, 이 영상을 청각 장애인과 청각에 문제가 있는 방문자들에게 접근성이 있도록 만들었다는 것이다. 비용: 없음. 어떻게 했는지에 대한 간단한 가이드는 조 클락의 "온라인 자막처리 방법 Best Practices in Online Captioning"(www.joeclark.org/access/captioning/bpoc)을 참조하자.

컨텐츠가 개발과는 전혀 상관 없는 (편집실의) 사람들에 의해서 업데이트 되는 큰 규모의 사이트에서는, 컨텐츠 관리 시스템에서 필요한 속성을 입력하도록 만들기만 하면 간단하게 새로운 페이지에 접근성을 추가할 수 있다. 동적인 사이트에서는 새로운 페이지를 만드는 템플릿을 수정하면 간단하다. 폼에 접근성에 관한 요소를 추가하거나 구조적인 테이블에 summary 요소를 추가하고, 범용 템플릿에 이와 유사한 조절을 하는 단 한 번의 작업으로 새로운 고객들을 더 맞이할 수 있고 법적인 문제에 대응할 준비를 할 수 있다.

14.5

이 동영상(www.aneventapart.com/events/2005/philadelphia)에 자막을 넣어줌으로써 이 음성 컨텐츠를 청각 장애인과 청력에 문제가 있는 방문자들에게 접근성 있도록 만들어 주었다. 작업은 몇 분 정도가 소요 되었으며 비용은 전혀 들지 않았다.

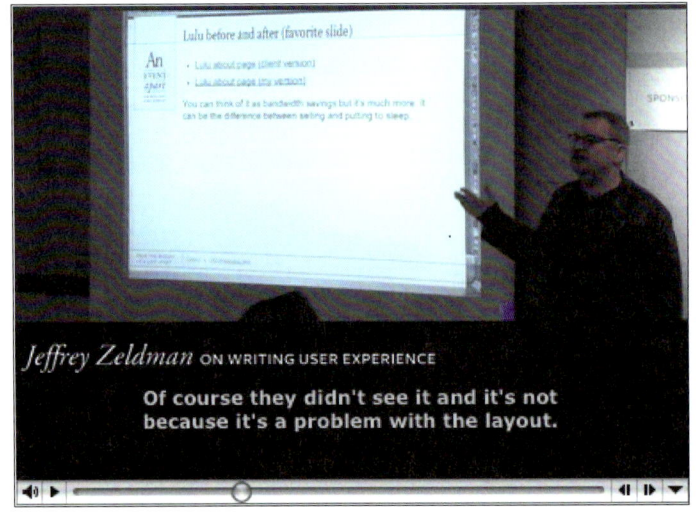

우리는 너무 바빠서 몇 푼 안 되는 돈을 사용하는 작은 일에 시간을 낭비하고 싶지 않다

나한테는 한 친구가 있다. 이 친구는 전혀 들을 시간이 없는데도 CD를 사고 전혀 볼 시간이 없는데도 DVD를 산다. 2년 전에 혹시 그림을 그리고 싶어질 때를 위해서 작업실을 빌렸지만 한 번도 그림을 그려본 적은 없다. 항상 클럽에 가기 때문에 케이블을 볼 시간이 없지만 그래도 혹시 몰라서 모든 케이블 채널을 전부 신청했다. 그의 멋진 소비생활에서 딱 한 가지 아쉬운 점은 왼쪽 아래의 어금니가 아픈 것이다. 두 달 동안 치통에 고생을 하고 있는데 치과에 갈 '돈이 없어서' 가지 못하고 있다.

아마도 내 친구의 우선순위가 완전히 엉망이라고 말하겠지만 이 친구의 행동과 많은 회사들의 행동과는 큰 차이가 없다.

접근성의 비용에 대해서 불평하는 사람들은(그리고 으레 웹표준의 비용에 대해서도 불평하는 사람들은) 분명 13장에서 다룬 브라우저 판별과 조건에 맞추는 스크립트와 조건에 맞춘 CSS 그리고 심지어는 조건에 맞춘 HTML에 수많은 비용을 들이는 사람들이다. 그들은 단 하나의 CSS 파일로 해결할 수 있는 것을 10개의 브라우저에 맞게 만든 10개의 다른 종류의 스타일시트로 만드는데 들어가는 비용은 전혀 낭비라고 생각하지 않는다. 드루팔(www.drupal.org) 같은 오픈소스 컨텐츠 관리 시스템이나 ExpressionEngine(www.pmachine.com) 같은 저예산의 표준준수엔진 대신에 유효하지 않은 마크업과 사용자를 고려하지 않는 URL을 만들어 내며, 고액 연봉의 전문가에 의해서 지속적인 유지관리가 필요하고 거품이 잔뜩 들어간 독자적인 프레임워크에 수많은 돈을 소비한다.

접근성에 사용하는데 얼마나 들어간다고? 이들은 '비용이 너무 크다'고 주장한다. 가장 기본적인 접근성을 지키는 데 사용할 비용을 충당하기가 힘들다고 하는 많은 회사들도 백 엔드 개발이나 미디어 서비스, 쓸데없이 복잡한 자바스크립트에 들어가는 비용은 상당히 많아 보인다. 이런 비용이 사업을 하는 비용에 포함된다면 훨씬 적은 비용이 들어가는 접근성도 같은 방향으로 대해줘야 한다.

소문: 접근성은 유치하고 싸구려 디자인밖에 나오지 않게 한다

사실이 아니다. 이미지나 테이블 레이아웃, CSS, 자바스크립트, PHP 같은 서버사이드 기술, 그리고 그 당시의 다른 여러 요소들은 완벽하게 WAI 1단계와 U.S. Section 508에 적합하다. 단지 관심과 판단만 있으면 된다. 또 (앞으로 이번 장에서 다루게 되는) 적합한 가이드라인만 따른다면 플래시나 퀵타임 같은 플러그인 기반의 기술들도 사용할 수 있다. 지난 2년간 Happy Cog로 만들어진 모든 사이트에서는 DOM 기반의 스크립트와 CSS 레이아웃, GIF와

JPEG 이미지 등을 사용해서 전부 다 온라인 접근성 검사 테스트를 상당히 수월하게 통과했다. Stopdesign.com이나 Clearleft.com 그리고 다른 수많은 곳에서 우리의 동료들이 만든 사이트들도 마찬가지다.

중요: 이제 곧 보게 되겠지만 온라인 접근성 테스트를 통과하는 것이 그 사이트가 정말로 접근성이 있거나 표준을 준수한다는 보장은 없다. 소프트웨어로 테스트를 하는 데는 한계가 있다. 사람의 판단으로 이러한 모든 테스트를 적절히 조절하고 평가해야 한다. 반면, WAI 1단계나 Section 508 테스트도 통과하지 못하면 거의 그 사이트는 적합하지 않다는 의미이다.

소문 : Section 508에 따라서 만들면 사이트는 모든 브라우저와 사용자 환경에서 똑같이 보여야 한다

사실이 아니다. 가능하긴 한가? 실제로 대부분의 Section 508을 준수하는 사이트들은 구식 브라우저보다 새로운 브라우저에서 더 잘 보인다. 이 부분은 웹 사용자가 새로운 버전을 다운로드 받아서 업그레이드 하는 것이 가능하기 때문에 문제가 되지 않는다. 컨텐츠는 Lynx와 스크린리더, PDA나 다른 기기들에서 접근이 가능해야 한다. 시각적인 디자인은 이들 중의 대부분에서 제대로 보이지도 않고 브라우저마다 똑같이 보일 필요는 없다. 오래된 방법들은 사이트의 모양이 모든 브라우저나 플랫폼에서 똑같이 보이도록 하는 데 중점을 둔다. 이것이 바로 웹이 접근성이 떨어지고 유효하지 않거나 관리를 하기 어렵게 만드는 이유이다.

소문: 접근성은 '장애인을 위한 것'이다

사실이 아니다. 확실히 장애를 가진 사람에게 더 높은(또는 불가능했던 것을 가능하게 하는) 접근성을 제공하기는 한다. 하지만 다음과 같은 경우에도 도움을 준다.

- PDA나 인터넷이 가능한 휴대폰, 그리고 여러 잘 알려지지 않은 브라우저 기기들을 사용하는 사람들—기하급수적으로 늘어나고 있는 시장이다(지금 이 순간에도 5백만의 중국인들이 전화기를 이용해서 웹 서핑을 한다).
- 일시적인 장애를 가진 사람들(예를 들어 팔이 부러진 사람)
- 노안을 포함한 교정이 가능한 약간 시력이 나쁜 사람들(인구의 상당한 부분을 차지한다)
- 일시적으로 항상 사용하던 환경이 아닌 상황에서 사이트에 접속하는 사람—예를 들어 무인 안내시스템처럼 공항이나 공공장소에 한정된 시스템

- 이러한 고객들을 다른 경쟁사이트에 넘겨주지 않고 싶어하는 사이트 소유자들
- 가장 큰 '시각장애인'인 검색 엔진의(이 장의 앞부분에 있는 '시각장애 억만장자들' 참조) 도움을 받고 싶은 사이트 소유자

소문: 드림위버 MX/Cynthia의 툴로 여기 나온 모든 접근성 문제를 해결할 수 있다

사실이 아니다. 이 툴들이 도움이 되기는 하지만 사람이 하는 부분을 대신할 수 없다. 무료포털 서비스인 Cynthia Says™[14.6]와 유료서비스인 UsableNet의 (www.usablenet.com) LIFT Machine이나 드림위버의 LIFT는 WAI나 Section 508에 적합한지를 테스트 하는데 도움이 된다. 드림위버에 있는 LIFT 요소들은 테스트에 도움이 되기도 하고, 또한 접근성 있게 만드는 데도 도움이 된다. 하지만 이 테스트와 툴들은 한 번에 해결되는 만능 해결사가 아니니다. 그냥 프로젝트를 수행하는데 최상의 수행방법을 만들고 문제가 발생하는 부분을 명확하게 구분해두는데 도움이 되는 정도로만 생각해야 한다.

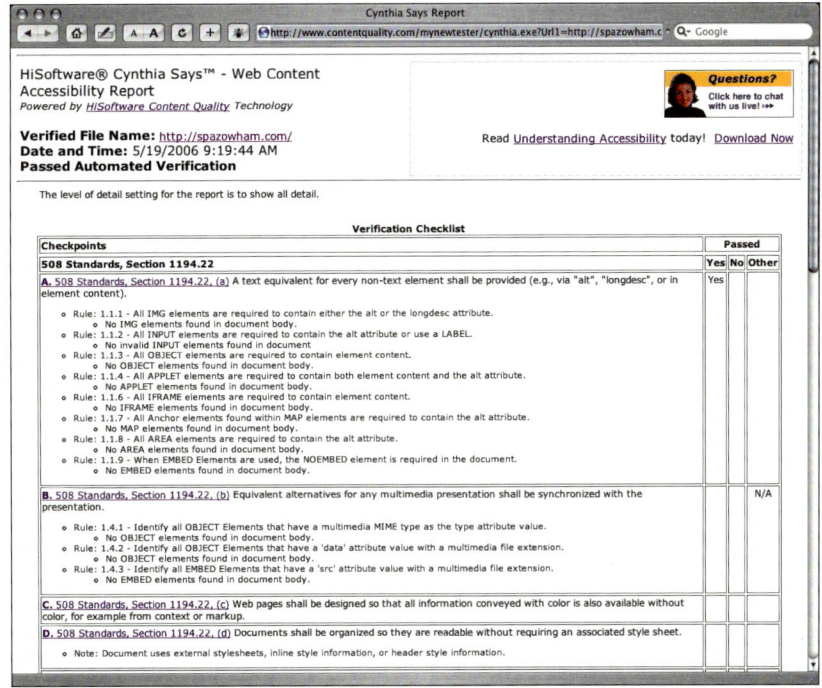

14.6
포털 사이트인 Cynthia Says™(www.contentquality.com)에서 WAI의 세 단계나 Section 508에 적합한지를 테스트 해볼 수 있다. 온라인 서비스는 무료이면서 빠르고 여러분의 판단이 더 중요하다는 것만 알고 있으면 제대로 사용할 수 있다.

소문: 고객이 원하지 않으면 접근성은 무시해도 된다

이 부분은 좀 두고 봐야 할 것이다. 아직 웹 디자이너가 접근성 없는 사이트의 제작에 대한 책임을 졌던 경우는 본 적이 없다. 하지만 미국에서는 의뢰인이 원했건 원하지 않았건 장애인 관련된 법규를 위반해서 건축업자가 기소된 적이 있다. 웹 디자이너들도 언젠가는 비슷한 상황에 처하게 될 것이다. 우리의 고객이(또는 직장 상사가) 잘못하고 있는 것을 알면서 그들을 비난할 것이 아니라 그들을 교육시키는 것이 우리의 의무이다. 여러분이 곤란한 상황에서 벗어나기는 하겠지만 정말로 여러분 고객이 사용자에게 고소를 당하거나 기소가 되기를 바라지는 않을 것이다.

2006년 시각장애인 후원회가 타겟^{Target} 사를 상대로 웹사이트의 접근성 문제와 차별방지법위반에 대한 소송을 진행했다(www.news.com.com/Blind+patrons+sue+Target+for+site+inaccessibility/2100-1030_3-6038123.html). 타겟 사는 급하게 사이트를 변경해서 이 문제를 해결했다. 나라면 이 사이트를 만들 때 결재를 했던 타겟 사의 부사장이 되고 싶은 생각도 없지만 이 부사장이 급하게 찾아서 불러내고 싶어 하는 웹 디자이너가 되고 싶은 생각도 없다.

■ 요소별 접근성 팁

다음의 가이드라인은 웹 페이지를 WAI의(또는 공기관의) 가이드라인에 맞춰서 만드는 방법을 자주 사용되는 요소 별로 알려준다.

Image

alt 태그를 쓰지 않으면 Lynx, 스크린리더 또는 다른 비주류 브라우저나 기기에서 [IMAGE] [IMAGE] [IMAGE] [IMAGE]처럼, 혹은 이와 비슷한 사이트를 사용하는데 상당한 불편을 주는 반응이 나타난다. 2장으로 다시 돌아가서 그림 2.5의 예제를 참조하자. alt 태그를 사용하지 않아도 WAI 에러와 XHTML 유효성 검사에서 에러를 만들어 낸다. alt 속성을 사용해 시 각 이미지의 목적을 설명해 주어야 한다(www.w3.org/WAI/GL/WCAG20/checkpoints.html).

공백 alt 속성

공백용 GIF(우선 공백용 GIF를 사용하는 것 자체가 잘못된 방법이기도 하다)같은 의미가 없는 이미지에 공백 alt, 즉 alt=""를 사용하라. 굳이 alt="공백용 이미지"나 alt="테이블 배경으로 쓰이는 이미지"처럼 필요 없는 alt 문구를 넣을 필요는 없다. 전혀 의미가 없이 디자인을 위한 효과를 위해서 사용한 이미지에는 공백 alt를 사용하라.

방문자에게 의미를 전달할 수 있는 alt를 사용하라

여러분이나 동료들이 아닌 방문자에게 의미를 전달할 수 있는 `alt`를 사용해야 한다. 예를 들어 home으로 가는 링크가 걸려 있는 로고에 `alt="logo_rev3"`나 `alt="홈페이지 로고"`라고 쓰지 말고 `alt="홈으로 가기"`와 같이 써주는 것이 좋다. 시각장애인에게 그 이미지가 "로고"라고 알려주는 것은 의미가 전혀 없다. 그 이미지를 클릭하면 이 사이트의 홈으로 바로 갈 수 있다고 하는 의미가 훨씬 더 중요한 것이다. 다음과 같이 해두면 훨씬 더 완벽하게 처리할 수 있다:

```
alt="홈페이지 바로가기 [로고]"
```

alt 속성을 자동으로 만들어주는 프로그램을 멀리하자. 이 프로그램은 거의 보통 파일 이름과 같은 쓸모 없는 문구를 넣는다.

```
alt="logo_32x32"
```

간단히 말해서 인간이 해야 할 일에 기계를 사용하지 말자는 것이다.

인간이 하는 일에 기계를 믿지 말라

Cynthia Says의 WAI나 Section 508 접근성 테스트를 통과했다고 해서 `alt` 속성이 문제가 없다고 생각하지 말아야 한다. 모든 이미지에 `alt="미키마우스"`(또는 `alt=""`)라고 써둔다고 해도 아마 테스트에서는 통과할 것이다. 어떤 소프트웨어도 `alt` 안에 들어간 문장이 맞는 문장인지를 알 수는 없다. 그리고 사실 소프트웨어가 모든 결정을 하는 세상에서 살고 싶지는 않을 것이다. 무슨 소리인지 모르겠다면 2001 오딧세이나 블레이드 러너, 매트릭스, 마이너리티 리포트를 보면 알 것이다.

alt 툴팁

일부 잘나가는 브라우저에서는 사용자가 마우스 커서를 그 이미지에 올렸을 경우에 `alt` 속성을 툴팁으로 보여주는 잘못된 방법을 사용하고 있다. 수많은 웹의 사용자가 이것에 익숙해 졌지만 많은 이유에서 이 방법은 잘못되었다. 주로 `alt`에 들어가는 텍스트는 접근성에 연관된 도구이지 툴팁 장치가 아니다(`title` 속성은 툴팁 장치로 사용되어도 상관없다). W3C는 명백하게 `alt` 텍스트는 이미지가 보이지 않을 때 보여야 한다고 정의하고 있다.

> alt 속성은 이미지가 보이지 않을 경우에 대체로 보여주는 텍스트를 정의한다. 사용자의 브라우저나 플랫폼은 이미지를 지원하지 않는 경우나 특정 타입의 이미지를 지원하지 못하는 경우 또는 이미지를 보여주지 않도록 설정한 경우에는 대체용으로 텍

스트를 보여주어야 한다(www.w3.org/TR/REC-html40/struct/objects.html#h-13.2).

브라우저에서 방문자가 그냥 볼 수 있는 이미지를 설명하는 `alt`에 설명된 문구를 일부러 보여줄 필요는 없다. 하지만 윈도우용 인터넷 익스플로러에서 이미 그렇게 하고 있고[14.7], 윈도우용 넷스케이프에서는 그보다 먼저 사용했다. 이 문제는 이미지를 볼 수 없는 사람들에게 이미지를 설명하는 `alt` 속성에 들어가는 내용을 잘못 쓴 경우가 아니라면 여러분의 문제는 아니다.

배경이미지에는 alt를 쓰지 않는다

접근성 초보자들은 종종 CSS(또는 HTML)에 배경이미지에 `alt`를 써야 하는지를 묻는다. 이것은 논리적이고 이유는 있는 질문이긴 하지만, 대답은 '쓰지 않아야 한다' 이다. 사실 하려고 해도 할 수도 없다. CSS에는 `alt`라는 속성이 없다(예를 들어 `<body>` 태그에 사용하는 배경이미지에는 `alt` 속성을 넣을 자리가 없다).

만약에 페이지의 글로 전달되지 못한 중요한 의미를 배경이미지가 가지고 있다면-예를 들어 페이지의 글에는 '정직한 사람'이라고 되어 있고 배경이미지고 아브라함 링컨 대통령의 초상화가 그려져 있다면- '아브라함 링컨 대통령'이라는 글을 `<body>` 태그의 `title` 속성에 넣어주거나 테이블의 `summary` 속성에 넣어주면 된다. 아니면 아마도 이미지를 보지 못하는 환경에 있는 사람은 자바스크립트를 지원받지 못하는 환경일 확률이 높기 때문에 `<noscript>` 태그에 넣어주는 방법을 사용할 수도 있다.

하지만 우선 기본적으로 그 원론적인 방식을 바꾸는 것을 추천한다. '정직한 사람'이라고 써두고 링컨의 사진을 바탕에 깔아준다? 무슨 이유로 그런 페이지를 만들까?

14.7
eBay 사이트의 로고는 이 로고가 클릭이 가능한, 홈으로 가는 버튼이라는 것을 의미하는 듯 하지만 그렇지 않다 (www.ebay.com). 여기에 들어간 alt 속성은("eBay logo") 윈도우용 인터넷 익스플로러에서 툴팁으로도 보여주기 때문에 약간 어색해 보인다(현재의 eBay사이트는 이렇지 않지만 오히려 더 장황해졌다-옮긴이주).

애플 사의 퀵타임과 다른 동영상 미디어

플러그인이 필요하다면 필요한 아이템에 대한 정확한 링크를 달아주어야 한다.

필요한 플러그인의 링크를 달아주는 이미지를 사용하면 적절한 alt 값을 넣어주어야 한다.

퀵타임(또는 리얼)의 접근성을 높이기 위해 자막 툴이나 SMIL 같은 웹표준을 사용해서 오디오트랙에 적당한 설명문구와 자막을 넣어 주어야 한다. A List Apart의 "SMIL When You Play That"(www.alistapart.com/articles/smil)을 참조하면 디자이너에게 맞는 SMIL에 대한 소개와 잘 설명된 "Best Practices in Online Captioning"(www.joeclark.org/access/captioning/bpoc)을 볼 수 있다.

WGBH Boston은 접근성 있는 퀵타임과 플래시를 만드는 데 탁월하다(main.wgbh.org/wgbh/access). 조 클락은 BMWFilms(www.BMWFilms.com)에서 만든 접근성이 높은 영상물을 추천했다(아쉽게도 BMW에서 지금은 그 영상을 보여주고 있지 않고 기사들을 보여주고 있다).

매크로미디어 플래시 4/5

매크로미디어 플래시는 접근성에 대한 지원이 상당히 적었다. 매크로미디어 플래시 4와 5는 네비게이션 버튼을 설명하는 음성기능 같은 접근성에 관한 기능이 거의 없었다. 플래시 8로 업그레이드 하지 못하면 기능을 사용하면서 동시에 HTML로 대체기능을 제공해야 한다.

매크로미디어 플래시 MX와 플래시 8

2002년 4월에 출시된 매크로미디어 플래시 MX는 스크린리더의 사용을 가능하게 하는 등, 접근성 면에서 장족의 발전을 이루어냈다. 2005년에 출시된 플래시 8은 그 이전 버전의 기능을 더 확장 시켰다(www.adobe.com/resources/accessibility/flash8). 대부분의 이 발전된 기능들은 Microsoft Active Accessibility를 통한 스크린리더와의 플래시 통신 기능처럼 윈도우 환경에서만 작동한다.

일부에서는 '음성 브라우저'라든가 '텍스트 리더'로 잘못 인식되어 있는 스크린리더는 웹의 내용을 크게 읽어주는 브라우저이다. 플래시에서 접근성 향상을 하게 되면 GW Micro(www.gwmicro.com)의 Window-Eyes와 Freedom Scientific(www.freedomscientific.com/fs_products/JAWS_HQ.asp) 의 JAWS 같은 가장 많이 사용되는 두 개의 스크린리더에서 인식이 가능하다.

지금의 플래시는 U.S. Section 508에 맞추기 위해서 다음과 같은 몇 개의 요소가 필요하다.

- 컨텐츠 확대기능
- 마우스 없이 가능한 네비게이션
- 음향 동기화
- 사용자 컬러 팔레트 지원

플래시 MX는 U.S. Section 508에 따라 다음과 같은 기능을 제공한다.

- 상응하는 텍스트를 만들어주는 기능
- 빈약하게 만들어진 애니메이션 이벤트에 의한 피해를 최소화하는 기능
- 버튼이나 form, label을 접근성 있는 버전으로 만드는 기능
- XHTML에서처럼 마우스를 사용하지 않는 사용자를 위해서 tab의 순서를 지정해 주는 기능

플래시 MX에서는 ECMAScript의 매크로미디어 버전인 ActionScript로 탭의 순서를 지정한다. XHTML에서의 탭 순서를 정하는 것에 관한 자세한 사항은 나중에 나오는 'Tab의 연결: 우리의 친구, tabindex 속성' 절을 참조하라.

이러한 발전된 기능들은 어떻게 사용하는지 알지 못하거나 어떻게 플래시를 만드는 과정에 추가하는지를 모른다면 전혀 의미가 없다.

추가적인 플래시 관련 팁

플러그인이 필요하다면 필요한 아이템에 대한 확실한 링크를 달아주어야 한다.

필요한 플러그인의 링크를 달아주는 이미지를 사용하면 적절한 alt 값을 넣어주어야 한다.

자바스크립트를 사용해서 플래시가 있는지를 체크한다면 자바스크립트를 사용하지 않거나 사용하지 못하는 사람들을 위해서 차선책을-필요한 아이템에 대한 확실한 링크 같은-마련해야 한다. 또 자바스크립트를 사용할 때 확실히 작동하는지 알아보고 하는 것이 좋다. 시원찮은 브라우저와 플러그인을 제대로 체크하지 못하는 스크립트 때문에 제대로 작동하지 못하는 경우가 많다.

최선을 다하고, 성실한 노력에도 불구하고 일부 사람들은 플래시 컨텐츠를 사용하지 못한다는 사실을 인정해야 한다.

색상

정보를(클릭이 가능한가 하는 등의 정보들) 표시하는 데 색상을 사용한다면 다른 방법으로(링크에 볼드나 밑줄을 주는 것 같은) 보강해주어야 한다. CSS로 밑줄을 없앴다면 링크에는 일반 텍스트보다 굵은 글씨로 해주어야 한다. 그렇게 해주면 일반적인 텍스트에 굵은 글씨를 사용하는 것을 자제해서 색맹인 사용자들이 어느 굵은 글씨가 링크이고 어느 굵은 글씨가 그냥 일반 글씨인지 혼동하는 경우를 없애야 한다. 링크가 있는 텍스트와 일반 텍스트가 색맹인 사람에게도 인식이 가능한 정도라면(극단적인 예로 텍스트가 검은색이고 링크는 흰색 같은) 굵은 글씨나 다른 차별화 시키는 방법들은 필요가 없다.

텍스트의 색상으로 구분하는 방법은 삼가 하자. '노란색 상자를 클릭하시면 도움말을 볼 수 있습니다.' 같은 방법은 시각장애인에게는 (또는 색맹인 사용자에게는) 전혀 의미가 없다.

색상으로 잘 조화시킨 구조를 만들 때는 특정한 색상을 보지 못하는 사람들은 그 차이를 전혀 구분할 수 없기 때문에 상당히 조심해야 한다. 조 클락은 그의 책에서 이 주제를 자세히 설명하는데 많은 페이지를 할애했다.

www.vischeck.com에 가면 여러분의 웹 페이지가 여러 종류의 색맹, 색약에 문제되지 않게 보여주는 방법을 찾을 수 있다.

CSS

만들어진 페이지를 스타일시트가 있거나 없거나 상관없이 읽는 것이 가능한지를 테스트해보자 [14.8]. 사이트를 사용하는데 지장을 주지 않는다면 스타일시트가 없을 때 그래픽디자인에 해당하는 부분이 사라지는 것은 신경 쓰지 말자.

구조적인 마크업은 CSS가 없어도 의미를 전달한다

잘 만들어진 구조적인 XHTML로 만든 페이지는 스타일이 사라졌을 때 오히려 더 잘 작동한다 [14.8]. 사용자들은 CSS가 있던 없던 시멘틱한 마크업을 이해한다. 내내 얘기했듯이 구조를 중요시하고 div남용을 피해야 한다. 다음에 보이는 것과 같은 마크업은 CSS가 없으면 사용자가 이해를 하지 못할 것이다.

```
<div class="header">Headline</div>
<div class="copy">Text</div>
<div class="copy">Text</div>
<div class="copy">Text</div>
```

14.8

CSS를 없앤 저자의 사이트이다(www.zeldman.com). 넷스케이프 4에서 CSS를 꺼두고 사이트를 테스트하면 구식 브라우저에서 테스트하는 환경이 쉽게 만들어 진다.

하나의 브라우저에서 보이는 모양만 믿고 있지 말라

유효한 CSS를 쓰고 여러 개의 브라우저에서 테스트해봐야 한다. 특정 브라우저에서만 우연히 작동되는 CSS를 사용하지 말자. 안 좋은 CSS는 페이지를 읽기 어렵게 만든다. 모든 사용자가 CSS를 끄는 방법을 알지 못할 뿐만 아니라 사용자의 스타일시트로 여러분이 만든 CSS를 대신하게 하는 방법도 알지 못하며, 현재 모든 브라우저가 사용자 스타일시트를 지원하는 것도 아니다.

텍스트의 크기를 지정할 때 조심하자

텍스트의 사이즈를 em이나 %로 지정한다면 좀 더 작은 기본 폰트 사이즈로 사이트를 체크해 본다(13장 참고). 7.0이전의 윈도우용 인터넷 익스플로러에서는 텍스트의 사이즈가 조절이 안 되기 때문에 픽셀로 텍스트의 사이즈를 지정하는 것은 피하거나(마찬가지로 13장 참고), DOM으로 구동하는 스타일 전환기능을 이용해서 사용자가 텍스트의 사이즈를 변경할 수 있도록 해준다(15장 참고).

접근성 검사의 결과를 절대 믿지 말라

온라인 접근성 검사를 통과했다고 해서 사이트가 '안전하다'고 생각하지 말자. 7px의 폰트사이즈는 거의 읽기 힘들지만 검사에서는 통과한다.

롤오버와 다른 스크립트 동작들

자바스크립트가 꺼진 상태에서도 링크가 작동이 가능하도록 코딩을 해야 한다. 브라우저에서 자바스크립트를 꺼두고 테스트를 할 수 있다.

마우스를 사용하지 않는 사용자를 위한 대체 요소를 제공하라

지체장애를 가진 사람들은 자바스크립트를 지원하는 브라우저를 사용할 수 있고 사용하고 있지만 클릭을 하거나 다른 마우스 동작을 하지는 못할 수도 있기 때문에 대체 요소를 제공해야 한다.

```
<input type="button" onclick="setActiveStyleSheet('default');
➥return false;" onkeypress="setActiveStyleSheet('default');
➥return false;" />
```

앞의 예에서 onkeypress는 마우스를 사용하지 않는 사람들이 클릭에 준하는 행동을 하는 것이다. 두 개의 코드는 서로 문제없이 같이 있을 수 있다. 대체로 제공된 코드는 마우스를 사용하는 사람들에게는 전혀 지장을 주지 않는다. 물론 같은 기능을 하는 코드를 두 번 써주면서 약간의 용량이 늘어나기는 한다. 하지만 이러한 경우에 사소한 전송량의 증가는 수많은 장애인 사용자를 받아들이면서 충분히 덮어질 수 있다.

자바스크립트를 사용하지 못하는 사람들을 위해서 noscript를 써준다

zeldman.com의 The Daily Report는 이전 페이지에 접근하기 위해서 자바스크립트를 사용한다. 다음의 예에서는 깔끔하게 만들기 위해서 단순한 코드의 기본이 되는 몇 개의 요소들을 없앴다. 두 개의 onclick과 onkeypress는 모두 방문자를 이전페이지로 가게 한다.

```
<form action="foo"><input type="button" value=
➥"Previous Reports" onclick="window.location=
➥'http://www.zeldman.com/daily/0103c.shtml';" onkeypress=
➥"window.location='http://www.zeldman.com/daily/0103c.shtml';" />
...
</form>
```

이렇게 하면 자바스크립트를 지원하는 브라우저를 사용하는 사람이나 자바스크립트를 꺼두지 않고 사용하는 사람들에게는 전혀 문제가 되지 않는다. 하지만 그렇지 않은 사람들은 어떨까? 단순한 링크를 noscript를 사용해서 두게 되면 그 역할을 하게 할 수 있다.

```
<noscript>
<p><a href="/daily/0103c.shtml">Previous Reports</a></p>
</noscript>
```

아래는 이 모든 코드를 하나로 만들어 본 것이다.

```
<form action="foo"><input type="button" class="butt" value=
➡"Previous Reports" onclick="window.location=
➡'http://www.zeldman.com/daily/0103c.shtml';" onkeypress=
➡"window.location='http://www.zeldman.com/daily/0103c.shtml';"
➡onmouseover="window.status='Previous Daily Reports.';
➡return true;" onmouseout="window.status='';return true;" />
<noscript>
<p><a href="/daily/0103c.shtml"> Previous Reports</a></p>
</noscript>
</form>
```

자바스크립트에 전혀 익숙하지 않은 사람들은 아마도 앞에 있는 코드에 약간은, 특히 책에 인쇄가 되어 있는 것을 보는 경우에는 더욱 더 주눅이 들지도 모른다. 하지만 이 정도는 어느 정도 경력이 있는 개발자들에게는 '식은 죽 먹기'이다. 디자이너들도 이 코드를 사용한다. 초보적이기는 하지만 이 코드로 일반 웹 사용자들과 신체장애자, 시각장애자, 일반적이지 않은 기기를 사용하는 사람들 그리고 자바스크립트를 지원하는 브라우저를 쓰면서 자바스크립트를 꺼두고 사용하는 특이한 사람들에게 모두 적합하다.

자동으로 만들어진 스크립트를 사용하지 말거나 적어도 수정을 해서 사용하라

브라우저나 플랫폼을 힘들게 하는 드림위버-또는 GoLive-에서 자동으로 만들어진 스그립드를 사용하지 말아야 한다. 적어도 비주류 브라우저에서 자바스크립트를 꺼둔 상태로 만들어진 페이지를 테스트해보자.

더 자세히

스크립트로 만든 기능들과 접근성의 상호작용에 대한 것은 상당히 복잡하고 자세히 다루자면 이번 장의 범위를 벗어나게 된다. 자바스크립트에 관계된 더 많은 정보는 다음에 나오는 15장에서 추천하는 책들을 참고하자.

Form

이 장의 처음 부분에 두 개의 책을 강력하게 추천했다. 『Building Accessible Web Sites』는 책의 전부를 접근성 있는 form들에 대해서 다루는 데 할애했다. 『Constructing Accessible Web Sites』도 마찬가지로 책의 전부를 접근성 있는 form들에 대해서 다루는 데 할애했다. 이 공통점으로 아마도 접근성 있는 form을 만드는 것이 어떤 형태로든 연관되어 있다는 것을 짐작할 수 있을 것이다. 그리고 그 짐작이 맞다.

겁먹을 것 없다. 이와 관련된 대부분의 작업은 적절한 레이블을 form 필드들에 연결하는 것 같은(예를 들어 Search form의 textarea를 "Search"라고 이름 짓는) 단순하고 간단한 작업들이다. 그저 이런 작은 일들의 양이 좀 많을 뿐이다.

접근성 있는 form들을 만든 후에는 Lynx(lynx.browser.org)나 JAWS에서 테스트를 하면 된다. 오래된 맥 사용자들은 가상의 PC(www.microsoft.com/windows/virtualpc/default.mspx)나 실제 PC가 있어야 Jaws를 구동시킬 수 있다. 인텔 기반의 맥에서는 Bootcamp(www.apple.com/macosx/bootcamp)와 윈도우 CD가 필요하다. 또 Mac OS X Tiger에 들어 있는 접근성 인터페이스인 Voiceover(www.apple.com/macosx/features/voiceover)를 사용해도 된다. 리눅스 사용자들은 수세 리눅스 7.0(www.hicom.net/~oedipus/vicug/SuSE_blinux.html)에 들어있는 무료 스크린리더나 Speakup(www.linux-speakup.org/speakup.html)을 사용해도 된다.

이미지 맵

가능한 이미지 맵의 사용을 피한다. 필요하다면 alt 문구와 함께 클라이언트 측의 이미지 맵을 사용하고 여분의 텍스트 링크를 제공해야 한다. 이전에 쓰던 서버에서 만드는 이미지 맵은 절대 사용하지 않아야 한다.

테이블 레이아웃

고민할 필요 없다. 8장에서 설명한 것처럼 간단한 테이블의 summary를 적고 CSS를 사용하고 너무 복잡한 테이블 구조나 GIF 투명이미지 공백 그리고 8에서 10까지 설명했던 잡동사니들의 사용을 피하라.

이 정도면 끝이다. 어디서 무슨 소리를 들었는지는 모르겠지만 단순한 테이블 레이아웃을 쓰는 것이 무슨 큰 잘못을 하는 것은 아니고 WAI나 Section 508의 가이드 라인에 어긋나는 것도 아니며, 여러분의 죄의식에 영원히 남아서 괴롭히는 문제도 아니다.

데이터를 표시하는 테이블

테이블의 제목을 명확히 하고 데이터 셀과 제목 셀을 연결하는 적절한 마크업을 사용해서 둘 이상의 논리적인 행과 열을 가지는 테이블을 만들어 준다. 뮤지컬 배우들을 보여주는 테이블을 만든다면, 전형적인 테이블의 헤더에는 **Actor**가 있을 것이고, 여기에 연결된 데이터 셀에는 배우들의 이름이 나열될 것이다.

그래픽 브라우저를 사용하는 사람들은 **Actor**와 그 줄에 속한 배우들의 이름의 관계를 쉽게 알 수 있다. 하지만 스크린리더를 사용하는 사람들은 그 테이블의 헤더와 연관된 데이터 셀 부분을 연결해주는 추가적인 마크업이 필요하다. www.w3.org/WAI/wcag-curric/sam45-0.htm의 소스를 확인하면 WAI 그룹에서 테이블의 header와 연관된 데이터 셀의 연결을 명확하게 해둔 것을 볼 수 있다[14.9].

프레임, 애플릿

무조건 절대 안 된다.

번쩍거리고 깜빡이는 요소

절대 안 된다. 절대적으로 무조건 안 된다. `<blink>`나 `<marquee>` 태그는 한 번도 사용해 보지 않았을 수도 있지만 여기서 말하는 번쩍거리고 깜빡이는 요소는 플래시나 퀵타임도 포함해서 말한 것이다.

14.9 생긴 건 별로지만 기능은 탁월하다. W3C의 Web Accessibility Initiative의 예제 페이지는 복잡한 테이블의 header와 데이터 셀을 연결하는 방법을 보여준다(www.w3.org/WAI/wcag-curric/sam45-0.htm).

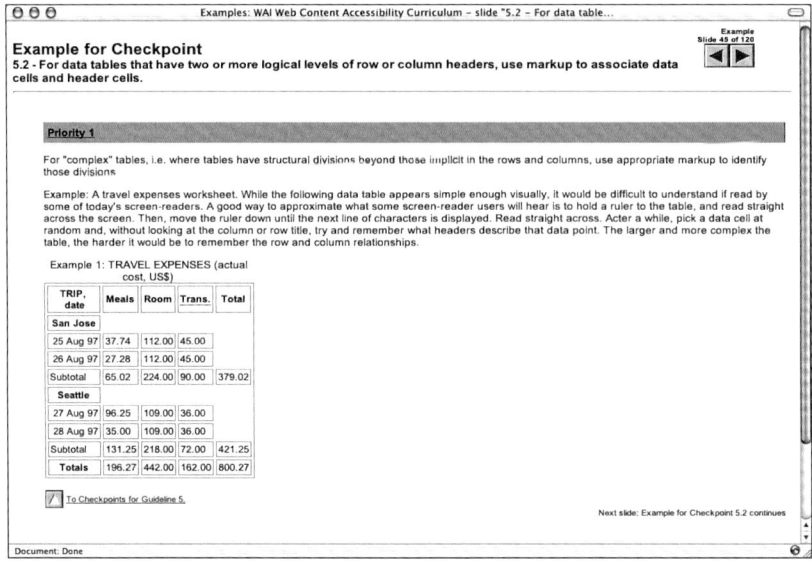

접근성에 도움이 되는 툴과 플러그인

웹 페이지를 제작할 때 비주얼 웹 에디터를 사용한다면 몇 가지 툴과 플러그인으로 간단하게 접근성 가이드를 맞출 수 있다.

- **파이어폭스 Web Developer Toolbar**

    완벽하고 게다가 무료인 이 파이어폭스용 툴바는 여러 가지 웹 개발 툴을 제공하고, 이들 중에서 상당수가 쉽고 빠르게 접근성 테스트를 하는데 최상의 조건을 갖추고 있다. CSS 스타일을 끄고 켜고, 자바스크립트와 페이지 색상을 임시로 꺼둘 수도 있다. 파이어폭스나 모질라에 설치가 되어 있어서, 이 브라우저를 사용하는 윈도우나 리눅스, Mac OS X를 포함한 어떤 플랫폼에서든지 사용이 가능하다.

    www.chrispederick.com/work/webdeveloper

- **인터넷 익스플로러용 Web Accessibility Toolbar**

    Vision Australia 팀의 Accessible Information Solutions[AIS]에서 제공한 이 윈도우 익스플로러용 무료 툴바는(무료이기는 하지만 기부금을 보내는 것은 좋다) 다양한 형태의 접근성에 대해서 체크가 가능하다. CSS 스타일을 켜고 끄거나 img 요소를 alt 속성으로 교체하고, GIF 애니메이션 이미지가 감광성 간질을 일으킬만한 '깜빡이는 빈도'인지를 체크하는 등의 기능이 있다.

    www.visionaustralia.org.au/info.aspx?page=614

- **UsableNet LIFT와 드림위버**

    이 장의 초반에 언급했던 드림위버용 UsableNet의 LIFT는 접근성을 지키게 해주는 것 외에도 다수의 특징을 가지고 있다. LIFT는 자동으로 많은(전부는 아니지만) 접근성에 관련된 잘못을 수정해 준다. LIFT는 독립적인 버전도 있다.

    www.usablenet.com/products_services/lift_dw/lift_dw.html

- **드림위버 8**

    내장된 508 유효성 검사기, 508 참조 가이드와 이미지, 테이블, 프레임에 접근성 요소를 추가해주는 툴을 포함한 LIFT의 기능 중에서 상당수는 드림위버 8에 들어가 있다.

    중요: 어떤 툴도 모든 문제를 잡아낼 수는 없고 안전한 판별능력이나 경험을 대신할 수는 없다. 망치와 못처럼 툴은 그것을 사용할 줄 아는 사람들에게 도움을 줄 뿐이다.

- **마이크로소프트 프론트페이지의 LIFT 인수**

    2002년 7월 9일 UsableNet은 LIFT가 유명 저작 툴인 마이크로소프트 프론트페이지에 인수되었다고 발표했다.

www.usablenet.com/frontend/onenews.go?news_id=45

하지만 4장에서 배운 것처럼 프론트페이지는 이제 중지되었으니 아무런 의미는 없다.

Cynthia Says™

앞에서 말한 제품들을 사용하거나 아니면 그냥 마크업이나 코드를 손으로 직접 만들고나서, 이 장의 앞부분에서 얘기한 Cynthia Says[14.6]는 그 다음 단계에 사용해야 한다(www.contentquality.com).

판단과 분석에서 약간의 미묘한 차이가 있겠지만 이 빠르고 무료이기까지 한 서비스로 어떤 페이지든지 접근성에 관한 적합도를 테스트할 수 있다. WAI와 Section 508 모두 적합도를 판단하는 데 손으로 만든 체크리스트에 의존한다. W3C의 마크업, CSS 유효성 검사 서비스와 달리 Cynthia Says의 유효성 검사 테스트는 잘못된 상태나 잘못에 대한 수정사항을 리스트로 알려주지는 않는다. 그 대신 결과값을 사용자가 직접 분석해야 한다. 이 부분이 문제가 되는 부분이다. 하지만 좀 더 연구를 해서 더 많이 알고 있는 디자이너나 개발자 등의 웹 전문가들이 인정을 받을 수 있는 부분이기도 하다.

우리가 만든 사이트의 접근성에 관한 테스트를 하면서 발생할 수 있는 모든 상황을 여기서 알아보는 것은 힘들지만 하나의 샘플정도면 충분할 것이다. Cynthia가 나오기 전에는 행복한 영국 경찰관을 마스코트로 세운 온라인 접근성 테스트 서비스인 Bobby가 있었다 (Bobby는 나중에 Watchfire에 인수되어 프로그램을 WebXACT라고 이름을 변경했는데 제대로 작동하지도 않는데다가 사용하는 사람도 본 적이 없다).

2002년 Bobby를 사용하여 zeldman.com의 혼합형(table과 CSS를 혼합한) 버전이 Section 508 테스트를 통과했지만 실제적인 승인은 Bobby에서 나온 체크리스트를 어떻게 해석하느냐에 달려있다. Bobby의 체크리스트에는 이런 항복들이 있었다: "form 컨트롤이나 링크, 객체들간의 논리적인 tab order를 명시할 것"

Tab의 연결: 우리의 친구, tabindex 속성

XHTML의 tabindex 속성은 tab을 눌렀을 때의 form 컨트롤들의 순서를 지정한다. 논리적인 tab의 순서를 지정해주지 않으면 tab에 의존하는(마우스를 사용하지 않는) 사람들은 XHTML의 소스에 나와있는 링크들의 순서대로 건너뛰게 된다. 이런 방식은 어떤 경우에는 최적의 방법이 아닐 수도 있다. 특히 body에 있는 텍스트에 수많은 링크나 길게 늘어진 네비게이션이 초반에 있다면 더욱 그렇다.

Skip Navigation이나 accesskey(8장에 다루었다)처럼 tabindex도 줄줄이 나열된 네비게이션의 악영향에서 스크린리더기 사용자들을 구해주고, 정작 관심 있는 컨텐츠로 바로 넘어갈 수 있도록 해준다. Skip Navigation이 링크들의 나열을 넘어서는 반면에 accesskey는 (적어도 이론상으로는) 다양한 페이지의 구성요소들로 연결해주는 커맨드 키를 제공하고, tabindex는 페이지의 다양한 부분을 가로질러가는 기능을 제공한다-시청자들이 앞으로나 뒤로 돌려가면서 원하는 부분만 볼 수 있게 해주는 DVD의 챕터 인덱스와는 다르다.

상업용 사이트에서는 tab 순서를 만든 후에 실제 사용자에게 테스트를 해봐야 한다. 개인용이나 비영리 사이트인 경우에는 그런 사치는 힘들 것이다. 사용자 테스트가 여의치 않을 경우에는 사용자 시나리오를 만들어서 시나리오에 따라서 tab 버튼을 이용해서 이동하는 순서를 만들어 tabindex를 사용하고 나서 사이트의 방문자들에게서 사용자들이 원하는 대로 제대로 만들었는지 의견을 받아보아야 한다.

tab 순서

그림 14.10은 오래된 혼합형 사이트를 보여주고 tabindex를 사용한 tab 순서를 보여준다. 사용자가 Tab 키를 사용할 때 보통은 단순하게 힌 링그에서 다른 링크로 마크업된 순서대로 넘어간다. 이것이 일반적으로 예측되는(괴로운) 기본 행동방식이다. 그림 14.11은 tabindex로 수정된 순서로 사용자가 Tab 키를 누를 때마다 실제로 원하는 곳으로 건너뛰게 해준다. 스크린샷에 나타낸 숫자들은 tab 순서를 나타낸다. 당연히 실제 사이트에서는 보이지 않는다.

14.10

혼합형 젤드만 사이트는 tabindex를 사용해서 tab 순서를 재설정한다. 방문자가 Tab키를 누르면 마크업에 있는 순서대로 단순히 링크에서 다른 링크로 건너뛴다(www.zeldman.com). 나타난 숫자는 사이트에 실제 나타나지는 않는다. 기본적인 tab 순서를 보여주기 위해서 추가된 것이다.

14.11

tab 순서를 재설정하여 이제 방문자가 Tab 키를 누르면 실제로 방문자가 사이트에서 사용하기를 원하는 부분으로 갈 수 있다. 이미지에 추가된 숫자들은 수정된 tab 순서를 보여준다. 사이트의 보이는 레이아웃 부분은 기존과 전혀 다르지 않다. Tab 키를 사용하지 않는 사람들은 전혀 그 차이를 알지 못할 것이다.

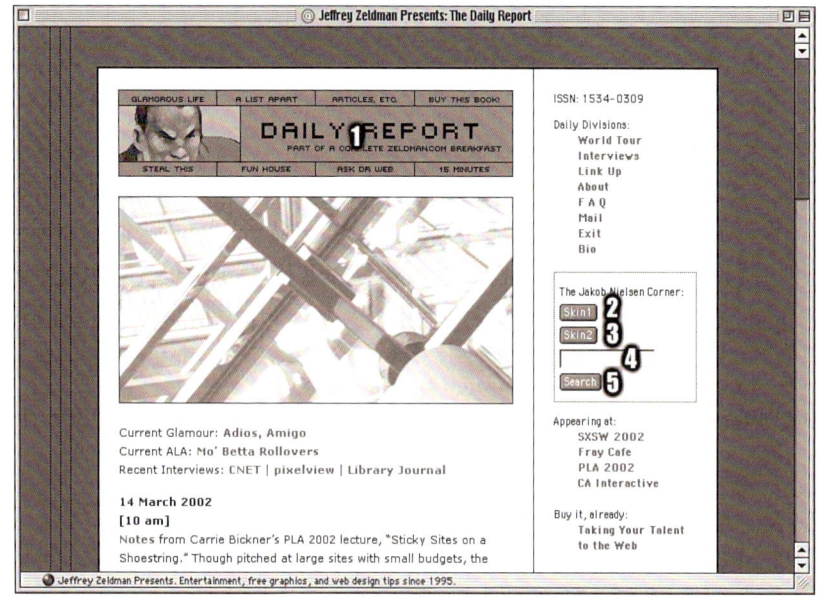

필요한 마크업에 대해서(어떤 초보자든지 만들 수 있을 정도로 간단하다) 알아보기 전에 내가 선택한 tab 순서를 알아보고, 그 이유를 알아보는 것도 의미가 있을 것이다. 내가 만든 이 순서가 최고의 순서인지는 알 수가 없지만 기본적으로 사이트에서 어떤 식으로 진행할지 생각해둔 방식대로 진행하는 순서를 보여준다.

마우스를 사용하지 않는 사람의 입장에서 생각해보고 어떤 순서로 어느 링크를 클릭하고 싶은지를 생각해보고 다음과 같은 tab 순서에 대한 규칙을 얻게 되었다.

1. 첫 번째 클릭으로 방문자는 페이지의 header/Home 버튼에 멈추고 원하기만 하면 이 페이지를 새로고침 할 수 있고, 웹 공간에서의 위치를 알려주며, 마지막으로(그리고 가장 중요한 것으로) 사이트에서 어디에 있던지 홈으로 돌아올 수 있게 해준다.

2. 두 번째 tab은 방문자를 기본 타입의 사이즈와 스타일시트를 선택하는 위치로 이동할 수 있게 한다. DOM 기반의 스타일전환은 다음 장에서 다룰 것이다. 이 버튼의 목적은 사이트의 모양을 완전히 다르게 바꾸는 기능을 하는 것 말고도 방문자가 글자의 크기나 종류(또는 둘 다)를 바꾸게 해줘서 접근성을 높이는 데 있다.

3. 세 번째 tab은 두 번째 버튼과 같은 비슷한 용도로 방문자들이 폰트를 시력에 장애가 있는 사람들이나 텍스트 크기를 '작게'로 설정한(13장 참조) 사람들도 읽을 수 있을 만한 사이즈로 바꾸는 버튼으로 옮겨간다.

4. 네 번째 tab은 검색 창으로 가게 해준다. 검색 창을 방문자의 링크에서 앞쪽에 두면 의미 없는 수십 번의 탭을 줄일 수 있다.

5. 다섯 번째 tab은 검색 버튼으로 가서 사용자가 검색을 실제로 실행할 수 있게 해준다.

   스크린 샷의 아래쪽에 있는 여섯 번째 tab은 방문자를 페이지의 하단에 있는 Previous Reports 버튼으로 가게 해준다(앞에서 설명한 "자바스크립트를 사용하지 못하는 사람들을 위해서 noscript를 써준다" 참조). Previous Reports 버튼은 방문자가 시간 순으로 이전 페이지를 볼 수 있게 해준다.

   마찬가지로 페이지의 아래쪽에 있는 일곱 번째 tab은 방문자가 페이지의 맨 윗부분으로 갈 수 있게 해주어서 스크롤에 대한 문제를 줄여준다. 이 버튼은 마우스로 스크롤을 하지 못하는 사람들에게 상당히 유용하다.

이렇게 일곱 개의 tab을 지나고 나서 사용자들은 페이지의 나머지 링크들을 그 순서에 따라 진행하게 된다.

만들기와 테스트

Tab 순서를 바꾸는 것은 쉽다. 단순하게 어떤 아이템에든지 tabindex를 써서 값을 적당한 순서로 넣어주면 된다. 다음에 보이는 것은 접근성을 높이기 전에 만들었던 폰트사이즈를 바꾸는 버튼의 XHTML이다.

```
<form action="send">
    <input type="button" />
</form>
```

그리고 이것이 같은 버튼에 접근성을 부여한 것이다(수정된 부분만 굵은 글씨로 표시되어있다).

```
<form action="send">
    <input type="button" tabindex="2" />
</form>
```

순서에 따라 다음에 오는 아이템에는 tabindex="3"이 올 것이고; 그 다음은 tabindex="4"가 오는 식이다.

이 방법을 알려주기 시작한 뒤로 zeldman.com을 순수 CSS 레이아웃과 시멘틱한 XHTML을 사용해서 여섯 번을 개편했다. 그렇긴 해도 www.zeldman.com/daily/1002a.html에서 tab을 사용해보고 소스를 보면 아직도 tab 순서에 대한 부분을 찾을 수 있을 것이다.

대부분의 접근성에 관한 핵심은 이해하고 만들기 쉽다. 전형적인 온라인 접근성 체크툴은 아마도 form 요소에 맞는 키보드 단축키를 만들어 추가하는 것과 스타일시트를 껐을 때도 읽기와 사용이 가능한지를 테스트할 것을 제안할 것이고, 접근성을 높이는 작업을 추가하면 제안하는 숫자도 점점 줄어들 것이다..

반복이 얼마나 교육에서 중요한 역할을 하는지는 잘 알고 있을 것이다. 그런 의미에서 Cynthia Says가 완벽한 가이드를 주기는 하지만 여러분의 사이트는 여전히 접근성이 없을 수도 있다는 점을 강조하면서 이 절을 끝내려고 한다. 여러분의 판단과 상식을 사용하고 이 장의 초반에 추천했던 책을 읽기를 바란다.

하나의 페이지, 두 개의 디자인

tab 순서를 변경한 이후에도 사이트는 원래 모양에서 전혀 바뀐 점이 없다. 하지만 어떤 점에서는 이 사이트는 두 개의 사용자 인터페이스 디자인을 가진다. 하나는 마우스를 사용하는 원래의 그래픽 브라우저 사용자용이고 다른 하나는 그래픽 브라우저나 그 외에서 tab 키를 이용하는 사람을 위한 브라우저이다. 두 개의 디자인은 아무런 문제없이 공존하면서 다른 '접근성 있는' 버전의 페이지가 필요하지 않고 대부분의 사용자들이 보는 그래픽에 손을 대지 않아도 된다(혹시 시각장애를 가진 사용자가 읽지 못하는 색상을 사용했다면 아마도 디자인을 전반적으로 고쳐야 할 것이다).

접근성 계획: 어떤 장점이 있을까

법적으로 접근성을 높여야 하는 사이트가 아직 많은 것은 아니지만 조만간 그렇게 될 것이다. 법에 대한 한 가지 확실한 점은 계속 바뀌어 간다는 것이다. 또 다른 점은 우리 모두가 좋든 싫든 그 법을 따라야 한다는 것이다. 지금의 법에서는 이러한 접근성을 지키지 않아도 되는데도 여러분의 사이트에 지금 적용을 하면 내년쯤 바뀌는 법 때문에 해야 하는 개편으로 들어가는 값비싼 비용을 줄일 수 있고, 차별대우에 관련된 소송사건에 휘말리는 것을(그리고 안 좋은 이미지도) 막아줄 것이다.

접근성은 우리한테도 도움이 된다

많은 사이트가 갑자기 접근성에 관한 관심이 높아진 근본적인 이유를 들면, 소송에 휘말릴까 하는 걱정 때문에 그렇다는 것은 아니라는 점을 알려주고 싶다. 이 접근성의 증대는 모든 사이트에 새로운 사용자를 늘려주는 역할을 한다—그리고 어떤 사이트가 더 많은 사용자를 원하지 않겠는가? 다른 사이트를 사용하지 못하는 사람들은 여러분이 만든 마크업에 접근성을 높여주어 그들이 사용이 가능하다면 여러분의 사이트에 대한 충성도는 높아질 것이다. 다른 온라인 쇼핑몰에서 장애인이나 일반적이지 않은 기기들의 접근을 막아두고 여러분의 사이트에서만 가능하다면 이 고객들에게 판매를 하는 것은 누구일까?

그리고 잊지 말아야 할 것은 장애인 사용자와 일반브라우저가 아닌 인터넷 기기를 사용하는 사람들에게는 접근성이 더 높으면 구글이나 AlltheWeb 그리고 다른 굼벵이 검색엔진들에서 더 많은 컨텐츠를 보게 된다는 것이다. 반대로, 접근성이 낮으면 구글 등에서 더 적게 나타날 것이다. Zeldman.com이나 A List Apart 그리고 지난 몇 년간 Happy Cog가 만든 대부분의 사이트는 검색엔진 결과에서 높은 순위를 가져왔는데, 그 이유는 우리가 뭔가 눈에 띄는 일을 해서가 아니고, 이 사이트들이 접근성이 강화된 시멘틱 마크업을 사용했기 때문이다.

지금껏 좀 더 고차원적인 영역에 도달하기 위해서 노력했고 순수하게 이기적인 이유로 접근성을 도입하라는 제안만을 해왔다. 그리고 여기 두 가지가 더 있다.

접근성의 향상을 도입하는 것은 '디자인'에 관한 이해를 높여주기도 한다. Tab 순서 같은 것을 고민하면서 겉에서 보이는 "룩앤필" 부분에 대해서 치장하는 것을 넘어서 사용자 경험이나, contingency design(우발 디자인, 사용자의 실수에 의한 에러를 미리 예측해서 대처하는 디자인-옮긴이주), 일반적인 사용성의 영역으로 인도한다 이러한 것들은 웹 디자이너나 정보 설계자, 사용성 전문가가 고민할 문제들이다. 접근성은 단지 사람들의 각기 다른 필요에 맞추어서 최적의 사이트를 만들어 내는지를 고민하는 또 다른 관점일 뿐이다.

접근성을 도입하는 것과 적용하는 기술을 익히는 것은 여러분의 개발 기술을 더 갈고 다듬어 여러분이 한 번도 가지지 못한 신선한 시각을 가지게 해줄 것이다. WAI와 Section 508(또는 다른 어떤 법적으로 정의된 접근성 표준)의 방법을 배우는 것은 여러분의 프로로서의 가치나 여러분의 웹 에이전시의 지위를 경쟁자보다 좀 더 현명하고 좀 더 유용한 위치로 높여줄 것이며, 또 예전보다 훨씬 많은 사람들에게 노출되게 해줄 것이다. 바로 이것이 모든 사이트가 원하는 것이고, 모든 디자이너와 개발자가 그렇게 노력해왔던 것이다. 접근성을 실행하면 방문자가 목적을 이루게 하는데 도움을 줄 수 있고 그와 동시에 여러분의 목적도 같이 이루게 되는 것이다.

15장

DOM 기반의 스크립트로 작업하기

처음에 넷스케이프에서 자바스크립트를 만들었는데 상당히 잘 만든 스크립트였다. 그리고 나서 마이크로소프트에서 이것과 약간 다른 JScript를 만들어냈다. 이 거대한 조직들이 갑자기 전쟁을 시작했고, DHTML이 모두를 삼킬 것처럼 위협을 가했다. 이러한 위협에 대한 구원은 DOM Level 1(www.w3.org/TR/1998/REC-DOM-Level-1-19981001)이라고 불리던 표준 Document Object Model(DOM)이 생겨나면서 시작되었다. 당연히 아주 좋은 결과를 가져왔다. W3C DOM은 사이트를 만드는 데 사용한 데이터나 스크립트, 표현을 위한 레이아웃에 접근하는 표준화된 방법을 처음으로 디자이너와 개발자에게 제공했다.

그 뒤로 몇 년간 W3C는 DOM의 구성을 지속적으로 업데이트 해왔고, 웹표준화 프로젝트의 성급한 재촉에 브라우저들도, 지원하는 방법은 약간씩 다르기는 했지만, 거의 모든 DOM Level 1의 항목들을 지켰다. 이번 장에서 우리는 DOM을 접해보고 접근성을 고려한 사용자 중심의 사이트를 만드는 데 도움을 줄 만한 간단한 방법을 알아볼 것이다.

이번 장이 아마도 이 책에서 가장 짧은 장 중의 하나일 것이지만 주제가 가벼워서 그런 것이 아니라 너무 넓고 깊어서 여기서 다루기에는 너무 방대한 시간과 공간이 필요하기 때문이다. 다행히 두 권의 좋은 책들이 이 장에서 하지 못한 부분을 해결해 줄 것이다.

DOM 관련 서적

- 제레미 키스^{Jeremy Keith}가 쓴 『DOM Scripting: Web Design with JavaScript and the Document Object Model』(Friends of ED, 2005)이 바로 가장 읽기 좋고 디자이너에 맞게 쓰여진 우리가 기다려왔던 바로 그 책이다. 자바스크립트와 DOM을 가볍게 소개하고 최고의 방법들이 나오고 비주얼이 흥미롭고 유용한 프로젝트 시리즈를 소개한다. 샘플 장(www.domscripting.com/book/sample)에서 이 책의 호감 가는 교육방법을 맛볼 수 있다. 저자는 표준 기반의 디자인을 전문으로 하는 영국의 에이전시인 Clearleft(www.clearleft.com)의 설립자이고, The Web Standards Project의 멤버로서 도리 스미스(www.dori.com)와 함께 DOM Scripting Task Force(www.domscripting.webstandards.org)를 같이 리드했던 멤버이다.

- 제임스 에드워드^{James Edwards}와 카메론 아담스^{Cameron Adams}가 쓴 『The JavaScript Anthology: 101 Essential Tips, Tricks & Hacks』(SitePoint, 2006)는 자바스크립트를 통해서 웹 페이지의 동작들을 컨트롤하는 수백 가지 방법을 나열해 두었다. 표준 기반의 스크립트 커뮤니티에서 지난 몇 년간 나타난 최고의 방법들에 중점을 두었다-계속되는 발전(자바스크립트가 없는 사용자들을 위해 제공한다)과 절제된 스크립트(동작에서 구조나 표현부분을 분리-다음에 있는 사이드바 참조) 같은 방법. 자바스크립트와 접근성에 관한 부분은 특별히 재미있다. Ajax를 이용한 웹 애플리케이션을 만드는 것에 관한 좋은 내용도 있다. 제임스 에드워드와 카메론 아담스는 영국과 호주출신의 프리랜서 프로그래머이다.

이 책들은 스크립트가 접근성 있고 표준을 준수하는 사이트를 만드는 데 어떻게 핵심요소가 될 수 있는가를 보여준다. 이번 장의 다음부터 나오는 내용들은 스크립트를 잘 모르는 사람들을

절제된 스크립트

이번 장의 'DOM 관련 서적' 단락에서 표준 기반의 개발에서 새로 등장한 최고의 방법으로 '절제된 스크립트'를 인용했다. 개념은 간단하다. 동작부분을 웹 개발의 다른 두 부분(구조와 표현)에서 분리하는 것이다. 광고용 팝업이나 억지로 만들어진 새 창이나 창 사이즈를 강제로 변경하는 방식 그리고 자바스크립트로 만든 다른 얕은 속임수들과 달리 절제된 스크립트는 사용자에게 중점을 두고 자신은 눈에 보이지 않게 하는 방법이다. 이미 시멘틱하고 접근성 있는 마크업 구조를 더 향상시키고, 사용자나 기기가 자바스크립트를 지원하지 않으면 대체 시스템을 제공하기 위한 목적으로 만들어져 있다.

> 웹표준화 프로젝트의 DOM Scripting Task Force는 이 방법의 다음과 같은 이점들을 제시했다(domscripting.webstandards.org/?page_id=2):
>
> - **사용성**: 절제된 DOM 스크립트로 만든 효과는 사용자의 관심을 끌지 않는다. 방문자가 아무런 생각 없이 그냥 사용만 하는 사이트에는 더할 나위 없이 좋은 방법이다.
> - **우아한 실패**: 절제된 DOM 스크립트는 실패해도 사용자의 주의를 끌지 않는다. 오래된 브라우저에서도 실패했다는 메시지는 보여주지 않는다. 절제된 스크립트는 먼저 "브라우저가 사용하고자 하는 객체를 지원합니까?"라는 질문을 먼저 하고 그 브라우저에서 답이 "아니오"라면 스크립트는 그냥 조용히 중지된다.
> - **접근성**: 페이지의 기본 기능은 절제된 DOM 스크립트에 의존하지 않는다. 이 스크립트가 작동을 하지 않더라도 페이지는 마크업과 스타일시트 그리고(또는) 서버사이드 스크립트를 통해 계속 핵심 기능들과 정보를 제공한다. 사용자는 전혀 무엇이 달라졌는지 눈치채지 못한다.
> - **분리**: 절제된 DOM 스크립트는 사이트의 다른 부분을 작업하는 웹 개발자의 주의를 끌지 않는다. XHTML이나, PHP, JSP 또는 다른 언어들과 연관된 파일을 손상시키지 않고 모든 자바스크립트 코드는 서로 분리되어 유지된다.

위한 간략한 소개라고 생각하면 된다.

DOM이란 무엇인가?

DOM이란 무엇일까? W3C(www.w3.org/DOM)에 따르면 DOM은 브라우저에 독립적이고 플랫폼을 가리지 않으며, 언어도 가리지 않는 '프로그램과 스크립트가 문서의 컨텐츠와 구조, 스타일에 다이내믹하게 접속하여 업데이트 해주고, 특정 문서document가 계속해서 처리되고, 그 처리된 결과가 다시 현재의 페이지에 들어갈 수도 있게' 해주는 인터페이스이다.

장황한 내용이지만 이를 쉽게 말하면 DOM은 페이지의 다른 표준 요소들을(스타일시트, XHTML 요소와 스크립트) 접근성 높게 만들어 준다. 만약 사이트를 영화에 비유한다면, XHTML은 작가이고 CSS는 아트디렉터, 스크립트 언어는 특수효과 그리고 DOM은 이 모든 제작을 지켜보는 감독이라 할 수 있다.

웹 페이지를 애플리케이션처럼 작동하게 만드는 표준 방식

이런 방식의 프로그래밍은 이 책의 범위를 벗어나는 사용법이긴 하지만 DOM 기반의 양방향 통신의 가장 멋진 면은 일반적인 소프트웨어의 동작을 흉내 낼 수 있다는 것이다. 예를 들어 사용자가 엑셀의 스프래드시트나 맥킨토시 파인더(맥킨토시에서 정렬이나 복사, 이동, 이름변경, 삭제 또는 데스크탑의 파일이나 폴더를 다양하게 여러 가지 방법으로 처리하는 애플리케이션)

에서 하듯이 테이블의 정렬 방식을 제목을 클릭해서 바꿀 수 있다.

최근 몇 년간 일반 소프트웨어처럼 작동하게 하는 이 DOM 기반의 능력은 표준 기반의 웹 애플리케이션 개발을 폭발적으로 증가시키고, 새로운 제품들과 숨막히는 흥분을 만들어 냈다. 하지만 하루아침에 일어난 일은 아니다.

개발자들은 처음에 DOM 기반의 사용자와 서버간의 양방향 통신을 단순하게 클라이언트 사이드(웹브라우저)에서 눈에 보이는 부분만 소프트웨어를 모방하는 데 사용했다-클라이언트 사이드는 방문자의 하드 드라이브[15.1, 15.2, 15.3]를 의미한다. 데이터를 클라이언트 사이드에서 다룬다는 의미는 인터넷 접속이 끊겨져도 작동한다는 의미이다-미국에서 절반도 안 되는 사람들만 빠르고 안정성 있는 접속환경을 사용하고 있다는 점에서는 큰 장점이다. 네트워크 대신에 사용자의 하드드라이브에서 모든 작업이 이루어진다는 것은, 서버의 부하를 줄여주는 역할도 한다는 것이다. 더 흥미로운 것은 이 초기의 DOM 데모는 HTML 영역에 새로운 사실을 도입했다. 페이지를 다시 부를 필요 없이 응답이 가능한 능력이다. 'Ajax'의 무대가 열린 것이다.

그림 15.1-15.3에서 보여준 데모는 그리 화려하지 않지만 웹에서 자연스럽게 소통하는데 플래시를 사용하지 않아도 된다는 것을 증명한다는 점에서 그 내포하는 의미는 상당히 크다. 이 책의 초판에서 브라우저들이 금방 W3C DOM을 지원할 것이라는 것과 웹표준에서 곧 리치 애플리케이션과 사용자 경험의 새로운 장을 열 것이라고 얘기했었다. 이 얘기를 한 뒤에 2년 정도 아

15.1

DOM은 웹 페이지가 데스크탑 애플리케이션처럼 작동하도록 해준다. 포터 글렌다이닝(Porter Glendinning)의 데모에서(2002) 앨범 제목을 클릭하면 데이터는 앨범 제목에 따라 정렬된다 (www.glendinning.org/webbuilder/sortTable).

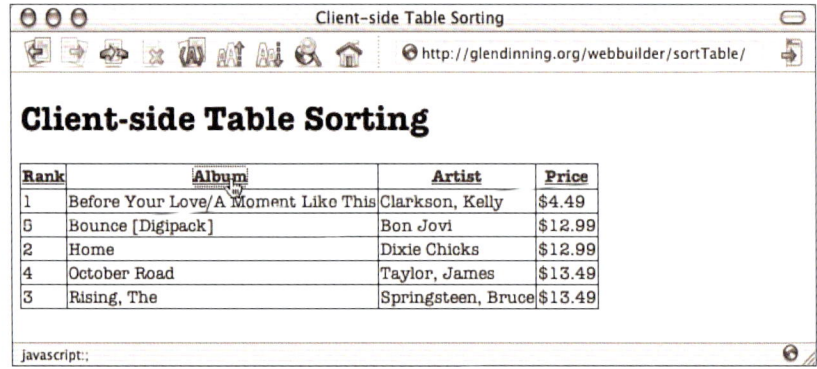

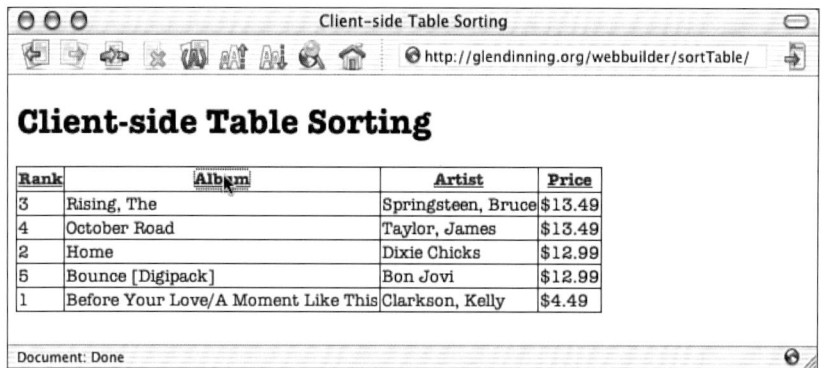

15.2
다시 한 번 더 제목을 클릭하면 반대로 정렬된다. 바뀐 순서는 현재 페이지에서 페이지를 다시 리로드하지 않고 바로 변경되어 보여준다. '결과 페이지'를 따로 만들어서 보여줄 필요가 없다.

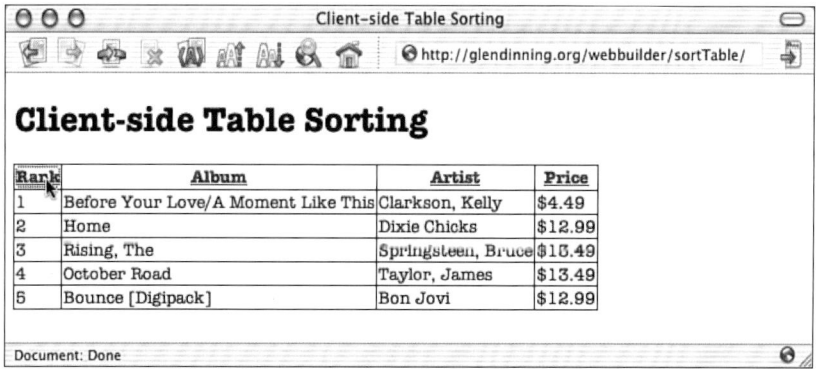

15.3
순위를 클릭하면 리스트는 새로운 페이지의 로딩도 없고 서버에 연결될 필요도 없이 숫자 별로 정렬된다.

무슨 조짐 없이 지나갔다. 나의 예측은 쓸모 없는 얘기가 되는 것처럼 보였다.

그리고 다들 가지고 있는 메일 애플리케이션과 비슷한, 그리고 다른 메일 애플리케이션만큼 강력하지는 않은 메일 프로그램인 Gmail(mail.google.com)을 구글에서 발표했다. 하지만 강력하지 않다는 것은 전혀 문제가 되지 않았다. 구글에서 만들었고 '베타'서비스인데다가 누군가가 '초대'를 하지 않으면 '테스트'를 하지 못하게 되어 있었다. 마케터에게는 그것이면 충분 했다. 우리 같은 디자이너나 개발자들에게는 Gmail이 CSS와 XHTML, 자바스크립트, DOM에다가 마이크로소프트에서 제공하는 이 Ajax 기능을 추가해서 만들어졌다는 것이 중요한 점이다.

37signals의 Basecamp(www.basecamphq.com)가 마이크로소프트의 MS 프로젝트[Project]를 대신해서 웹 전문가의 프로젝트 관리 툴로 선정되었다는 것이다. 그리고 가렛이 Ajax(4장)에 관한 짧은 에세이를 출판했다. 그리고 이렇게 DOM 기반의 양방향 통신은 Gmail의 등장 이후로 가장 커다란 이슈가 되어 가고 있었다.

그럼 사용 가능한 환경은?

약간의 차이가 있기는 하지만 W3C DOM은 아래의 모든 브라우저에서 지원된다.

- 넷스케이프 6 이상
- 모질라 0.9 이상(파이어폭스와 카미노 포함)
- 윈도우용 인터넷 익스플로러 5 이상(당연히 인터넷 익스플로러 6 이상 포함)
- 맥킨토시용 인터넷 익스플로러 5 이상
- 오페라 7(그리고 이전으로 거슬러 올라가서 오페라 4)
- 카멜론(일부분 제외)
- 사파리(KHTML 기반이라서 일부분 제외)
- 컨커러 (일부는 제외; 아직 텍스트노트의 값을 수정할 수 없다. 하지만 그게 무슨 의미인지 알지도 못하고 해볼 이유도 없기 때문에 전혀 상관없음)

또, 최신 브라우저들은 페이지를 다시 부르지 않고 사용자의 요청에 서버가 응답할 수 있는 마이크로소프트 기술인 `XMLHttpRequest`(en.wikipedia.org/wiki/XMLHttpRequest)를 지원한다.

일부 사장된 브라우저를 제외하고는 모든 브라우저가 지원하고 있다. 많은 휴대용 기기들과 웹 전화기는 DOM을 지원하지 않고 Lynx 같은 텍스트 브라우저는 절대로 지원하지 않을 것이다. DOM을 지원하지 않는 이러한 기기들은 자바스크립트를 지원하지 않는 환경에서 했던 것처럼 보완할 수 있다(자바스크립트를 지원하지 않는 환경에 대한 부분은 앞에서 다루었다).

DOM을 지원하지 않는 기기에서는 다음과 같이 하면 된다.

- `<noscript>` 요소를 사용하여 내체 접근기능을 만든다(예를 들면 버튼자리에 `<noscript>`를 추가해서 일반 링크를 걸어둔다).
- 14장 '접근성 기본'에서 접근성과 자바스크립트에 대해서 설명한 것처럼 Lynx에서 테스트한다.
- `<a href="javascript:" ...>`처럼 아무것도 하지 않는 가짜 자바스크립트 대신 `return false`와 같이 진짜 링크를 달아준다.

DOM을 지원하지 않는 경우

DOM을 사용하지 못하는 기기나 사용자들을 절제된 스크립트로 지원하는 것은 단지 최선의 방법일 뿐만 아니라 지켜야 하는 올바른 방법이기도 하다. 컨텐츠가 중요한 사이트나 일반적인 양방향 통신인 경우 또는, 정보를 둘 다 제공하는 경우에는 더욱 그렇다. 그리고 여러분의 사이트를 포함한 거의 모든 사이트가 이 범주 안에 속할 것이다.

그런데 만약에 자바스크립트가 필요하고 DOM을 지원하는 브라우저가 필요한 'web 2.0'애플리케이션을 만든다면 어떻게 할까? DOM을 지원하지 않는 브라우저가 DOM 기반의 스크립트를 사용하는 것을 바라는 것은 닭이 계산기를 사용하기를 바라는 것과 다를 바가 없다. 이러한 특수한 상황에서의 해답은 DOM을 지원하는지 체크하는 것이다—그리고 지원하지 않는 경우에는 적당한 컨텐츠나 웹 페이지를 제공하는 것이다.

DOM을 지원하는지를 테스트하는 것은 브라우저를 체크하는 것과는 다르다는 것을 명심하자. 브라우저를 체크하는 것은 복잡하고 실패하기 쉬우며(예를 들면 오페라를 인터넷 익스플로러처럼 인식하는 경우) 지속적인 업데이트가 필요하다. 모든 브라우저가 각기 다른 처리가 필요한 표준이 없는 세상이다. 이와 대조적으로 DOM을 지원하는지를 테스트하는 것은 복잡하지 않고 단순하다(표준을 지원하는가 하지 않는가). DOM을 체크하는 스크립트는 브라우저를 판별하지 못하기 때문에 업데이트할 필요도 없다.

브라우저가 DOM을 이해하지 못한다는 것을 알려주면 사용자에게 대체 페이지를 보낼 수 있다—또는 PHP 같은 미들웨어 솔루션을 통해서 대체 컨텐츠를 넣어줄 수도 있다.

작동원리

웹표준화 프로젝트의 도리 스미스는 2001년 브라우저 업그레이드 캠페인(4장에서 다루었다.)을 실행하는 수단으로 DOM 판별법을 만들어 냈다. 하지만 DOM을 지원하는지를 판별하는 목적이 아닌 어떤 목적으로든 사용이 가능하고 그래서 보통은 최신 버전으로 항상 유지하기 거의 불가능한 복잡한 브라우저 판별 스크립트를 대신해서 사용된다.

DOM 판별법의 작동원리는 간단하다. 유효한 페이지를 만들고 아래의 스크립트를 <head>에 넣거나 링크된 자바스크립트(.js) 파일에 넣으면 된다.

```
if (!document.getElementById) {
    window.location =
        "http://www.우리웹사이트.com/제공되는 페이지경로/"
}
```

www.우리웹사이트.com 대신에 여러분의 웹사이트의 주소를 넣고 /제공되는 페이지경로/ 대신에 넷스케이프 4(또는 다른 DOM을 지원하지 않는 브라우저나 기기)에서 다룰 수 있는 컨텐츠가 들어있는 대체 페이지를 넣는다. 이 대체 페이지는 자바스크립트를 사용해서 원래 페이지의 동작을 비슷하게 따라 하게 만들거나 좀 더 유용하게는 모든 브라우저나 기기에서 사용이 가능한 스크립트가 아예 없는 컨텐츠를 넣을 수 있다. 어쩌면 내용을 대체하는 대신에 사용자에게 파이어폭스같은 적당한 브라우저를 다운로드 받아서 새로운 서비스를 이용하라고 권하는 메시지를 담을 수도 있다.

'업그레이드' 하라는 방법은 구식이기도 하고 절제된 것과는 거리가 멀다. 넷스케이프 4를 사용하는 사람들은 보통 무지한 기업 정책 때문에 업그레이드가 불가능해서 이러한 권고가 전혀 의미가 없다. 하지만 DOM 기반의 리치 애플리케이션이 사이트에서 중요한 부분을 차지한다거나 심하게는 리치 애플리케이션이 그 사이트의 목적 자체라면(예를 들어 Gmail이나 Basecamp처럼 만들려고 한다면) 사용자에게 다른 브라우저를 사용하기를 권하는 방법밖에는 없다. 이런 사이트에서는 DOM 판별을 사용해서 업그레이드된 브라우저로 다시 돌아와서 사이트를 이용하기를 권장하는 한편 사이트의 내용은 현재 사용하는 브라우저가 다루지 못하기 때문에 제공하지 않는 것이 좋다.

혹시 벌써 다이내믹하거나 제한적인 페이지를 만들었고 페이지의 요소가 사용자의 환경에 따라 다르게 제공된다면, DOM 판별을 이용하여 DOM을 지원하지 않는 브라우저에게는 적당한 컨텐츠를 제공하여 컨텐츠 관리를 상당히 단순화할 수 있다.

코드 변경

공통으로 사용하는 .js 파일에 앞에서 보여준 것과 같은 코드를 넣는다. 공통 .js 파일을 사용하면 작업량을 줄이고 캐시를 이용해서 서버의 대역폭도 줄이며, 마크업을 마크업으로 두고 스크립트를 스크립트로 두어 구조에서 동작을 분리하는 데 도움을 준다.

이 스크립트를 각각의 페이지에 넣으려면 당연히 `<head>`와 `</head>` 사이에 넣어야 한다. XHTML 1.0 Transitional에서 (또는 text/html에서 사용하는 XHTML Strict) 이 스크립트는 다음과 같이 사용된다.

```
<script type="text/javascript">
<!-- //
if (!document.getElementById) {
    window.location =
```

```
            " http://www.somesite.com/somepage/"
    }
        // - ->
</script>
```

application/xhtml+xml에서 사용하는 XHTML Strict에서는 공통 .js 파일을 사용하거나 아래와 같은 코드를 넣는다.

```
<script type="text/javascript ">
// <![CDATA[
if (!document.getElementById) {
    window.location =
        " http://www.somesite.com/somepage/"
}
    // ]]>
</script>
```

어떻게 작동하는가

DOM 판별은 이분법이고 끄고 켜는 스위치만큼 단순하다. `getElementById`는 DOM의 방식이며 DOM을 지원하는 브라우저는 그냥 지나친다. 반면에 `getElementById`를 인식하지 못하는 브라우저들은 DOM을 지원하지 않기 때문에 설정된 경로로 돌려져서 그 브라우저가 읽을 수 있는 컨텐츠가 있는 페이지로 이동하게 된다.

자바스크립트로 경로를 주게되면 뒤로가기 버튼을 사용하지 못하게 되는데 이것은 그리 좋은 방법은 아니다. DOM 판별법의 `window.location`을 사용할 필요는 없다. 여러분의 사이트에 최선이라고 생각되는 방법을 사용하면 된다.

어떤 점이 좋은가

이 방법은 만들고 테스트하고 길고 복잡한 브라우저 판별 스크립트를 지속적으로 업데이트하거나 유지할 필요가 없다. 사용자의 환경을 체크하지 않고 대신 W3C의 항목이 있는지를 체크한다. 깔끔하고 간단하면서 경제적이다.

이 테스트를 통과하는 모든 브라우저는 당연히 DOM을 지원하고, 우리가 원하거나 웹 애플리케이션에서 필요한 모든 자바스크립트를 보낼 수 있다. 자바스크립트에 대한 것은 이 책의 범주에 들어가지는 않는다. 하지만 정말 재치 있는 (그리고 유용한) DOM 기반의 양방향 통신 사용 방법을 다루지 않고 이 장을 끝낼 수는 없다.

스타일 변경: 접근성 지원, 선택의 폭

13장에서 우리는 모든 사용자에게 같은 웹 폰트 타입을 제공하기가 불가능하다는 것에 대해서 얘기했었고 16년간이나 매체로서 웹의 발전에 공헌하면서 크기에 관해서는 픽셀이 최선의 방법이라는 것–여전히 윈도우용 인터넷 익스플로러 사용자에게는 가장 골칫거리라는 것–을 애석하게 생각했다. 만약에 사용자들이 선택할 수 있는 디자인을 제공한다면 어떨까? 심지어는 레이아웃을 보이는 자리에서 바꾸는 것이 가능하다면 어떨까?

CSS를 이용하면 가능하다. CSS는 어떤 웹 페이지든지 기본(고정적인) 스타일시트만이 아니라 대체로 제공되는 CSS 파일도 연결할 수 있게 해준다. 접근성을 증대시키기 위해서 이 대체로 제공되는 스타일시트는 더 큰 폰트사이즈나 더 명확한 색상 배치를[15.4, 15.5] 제공할 수 있다. 또는 '사용자 설정'이라고 부를 정도로 완전히 모양을 바꾸는 것도 가능하다.

W3C에서는 브라우저에서 사용자가 이러한 대체 스타일을 선택할 수 있는 방법을 제공해줄 것을 권하고 있고 모질라 파이어폭스나 넷스케이프 7+ 같은 Gecko 기반 브라우저들은 지금 이러한 기능을 제공한다. 하지만 대부분의 다른 브라우저들은 그렇지 않다. 대체 스타일시트가 창조적인 면이나 접근성에 있어서 장점을 만들기는 아마도 영원히 어려운 것처럼 여겨지고 있었다.

그러나 2001년 십대의 웹 개발자 폴 소우덴 Paul Sowden이 스타일시트가 페이지의 다른 구성요소들처럼 DOM으로 접근이 가능하다는 사실을 알아내면서 이 문제를 해결했다.

15.4

7장에서 소개 되었던 Happy Cog의 Kansas City Chiefs(kc.happycog.com) 사이트는 DOM 기반의 스타일 스위치를 사용해서 사용자들이 폰트사이즈를 변경하고 배경이미지를 바꿀 수 있도록 하였다.

15.5
텍스트가 더 커지고, 단순해지고, 색상대비가 더 높아진 배경 패턴으로 수정한 사이트

폴 소우덴은 A List Apart article(www.alistapart.com/articles/alternate)의 첫머리에 방문자가 클릭해서, form 또는 어떤 다른 위젯으로 대체 스타일을 불러올 수 있는 자바스크립트 파일(www.alistapart.com/d/alternate/styleswitcher.js)을 사용했다.

폴 소우덴은 이 스크립트를 어떻게 사용하는지 설명을 한 뒤에 오픈 소스로 배포했다. 몇 만명의 디자이너들이 접근성 문제를 해결하고, 창조적인 효과를 경험하기 위해서 또는 둘 다를 위해서 이 코드를 사용했다. 그 중에서도 폴 소우덴의 ALA스타일 스위치는 4장에서 다루었던 데이브 시아Dave Shea의 『CSS Zen Garden』을 만드는데 영감을 주었다. 폰트 사이즈를 변경하고 스킨을 바꿔주는 외에도 스타일 스위치는 시력이 좋지 않은 사용자를 위한 '확대축소기능'(www.alistapart.com/articles/lowvision)을 만들기도 한다[15.6, 15.7, 15.8].

15.6

더글라스 보우맨 Stopdesign의 Zoom Layout #1. (www.stopdesign. com/log/2005/06/24/ zoom-layout. html?style=zoom).

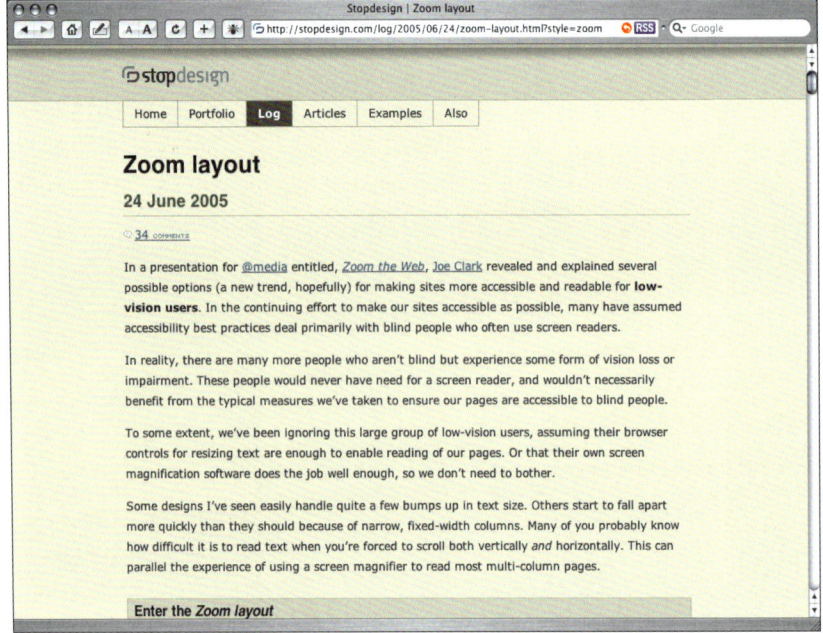

15.7

더글라스 보우맨 Stopdesign의 Zoom Layout #2. (www.stopdesign. com/log/2005/06/24/ zoom-layout. html?style=zoom2). 더글라스 보우맨은 사실 ALA 스타일 스위치가 아닌 서버사이드 기술로 스타일을 변경하기는 하지만 내가 발견한 것들 중에서 가장 멋지기 때문에 예로 들었다.

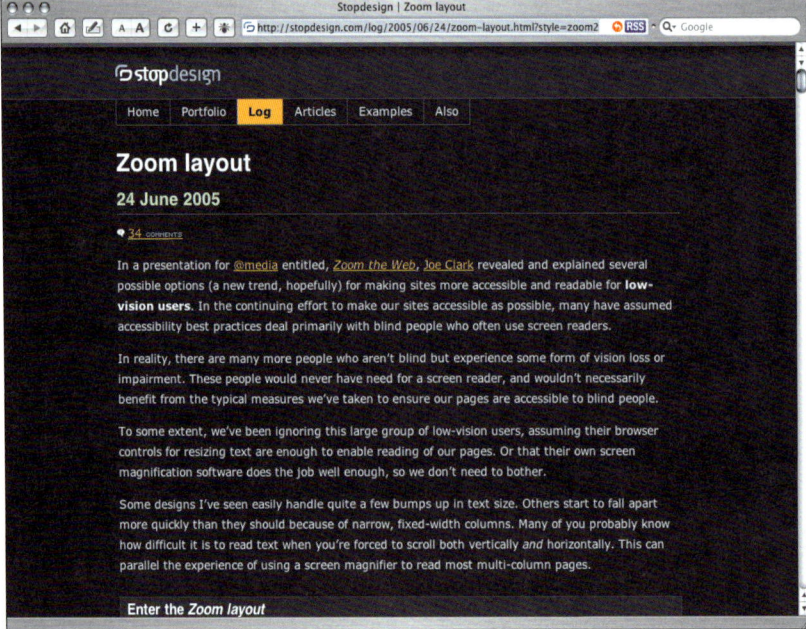

15.8
확대축소 기능을 사용하지 않은 기본 Stopdesign (www.stopdesign.com).

어떻게 사용할 것인가?

이번 장에서는 DOM이 어떤 일을 할 수 있는가와 상업적인 웹 사이트나 개인, 공공의 사이트에서 어떤 경우에는 간단하게 혹은 어떤 경우에는 복잡한 방법으로 DOM을 사용한다는 것을 보여주었다. DOM을 리치 웹 애플리케이션을 만드는 데 사용할 수도 있고, 창조적인 효과를 만들거나 접근성을 높이는 등의 많은 경우에 사용할 수 있다. 전문적인 프로그래머의 손을 거치게 되면 DOM은 최신 브라우저에 접근이 가능한 모든 사람이 사용할 수 있는 표준 기반의 소프트웨어를 만드는 힘을 제공한다. 하지만 코드를 정말 싫어하는 전형적인 디자이너라고 하더라도 사이트에 접근성을 높여주는 옵션을 추가하는 데 사용할 수 있다. 자 이제 DOM이 무엇을 해주는지를 묻지 말고 DOM으로 무엇을 할 수 있는가를 물어볼 때이다.

16장

CSS로 디자인하기

이 책은 다른 '웹표준' 책들이 보통 맨 처음 시작하는 내용을 마지막에서 다룬다. 바로 'CSS 레이아웃 사용'이다. 이번 장에서는 다른 장에서 배운 내용들과 여기에 몇 가지 새로운 양념을 추가하고 멋지게 섞은 뒤에 각자의 사이트에 부어 넣어서, 여러분을 다른 뒤쳐진 디자이너들의 무리로부터 분리해줄 것이다. 그렇게는 안 되더라도 여하튼 표현에서 구조와 동작을 분리해 내기는 할 것이다.

이 책의 초판에서는 CSS 레이아웃에 대한 이야기로 책을 끝냈다. 거기 설명된 디자인 아이디어와 제작 방법은 그 당시에 새롭고 흔치 않은 것이었다. '실제' 웹사이트를 만드는 데 CSS를 사용하는 사람은 그 당시에는 거의 없었다. 우리는 미지의 영역으로 들어서는 중이었고 가진 것은 에릭 마이어가 쓴 'CSS 포켓북'과 꿈밖에 없었다.

웹과 출판사에게는 다행스럽게도 많은 사람들이 이 책의 초판을 사주었다. 그리고 초판의 16장에서 제안한 기술들은 최선의 방식이 되었거나 더 좋은 방식으로 대체되었다. 예를 들어 초판의 16장에 Fahrner Image Replacemenet를 소개했었는데 이 방식은 더 접근성이 좋은 파크방식으로 대체되었다(10장의 '런들과 파너의 접근법' 참조).

디자인과 코딩을 시작하기 전에 조건을 알아보자.

■ 조건의 정의

저자의 개인 사이트인 zeldman.com[16.1]을 디자인한다고 하자. 1995년에 만든 이 사이트는 잡지나 학회지, 블로그에 상당히 많이 등장한다. 대중에게 공개하기 위해서나 혹은 그냥 자신을 위해서나 개인 사이트는 기업용 사이트에서의 작업에 사용하기에는 불안정한 CSS 기술을 사용하기에 상당히 유용하다.

필수 조건 10가지

이 디자인을 하기 위한 필수조건 10가지이다.

1. 사이트는 그래픽이 지원되지 않는 환경과 최고, 최신 브라우저에서도 모두 사용이 가능해야 한다. 사이트의 컨텐츠와 기본 기능들은 어떤 브라우저나 기기에서든 사용이 가능해야 한다.

2. 마크업은 XHTML 1.0 Transitional에 유효해야 하고 표현만을 위한 요소의 사용은 피한다.

3. CSS는 유효해야 하고 논리적이고 간결함을 추구해야 한다(9, 10장 참조).

16.1

우리가 디자인 작업을 마치고 나서 보게 될 zeldman. com(www.zeldman. com)의 모양.

4. 사이트는 컨텐츠와 기본 기능을 가능한 모든 브라우저 환경에서 사용할 수 있도록 하기 위해서 Section 508과 WCAG 1.0(14장 참조)에 따른 접근성도 고려 해야 한다.

5. 사이트는 쓸데없이 많은 마크업이나 지나치게 복잡한 스크립트 혹은 필요 없는 이미지로 인한 대역폭의 낭비 없이 안정된 디자인을 제공해야 한다. 사이트는 자원을 낭비하지 않고 스타일을 살려야 한다.

6. 레이아웃은 해상도가 800×600인 모니터에서도 적당해야 하고 더 높은 해상도에서도 동일하게 잘 보여야 한다. 이런 이유로 대부분의 경우에 레이아웃은 가운데 정렬이 된다. 약간의 창조성이 들어가면 이 부분은 다르게 만들어 지기도 한다[16.2].

7. 블로그의 구성요소(컨텐츠)는 강조되어 잘 보여야 하고, 읽기 편한 넓이로 정렬되어야 한다. 나머지 요소들은 강조되지 말아야 한다.

8. 내용을 읽는데 집중을 유지시키려면 텍스트의 크기가 커야 되고(모든 플랫폼에 맞추기 위해서는 기본보다 작아지는 경우도 있다), 윈도우 인터넷 익스플로러 7.0 이전 버전을 포함한 모든 브라우저에서 크기조절이 가능해야 한다.

9. 봄맞이용 디자인은 흰색 바탕에 검은 텍스트에 비하면 색상대비가 비교적 낮지만 시각적인 문제 때문에 더 높은 색상 대비가 필요한 사람에게는 그에 맞는 디자인을 제공해야 한다(15장에서 설명한 대체 스타일로 해결될 것이다).

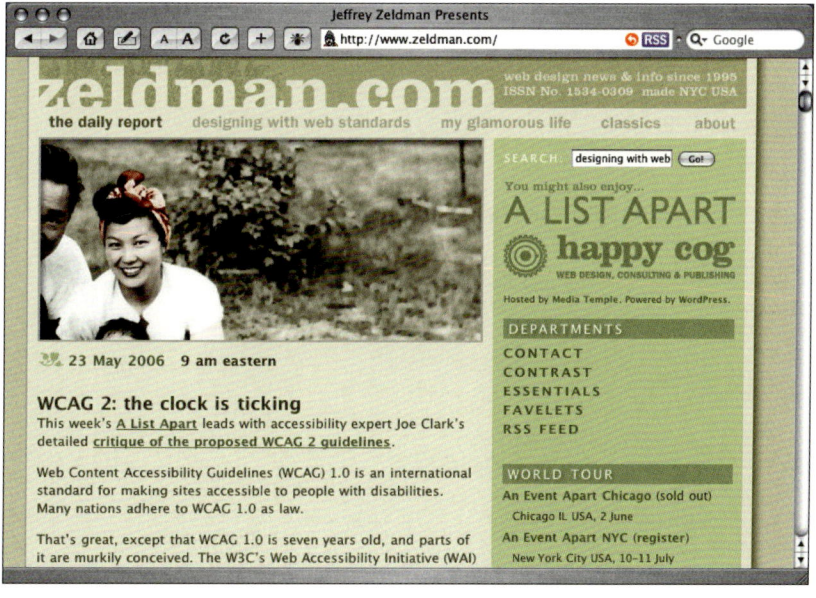

16.2
사이트는 해상도가 800X600인 환경에 잘 맞아야 하지만 그냥 약간의 변화를 주기 위해서 가운데 정렬에서 약간 옆으로 치우쳤다(왼쪽 여백보다 오른쪽 여백을 좀 더 넓게 했다). 그림 16.1처럼 큰 해상도나 화면에서는 이렇게 약간 옆으로 치우쳐진 느낌이 거의 나지 않지만 여전히 약간의 특징은 느낄 수 있다.

10. 네비게이션을 포함한 상단의 요소들은 비주얼 브라우저에서 잘 맞춰져야 하고, 또한 비주얼 브라우저가 아닌 환경에서도 작동해야 한다. 스크린리더 같은 기기에서 웹에 접속하는 방문자가 컨텐츠로 바로 넘어갈 수 있게 해주어야 한다.

이 조건들 중 일부는 적용하기에 너무 까다롭지만 거의 대부분은 어떤 사이트의 디자인 프로젝트에서든지 사용할 수 있다. 이 조건들은 옷을 만들 때 투명하게 만들면 안 된다는 사실처럼 당연하게 지켜져야 한다. 웹 사업이 특이한 방향으로 성장했기 때문에 이 목표들도 평범한 것과는 거리가 멀어서 여기 명확하게 정해두어야 한다.

파일명 규칙

앞으로 나오는 페이지에서 보겠지만 대역폭을 줄이는데 일조하기 위해서 디렉토리를 만들 때 짧은 이름을 쓴다. /images/ 대신에 /i/를, /javascript/ 대신 /j/를, 그리고 /css/나 /styles/ 대신 /c/. 과 같이 파일이름을 정할 때도 마찬가지이다. 예를 들어 "Happy Cog"의 배너 이미지를 happycog_banner.gif보다는 hcban.gif를 사용한다. 글자의 수를 줄일수록 낭비되는 용량도 줄어든다. 항상 100% 이렇게 되기는 힘들지만 적어도 이런 방향으로 노력하자..

가상 레이아웃 설정

zeldman.com의 소스를 보면서 www.zeldman.com/c/c06.css(스타일시트)를 따라가 보자.

페이지를 나누고 페이지의 세로 구간별로 그래픽 효과를 만들어내는 순서로 배경이미지를 반복시켜서 넣는 것으로 시작이 된다. 모든 CSS 디자이너가 사용하는 이 방법에 댄 씨더홈^{Dan Cederholm}이 이름을 지었다. A List Apart의 'Faux Columns'(www.alistapart.com/articles/fauxcolumns)을 참조하면 자세한 사항이 나와있다.

```
    /* Primary layout divisions */

body {
    text-align: center;
    margin: 0;
    padding: 0;
    border: 0;
    background: #ddb url(/i04/holder.gif) top center repeat-y;
    color: #663;
    font: small/18px "Lucida Grande", "Trebuchet MS",
```

```
"Bitstream Vera Sans", Verdana, Helvetica, sans-serif;
}
div#wrapper{
    color: #663;
    background: transparent url(/i04/wrapinner.gif) top left
repeat-y;
    width: 742px;
    margin: 0 auto;
    padding: 0;
    text-align: left;
    }
```

첫 번째 규칙에서 윈도우 인터넷 익스플로러 6.0보다 낮은 버전용으로 페이지를 가운데 정렬시키고(text-align:center) 배경색으로 #ddb 사용, 간단한 버전의 파너 방법(13장 참조)을 사용해서 작은 기본 폰트사이즈 지정, line-height에 18px을 지정하고, holder.gif[16.3]를 세로로 반복시켜서 전체 레이아웃을 고정시켰다..

두 번째 규칙에서는 표준을 지원하는 브라우저에서 페이지를 가운데 정렬하는 코드를 넣었다(margin: 0, auto). 그리고 body에 설정한 text-align: center(윈도우용 인터넷 익스플로러 5.x 이하에서 레이아웃을 가운데 정렬해주는 코드)를 보정하기 위해서 text-align: left를 추가해서 실제로 텍스트들이 왼쪽으로 정렬되게 해두었다. 컨텐츠 부분의 가로사이즈를 742px로 고정시키고 그 안에 다시 세로로 wrapinner.gif[16.4]를 넣어서 초록색 사이드바를 만들어 주었다.

16.3
가로가 742px이고 높이가 11px인 holder.gif로 컨텐츠의 가장 바깥쪽에 외곽라인을 만들어주고 오른쪽에 그림자 효과를 낸다.

16.4
가로가 742px이고 높이가 10px인 wrapinner.gif는 holder.gif의 위에 올라와서 초록색 사이드바를 만들어 준다.

그리고 다음이 마크업 부분이다.

```
<body>
<div id="wrapper">
```

테이블 레이아웃에 비해서 훨씬 간결하다. 그리고 여기에 마크업에서 '현재위치'를 나타내주기 위한 장치가 하나 더 들어간다.

```
<body id="home">
<div id="wrapper">
```

자 이제 약간 밝은 갈색의 배경색과 초록색 사이드바를 만들었으니 이제 이 사이드바의 왼쪽에 떠있게 될 메인 컨텐츠를 넣어둘 부분을 만들고 가로 사이즈를 정해주자. 이왕 하는 김에 12장에서 얘기했던 윈도우용 인터넷 익스플로러의 float 버그도 같이 수정해보고 컨텐츠 부분의 최소 높이를 min-height로 800px을 정해줘서 멋지고 자리 잡힌 페이지로 footer 부분을 항상 아래쪽으로 고정시켜준다.

```
div#maincontent {
   float: left;
   width: 440px;
   padding: 0;
   border: 0;
   margin: 0;
   /* 6.0 버전을 포함한 윈도우용 인터넷 익스플로러의 모든 버전을 위한 margin 값 */
   margin-left: 6px;
   }
html>body div#maincontent {
   /* 윈도우용 인터넷 익스플로러에 있는 float 버그를 수정하기 위한 실제 margin 값 */
   margin-left: 12px;
   min-height: 800px;
   }
```

다음으로 사이드바에 가로 230px을 지정해주고 왼쪽 끝에서부터 472px부터 시작하게 한다.

```
div#sidebar{
   margin: 0 0 0 472px;
   padding: 0;
   width: 230px;
   border: 0;
   }
```

자 이제 footer를 만들어 보자. 메인 컨텐츠와 옆에 떠 있는 사이드바의 아래에 clear: both를 사용해서 footer 부분을 시작한다. footer의 위와 아래에 10px짜리 메인 컨텐츠 부분과 같은 색상으로 border를 만들어서 여백처럼 만든다. 그리고 footshadow.gif으로 footer의 왼쪽 상단에서부터 가로로 반복시켜서 미세한 그림자효과를-정말 미세하게 가느다란 상단 테두리 선에 가까운-만들어 준다.

```
div#footer {
  clear: both;
  border: 0;
  border-top: 10px solid #eed;
  border-bottom: 10px solid #eed;
  background: #cc9 url(/i04/footshadow.gif) top left repeat-x;
  color: #663;
  width: 700px;
  padding: 5px 0;
  margin: 10px 0 0 12px;
}
```

이제 브랜드에 걸맞게 스튜어트 로버트슨(Stuart Robertson)이 디자인한 Zeldman 아이콘을[16.5] footer에서 텍스트를 넣는 문단태그를 사용해서 넣어준다. 남은 문단태그를 이렇게 이용하면 의미 없이 div 하나를 더 추가하는 낭비를 줄일 수 있다.

```
div#footer p {
  background: transparent url(/i04/author.gif) center left
    no-repeat;
  font-size: 11px;
  line-height: 18px;
  margin: 0;
  padding: 0 0 0 50px;
}
```

폰트의 크기를 지정하는 데 px을 사용했다. 하지만 윈도우용 인터넷 익스플로러 7.0 이전에는 픽셀단위의 폰트를 크게 보여주는 기능이 없었고 이번 장의 내용 중에서 폰트의 크기를 확대할

16.5
스튜어트 로버트슨(www.designmeme.com)이 디자인한 Zeldman 아이콘(author.gif)은 기존에 사용되던 <p> 태그를 사용한다. 덕분에 div남용을 피할 수 있다.

수 있게 해주어야 한다는 것이 첫 번째에 있었다. 그런데 왜 여기서는 px을 사용한 걸까? 픽셀은 제한된 레이아웃으로 되어 있는 디자인이나 제한된 공간 안에서 텍스트를 표현하기 위해서 사용하기에 가장 적합하다. Footer에 있는 텍스트가 copyright나 다른 대부분의 사용자들에게 크게 중요하지 않은 내용을 가지고 있기 때문에 이 부분에서는 확대에 대한 조건을 약간 풀어준 것이다.

이제 머리부분에 zeldman.com을 h1 태그로 써주고 파크방식을 이용해서 화면 밖으로 보내준다.

```
h1 {
  text-indent: -9999px;
  margin: 0;
  padding: 0;
  border: 0;
  }
```

비주얼 브라우저에서는 이 제목을 가로 700px이고 세로 50px인 로고(logohed.gif)로 바꿔준다. 머리부분의 이미지는 투명해서 사용자가 이 이미지 위에 마우스를 올리면 hover에서 설정한 배경색이 적용되고 zeldman.com의 로고 뒤로 나뭇잎 모양의 패턴이 보이게 된다.

```
h1 a:link, h1 a:visited {
  display: block;
  width: 700px;
  height: 50px;
  background: #cc9 url(/i04/logohed.gif) top left no-repeat;
  margin: 0 0 0 12px;
  padding: 0;
  border: 0;
  }

h1 a:hover {
  background: #cca url(/i04/logohed.gif) top left no-repeat;
  }
```

배너

초판의 이 장에서는 자바스크립트를 사용하지 않고 CSS 배경을 이용해서 마우스를 올렸을 때 이미지를 바꿔주는 방법에 대한 설명을 했었다. 이 방법도 토드 파너가 만들어낸 방법이다. 포터 글렌다이닝(Porter Glendinning)과 저자가 약간의 보완을 했고, 그 결과로 이 장의 이전 버전에서 설명한(그리고 지금도 zeldman.com의 구버전에 있다) 최고의 CSS 기반 이미지 변경 기술을 만들어 냈다. Zeldman.com의 개편에서 원래의 파너 방법이나 거기서 나온 파생법에 영향을 받은 디자이너들이 만들어낸 기술들을 사용했다.

먼저 마우스를 올렸을 때와 올리기 전의 효과를 하나의 이미지로만 사용해서 이미지를 로딩하면서 생길 수 있는 깜빡임이나 딜레이를 없앤 Pixy 롤오버라고 불리는-파너 방법을 가장 처음으로 개선한-기법을 살펴보자. 사이드바의 상단에 있는 배너를 보자[16.6, 16.7, 16.8].

```
<div id="banners">
<h5 id="alaban"><a href="http://www.alistapart.com/" title="A
➥List Apart, for people who make websites.">A List Apart</a></h5>
<h5 id="hcban"><a href="http://www.happycog.com/" title="Happy
➥Cog Studios. Web design, consulting, and publishing.">Happy
➥Cog </a></h5>
</div>
```

16.6

자바스크립트를 이용한 이미지 롤오버. 평소의 A List Apart 배너.

16.7

마우스를 올렸을 때…

16.8

두 가지 경우 모두에 하나의 이미지가 들어가 있다 (alaban.gif).

간단하게 배너들 중에서 하나만 살펴보자(alaban.gif). 첫 번째 룰에서 padding과 maring을 0으로 초기화 해주고 배너들 사이에 세로로 10px의 여백을 주었다.

```
div#banners h5 {
  margin: 0 0 10px 0;
  padding: 0;
  }
```

그리고 Phark 기법으로 텍스트를 화면 밖으로 보낸다. 다음 규칙에서는 이 화면 밖으로 나간 텍스트를 대신하는 이미지에 대한 가로 230px, 세로 28px의 공간을 지정해서 이미지를 배경에 보이게 한다.

```
div#banners h5#alaban {
  margin: 0;
  padding: 0;
  text-indent: -9999px;
  width: 230px;
  height: 28px;
  }
```

파너가 만든 링크 안에 넣는 이미지 배치방식은 이 책의 초판에서 본 것과 거의 비슷하다.

```
div#banners h5#alaban a {
  display: block;
  margin: 3px 0 0 0;
  padding: 0;
  width: 100%;
  height: 100%;
  text-decoration: none;
  background: transparent url(/i04/alaban.gif) top left no-repeat;
  }
```

그 다음 규칙에서는 비현실적인(그리고 새로운) 요소를 추가한다. hover에서 alaban.gif를 다른 이미지로 바꾸는 것이 아니라 기존에 있던 이미지를 바로 위쪽에서 만든 공간의 크기에 맞추어 위치를 조절해서 그 전에는 보이지 않던 부분이 보이면서 이미지가 바뀐 효과를 보여준다.

```
div#banners h5#alaban a:hover {
  background: transparent url(/i04/alaban.gif) 0 -28px no-repeat;
  }
```

두 개의 이미지 대신에 하나만 사용하는 Pixy 방식은 이미지가 다른 이미지를 대체하면서 어쩔 수 없이 생기는 이미지의 로딩이 늦거나 깜빡이는 현상을 피할 수 있다. 웹 페이지의 밖에서 따로 보게 되면, 이 '이중'이미지는 사용된 트릭을[16.8] 바로 알려준다. Pixy에 관한 더 자세한 사항은 www.wellstyled.com/css-nopreload-rollovers.html을 참조하자.

파녀는 Pixy의 모태가 되고 Pixy는 Pixy보다 더 세련된 "CSS Sprites"(www.alistapart.com/articles/sprites)의 모태가 되었다. CSS Sprites는 데이브 시아가 만들고 아주 잘 설명해서 더 이상의 설명이 필요 없을 것이다. 지금은 CSS Sprites가 zeldman.com의 네비게이션 바를 만드는 데 사용되었고, 이 네비게이션 바의 hover 효과와 '현재위치' 효과[16.9, 16.10]를 만드는 데 사용했다는 것만 우선 말해 두자. 확실하게 확인하고 싶은 사람들을 위한 바로 그 시멘틱한 실제 마크업이 바로 이것이다.

```
<div id="globalnav">
    <ul id="menu">
        <li id="dailymenu"><a href="/" title="Web design
        ↪news and info since 1995.">daily report</a></li>
        <li id="dwwsmenu"><a href="/dwws/" title="The why
        ↪and how of standards-based design.">designing
        ↪with web standards</a></li>
        <li id="glammenu"><a href="/glamorous/"
        ↪title="Episodes and Recollections.">my
        ↪glamorous life</a></li>
        <li id="classicsmenu"><a href="/classics/"
        ↪title="Entertainments and experiments.">
        ↪classics</a></li>
        <li id="aboutmenu"><a href="/about/" title=""Fun
        ↪facts.">about</a></li>
    </ul>
</div>
```

16.9
파녀는 Pixy의 모태가 되고 Pixy는 네비게이션 바의 숨겨진 핵심인 'CSS Sprites'의 모태가 되었다.

16.10
… 그리고 이것이 hover 상태의 '현재위치'효과이다.

www.zeldman.com/c/c06.css의 소스에서 /* Primary nav */라는 주석으로 시작하는 부분을 보고 이 네비게이션이 어떻게 작동하는지를 살펴보고 www.alistapart.com/articles/sprites에 있는 원본 소스와 비교해보자.

마무리하기

여기서처럼 하나의 장에서 다루기에는 레이아웃에 관한 내용은 너무 많다. 검색창을 포함한 form 요소들에 관한 접근성 높이기가 있고, 넘어가기 메뉴가 있다. "contrast-o-meter" (www.zeldman.com/contrast)도 있고 DOM 기반의 양방향 통신으로 사용자가 기본 스타일시트와 두 개의 대체 스타일시트(darker.css 그리고 lighter.css)를 바꿔서 더 어둡거나 밝게 사이트를 선택해서 사용할 수 있는 ALA의 스타일 스위치(15장)가 있다. 또 사이즈와 글자의 높이, 여백, 공백, 들여쓰기, 색상, 스타일 그리고 어떤 경우에는 다양한 글자를 나타내기 위한 letter-spacing 같은 요소들이 맞물려 돌아가고 있다. 하지만 이러한 요소들은 zeldman.com에 와서 직접 알아봐야 한다.

우리는 표현을 위한 마크업이나 각각의 브라우저마다 다른 CSS 파일을 보여주는 어리석은 작업 없이 테이블이 없는 CSS 레이아웃을 만들었다. 사이트는 로딩속도도 빠르고 모든 최신 브라우저에서 모양과 기능이 동일하며 어떤 인터넷 기기에서든지 접근성이 있다. 게다가 우리가 다루었던 10가지 조건을 모두 만족시킨다. 이 장은 여기서 끝난다. 사이트의 디자인과 컨텐츠는 천천히 자연스럽게 만들어져 갈 것이다. 하지만 그것은 다른 곳에서 다루어야 할 이야기이고 이제는 이 책의 내용에 의지하지 말고 각자의 방식대로 이야기를 풀어나갈 때이다.

Index

찾아보기

기호

" " (인용부호), 165 – 166
& (앰퍼샌드, ampersand)
    Encoding – 인코딩, 168
    HTML과 XHTML에서의 사용, 149
' (생략부호, 아포스트로피, apostrophes), 55
--(더블대시, double dashes), 168
; (세미콜론, semicolon)
    속성/값의 끝에 온다. 224
    CSS의 선언을 분리 223
/ 〉 (XHTML의 닫음 태그), 167
〈 (부등호), 168 – 169
〈와 &문자의 인코딩, 168 – 169
〈embed〉 태그, 305
〈img〉 태그, 305, 306
〈object〉 요소, 305, 306 – 307
@import 지시어, 235, 297

ㅣㄱㅣ

가상 레이아웃, 382 – 386
가상 컬럼, 382 – 383
가상 클래스 249 – 251
가상 클래스, 249 – 251
거의 표준 모드, 유연모드 참조, 모드; 표준모드
    발전, 272, 282 – 283
    한계, 284
    XHTML DOCTYPE의 사용 275, 277 – 279
검사
    외부 스타일시트로 이동, 238 – 239
    자동 접근성 테스트의 재검사, 345, 347, 352, 358
    탭 순서, 361 – 362
    DOM호환 검사, 371
    form 접근성 검사, 355
    HTML테스트 기준 모음, 117 – 118
검색 엔진 최적화 (SEO), 102
공백
    공백버그를 고치는 Holly Hack, 299
    CSS 다중 선언에서의 공백, 224 – 225
    Gecko 브라우저와 상하 공백, 283
    i3Forum의 세로 공간, 256 – 258
    윈도용 인터넷 익스플로러의 공백 버그, 298 – 302
공백 alt 마크업과 접근성, 186 – 187, 346
구글 맵, 114, 115
구글, 335, 363
그랜트 허친슨 , 63

| ㄴ |

내부 멀티 미디어 객체, 304 – 310
내부 스타일시트(embedded style sheets)
    외부 스타일시트로 전환, 239 – 242
    외부 파일로 옮기고 삭제, 268
    XHTML페이지의 상단, 236 – 237
네비게이션 테이블
네비게이션. 네비게이션 테이블 참조
    "현재위치" 효과, 268 – 270, 389 – 390
    혼합형 레이아웃에서 요소 꾸미기, 259 – 268
    class의 과다사용, 189 – 190
    Kansas City Chief의 메뉴 코드, 183 – 184
    Skip Navigation이 브라우저에서 보이지 않을 때, 210 – 211
네비게이터. 넷스케이프 브라우저 참조
넷스케이프 브라우저
    넷스케이프 4에서 상속 다루기, 227
    넷스케이프 4에서의 상속, 86 – 87
    넷스케이프 4에서의 스크립트, 87 – 88
    넷스케이프 4에서의 CSS지원, 84 – 86
    넷스케이프 4에서의 px단위, 323 – 324
    넷스케이프 4에서의 transparent 배경색, 224
    넷스케이프 6에서의 DOCTYPE전환, 83
    넷스케이프 에서의 자바스크립트 사용, 38
    브라우저 코드를 단순화하기 위해서 사용자 제한, 34
    표준 지원 달성, 82
닐슨 제이콥, 95

| ㄷ |

단순화
    웹디자인의 목표, 76
    코드 단순화를 위한 사용자 제한, 33 – 37
대시보드 위젯, 114, 115
대체법
    이익과 문제점, 308 – 310
    잘못된 박스모델 수정, 289 – 293, 294
    핵을 사용하지 않는 박스모델, 297

    Box Model Hack, 295 – 297, 327
    sIFR(scalable Inman Flash Replacement), 329
    UFOs(Unobtrusive Flash Objects), 308
    XML prolog, 162
댄 리비 , 110
댄 벤자민, 146
댄 씨더홈, 221, 382, 391
더글라스 보우먼 , 376
더블대시(--), 168
던스탠 오차드 , 209
데니 스리 서프리요노 , 138
데이브 시아, 10, 19, 137 – 138, 221, 248, 375, 391
데이비드 로잠, 114
데이비드 시겔, 46, 340
데이비드 하이네마이어 핸슨, 146
도리 스미스 , 371
도미니 토드, 126 – 128
동작
    그림설명, 54
    웹표준과 동작, 57
드림위버
    드림위버에서의 접근성 향상, 338
    스크립트형태의 접근성 검사, 354
    class를 사용한 결과물, 190
    UsableNet LIFT, 345, 357
    WaSP Dreamweaver Task Force, 120 – 121
    XML사용, 106, 107

| ㄹ |

라켓 데이브, 164
라이코스, 134
레이아웃. CSS 혼합형 레이아웃; i3Forum 혼합형 레이아웃; XHTML 혼합형 레이아웃 참조
레이아웃의 문제점, 198 – 199
롤오버효과. hover 효과 참조
    롤오버효과의 접근성 팁, 353
    자바스크립트 롤오버 효과, 198

active와 hover 가상클래스, 249 – 251
CSS 롤오버 효과, 261
CSS Sprites 기법 사용, 389 – 390
hover효과, 251, 261 – 262, 267 – 268
Pixy, 387 – 388
루비온레일스, 146, 147, 148
리치 러터 , 254
린다 와이먼, 46
링크
롤 오버에서 상태 고정시키기, 251
링크 색상 설정, 249 – 250

| ㅁ |

마이어, 에릭, 66, 128, 130, 131, 139, 221, 283, 391
마이크 런들 , 248
마이크로소프트
웹표준을 위한 협력, 117 – 119
FrontPage와 Expression Web Designer의 표준 지원, 122
마이크로소프트 윈도우. 윈도우 참조
마이크로소프트 인터넷 익스플로러 브라우저. 인터넷 익스플로러 브라우저 참조
마이크로소프트 Active Server Pages, 146
마이크로소프트 Expression Web Designer, 122
마이크로소프트 FrontPage, 122, 357
마이클 버크 , 334
마츠모토, 유키후로, 146
마크 뉴하우스, 128, 130
마크업 유효성검사, 149 – 150
마크업. 마크업에서의 구조와 메타구조; XHTML; XML 참조
구식화의 비용, 31 – 32
마크업의 구조, 54 – 55
마크업의 정의, 53
브라우저가 나쁜 마크업을 표현하는 방법, 39 – 40
시멘틱 마크업의 재사용성, 183 – 185

요약과 압축의 전송량차이, 32
유효함과 시멘틱함, 56
접근성과 구조적인 마크업, 351 – 352
참조 웹사이트에서 복사하기와 붙여넣기, 161, 278
컨텐츠, 53, 56
혼합형 레이아웃과 간결화, 187
PHP, 144, 146
XHTML과 구조적인 마크업, 149
XHTML로의 전환, 154 – 155, 158
XML, 55
마크업의 구조와 메타구조, 187 – 195
간결한 마크업과 구조, 187
간결화한 마크업 예제, 201 – 204
구조 디자인, 53 – 56
레이아웃의 비구조적인 요소, 178 – 179
시멘터 마크업의 재사용성, 183 – 185
안좋은 제작습관 찾아내기, 187 – 188
이미지 맵과 구조, 195 – 197
이미지 자르기, 197 – 198
이미지와 구조, 193
테이블 셀의 최소화, 194 – 195
class의 남용, 189 – 190
CSS선택자로 사용하는 id속성, 182
div와 id 속성, 179 – 180
div요소의 잘못된 사용, 190 – 192
id설정, 192 – 193
매크로미디어 드림위버. 드림위버 참조
매크로미디어 플래시. 플래시 참조
매튜 레빈, 293
매튜 카터, 251
맥리란 드류, 306 – 307
맥킨토시. 맥킨토시용 인터넷 익스플로러 5 참조
접근성있는 form 테스트, 355
폰트사이즈 표준 되돌리기, 318
표준 기본 폰트사이즈 설정, 315 – 318
맥킨토시용 인터넷 익스플로러. 인터넷 익스플로

러 브라우저 참조
  브라우저 코드를 단순화하기 위해서 사용자 제한, 35
  소개, 78
  CSS 적용, 23
  DOCTYPE 전환과 Text Zoom, 79 - 81
머리부분, 386
메이 매트, 329
메타구조. 마크업의 구조와 메타구조 참조
메타데이터, 108
모빌 피터, 102
몰리 홀즈쉬랙, 19, 122, 221, 391
문자
  CSS에서의 대소문자 구분, 225
  XHTML에서의 대소문자 구분, 163 - 165
  XML에서의 대소문자 구분, 163

| ㅂ |
바비 덴 슬루이, 308, 367
바비, 358
박스모델
  "오페라용" 규칙, 296
  망가진 박스모델 수정, 289 - 293, 294
  박스모델 핵, 295 - 297, 327
  박스모델을 사용하지 못하는 디자인, 288 - 289
  영역, 287
  일반 사용 목적, 286 - 287
  작동원리, 287 - 288
  핵을 사용하지 않는 대체법, 297
  IE 초기의 잘못된 해석, 273
박스모델 핵, 295 - 297, 327
배경 이미지 348
배경색
  CSS로 페이지 색상 지정 246
  CSS선언 223
  CSS스타일로 이미지 대체 245, 260 - 261
  Netscape브라우저에서의 배경색으로
  transparent사용 224
  XHTML마크업에서의 배경색 216
  zeldman.com웹사이트 세팅 383, 384
배너기술 386 - 389
  CSS Sprite 389 - 390
  Phark이미지 교체 방법 388
  Pixy 롤오버 387 - 389
부등호 표시 (〈), 168 - 169
부트캠프, 355
브라우저 버그, 박스모델 참조
  "float"버그, 302 - 304
  공백 버그, 298 - 302
  관련 웹사이트, 304
  Guillotine 버그, 302
  IE 7이전 버그, 304
  XML prolog, 161 - 163, 277
브라우저 생산자와의 협조, 117 - 119
브라우저 업그레이드 캠페인
  동참 사이트, 125 - 128
  설명, 123 - 126, 371
브라우저 판별, 371
브라우저, 브라우저 버그; 브라우저 업그레이드 캠페인; 특정브라우저
  2000년대의 표준 지원 요약, 79 - 83
  구식 웹사이트의 문제, 21 - 22
  기본 텍스트 사이즈, 314 - 317
  나쁜 마크업 처리, 39 - 40
  넷스케이프 표준 지원, 82
  대중적인 브라우저의 동향, 37
  박스 모델, 286 - 293, 294, 297
  분기용 비 표준 마크업과 코드, 25 - 27, 38 - 39
  브라우저 간의 차이 맞추기, 27 - 28
  브라우저들 간의 기술적인 협력, 117 - 119
  비구조적 div요소, 192
  오페라 버전 6의 표준 브라우저, 82
  오페라와 넷스케이프의 pixel처리, 323 - 324
  외부 스타일시트로의 전환 테스트, 238 - 239

윈도우용 인터넷 익스플로러 6에서의 텍스트
　　왼쪽 정렬, 255
윈도우용 인터넷 익스플로러 6의 "float"버그,
　　302 – 304
윈도우용 인터넷 익스플로러의 공백 버그,
　　298 – 302
의미 없는 툴팁 텍스트 사용, 347 – 348
인터넷 익스플로러 7 이전의 버그들, 304
접근성과 일관된 화면 참조, 344
초기 브라우저에서의 스크립트, 87 – 88
초기 브라우저의 CSS지원, 84 – 87
코드 단순화를 위한 사용자 제한, 33 – 37
퍼센트와 em 폰트사이즈, 320 – 321
표준 준수, 16
표준을 우선시하는 새로운 코드, 24 – 25
표준지원 저작툴, 120 – 122
표준지원의 목적, 41
하위 호환, 33, 152 – 153
현대 표준, 22 – 23
휴대성, 이식성과 표준, 60 – 62
CSS스타일시트의 외부와 내부 참조, 235
　　236, 297
DOCTYPE전환, 79, 83, 273 – 275
DOM 지원, 370
DOM지원 체크, 371
Gilmore Keyboard Festival사이트의 제한,
　　48 – 49
hover를 이용한 롤오버효과, 251, 261 – 262,
　　267 – 268
iCab에서의 accesskey 속성 표시, 212
Text Zoom이 없는 윈도우용 인터넷 익스플로
　　러, 254
WaSP의 브라우저 업그레이드 캠페인, 123 –
　　131, 371
브런들 앤드류, 138
블루 로봇의 레이아웃 저장소, 128, 129
비구조적인 레이아웃 요소, 178 – 179
비용

디자인비용 절감 목표, 41
웹표준이 비용을 줄인다., 12 – 14, 31 – 32, 66
웹디자인의 재정목표, 76
접근성과 비용, 341 – 343
하위호환과 비용, 33
Gilmore Keyboard Festival사이트의 개편, 48
비주얼 웹에디터와 class남용, 190
빈 태그, 167 – 168

| ㅅ |
사용자. 접근성 참조
　　마우스의 대체요소, 353
　　사용자는 폰트사이즈를 거의 조절하지 않는다,
　　　　253 – 254
　　웹사이트의 방문자수, 37
　　접근성에서 얻는 이익, 344 – 345
　　코드 단순화를 위한 사용자 제한, 33 – 37
　　타이포그래피 다루기, 312
　　폰트사이즈 표준 되돌리기, 318
　　alt 속성으로 의미를 전달한다., 347
　　Gilmore Keyboard Festival 사이트에서 배제
　　　　된 사항들, 48 – 49
사파리, 78, 79
상속
　　넷스케이프 4, 86 – 87
　　CSS규칙의 상속, 226 – 227
상업적인 호스팅 서비스, 31 – 32
상위 호환
　　설명, 15 – 16
　　엄격한 상위호환, 67, 69 – 71
　　전환형 상위호환, 67 – 69
색상
　　접근성 팁, 351
　　CSS선언, 222, 223
생략부호, 아포스트로피, apostrophes (') 55

샤운 인맨 , 145, 329
서버사이드에서 파일 참조, 214

선언, DOCTYPE선언, XML prolog 참조
    다중 CSS 선택자에 적용하기, 225
    다중 CSS로 공백 사용, 224 – 225
    다중 CSS쓰기, 223
    세미콜론으로 속성과 값을 묶어서 끝내기, 224
    컨텐츠 타입, 161
    accesskey 속성 선언, 210 – 211
    CSS, 222
    CSS를 분리하는 세미콜론, 223
    footer설정, 255, 385
    line-height, 254 – 255
    order of CSS font, 225 – 226
선택자
    다중 선택자의 CSS선언, 225
    링크 요소에서 가상 클래스의 순서, 152
    선택자 결합, 231 – 234
    연관선택자와 자손선택자, 228 – 230
    정의, 222
    class, 230 – 231
    id 속성, 182
세미콜론(;)
    세미콜론으로 속성과 값을 묶어서 끝내기, 224
    CSS의 선언을 분리, 223
소프트웨어
    애플리케이션과 프로토콜 호환, 151
    이미지를 잘라주고 배열해주는 소프트웨어, 197 – 198
    자동 접근성 테스트의 재검사, 347
    자동 XHTML대소문자 전환 프로그램, 163
    제품 효율과 웹표준, 91 – 92
    표준을 위한 Dreamweaver Task Force, 120 – 121
    form의 접근성 테스트 소프트웨어, 355
    XML프로그래밍의 인기, 105 – 106, 108 – 109
소형 기기
    비구조적인 마크업의 문제점, 86
    소형기기에서의 접근성, 335, 344
    소형기기에서의 Skip Navigation 링크, 209
    webstandards.org, 62, 63
속성
    경제적인 구조 183
    공백을 사용해서 분리 166
    모든 XHTML의 인용부호 사용 165 – 166
    XHTML값의 대소문자 구분 163 – 164
    XHTML에서는 모든 속성에 값이 있어야 한다. 166 – 167
손 로우튼 헨리, 334
스크린리더
    비표준 디자인에서의 스크린리더, 46 – 47
    Skip Navigation과 스크린리더, 209, 210
스크립트. DOM참조
    스크립트의 접근성 체크, 354
    절제된 스크립트, 366 – 367
    초기 브라우저의 스크립트, 87 – 88
    DOM을 지원하지 않는 기기에서의 지원방법, 370 – 371
    JScript와 ECMASCript의 발전, 88
스타일시트. CSS; 내부 스타일시트; 외부 스타일시트 참조
스튜어트 로버트슨 , 213, 385
시각 장애. 접근성 참조
시간
    웹표준 디자인의 시간 절약, 66
    CSS의 시간적인 이익, 220 – 221
시멘틱 마크업, 56

| ㅇ |

알렉스 로빈슨 , 293
애런 부드먼 , 303
애플 대시보드 위젯 114, 115
애플 사파리 78, 79
애플릿 356
앤드류 크패트릭 , 342
앤디 버드 , 221, 391

앰퍼샌드(&)
  인코딩 168
  HTML과 XHTML에서의 사용 149
엄격한 상위 호환, 67, 69 - 71
  기법, 69
  단점, 70 - 71
  장점, 70
  정의, 67
에두아도 세사리오 , 137
에디 트라버사 , 302 - 303
에릭 코스텔로, 128
연관선택자, 자손선택자 참조 228
오웬 브릭스 , 128, 129
오페라 브라우저
  박스 모델 핵, 296
  브라우저 코드를 단순화하기 위해서 사용지 제한, 36
  오페라 6의 표준, 82
  인터넷 익스플로러 브라우저처럼 스크립트 인식하기, 25 - 26
  페이지에 padding사용, 247
  px단위 적용, 323
  Text Zoom, 80 - 81
  WHAT working group, 119
오페라용 규칙, 296
온라인 자막, 342
외부 스타일시트
  내부 스타일시트를 외부 스타일시트로 이동, 268
  내부 스타일시트에서 외부 스타일시트로 전환, 239 - 242
  설명, 234 - 235
  외부 스타일시트로의 전환 테스트, 238 - 239
왼쪽 정렬 선언, 255
요소. 특정 요소 참조
  깜빡임 방지, 356
  레이아웃의 비구조적 요소, 178 - 179

메타구조로 구조 간소화 하기, 183
시멘틱 마크업의 재사용성, 183 - 185
XHTML구조적 마크업 다시 배우기, 172 - 173
XHTML요소의 구조화, 175 - 176
XHTML의 대소문자 구분, 163
요약된 마크업과 압축된 마크업, 32
웹 디자인의 원리. 웹표준 디자인 참조
  "최고 브라우저 테스트" 방식, 238 - 242
  "현재위치"효과, 268 - 270, 389 - 390
  기본 브라우저 지정, 33
  레이아웃 확대 축소, 375 - 376
  박스 모델의 문제점, 288 - 289
  웹 디자인의 기본 목적, 76
  접근성과 웹 디자인의 원리, 341, 343 - 344
  접근성에 관한 소문, 341 - 346
  컨텐츠 관리 시스템의 문제점, 28
  코드 단순화를 위한 사용자 제한, 33 - 37
  표준을 준수하는 좋은 디자인, 77 - 78
  CSS의 장점, 220 - 221
  Ulead Glow Frame 튜토리얼, 45
  XML에의 한 혁명, 103 - 105
웹디자인. 웹표준 디자인; 웹디자인의 원리 참조
웹디자인의 목적, 76
웹사이트. i3Forum 혼합형 레이아웃; A List Apart 참조
  '작은 상자들' 비주얼 레이아웃, 128, 129
  구식 사이트, 21 - 22
  루비온레일스, 146, 147
  브라우저 업그레이드 캠페인의 효과, 125 - 128
  브라우저의 불안정한 사이트 표현, 25 - 27
  블루 로봇(Blue Robot)의 레이아웃 저장소(Layout Reservoir), 128, 129
  상업적인 사이트의 표준 지원, 134 - 136
  성공적인 마케팅과 세일즈, 102
  수정된 마크업과 코드로 절약할 수 있는 것들, 31 - 32

웹사이트에 표준 적용하기, 3 – 4
웹사이트의 방문자수, 37
웹표준을 사용한 디자인 개편, 57 – 58
웹표준을 위한 준비, 2 – 3, 20
장기적인 계획으로 사이트 만들기, 40 – 41
접근성 검사, 345, 347, 352, 358
접근성을 높이는 팁들, 346 – 356
표준 디자인의 목적, 41 – 42
표준에 의한 효율 증가, 5 – 6
표준을 지원하는 트렌드, 131 – 132
A List Apart, 63 – 66, 106
Accesskey 단축기, 213
Amazon.com, 114, 115
Basecamp, 147
Borders GiftMixer 3000, 74, 76
CSS Zen Garden, 137 – 138
Cynthia Says Portal, 345, 358
Disney Store UK, 51 – 52
Dominey 블로그, 126 – 128
Evilnation.be, 312, 313
Flickr, 114, 115
Fox Searchlight, 240, 241
Gilmore Keyboard Festival, 47 – 50
Google Maps, 114, 115
havamint.com, 145
Juneau, 알래스카, 132, 133 – 134
Kaliber 10000, 78
Kansas City Chiefs, 178, 179, 183 – 187
KPMG, 34 – 36
Long Tail 블로그, 103
malarkey.co.uk, 337
Marine Center, 60, 194 – 195, 231 – 234
Movable Type, 112, 113
MSN Game Zone, 26
MSN, 27
NetNews Wire, 111
New York Public Library, 68
Ourcommon, 80

Raiderettes.com, 124
Real Estate, 52
Real World Style, 128, 130
Second Story, 94
Section 508, 339
spazowham.com, 336
Stopdesign, 376, 377
StyleGala, 140
Suck.com, 43 – 47, 57 – 58
Team Rahal, Inc., 75
Texas Parks & Wildlife, 132
U.S. Navy, 139
W3C, 77
WaSP, 60 – 62
Wired Digital, 135 – 136
WordPress, 111, 113
World Resources Institute, 75
zeldman.com, 281, 291, 300, 352, 359
웹사이트의 개편 비용, 48
웹표준 디자인. 웹디자인의 원리; 전환적인 방법 참조, 43
  구조, 53 – 56
  동작, 54, 57
  브라우저 표준에 의한 이동, 이식성, 60 – 62
  시간과 비용의 절약, 66
  엄격한 상위 호환, 67, 69 – 71
  웹표준 이전에 Suck.com의 혁신, 43 – 46
  장점, 57 – 58
  전환형 상위 호환, 67 – 69
  표현, 54, 56 – 57
  A List Apart의 시멘틱 마크업과 CSS레이아웃, 63 – 66
  Gilmore Keyboard Festival의 난점, 46 – 47
  XHTM, CSS호환 전환적인 방법, 58 – 60
웹표준 디자인. 표준의 난점; 전환형 방식; WaSP 참조
웹표준 적용, 6 – 7
웹표준의 국제적인 지원, 134

웹표준화 프로젝트. WaSP 참조
위너 데이브, 110
윈도우. 윈도우용 인터넷 익스플로러 6; 윈도우용 인터넷 익스플로러 7 참조
    폰트사이즈 표준 되돌리기, 318
    표준화된 기본 폰트 사이즈 설정, 315 – 318
윈도우용 인터넷 익스플로러 6. 인터넷 익스플로러 브라우저 참조
    "float" 버그, 302 – 304
    브라우저 코드를 단순화하기 위해서 사용자 제한, 35
    텍스트 왼쪽 정렬하기, 255
    CSS표현과 지원, 82 – 83, 84, 85
    XML prolog버그, 277
윈도우용 인터넷 익스플로러 7. 인터넷 익스플로러 브라우저 참조
    발전사항, 119
    hover와 active에서 색상 문제, 251
    IE7의 브라우저 버그, 304
유연모드. 거의 표준 모드; 표준모드 참조, 275
    불완전한 DOCTYPE으로 시작, 279
유효성검사
    멀티미디어 유효성, 305 – 306
    유효성 검사에서의 에러, 140
    유효성검사 서비스, 149 – 150, 166
    자동 접근성 테스트의 재검사, 345, 347, 352, 358
    XHTML요소의 대소문자 구분과 속성 이름 163
유효성검사기, 149 – 150, 166
유효한 마크업, 56
이 책에 대하여
    누구를 위한 책인가 18 – 19
    웹표준 디자인으로의 접근 14, 16 – 17
    코드를 복사할만한 웹사이트 리스트 161, 278
이미지
    스타일로 배경이미지 대체, 245, 260 – 261

이미지 사용시 접근성 팁, 346
이미지 자르기, 197 – 198
표준 모드에서의 브라우저가 요소 다루는 방법, 283
혼합형 레이아웃에서의 이미지, 193
block레벨 요소로 설정, 248 – 249, 260
CSS혼합형 레이아웃에 사용, 244 – 245
Gecko에서 이미지 끝의 공백, 280 – 282
Phark방법으로 바꾸기, 248
이미지 맵
    이미지 맵의 요소, 195 – 196
    전송량과 속도, 196 – 197
    접근성과 이미지 맵, 197, 355
이미지 맵의 성능, 196 – 197
이미지 자르기, 197 – 198
이식성
    브라우저 표준과 이식성, 60 – 62
    WaSP 웹사이트, 60 – 62
이안 힉슨 , 3
이안 코레이 , 342
이중 스타일시트 방식, 239 – 242
인용부호 (" ")
    Unicode 문자, 55
    XHTML에서는 모든 변수에 인용부호를 사용, 165 – 166
인터넷 익스플로러 브라우저
    "float" 버그 (IE6/Windows), 302 – 304
    공백 버그(IE/Windows), 298 – 302
    박스모델의 해석, 273
    전환과 확대축소(IE5/Mac), 79 – 81
    코드를 단순화하기 위해서 사용자 제한 (IE5/Mac), 35
    표준모드에서 이미지 요소 다루기, 283
    font-size키워드의 도입, 326
    hover와 active색상 문제 (IE7/Windows), 251
    IE/Windows에서 폰트 사이즈의 px단위 사용, 324 – 325

IE4에서의 스크립트, 87 - 88
IE5/Mac소개, 78
IE5/Mac의 텍스트 좌측 정렬, 255
IE7의 발전, 119
IE7의 브라우저 버그, 304
IE의 CSS지원, 23, 82 - 83, 84, 85
Web Accessibility Toolbar, 357
XML prolog 버그 (IE6/Windows), 277

| ㅈ |

자바스크립트
    넷스케이프 브라우저용 자바스크립트, 38
    자바스크립트 롤오버 효과, 198
    자바스크립트를 사용하지 못하는 사용자 수용, 353 - 354
    자바스크립트의 발전, 88
    XHMLHttpRequest Object, 112 - 113
    XHTML 유효성 검사용 embed 태그, 308
    XHTML로 대체, 206
자손 선택자
    그림설명, 232
    설명, 228 - 229
    id선택자와 자손선택자, 229 - 230
잘 브랜드화된 조건, 381, 382
장애. 접근성 참조
저작
    나쁜 습관 187 - 188
    XHTML저작 154 - 155
    XML저작 151
저작 툴
    부정확한 DOCTYPE 276, 279
    스트립트의 접근성 체크 354
    웹표준 준수 120 - 122
전송량, 대역폭
    내부 스타일시트 237
    반복되는 요소를 저장하여 절약 197
    스타일시트의 링크, import사용 236
    여러 개의 버전과 비용 29, 30

요약, 압축된 마크업 32
이미지 맵 196 - 197
장황한 테이블 199 - 200
초기 CSS레이아웃에서의 낭비 200 - 201
파일명 규칙 382
전환형 방식. CSS 혼합형 레이아웃 참조; XHTML 혼합형 레이아웃
    거의 표준 모드, 272, 275, 277 - 279, 282 - 284
    장점, 58 - 60, 206
    전환형 상위 호환, 67 - 69
    혼합형 레이아웃에서의 사용, 216 - 217
    CSS사용의 학습곡선, 263
    transitional DOCTYPE 선언, 159, 160
    XHTML, CSS지원 전환형 방식, 58 - 60
전환형 상위 호환
    단점, 69
    사용 기술, 67
    장점, 68 - 69
    정의, 67
    추천하는 경우, 67 - 68
절제된 스크립트, 366 - 367
접근성
    공백 alt 186 - 187
    근거 없는 소문 341 - 346
    법적 요건 338 - 340
    사용 툴 356 - 357
    사이트의 표준 준수 52 - 53
    이미지맵 197
    이점 344 - 345, 362 - 363
    정부 요청 132
    참고 서적 333 - 334, 391
    혼란 53, 334 - 338
    확대 축소기능 375 - 376
    활용팁 346 - 356
    Skip Navigation 링크 209, 210
    tabindex 속성 358 - 362
    User Agent Accessibility Guidelines 83
    Web Accessibility Initiative 98, 331

접근성에 관한 소문, 341 – 346
접근성에 대한 오해, 53, 334 – 338
정부의 웹표준 채용, 132 – 134
제레미 케이스, 366, 391
제시 제임스 가렛 , 112 – 113
제임스 에드워드, 366
조 월시, 110
조 클락 , 53, 209, 248, 329, 332, 333 – 334, 342, 391
조이 아누프, 44, 45
조건 CSS, 319 – 320
지체장애. 접근성 참조
지체장애. 접근성 참조 Pilgrim, Mark, 209
진 파올리 , 104
짐 태처, 334

| ㅊ |

찰스 워커 스미스, 221, 391
참고서적
    접근성 참고서적, 333 – 334, 391
    CSS 참고서적, 221, 391
    DOM스크립트 참고서적, 366, 391
참조
    접근성관련 참조, 333 – 334, 391
    CSS관련 참조, 221, 391
    DOM스크립트 관련 참조, 366, 391
청각 장애. 접근성 참조
최고 브라우저 테스트 디자인 방식, 238 – 242
    내부 스타일을 외부 스타일로 교체, 239 – 242
    상대, 절대 경로, 240
    테스트 전략, 238 – 239

| ㅋ |

카메론 아담스, 366, 391
칼 스테드먼 , 44, 45
캐리 비크너, 106
캐릭터 인코딩
    설명, 161
    Unicode 기본 캐릭터 세트, 169 – 170
    Unicode 맵핑, 170 – 171
컨텐츠
    마크업, 53, 56
    박스 모델, 286, 287
    컨텐츠 타입 선언, 161
    파인더빌리티 높이기, 3
    XHTML에서의 대소문자 구분, 163 – 164
    Yahoo "Person of the Year", 28
컨텐츠 관리 시스템(CMS), 28
컨텐츠 테이블
    레이아웃을 네비게이션과 컨텐츠 테이블로 분리하기, 208
    i3Forum, 206, 207, 217 – 218
컨텐츠와 네비게이션으로 레이아웃 분리하기, 208
컨텐츠와 대회
    Communication Arts Interactive Awards, 74 – 75
    Wthremix 컨테스트, 98, 99
코드 분기, 29 – 30
퀵타임
    웹에서의 퀵타임 사용, 17
    접근성과 퀵타임, 349
    퀵타임 삽입, 304 – 310
크리스 앤더슨 102, 103
클래스남용, 189 – 190
클린 이미지 방식, 193
클린 텍스트 방식, 193

| ㅌ |

타이포그래피. 텍스트 참조
    사이즈 문제, 311
    웹에서 사용하는 타이포그래피의 발전, 312 – 315
    접근성 팁, 352
    조건적인 CSS의 효과, 319 – 320
    폭이 일정한 폰트를 사용한 Suck.com, 45 – 46
    em단위 사이즈, 254, 321 – 322

px단위 사이즈, 322 – 325
탄텍 방법, 295 – 297, 327
탄텍 셀릭
  박스 모델 핵, 295 – 297, 327
  소개, 23, 274, 293, 295, 327
태그
  ⟨img⟩와 ⟨embed⟩, 305, 306
  모든 XHTML 태그 닫기, 167 – 168
  embed object 태그, 304 – 307
  HTML태그 문자 표현의 발전, 312 – 313
  XHTML의 ⟨br /⟩ 태크, 167
  XHTML태그의 구조적인 사용, 172 – 175
  XML 태그의 일관성, 151
테리 티그, 164, 165
테이블
  네비게이션 셀에 id속성 추가, 213 – 214
  네비게이션 테이블에서의 class남용, 189 – 190
  네비게이션 테이블의 레이아웃 문제점, 198 – 199
  두 개의 테이블로 레이아웃 나누기, 208
  웹표준 디자인, 355 – 356
  테이블 기반 사이트 디자인의 예제, 188 – 189
  테이블 셀의 최소화, 194 – 195
  테이블 summary사용, 208
  i3Forum의 컨텐츠 마크업, 217 – 218
  id로 메타구조 레이블 할당, 192 – 193
테이블 셀에 id속성 추가, 213 – 214
테이블 없이 이미지 구성 하기, 185 – 186
텍스트
  em단위 사이즈
  IE6/Windows의 "float"버그, 302 – 304
  IE6/Windows의 텍스트 좌측정렬, 255
  px단위 사이즈, 322 – 325
  sidebar 인용문
  sidebar pull quotes, 259
  sizing with ems, 254, 321 – 322
토드 파너, 248, 273, 274 – 275, 293,314 – 317, 327, 328, 386

툴. 저작툴 참조
  접근성에 도움을 주는 툴, 356 – 357
  태그 변환툴, 163, 164 – 165
툴팁, 347 – 348
팀 버너스-리, 15, 312
팀 브레이, 104, 110

| ㅍ |
파이어폭스 Web Developer Toolbar, 356 – 357
파이어폭스, 78, 79, Gecko browsers 참조
파일
  내부 스타일을 외부 스타일로 이동, 268
  대용량 파일전송비용, 31
  서버사이드에서의 파일 분할, 214
  파일명 규칙, 382
파일 상대 경로, 240
파일 전송량 측정, 31 – 32
파일 절대경로 240
파일의 절대경로, 상대경로, 214, 240
페이지 분할, 256 – 258
포드캐스트, 112
포터 글렌딩 , 386
폰트 사이즈에 %사용
  사용상의 어려움, 320 – 321
  폰트 키워드와 % 사이즈, 325 – 326
폴 보먼, 334
폴 쏘텐, 374 – 375
폴 포드, 110, 175
표준 기반의 디자인 적용, 4 – 6
표준 지원 브라우저, 16
표준 모드. 거의 표준 모드; 유연모드 참조

  브라우저간의 해석 차이, 271 – 272
  인터넷 익스플로러와 Gecko에서의 이미지 요소, 283
  표준 모드를 시작하는 완벽한 XHTML DOCTYPE, 277 – 279
표준의 난점. 대체법 참조

넷스케이프 4의 상속방식, 86 - 87
제품의 인지도와 표준의 인지도, 91 - 92
창조성의 감소, 97 - 99
초기 브라우저의 CSS지원, 84 - 87
초기브라우저와 스크립트, 87 - 88
표준을 배포하는 문제점, 77 - 78
표준의 딱딱한 모양, 90
플래시 사용, 96
CSS, 상속의 표현, 85 - 86
표현을 위한 언어
그림 설명, 54
설명, 56 - 57
프린트용 스타일시트, 66
프린트전용 페이지, 42
플래시
개발자의 플래시 사용, 94 - 95
그림 설명, 93 - 94
동영상 추가, 304 - 310
소개, 17
소개, 92, 94
플래시디자인의 문제점, 96
플래시와 접근성, 349 - 348
플랫폼
선언된 폰트의 사용 순서, 225 - 226
차이를 극복하기 위해서 나타난 폰트 표시 방법, 312 - 313
표준 기본 폰트 사이즈의 설정, 315 - 318
플랫폼 마다 다른 pt단위, 314
피터-폴 코흐 , 294

| ㅎ |
하위호환
목적 41
브라우저 152 - 153
정의 33
코드분기 29
XHTML과 하위호환 151, 153

하콘 리에, 323
호환성, 하위호환 참조
브라우저의 목적, 41
브라우저의 목표 41
상위호환, 15 - 16
애플리케이션과 프로토콜, 151
엄격한 상위 호환, 67, 69 - 71
전환형 상위호환, 67 - 69
XML애플리케이션 상호정보교환, 116 - 117
혼합형 레이아웃. CSS 혼합형 레이아웃; i3Forum
혼합형 레이아웃; XHTML 혼합형 레이아웃
참조 확대축소 레이아웃, 375 - 376 확대축소.
Text Zoom 참조
확장성, 106 - 108, 109

| A |
A List Apart
루비온레일스 146, 148
브라우저의 표준준수를 지원 125 - 126
소우덴(Sowden)의 스타일 스위치 374 - 375
시멘틱 마크업과 CSS레이아웃 63 - 66
유연한 레이아웃 293, 294
accesskey 속성 단축키의 표준화 212 - 213
선언하기 210 - 211
iCab브라우저에서의 모양 212
Skip Navigation과 accesskey속성 209 - 210
accesskey단축키, 213
Active Server Pages, 146
ActiveX
개발 88
마이크로소프트브라우저에서의 사용, 38
Adobe ColdFusion MX7, 146
Ajax, 112-113
AllTheWeb검색 엔진, 134
alt 속성
공백 alt와 접근성, 186 - 187, 346
방문자에게 의미를 전달, 347

배경이미지, 348
이미지요소에 사용 346
툴팁기능, 347 – 348
Amazon.com 웹사이트 114, 115
API, 114

| B |

Basecamp 웹사이트, 146, 147
bgcolor 속성, 216 – 217
block 요소, 248 – 249, 260
Borders GiftMixer 3000, 74, 76
borders, 286, 287

| C |

Cascading Style Sheets, CSS참조
Chopping Block 웹사이트, 94, 95
class 선택자, 230 – 231, 232
class 속성, 180 – 181
class의 과다사용, 189 – 190
C. M. 스퍼버그-맥퀸 , 104
ColdFusion MX7, 146
Communication Arts Interactive Awards, 74 – 75
Connected Earth 웹사이트, 12 – 14
CSS (Cascading Style Sheets), 박스 모델; CSS 혼합형 레이아웃 참조
　"최상의 경우"디자인 방법, 238 – 242
　"현재위치" 효과 넣기, 268 – 270, 389 – 390
　가상 클래스와 링크 색상, 249 – 251
　간략화된 마크업 예제, 201 – 204
　관련 서적, 221, 391
　내부 스타일시트, 236 – 237
　내부 스타일시트에서 외부 스타일시트로 전환, 239 – 242
　내부 스타일을 외부로 내보내기, 268
　네비게이션 요소 스타일링, 259 – 268
　넷스케이프의 상속 랜더링, 85 – 86
　다중 선언에 공백사용, 224 – 225
　대소문자 구분, 225
　도움되는 사이트, 128 – 131
　디자인 표준 CSS, 17
　레이아웃의 비구조적인 요소들, 178 – 179
　링크 효과의 크기 지정, 262 – 263
　맥킨토시용 인터넷 익스플로러 5의 CSS 다루기, 23
　박스 모델에 사용된 표준, 286 – 287
　배너 기술, 386 – 389
　상단 부분 만들기, 386
　상속 규칙, 226 – 227
　선택자와 선언, 222
　선택자의 결합, 231 – 234
　세미콜론으로 선언들을 구분한다, 223
　세미콜론으로 속성과 값을 묶어서 끝내기, 224
　소스 순서 조정, 209
　스타일로 배경이미지 대체, 245, 260 – 261
　연관 선택자와 자손 선택자, 228 – 230
　외부 스타일 시트, 234 – 235
　왼쪽 정렬 선언, 255
　웹사이트 만들기, 58
　윈도우용 인터넷 익스플로러 6에의 도입, 83
　윈도우용 인터넷 익스플로러 6의 "float"버그, 302 – 304
　이미지의 공백 없애기, 280 – 282
　전환적인 방법 사용, 58 – 60
　접근성 팁, 351 – 352
　조건 CSS, 319 – 320
　중복 선택자의 선언, 225
　초기 레이아웃에서 낭비된 대역폭, 200 – 201
　초기 박스 모델의 잘못된 해석, 273
　초기 브라우저 지원, 84 – 87
　초기 CSS의 문제점들, 24 – 25
　최소화된 테이블 요소, 194 – 195
　테이블 없이 이미지 그룹화하기, 185 – 186
　페이지 구분의 규칙, 256 – 258
　폰트 지정, 225 – 226
　프린트용 스타일시트, 66

현대 브라우저 표준의 일부, 22
A List Apart의 표준 준수, 63 – 65
class의 과다 사용, 189 – 190
CSS2 조항, 89 – 90
CSS의 장점, 220 – 221
DOM스크립트를 이용한 대체 스타일시트 제공, 374 – 377
footer선언, 255, 385
inline 스타일, 238
line-height선언, 254 – 255
sidebar의 인용문, 259
XHTML 배경색 마크업과 CSS, 216
XHTML마크업의 구조화, 171 – 175
zeldman.com의 디자인 개편, 379 – 390

CSS 레이아웃
  참조 사이트, 128 – 131
CSS 스타일시트의 연결과 적용, 235 – 236, 297
CSS 혼합형 레이아웃
  "현재위치"효과, 268 – 270
  네비게이션 요소 꾸미기, 259 – 268
  네비게이션바의 마지막 단계, 263 – 268
  링크 색상 조정, 249 – 250
  링크 효과의 크기 지정, 262 – 263
  스타일로 배경이미지 대체, 245, 260 – 261
  요소나 객체 숨기기, 247 – 248
  이미지 사용, 244 – 245
  이미지를 block레벨 요소로 표현하기, 248 – 249, 260
  페이지 분리, 256 – 258
  페이지 색상과 margin설정, 246 – 247
  폰트 사이즈 조절, 253 – 254
  폰트 추가, 251 – 253
CSS Sprites방식, 389 – 390
CSS Validation Service, 150
CSS Zen Garden 웹사이트, 137 – 138
CSS의 상속 표현, 85 – 86
Cynthia Says Portal 웹사이트, 345, 358

| D |

DHTML (Dynamic HTML), 38 – 39
Disability Discrimination Act (UK), 52
Disney Store UK웹사이트, 51 – 52
div남용, 191
div요소
  비구조적인 요소, 178
  잘못된 사용, 190 – 192
  정의, 179 – 180
DOCTYPE선언. 거의 표준 모드; 표준 모드 참조, 158-161
  넷스케이프 6의 DOCTYPE전환 지원, 83
  맥킨토시용 인터넷 익스플로러 5 전환, 79
  문서에서의 위치, 160
  완전한 DOCTYPE과 불완전한 DOCTYPE, 275 – 277, 279
  정의, 158 – 160
  DOCTYPE에 의한 표준의 사용/비사용, 273 – 275
  Namespace 선언, 160 – 161
DOM (Document Object Model)
  겸손한 스크립트, 366 – 367
  관련 서적, 366, 391
  대체 CSS스타일시트 제공, 374 – 377
  브라우저의 DOM지원, 370
  소개와 사용방법, 368 – 369
  정의, 367 – 368
  최신 브라우저 표준의 일부, 22
  DOM 지원성 검사, 371 – 373
  DOM을 사용하지 않는 기기의 지원, 370 – 371
DOM지원성 검사, 371 – 373
Dynamic HTML (DHTML), 38 – 39

| E |

Ecma
  설명, 15, 88 – 89
  Ecma 웹사이트 디자인, 77
  ECMAScript, 22, 88

em단위
    텍스트의 크기를 em으로 설정하기, 254,
        321 – 322
    폰트를 em으로 보여주기 힘든점, 320 – 321
    font-size키워드와 em, 325 – 326
European Computer Manufacturers Association.
Ecma참조
Event Apart An, 342
Evilnation.be 웹사이트, 312, 313
Expression Web Designer, 122
Extensible HTML. XHTML
Extensible Markup Language. XML
Extensible Stylesheet Language Transformations
    (XSLT), 109

| F |

Fahrner Image Replacement (FIR), 248
Flickr, 114, 115
float 버그-윈도우용 인터넷 익스플로러, 302-304
font 태그, 46
font. font-size 키워드 참조
    넷스케이프 4에서 그룹이 된 선택자의 사용,
        227
    사이즈 조절, 253 – 254
    사이즈 표준에 대한 논쟁, 315 – 317
    표준화된 기본 세팅, 315 – 318
    혼합형 레이아웃에 사용하기, 251 – 253
    CSS지정, 225 – 226
    Em 단위 사이즈, 254, 321 – 322
    font에 대한 접근성 팁, 352
    font-size 키워드, 325 – 329
    pixel 단위 사이즈, 322 – 325
font-size 키워드, 325 – 329
    장점, 325 – 326
    적용, 326 – 327
    파터방식과 박스모델 핵, 327 – 329
footers
    CSS 선언, 255

    CSS 정의 설정, 385
form 요소, 354 – 355
Fox Searchlight 웹사이트, 240, 241
frame 요소, 356
frameset DOCTYPE선언, 159, 160
FrontPage
    표준 비호환, 122
    UsableNet LIFT, 357

| G |

Gecko 기반 브라우저
    거의 표준 모드, 272, 275,277 – 279, 282 – 284
    이미지의 공백 없애기, 280 – 282
    표준모드, 271 – 272
    표준모드에서 이미지 요소 다루기, 283
    DOCTYPE전환을 사용한 성능 조절, 274 – 275
    font-size키워드, 325
    XHTML DOCTYPE 실행, 277 – 279
Gecko 기반 브라우저의 기준선, 283
Gilmore Keyboard Festival,
    개선된 사이트, 59
    사이트 개선, 48
    원래 사이트, 48
    원래 사이트의 문제점, 47 – 50
    웹표준으로 개편, 58
GoLive
    스크립트형태의 접근성 테스트, 354
    class로 만들어진 결과물 수정, 190
    GoLive의 표준 지원, 120, 121
Guillotine Bug, 302

| H |

havamint.com 웹사이트, 145
Holly Hack, 299
HotBot, 134
Hover 효과
    CSS, 261 – 262
    hover가상 클래스, 249 – 251

hover의 결함, 251, 267 – 268
Pixy 롤오버, 387 – 389
HTML (Hypertext Markup Language)
    대소문자 구분, 163
    멀티미디어파일을 추가하기 위한 HTML,
        306 – 307
    선택적인 태그 닫기, 167
    스크립트 선언, 46
    완벽한 DOCTYPE으로 표준 모드 실행하기,
        279
    이미지 맵, 196
    장황한 테이블과 전송량, 199 – 200
    최신 브라우저 표준, 22
    태그 변경 툴, 163, 164 – 165
    폭이 일정한 폰트를 사용한 Suck.com, 45 – 46
    폰트를 위한 태그의 변천, 312 – 313
    GIF이미지와 자바스크립트에 의한 테이블
        깨짐, 198 – 199
    HTML 4.01용 기준 모음, 117 – 118
    XHTML과 HTML, 150 – 151
    XHTML로의 전환, 154 – 155, 158
    XML과 HTML, 104 – 105
HTML Tidy, 163, 164 – 165, 166
Hypertext Markup Language. HTML

| I |

i3Forum 마크업, 215 – 216
i3Forum 웹사이트의 템플릿, 206, 207
i3Forum의 네비게이션 테이블, 206, 207
i3Forum혼합형 레이아웃
    "현재위치" 효과, 268 – 270
    네비게이션 마크업, 215 – 216
    네비게이션 요소 꾸미기, 259 – 268
    네비게이션 테이블, 206, 207
    네비게이션바의 최종 코드, 263 – 268
    링크 효과의 사이즈 설정, 262 – 263
    스타일로 배경이미지 대체, 245, 260 – 261
    에러, 188 – 189

    이미지 사용, 244 – 245
    컨텐츠 마크업 테이블, 206, 207, 217 – 218
    템플릿, 206, 207
    페이지 분할, 256 – 258
    페이지 색상과 margin 설정, 246 – 247
    폰트 추가, 251 – 253
    혼합형 레이아웃, 206 – 207
    Accesskey 속성 선언, 210 – 211
    Footer 설정, 255
    iCab브라우저에서 본 화면, 212
iCab, 212
id 선택자, 229 – 230, 232
id 요소, 192 – 193
id속성
    네비게이션 테이블셀에 적용, 213 – 214
    시용 규칙, 182 – 183
    사용 예, 178, 179
    사용방법, 181 – 182
    class와 id, 180 – 181
    id를 이용한 두 개 테이블 사용, 208
    id의 역할과 능력, 182
inline 스타일, 238
inline요소
    block 요소와 inline 요소, 248 – 249
    Gecko에서의 공백, 283
iPhoto, 106, 107
ISO 8859 표준, 161 – 163, 170
iTV Production Standards Initiative, 108

| J |

JavaServer Pages (JSP), 146
J. 아이젠버그 데이비드, 90
JAWS, 355
JScript, 38, 88
Juneau, 알래스카 웹사이트, 132, 133 – 134

| K |

Kaliber 10000 웹사이트, 78

Kansas City Chiefs 웹사이트
  그림 설명, 179
  네비게이션 메뉴 코드, 183 – 184
  사이트의 비구조적인 요소, 178, 179
  Alt 텍스트, 186 – 187
  table없는 이미지 구성, 185 – 186
KPMG웹사이트, 34 – 36

| L |

line-height 선언, 254 – 255
Little Boxes 비주얼 레이아웃, 128, 129
Long Tail 블로그, 103
long-tail 마케팅, 102, 103
LVHA, 251
Lynx, 355
  구 Gilmore Keyboard Festival사이트의 사용자 제한, 50

| M |

malarkey.co.uk 웹사이트, 337
margin
  박스 모델과 margin, 286, 287
  CSS세팅, 246 – 247
Marine Center 웹사이트
  선택자 구성, 231 – 234
  Marine Center 웹사이트의 디자인, 60, 194 – 195
Mint, 145
Movable Type 웹사이트, 112, 113
Mozilla Firefox, 78, 79
Mozilla Foundation, 119
MSN 웹사이트, 27
MSN Game Zone 웹사이트, 26

| N |

namespace 선언, 160 – 161
NetNews Wire 웹사이트, 111

New York Public Library 웹사이트, 68
noscript 요소, 353 – 354
NUA Internet Surveys, 37

| O |

Optima System PageSpinner, 167, 168
Ourcommon 웹사이트, 80

| P |

padding, 286, 287
PageSpinner, 167, 168
PDA
  비구조적인 마크업의 난점, 86
  접근성과 PDA, 335, 344
  webstandards.org, 63
Peer Information, Inc. , 391
Phark 이미지 수정 방식, 248, 388
PHP (PHP: Hypertext Preprocessor)
  레일스와 PHP, 146
PHP (PHP: Hypertext Preprocessor) 소개, 144, 146
PHP (PHP: Hypertext Preprocessor)
Pixy 롤오버, 387 – 388
pt단위, 314 – 315, 319
px단위
  텍스트 사이즈에 px사용, 322 – 325
  px단위의 단점, 324 – 325
  px로 텍스트의 크기 조절, 385 – 386
  px사이즈 관련 자료, 317
  px을 이용한 스크린 디자인, 314 – 315

| R |

Raiderettes.com 웹사이트, 124
RDF (Resource Description Framework), 109 – 110
Real Estate 웹사이트, 52
Real World Style 웹사이트, 128, 130
Redesign Watch, 139

Rehabilitation Act(장애인 재활 사업)
　　법적 요건, 338 – 340
　　Section 508 공식 웹사이트, 339
　　Section 508, 332, 334, 336
Resource Description Framework (RDF), 109 – 110
RGB 퍼센트 사용, 223
Rich Site Summary. RSS참조
RSS (Rich Site Summary)
　　RSS 피드 설명, 110 – 112
　　RSS를 사용한 포드캐스트, 112
　　RSS의 호환성, 151

| S |

scalable Inman Flash Replacement (sIFR), 329
Second Story 웹사이트, 94
Section 508. 접근성 참조
　　공식 웹사이트, 339
　　법적 요건, 338 – 340
　　소개, 332, 334, 336
sidebar
　　CSS로 구성, 383, 384
　　sidebar의 인용문, 259
sIFR (scalable Inman Flash Replacement), 329
Skip Navigation 링크
　　브라우저에서 보이지 않을 때 사용법, 210 – 211
　　accesskey속성과 Skip Navigation 링크, 209 – 210
　　Skip Navigation 링크 제공, 208 – 209
SOAP (Simple Object Access Protocol), 114 – 115
SPAN 요소, 179
spazowham.com 웹사이트, 336
Speakup, 355
Stopdesign 웹사이트, 376, 377
strict DOCTYPE 선언, 159, 160
StyleGala 웹사이트, 140

Suck.com 웹사이트
　　스크린리더에서의 멈춤 현상, 46 – 47
　　웹표준으로 다시 만들기, 57 – 58
　　Suck.com의 혁신, 43 – 44
　　Suck.com의 Perl스크립트, 45 – 46
summary 속성, 208
SVG (Scalable Vector Graphics), 116, 151
Synchronized Multimedia Integration Language, 121

| T |

tabindex 속성, 358 – 362
Team Rahal, Inc. 웹사이트, 75
Texas Parks & Wildlife 웹사이트, 132
Text Zoom
　　브라우저에서의 지원, 274
　　설명, 83
　　IE/Windows에서 사용 불가, 254
　　IE5/Mac에서의 첫 사용, 79, 80 – 81
transitional forward compatibility, 67 – 69
TV제품에서의 표준, 108

| U |

U.S. Navy 웹사이트, 139
U.S. Section 508
　　공식 웹사이트, 339
　　법적 요건, 338 – 340
　　설명, 332, 334, 336
UFOs (Unobtrusive Flash Objects), 308
Ulead Glow Frame 튜토리얼, 45
Unicode
　　기본 캐릭터 셋, 169 – 170
　　생략부호(아포스트로피)와 인용부호의 유니코드, 55
　　캐릭터 인코딩과 Unicode, 161
　　ISO 8859 표준, 161 – 163, 170
Unobtrusive Flash Objects (UFOs), 308
URL 절대경로와 상대경로, 214 – 215

UsableNet LIFT (Dreamweaver용), 345, 357
UsableNet LIFT (FrontPage 용), 357
User Agent Accessibility Guidelines, 83

| V |

Voiceover, 355

| W |

W3C (World Wide Web Consortium)
　박스 모델에 적합한 표준, 286 - 287
　설명, 15
　유효성 검사 서비스
　표준 폰트의 기본 px사이즈, 317
　CSS 2 소개, 89 - 90
　DIV와 SPAN요소 정의, 179
　HTML테스트 기준 모음, 117 - 118
　User Agent Accessibility Guidelines, 83
　Validation Service, 149 - 150, 166
　W3C 웹사이트, 77
　Wthremix사이트 디자인 개편 컨테스트, 98, 99
WaSP (The Web Standards Project)
　"웹표준"이라는 말의 효과, 97
　브라우저 업그레이드 캠페인, 123 - 131, 371
　설명, 15, 19, 60
　웹사이트의 이전성, 60 - 62
　DOM 판별, 371
　Dreamweaver Task Force의 목표, 120 - 121
　Expression Web Designer의 표준 준수, 122
　PDA 버전, 62, 63
WCAG (Web Content Accessibility Guidelines), 331 - 332
Web Accessibility Initiative (WAI)
　설명, 331
　Wthremix 컨테스트 홍보, 98
Web Design Group 의 유효성 검사 서비스, 150
　계속 변화하는 표준, 4 - 6
　국제적인 지원, 134

그래픽 디자인 호환, 77 - 78
넷스케이프 표준 지원, 82
대체법과 유효성 검사, 308 - 310
브라우저 업데이트의 필요성, 24 - 25
비용의 감소, 12 - 14
산업계의 협력, 117 - 119
상업적인 사이트의 지원, 134 - 136
여러 개의 비표준 마크업과 코드 사용, 25 - 27, 38 - 39
웹표준의 트렌드, 131 - 132
유효성 검사의 에러들, 140
이론과 실제, 3
장기적인 계획으로 사이트 만들기, 40 - 41
전파하기, 4 - 6
정부에서 채택, 132 - 134
정석은 없다, 16 - 18
정의, 15 - 16
제품의 효과와 협회의 효과, 91 - 92
조항의 효과, 97
창조성과 표준, 97 - 99
최신 브라우저의 표준, 22 - 23
추천 서적, 391
표준 도입의 변화, 6 - 7
표준 지원 브라우저, 16
필요성, 2 - 3, 20
학문적인 디자인, 90
현실적인 애플리케이션, 18 - 19
A List Apart의 호환성, 63 - 65
accesskey의 단축기 설정, 212 - 213
CSS 검사, 17
Dreamweaver Task Force의 목적, 120 - 121
FrontPage와 Expression Web Designer의 표준 호환성, 122
GoLive의 호환, 121
WCAG, 331 - 332
Web Design Group의 목적, 41 - 42
XML유효성 검사, 103 - 104
WebXACT, 358

WHAT (Web Hypertext Application Technology) Working Group, 119
Wired Digital 웹사이트, 135 – 136
WordPress 웹사이트, 111, 113
World Resources Institute 웹사이트, 75
World Wide Web Consortium. W3C참조
Wthremix 컨테스트, 98, 99

| X |

XHMLHttpRequest Object, 112 – 113
XHTML 1.0 Transitional의 target 속성, 159
XHTML 혼합형 레이아웃
   레이아웃을 두 개의 테이블로 분리, 208
   자바스크립트대신 XHTML사용, 206
   전환형 방식의 장점, 206
   전환형의 특징, 216 – 217
   accesskey 속성 적용하기, 209 – 213
   i3Forum레이아웃 개요, 206 – 207
   i3Forum의 네비게이션 마크업, 215 – 216
   id속성과 네비게이션 테이블 셀, 213 – 214
   Skip Navigation 링크 제공, 208 – 209
   Skip Navigation 링크의 순서조절, 209
XHTML(Extensible HTML). XHTML 혼합형 레이아웃 참조
   〈와 &의 인코딩, 168 – 169
   구식 배경색 마크업, 216
   구조적인 마크업, 149, 171 – 175
   대소문자 구분, 163 – 165
   모든 속성의 값은 인용부호를 사용한다, 165 – 166
   모든 태그를 닫아준다, 167 – 168
   버전, 152 – 153
   복사하기와 붙여쓰기, 161, 278
   비주얼 요소와 구조, 175 – 176
   생략부호(아포스트로피)와 인용부호의 유니코드, 55
   설명, 152
   속성값은 띄어쓰기를 해준다, 166
   완전한 DOCTYPE, 277 – 279
   유효성검사를 위한 embed태그 생성, 306 – 308
   자바스크립트대신 XHTML사용, 206
   전환형 방식의 사용, 58 – 60
   주석의 더블대시(--)사용, 168
   최신 브라우저 표준과 XHTML, 22
   컨텐츠 타입 선언, 161
   코딩규칙 요약, 169
   페이지의 head에 들어가는 스타일시트, 236 – 237
   DOCTYPE 선언, 158 – 161
   DOCTYPE선언의 위치, 160
   HTML과 XHTML, 150 – 151
   id 속성, 181 – 183
   namespace 선언, 160 – 161
   tabindex 속성, 358 – 362
   XHTML 전환의 찬성과 반대, 154 – 155, 158
   XHTML로 웹사이트 만들기, 58
   XHTML사용을 꺼리는 이유, 3
   XHTML태그의 구조적인 사용, 172 – 173
   XML prolog, 161 – 163, 277
   XML과 HTML의 중간형, 151 – 152
XHTML의 주석, 168
XML (Extensible Markup Language)
   대소문자 구분, 163
   설명, 103
   애플리케이션 적용, 105
   애플리케이션의 호환성, 116 – 117
   장점, 108 – 109
   태그와 XML 구축, 151
   확장성과 변형성, 106 – 108
   HTML과 XML, 104 – 105
   prolog의 대체법, 162
   Scalable Vector Graphics, 116
   SOAP 프로토콜, 114 – 115
   XHTML 과 XML, 151 – 152

XML로 변경하는 목적, 42

XML에서 파생된 언어들, 109 – 113

XML프로그래밍의 인기, 105 – 106

XML prolog, 161 – 163, 277

XML에서 파생된 프로그램 언어, 109 – 113

XML-RPC, 113

XSLT (Extensible Stylesheet Language Transformations), 109

| Y |

Yahoo!

"올해의 인물" 컨텐츠, 28

첫 페이지의 구식 HTML디자인, 29 – 30

| Z |

zeldman.com 웹사이트

"현재위치" 효과, 389 – 390

가상 레이아웃, 382 – 383

그림 설명, 281, 291, 300, 352, 359

zeldman.com 디자인 개편의 필수요건, 380 – 382

zeldman.com에 사용된 배너 기술, 386 – 389

zeldman.com에 사용된 CSS 개요, 390

zeldman.com 웹사이트 개편, 380 – 382